COLLECTION

COMPLÈTE

DES MÉMOIRES

RELATIFS

A L'HISTOIRE DE FRANCE.

Michel de Castelnau.

LEBEL, IMPRIMEUR DU ROI, A PARIS.

COLLECTION

COMPLÈTE

DES MÉMOIRES

RELATIFS

A L'HISTOIRE DE FRANCE,

DEPUIS LE RÈGNE DE PHILIPPE-AUGUSTE JUSQU'AU COMMENCEMENT
DU DIX-SEPTIÈME SIÈCLE ;

AVEC DES NOTICES SUR CHAQUE AUTEUR,
ET DES OBSERVATIONS SUR CHAQUE OUVRAGE,

Par M. PETITOT.

TOME XXXIII.

PARIS,

FOUCAULT, LIBRAIRE, RUE DE SORBONNE, N° 9.
1823.

MÉMOIRES

DE MESSIRE

MICHEL DE CASTELNAU,

SEIGNEUR

DE MAUVISSIERE ET DE CONCRESSAUT,

BARON DE JONVILLE,

COMTE DE BEAUMONT LE ROGER, CHEVALIER DE L'ORDRE DU ROY,

CONSEILLER EN SES CONSEILS, CAPITAINE DE CINQUANTE HOMMES D'ARMES DE SES ORDONNANCES, GOUVERNEUR DE LA VILLE ET CHASTEAU DE SAINCT DIZIER, ET AMBASSADEUR POUR SA MAJESTÉ EN ANGLETERRE.

NOTICE

SUR CASTELNAU ET SUR SES MÉMOIRES.

Michel de Castelnau naquit en 1520, au château de La Mauvissière près de Tours, de Jean de Castelnau et de Jeanne Dumesnil : neuf enfans sortirent de ce mariage ; et Michel, qui étoit le second, fut celui dont les dispositions parurent les plus heureuses. Ses parens, qui fondoient sur lui de grandes espérances, l'élevèrent avec soin. Un esprit juste et pénétrant, joint à une mémoire prodigieuse, lui fit faire de rapides progrès dans les lettres et dans les sciences. Mais ces occupations sédentaires ne l'empêchèrent pas de se livrer aux exercices du corps, pour lesquels il ne montroit pas moins de goût, et qu'on regardoit avec raison comme une partie essentielle de l'éducation de la jeune noblesse. Castelnau se trouva donc, en entrant dans le monde, aussi propre au métier de la guerre qu'aux travaux du cabinet ; et s'il étoit capable d'embrasser les plus hautes conceptions de la politique, il l'étoit également de payer de sa personne pour en soutenir les résultats.

Cette excellente éducation fut perfectionnée par des voyages entrepris dans l'unique vue de s'instruire. Castelnau parcourut l'Italie, visita les cours des différens princes qui la gouvernoient, s'efforça de deviner les secrets de leurs ministères, étudia dans Milan et dans Naples le système qui avoit porté l'Espagne à un si haut degré de splendeur, séjourna long-temps à Rome, centre de la politique du monde chrétien, alla chercher des leçons de l'art militaire sur les innombrables champs de bataille où, depuis le règne de Charles VIII, les Français avoient eu tant de succès et tant de revers, et partit pour Malte afin d'acquérir des connoissances positives sur l'empire ottoman, qui étoit encore un objet d'épouvante pour la chrétienté.

Au commencement du règne de Henri II, lorsqu'il apprit que la guerre étoit rallumée, et que Brissac avoit le commandement de l'armée de Piémont, il s'empressa d'aller servir sous ce grand général, et fit partie d'une compagnie de chevau-légers. Son courage, sa rare intelligence, fixèrent bientôt sur lui les regards de Brissac; mais il se concilia surtout l'affection de François de Lorraine, grand-prieur de France, auquel il s'attacha. Ce prince, dont la protection pouvoit être d'un grand poids par le crédit que la maison de Guise avoit en France, lui proposa d'entrer dans l'ordre de Malte où il promit de lui procurer un avancement rapide; mais Castelnau, qui se sentoit appelé à rendre d'importans services à son pays, ne voulut pas prendre des engagemens qui l'en auroient peut-être éloigné pour toujours; et son refus ne lui fit point perdre les bonnes grâces du grand-prieur.

De retour en France, il fut présenté à la Cour par son protecteur, et le cardinal de Lorraine l'admit dans son intimité. Un petit succès de société, qui prouvoit seulement le soin qu'il avoit pris d'exercer sa mémoire, lui acquit la faveur de ce ministre, très-disposé à se passionner pour tout ce qui offroit quelque chose d'extraordinaire. Jean de Montluc, évêque de Valence, qu'on ne soupçonnoit pas encore de pencher vers les opinions nouvelles, avoit prononcé le jour de Pâques un sermon dont tout le monde parloit, et le cardinal regrettoit vivement de ne l'avoir pas entendu. Castelnau, qui se vantoit de n'avoir jamais rien oublié, offrit de réciter devant lui ce sermon, et même de reproduire l'accent et les gestes de l'orateur. Le cardinal le prit au mot, et réunit quelques personnes pour juger de la vérité de l'imitation. Le succès passa les espérances qu'on avoit pu concevoir, et mit pendant quelque temps Castelnau à la mode. Mais ce frivole engouement n'eut pour lui aucun résultat utile : c'étoit en fournissant d'autres preuves de son étonnante capacité qu'il devoit parvenir au maniement des grandes affaires.

François de Lorraine, auquel il n'avoit pas cessé d'être attaché, étant devenu en 1557 général des galères, lui en donna une à commander : il entra sans répugnance dans cette carrière, peu recherchée alors par les gentilshommes ; et l'activité de son esprit se tourna vers les moyens de perfectionner la marine française. Mais les désastres qui suivirent la bataille de Saint-Quentin le rappelèrent bientôt en France. Le cardinal de Lorraine, chargé seul du poids des affaires en l'absence du duc de Guise son frère, sentit que Castelnau étoit propre à autre chose qu'à répéter des sermons, et il lui confia les missions les plus importantes. Ce fut lui qui, pendant tout le temps que les Parisiens se crurent en danger, porta les ordres de Henri II au duc de Nevers, qui, campé sous les murs de Laon avec les débris de l'armée française, eut la gloire de rendre inutile la victoire remportée par les Espagnols.

L'année suivante, lorsque les négociations pour la paix s'ouvrirent à Cateau - Cambresis, Castelnau fut chargé d'accompagner les plénipotentiaires français, et il fit plusieurs voyages à Paris pour prendre les ordres du Roi sur les difficultés qui s'élevoient. Le traité étant conclu, Henri II, qui avoit su l'apprécier, lui fit quitter la carrière de la marine pour celle de la diplomatie, et l'envoya en Écosse près de la régente Marie de Lorraine sa fidèle alliée; puis il lui ordonna de passer en Angleterre, où Élisabeth, parvenue récemment au trône, étoit obligée de ménager les partis qui divisoient le royaume depuis la mort de Henri VIII. Castelnau profita très-habilement de la position de cette princesse : il sut gagner son amitié et sa confiance sans sacrifier aucun des intérêts qui lui étoient confiés, et il parvint à obtenir d'elle qu'elle n'insisteroit pas sur la reddition de Calais. Cette négociation lui ayant fait beaucoup d'honneur, il partit pour l'Allemagne afin de confirmer quelques princes dans leur union avec la France ; et il étoit sur le point de se rendre dans les Pays-Bas, où il devoit résider près de la gouvernante, Marie de Parme, lorsque la mort inattendue de Henri II le fit revenir précipitamment à la Cour (1559).

Les Guise, qui dominoient sous le jeune roi François II, époux de Marie Stuart leur nièce, témoignèrent à Castelnau la même confiance que le feu Roi ; et ils le chargèrent d'une mission près d'Emmanuel Philibert, duc de Savoie, auquel le Piémont avoit été rendu par le traité de Cateau-Cambresis. Ce prince, qui passoit pour l'un des plus grands hommes de guerre de son temps, et qui n'étoit étranger à aucune des connoissances qu'on cultivoit alors, accueillit avec plaisir l'ambassadeur français. Brantôme prétend qu'ils firent ensemble des expériences de chimie, et que Castelnau y gagna cent mille écus : il est inutile de relever l'absurdité de ce conte, car tout le monde sait que la chimie n'enrichissoit personne à cette époque.

Castelnau fut ensuite envoyé à Rome, où, jeune encore, il avoit fait ses premières études politiques : il y contribua, dans l'intérêt de la France, à l'élection du pape Pie IV. A peine fut-il de retour, que les Guise, irrités des intrigues qu'Élisabeth tramoit en Écosse, voulurent lui faire la guerre : le grand-prieur eut l'ordre de faire passer les galères, de la Méditerranée dans l'Océan. Castelnau redevint marin pour servir sous son ancien protecteur ; et, après le voyage le plus pénible, ils arrivèrent à Nantes, où ils apprirent qu'on avoit renoncé à toute hostilité contre l'Angleterre : ce fut dans cette ville que Castelnau découvrit les premiers indices de la conjuration d'Amboise. Il s'empressa d'avertir les ministres, qui le chargèrent d'en suivre les traces.

Peu de temps après la mort de François II, sa jeune épouse, Marie Stuart, fut obligée e partir pour l'Écosse : Castelnau fit partie du cortége qui l'accompagna, et il fut chargé par Catherine de Médicis de résider auprès d'elle comme ambassadeur. Il ne négligea rien pour lui donner une bonne direction au milieu des troubles dont son royaume étoit agité ; et l'on peut croire que, si elle eût suivi ses sages conseils, elle auroit échappé au sort affreux dont elle étoit menacée. Il combattit pour elle contre ses sujets révoltés, et fit plusieurs voyages en Angleterre afin de la réconcilier avec Élisabeth.

La guerre civile qui éclata en France au commencement de 1562 y rappela Castelnau. Il ne balança pas un moment sur le parti qu'il devoit prendre, et il se déclara pour les catholiques. Quoique ses longues études et son expérience lui eussent fait entrevoir toutes les calamités dont les dissensions intérieures menaçoient la France, il sentit qu'au point où les choses en étoient venues, il n'étoit plus possible de garder la neutralité. « En matière de guerre civile, « dit-il dans ses Mémoires, il faut tenir un party as- « seuré, car, dans toute sorte de nations, du temps » mesme des Romains, ceux-là ont esté méprisés qui en « ont usé autrement. Ils sont peu estimés, et ne peu- « vent éviter le nom de traistres et d'espions, ceux qui « n'ont ordinairement le cœur de se déclarer fidèles « pour un party ny pour l'autre. » Mais si le malheur des temps le contraignit à suivre cette direction, qui n'étoit pas celle du chancelier de L'Hospital, il fit paroître, au milieu des fureurs dont les deux partis étoient animés, toute la sagesse et toute la modération de son caractère.

Le fort de la guerre étoit en Normandie, où les protestans avoient livré le Havre aux Anglais. Castelnau fut chargé d'y mener les troupes royales qui tenoient garnison en Bretagne : attaqué en route par le baron de La Colombière qui avoit des forces supérieures, il fut fait prisonnier et conduit au Havre. Mais, comme il étoit connu du commandant anglais, on le laissa jouir d'une certaine liberté, et il en profita pour pratiquer des intelligences qui furent par la suite très-utiles. Ayant été échangé, il joignit l'armée catholique ; et, après avoir pris part au siége de Rouen, où le roi de Navarre fut blessé à mort, il servit avec distinction à la bataille de Dreux, qui rendit le duc de Guise maître absolu des affaires.

Ce prince, satisfait de sa conduite, lui confia le commandement d'un corps de lansquenets, avec lequel il s'empara de Tancarville par une ruse de guerre qui eut un plein succès. Il parvint à faire croire au gouverneur protestant que cette poignée d'Allemands qu'il conduisoit, ne précédoit que de quelques heures toute l'armée catholique. Une terreur panique s'empara des assiégés, les portes de la place lui furent ouvertes, et il y établit un magasin de vivres et de munitions. Peu de temps après, le duc de Guise fut assassiné devant Orléans, et cette mort, qui laissoit les catholiques sans chef, accéléra la paix. (Traité d'Amboise, 29 mars 1563.) Il ne fut plus alors question que de recouvrer le Havre, qu'Élisabeth espéroit conserver pour se dédommager de la perte de Calais : les deux partis mirent une égale ardeur à chasser les étrangers du territoire de la France; et les munitions que Castelnau avoit amassées à Tancarville furent d'une grande utilité.

Le Havre ayant été recouvré, Castelnau fut envoyé en Angleterre pour renouer des liaisons avec cette puissance, qui avoit secouru les protestans sans déclarer ouvertement la guerre. Il étoit en même temps chargé de demander la main d'Élisabeth pour le jeune Charles IX : proposition assez singulière à cause de la disproportion d'âge (1), et sur le succès de laquelle Catherine de Médicis n'avoit nullement compté. Castelnau ne s'occupa que de la paix, dont les conditions

---

(1) Charles IX avoit quatorze ans; Elisabeth en avoit trente.

furent favorables à la France. Il s'efforça aussi de calmer les jalousies qui divisoient la reine d'Angleterre et la reine d'Écosse ; et ce fut dans ces négociations délicates qu'il fit paroître toute son habileté. Il s'agissoit de rapprocher deux princesses que des rivalités de coquetterie aigrissoient autant que leurs disputes politiques ; et il falloit ménager avec un soin particulier de petites passions qui se trouvoient mêlées à de grands intérêts. Si Castelnau ne parvint pas à réconcilier Élisabeth et Marie, il réussit du moins à retarder l'instant où les plus funestes discordes devoient éclater.

A peine étoit-il revenu d'Angleterre, qu'il fut envoyé à Bruxelles pour une affaire très-importante. Philippe II, mécontent de la douceur avec laquelle Marguerite de Parme, gouvernante des Pays-Bas, avoit traité les protestans, venoit de la remplacer par le duc d'Albe, chargé des instructions les plus sévères. Le but apparent de la mission de Castelnau étoit de complimenter la gouvernante avant son départ, le but secret de pénétrer les intentions du nouveau gouverneur, et de savoir s'il donneroit des secours au roi de France, dans le cas où les protestans rallumeroient la guerre civile.

Ce fut là qu'il découvrit le complot formé par le prince de Condé et l'Amiral, de surprendre à Monceaux la famille royale, et de l'enlever (septembre 1567). Il partit aussitôt pour la Cour, et s'efforça de faire partager aux ministres ses inquiétudes trop fondées ; mais il ne trouva que des incrédules : le chancelier de L'Hospital lui fit un crime de son zèle, et le menaça des punitions encourues par ceux qui donnent de fausses alarmes. Cet accueil, auquel il étoit loin de s'attendre, ne le découragea pas ; il soutint la vérité de ce qu'il affirmoit jusqu'au moment où il ne fut plus permis d'en douter : mais il s'en fallut peu que le complot ne réussît, car on ne prit les mesures qu'il avoit conseillées, que lorsque le danger fut évident et extrême.

Cette tentative hardie des protestans ayant fait éclater de nouveau la guerre civile, Catherine de Médicis renvoya Castelnau à Bruxelles, afin de demander au duc d'Albe trois mille hommes d'infanterie espagnole, et deux mille chevaux italiens. Le duc, jugeant que l'intérêt de l'Espagne étoit de prolonger les troubles de la France, affecta un grand zèle, mais différa longtemps de donner une réponse positive ; et ce ne fut qu'après les plus vives sollicitations, que l'ambassadeur obtint enfin deux mille cavaliers flamands, commandés par le comte d'Aremberg. Il rentra en France avec cette troupe, mais le comte avoit des instructions secrètes qui lui prescrivoient de faire un long détour avant de joindre l'armée catholique, de sorte que la bataille de Saint-Denis fut livrée le 17 novembre 1567, sans qu'un secours, arraché par tant d'instances, pût être d'aucune utilité.

Immédiatement après cette bataille, où les catholiques payèrent la victoire par la perte du connétable de Montmorency, on apprit que le duc Casimir, second fils de l'électeur Palatin, venoit avec une armée au secours des protestans. Castelnau partit aussitôt pour l'Allemagne, afin d'obtenir des secours du duc Jean-Guillaume de Saxe, qui, quoique beau-frère de Casimir, étoit disposé à soutenir en France la cause des catholiques. En moins de trente huit jours, l'ambassadeur français conduisit ce prince dans le royaume, à la tête de six mille cavaliers; mais ce secours fut inutile parce que la paix venoit d'être signée. (Traité de Longjumeau, 27 mars 1568.)

Il fallut alors que Castelnau employât son crédit auprès du duc pour le déterminer à retourner en Allemagne sans avoir tiré l'épée : il eut plus de peine à le faire partir qu'il n'en avoit eu à l'amener, parce que le jeune prince s'étoit promis, dans la guerre civile, non-seulement de la gloire, mais un butin considérable. Une mission encore plus difficile lui fut confiée près du duc Casimir, dont la Cour s'étoit engagée à payer les soldats. On ne fournit pas au négociateur les fonds nécessaires, et il courut les plus grands dangers au milieu de cette armée, qui le soupçonnoit de vouloir la tromper. La considération personnelle dont il jouissoit put seule l'en préserver; il employa tour à tour les prières, les promesses, les menaces, pour persuader à ces soldats de se contenter de ce qu'il leur offroit; et il parvint enfin à les faire retourner dans leur pays.

Ainsi, par ses soins et ses talens, la France fut délivrée de deux armées qui n'étoient venues au secours des catholiques et des protestans que pour s'enrichir de leurs dépouilles. Catherine de Médicis récompensa Castelnau en lui donnant le gouvernement de Saint-Dizier, et une compagnie d'ordonnance.

Ces deux services éminens n'eurent pas les heureux résultats qu'on devoit attendre, parce que la guerre civile se ralluma presque aussitôt (septembre 1568). Castelnau servit avec sa compagnie dans l'armée du duc d'Anjou, devenu lieutenant général depuis la mort du connétable. Il prit part à la victoire de Jarnac (13 mars 1569), et il eut la glorieuse mission d'en porter la nouvelle au Roi.

Cependant une armée considérable, commandée par le duc de Deux-Ponts, marchant au secours des protestans, les catholiques sentirent aussi le besoin de l'assistance des étrangers. Castelnau fut donc envoyé près du marquis de Bade et du duc d'Albe, dont il obtint, avec beaucoup de promptitude, une troupe nombreuse d'infanterie et de cavalerie; mais cette petite armée ne put arriver assez à temps pour empêcher la jonction des forces du duc de Deux-Ponts avec celles des protestans; et Castelnau n'eut plus qu'à reprendre le commandement de sa compagnie d'ordonnance dans la grande armée du duc d'Anjou. Il partagea la gloire de ce prince à la bataille de Montcontour (3 octobre 1569), et il continua de servir sous lui jusqu'à la paix de Saint-Germain (8 août 1570).

Quelque temps après, dans l'espoir de prévenir une nouvelle rupture, il se chargea de négocier, près de Jeanne d'Albret, le mariage du jeune prince de Navarre avec Marguerite de Valois, sœur de Charles IX : union qui fut formée plus tard, et sous les plus funestes auspices. Dans les premiers mois de l'année 1572, il remplit diverses missions importantes en Angleterre, en Allemagne et en Suisse. A son retour, il trouva la France consternée et en proie à la plus horrible fermentation par le massacre de la Saint-Barthélemy. Catherine de Médicis savoit qu'Elisabeth avoit fait éclater une grande indignation, et elle pensa que Castelnau, honoré depuis long-temps de son estime, étoit seul capable de la calmer. Elle lui ordonna donc de repartir pour l'Angleterre : Fénélon avoit déjà disposé cette Reine à refuser des secours aux protestans; Castelnau fit plus, il la détermina, malgré l'opposition de presque tous ses ministres, à être marraine de la princesse que Charles ix venoit d'avoir de son épouse, Isabelle d'Autriche. Il employa aussi, mais vainement, son intervention en faveur de l'infortunée Marie Stuart, qui, depuis quatre ans, étoit prisonnière de sa rivale.

L'année suivante, lorsque le duc d'Anjou fut appelé au trône de Pologne, il fut décidé que Castelnau l'accompagneroit; mais le prince, avant d'arriver à Cracovie, le renvoya en France, dans la persuasion qu'il y serviroit mieux ses intérêts si le trône venoit à vaquer. Ce pressentiment se réalisa bientôt : Charles ix mourut le 30 mai 1574; et Catherine de Médicis chargea Castelnau de lever six mille reîtres pour soutenir les droits du légitime héritier de la couronne.

A peine Henri iii fut-il arrivé en France, que les protestans s'agitèrent, et renouèrent des intrigues avec la cour de Londres. Le Roi pensa que Castelnau, par la grande connoissance qu'il avoit de ce pays, parviendroit peut-être à les rompre. Il le nomma donc, en 1575, son ambassadeur près d'Elisabeth, et il exprima le désir qu'il restât long-temps dans cette cour, où ses services pouvoient être de la plus grande utilité. Castelnau y passa dix ans : il flatta la coquetterie de la Reine, en ayant l'air de croire qu'elle pensoit sérieusement à épouser le duc d'Alençon, frère de Henri iii, et en faisant venir à deux reprises différentes ce jeune prince en Angleterre. Il déconcerta toutes les intrigues que formèrent les protestans, et il ne négligea aucun moyen d'adoucir le sort de Marie Stuart, dont la captivité devenoit chaque jour plus rigoureuse. S'il ne put rien obtenir pour cette princesse, il retarda du moins son supplice, qui n'eut lieu que deux ans après qu'il eut quitté l'Angleterre (18 février 1587). Elisabeth, dont il contrarioit quelquefois les desseins, lui rendoit pleine justice; et, dans une lettre qu'elle écrivit à Henri III, elle s'exprima ainsi : *Castelnau est digne de manier une plus grande charge.*

Le séjour qu'il fit en Angleterre fut la seule époque de sa vie où il put jouir de quelque repos; ce fut là qu'il composa ses Mémoires pour l'instruction de son fils. Son dessein étoit d'embrasser tous les événemens dont il avoit été témoin; mais les loisirs lui manquèrent, et il ne put retracer que l'histoire des trois premières guerres civiles, période qui commence à 1559, et finit à 1570.

Il revint en France en 1585, presque ruiné : son traitement ne lui avoit pas été payé exactement, et, ayant fait des avances considérables pour les deux voyages du duc d'Alençon, il n'en étoit pas remboursé. Il ne fut dédommagé, ni par Henri III, dont les finances étoient obérées, ni par le duc de Guise, qui blâmoit son inébranlable fidélité au Roi. Le duc de Guise le priva même de son gouvernement de Saint-Dizier, unique récompense qu'il eût obtenue, et s'en empara comme d'une place nécessaire à son parti. Ces injustices ne détournèrent point Castelnau de ses devoirs : il se déclara ouvertement contre la Ligue, dont les soldats ravagèrent ses terres; et quand Henri IV parvint au trône (2 août 1589), il ne put lui offrir que ses services.

Le monarque l'accueillit avec les égards que méritoit un tel serviteur; il lui donna des missions de confiance, et lui fit espérer d'amples dédommagemens quand il seroit parvenu à soumettre la Ligue. Castelnau, dans un âge avancé, partagea long-temps les périls de Henri IV, mais il n'eut pas le temps de le voir vainqueur et affermi sur le trône : s'étant retiré, en 1592, dans son château de Jonville en Gâtinais, pour prendre quelque repos, il y mourut à l'âge de soixante-quatorze ans.

Ses Mémoires sont le monument historique le plus instructif de cette époque : l'auteur, ayant été employé dans presque toutes les grandes affaires, les présente sous leur véritable point de vue, et en dévoile souvent le secret. Il ne se livre à aucune déclamation, garde la mesure la plus parfaite, et se montre toujours sage, sans être jamais indifférent. Il excelle surtout à peindre l'esprit du temps; et, tout en développant les doctrines dangereuses des nouveaux sectaires, il ne dissimule pas les torts des catholiques, dont il a embrassé le parti. Sa narration est élégante, claire et précise, qualités trop rares dans les écrivains du seizième siècle; et, par la sagesse ainsi que par la profondeur de ses observations, il mérite d'être placé à côté de Philippes de Comines, qu'il paroît avoir pris pour modèle.

Les Mémoires de Castelnau parurent pour la première fois en 1621, un volume in-quarto, Paris, Chapelet. Ils furent publiés par Jacques de Castelnau, son fils, à l'instruction duquel ils avoient é' destinés. En 1659, Le Laboureur en donna une éd en deux volumes in-folio, Paris, Lamy. Il y joign. une multitude de pièces sur les règnes de François II, de Charles IX et de Henri III, et une histoire généalogique de la maison de Castelnau. En 1731, Jean Godefroy publia une nouvelle édition du travail de Le Laboureur, trois volumes in-folio, Bruxelles, Jean Léonard. Il y ajouta plusieurs pièces inédites jusqu'alors, et les généalogies de toutes les maisons alliées de Castelnau.

Ce travail, qui contient les matériaux les plus précieux pour l'histoire, est cependant surchargé de détails qui étouffent en quelque sorte le livre qu'ils sont destinés à compléter. On en sera convaincu quand on saura que les mémoires n'occupent que les deux cent soixante-neuf premières pages d'un recueil de trois volumes in-folio. D'ailleurs les compilations de Le Laboureur et de Jean Godefroy ne convenoient qu'à un livre publié isolément, et ne pouvoient entrer dans une collection telle que celle-ci, où les particularités omises dans un ouvrage se trouvent dans un autre, et où les notices et les notes doivent offrir tous les éclaircissemens dont les lecteurs peuvent avoir besoin.

Les éditeurs de l'ancienne collection, dans l'intention peut-être de multiplier les volumes, ont emprunté un grand nombre de pièces recueillies par Le Laboureur et Jean Godefroy; et ils ont en quelque sorte fondu dans leurs notes l'histoire de cette époque.

Nous avons dû suivre, pour ces Mémoires, le même plan que pour ceux qui précèdent. L'histoire des guerres de religion étant développée dans l'introduction aux Mémoires de Montluc, nous nous sommes bornés à mettre au bas des pages les notes qui nous ont paru absolument nécessaires; et, dans deux occasions seulement, nous avons ajouté aux récits de Castelnau des supplémens qui tendent à éclaircir quelques problèmes historiques dont jusqu'à présent la critique n'avoit pas donné la solution.

L'édition sur laquelle nous réimprimons ces mémoires est celle de 1659, qui nous a semblé la plus correcte.

MÉMOIRES

DE

MICHEL DE CASTELNAU.

LIVRE PREMIER.

CHAPITRE PREMIER.

Mort du roy Henry II. François II son fils succede à la couronne. Appelle au ministere le duc de Guyse et le cardinal de Lorraine, oncles de Marie Stuart, reine d'Escosse sa femme. Eloge du cardinal de Lorraine et du duc de Guyse.

[1559] Pour entrer au discours des choses que j'ay veues et maniées en France et hors le royaume, je commenceray au temps que le roy Henry II, courant en lice, fut blessé en l'œil par le comte de Mongommery, capitaine de la garde escossoise, comme les rois de France ont accoustumé, pour l'ancienne alliance qui est entr'eux et les Escossois, d'en avoir une de cette nation.

Ce fut le dernier jour de juin 1559, lorsque Sa Majesté pensoit avoir une paix assurée, et mis fin à toutes les guerres estrangeres, pour establir un repos par tout son royaume par le moyen du traité de Casteau Cambresis, fait en cette année avec Philippes II, roy d'Espagne, qui, par l'accord, espousa Elisabeth de France, fille aisnée du roy Henry, lequel par mesme moyen, maria Marguerite sa sœur, princesse très-sage et vertueuse, à Philibert, duc de Savoye, lequel par le traicté de la paix fut remis en son Estat, hors-mis quelques villes que le Roy retint.

Mais la mort de ce prince vaillant et de bon naturel apporta de grands et notables changemens à la France, parce que le roy François II, son fils, qui luy succeda à la couronne, n'estoit pour lors aagé que de quinze à seize ans, et avoit nouvellement espousé Marie Stuart, reine d'Escosse, niepce de ceux de Guise du costé maternel. Par le moyen de laquelle alliance cette maison, qui desjà estoit grande et avoit beaucoup de credit dès le temps du roy Henry, print tel accroissement, que François duc de Guise, et Charles cardinal de Lorraine, son frère, disposoient entierement des affaires du royaume, de la volonté et consentement du Roy. Car comme le clergé de France, le premier et plus riche des trois estats, dependoit presque dudit cardinal de Lorraine, aussi la pluspart de la noblesse et des capitaines s'appuyoient sur la faveur et autorité dudit duc de Guise, tous deux bien unis et en bonne intelligence avec leurs autres freres, à savoir : le duc d'Aumale, grand capitaine, le cardinal de Guise, bon courtisan, le marquis d'Elbœuf [1], et le grand prieur de France [2], general des galeres, auquel la mort en

---

[1] *Le marquis d'Elbœuf :* René de Lorraine. — [2] *Le grand prieur de France :* François de Lorraine.

la fleur de son aage a envié l'honneur d'une infinité de beaux desseins qu'il m'a souvent communiquez (¹), tous enfans de Claude de Lorraine, duc de Guise, et d'Antoinette de Bourbon, princesse très-vertueuse : et avoient encore moyenné avec le feu roy Henry le mariage de Claude, sa fille puisnée, avec Charles duc de Lorraine, leur petit nepveu.

Outre la grandeur des alliances, le cardinal de Lorraine avoit acquis la reputation d'estre fort bien entendu au maniment des affaires d'Estat, pour l'expérience qu'il en avoit, y ayant esté nourry dès l'aage de vingt ans; et avoit l'esprit prompt et subtil, le langage et la grace avec de la majesté, et le naturel actif et vigilant. Et quant au duc de Guise, il estoit cogneu pour l'un des plus grands capitaines et des plus experimentez de tout le royaume, qui avoit fait plusieurs services fort signalez à la couronne, mesmement ayant soustenu le siege de la ville de Mets contre l'armée imperiale, où l'empereur Charles V commandoit en personne, reconquesté la ville de Calais que les Anglois avoient tenue plus de deux cens ans, et prins Thionville, sans plusieurs autres actes belliqueux.

(¹) *Qu'il m'a souvent communiquez.* On a vu dans la notice que Castelnau avoit été long-temps attaché au grand-prieur.

CHAPITRE II.

Catherine de Medicis, mere du Roy, s'unit avec la maison de Guyse. Cause des inimitiez entre les maisons de Guyse et de Montmorency. Anne de Montmorency, connestable de France, se retire de la Cour. Mecontentement des princes du sang.

Or ces deux freres, qui avoient tant obligé de personnes par leurs bienfaits et prevoyances, et qui par ce moyen s'estoient acquis la pluspart de ceux qui avoient les premiers estats et les plus grandes charges de ce royaume, continuerent encore après la mort du feu roy Henry, aidez de la faveur de Catherine de Medicis, veuve dudit roy, princesse d'un esprit incomparable. Ce qu'elle a bien fait paroistre lorsqu'elle print en main les resnes du gouvernement et des affaires du royaume avec la tutelle de ses jeunes enfans, tesmoignant n'avoir aucun plus grand desir que de se faire cognoistre pour mere du Roy, et croire le conseil establi par le feu roy son seigneur [1], s'appuyant du duc de

[1] *Le conseil establi par le feu roy son seigneur.* Le conseil n'avoit point été établi par Henri II. Catherine ne tenoit pas les rênes de l'Etat : c'étoient les Guise, oncles de la jeune reine Marie Stuart, qui s'étoient emparés de tout le pouvoir, après avoir fait chasser les Montmorency leurs rivaux. Le jour même de la mort de Henri II, Catherine montra qu'elle n'étoit pas en position de gouverner. Sur le point de partir pour le Louvre avec le nouveau roi François II, « elle eut le ju-
« gement si present en cette violente douleur, dit l'historien Mathieu,
« que, voulant monter en carrosse, elle se souvint qu'elle estoit descen-
« due d'un degré; et, pour ce, ne voulut point retarder de faire voir
« qu'elle ne l'ignoroit, et prenant Marie Stuart par la main, lui dit :
« *Madame, c'est à vous de marcher maintenant la premiere.* »

Guise, qu'elle fit pourvoir de l'estat de grand maistre; ce qui depleut fort au connestable Anne de Montmorency, qui auparavant avoit cette charge, la premiere de la maison du Roy, bien que pour recompense le sieur de Montmorency son fils aisné fust fait mareschal de France. Cet estat de grand maistre fut cause en partie des inimitiez couvertes et plus grandes qu'auparavant ces maisons avoient, jalouses l'une de l'autre. Mais ce qui donna accroissement encores à l'envie, fut quand les deputez du parlement de Paris vindrent gratifier le Roy de son heureux advenement à la couronne, suivant la coustume ancienne, lui demandant à qui il luy plaisoit que dès lors en avant l'on s'addressast pour sçavoir sa volonté, et recevoir ses commandements. Lors Sa Majesté fit response qu'elle avoit donné la charge entiere de toutes choses au cardinal de Lorraine et au duc de Guise, ses oncles.

Et comme en mesme temps le connestable fut aussi allé faire la reverence à Sa Majesté pour lui rendre le cachet, et voir ce qui luy seroit commandé, le Roy lui dit qu'il avoit laissé au cardinal de Lorraine toute la charge des finances, et au duc de Guise le fait et la conduite des armes, de sorte que c'estoit luy retrancher sa puissance. Lequel dès lors, comme sage et vieil courtisan dissimulant sa douleur, fit response qu'aussi n'estoit-il venu que pour s'excuser de sa charge à l'occasion de son vieil aage, pour se retirer en sa maison.

Quant aux princes du sang, ils se mesloient bien peu des affaires, et quand bien ils en eussent eu la volonté, le peu de faveur qu'ils avoient ne leur en donnoit pas grande occasion. Neantmoins pour ne les mecontenter, on leur donna d'honnestes commissions. Et en ce temps Antoine de Bourbon, roy de Navarre, estant par le conseil de ses amis et serviteurs tiré de Gascogne jusques à la Cour, fut recueilly froidement selon son opinion : delà il print occasion, comme aussi estoit-il peu ambitieux, de s'en retourner; mais, pour le contenter, on lui donna la commission avec le cardinal de Bourbon son frere, et le prince de La Roche-sur-Yon, de conduire Elisabeth de France, sœur du Roy, en Espagne, et au prince de Condé, d'aller en Flandre pour continuer les alliances. Quant au duc de Montpensier (1), le plaisir et repos de sa maison luy donnoit plus de contentement que la Cour, pour l'autorité que le Roy avoit donnée à la maison de Guise ; ce qui desplaisoit autant à celles de Montmorency et de Chastillon qu'aux princes du sang.

CHAPITRE III.

La maison de Guyse s'establit par le parti catholique. Punition des heretiques. Edicts du feu roy Henry II contr'eux. Divers interests touchant l'execution desdits edicts. Execution à mort du conseiller du Bourg.

Et ce qui plus avança encores les occasions de les diviser d'avec la noblesse et les sujets, pour se faire partisans les uns contre les autres, fut le schisme et la division des religions, que l'on entremesla avec les affaires d'Estat (qui rehaussa davantage l'authorité de la maison de Guise, laquelle tenoit entierement le

(1) *Duc de Montpensier* : Louis de Bourbon.

parti de l'Eglise catholique, apostolique et romaine); car les protestans, ainsi se nommoient-ils pour les protestations qu'ils faisoient de leur religion, à l'imitation des Allemans, estoient si odieux, que l'on faisoit mourir ceux qui demeuroient obstinez et resolus en leurs opinions; et à aucuns l'on couppoit la langue, de peur qu'en mourant ils ne donnassent au peuple impression de leurs doctrines, ou ne vinssent à mesdire des sacremens : ce qui auroit esté continué depuis l'an mil cinq cens trente et deux, que l'on commença à brûler les lutheriens.

A quoy plusieurs juges et magistrats estoient poussez d'un bon zele, pensans faire sacrifice agreable à Dieu de la mort de telles gens, parce que le peuple de France, de toute ancienneté, a toujours, par sus tous les peuples de l'Europe, esté fort adonné à la religion, comme nous lisons mesme ès commentaires de Cesar. Or tout le clergé de France, et presque toute la noblesse, et les peuples qui tenoient la religion romaine, jugeoient que le cardinal de Lorraine et le duc de Guise *estoient comme appellez de Dieu* pour la conservation de la religion catholique, establie en France depuis douze cens ans; et leur sembloit non seulement impieté de la changer ou alterer en sorte quelconque, mais aussi impossible sans la ruine de l'Estat, comme à la verité ces deux choses sont tellement conjoinctes et liées ensemble, que le changement de l'une altere l'autre. Ce que prevoyant le feu roy Henry, avoit fait un edict au mois de juin 1559, estant à Escoüan, par lequel les juges estoient contraints de condamner tous les lutheriens à la mort; lequel fut publié et verifié par tous les parlemens, sans limitation ny modification quelconque, avec défences aux juges de diminuer la peine comme ils avoient fait depuis quelques années auparavant. Et parce que, en ce temps, il y eut quelques conseillers du parlement de Paris qui, à la mercuriale, furent d'avis de faire ouverture des prisons à un lutherien qui persistoit en son opinion, chose du tout contraire à l'edict de Romorentin, ledit feu roy Henry fut, le dixiesme juin mil cinq cens cinquante-neuf, au parlement, seant pour lors aux Augustins (1), et fit constituer prisonniers cinq conseillers de la cour.

L'on faisoit divers jugemens de l'edict, et les plus politiques et zelateurs de la religion estimoient qu'il estoit necessaire, tant pour conserver et maintenir la religion catholique, que pour reprimer les seditieux, qui s'efforçoient, sous couleur de religion, de renverser l'estat politique du royaume, et afin que la crainte du supplice retranchast la secte par la racine. Les autres, qui n'avoient soin, ny de la religion, ny de l'Estat, ny de la police, estimoient aussi l'edict necessaire, non pas pour exterminer du tout les protestans, car ils jugeoient que cela pourroit estre cause de les multiplier, mais que ce seroit un moyen de s'enrichir par les confiscations des condamnez, et que le Roy se pourroit acquitter de quarante et deux millions de livres qu'il devoit, et faire fonds aux finances, et, outre ce, contenter ceux qui demandoient recompense des services qu'ils avoient faits à la couronne, en quoy plusieurs met-

---

(1) *Seant pour lors aux Augustins.* Le parlement siégeoit dans ce couvent, parce que l'on faisoit au Palais les préparatifs des fêtes qui devoient avoir lieu pour les mariages d'Elisabeth, fille aînée du Roi, avec Philippe II, et de Marguerite, sœur du même prince, avec Emmanuel Philibert, duc de Savoie.

toient leur esperance. Mais le roy Henry, qui estoit cognu pour prince de bonne nature, n'ayant autre but que le zele de la religion catholique, pour couper le chemin aux heresies, qui apportent toujours avec elles du changement, se laissa aller au conseil de ceux qui estoient d'avis de faire brûler les heretiques sans remission.

Et de fait, Sa Majesté commanda que l'on fist le procez aux conseillers emprisonnez, ce qui fut depuis differé par sa mort. Et quelque temps après, l'un d'iceux fut absous à pur et à plein, les autres condamnez en l'amende, partie honorable et partie profitable; et le conseiller du Bourg fut condamné et executé à mort la veille de Noël 1559, encores qu'il eust des amis, et que le comte Palatin eust escrit au Roy pour luy sauver la vie. En ce mesme temps, l'on publia nouveaux edicts (1) portans defence de faire assemblées se-

(1) *L'on publia nouveaux édicts.* François II envoya en même temps une déclaration au parlement de Paris, et les lettres-patentes qui l'accompagnoient étoient ainsi conçues : « Pour eviter aux conventicules et « assemblées illicites, le Roi veut que toutes personnes qui auront cog- « noissance de ceux qui font lesdits conventicules, tant de jour que de « nuict, soit pour le faict de la religion, ou autre fin quelle qu'elle soit, « viennent à les reveler à la justice, sur peine d'estre punies de telles « et semblables peines que ceux qui se seront trouvés auxdites assem- « blées; voulant que à celuy qui viendra le premier à revelation, et par « le moyen duquel telles choses s'avereront, il lui soit faict pardon, ores « qu'il fust des complices et coupables, et encores qu'il lui soit donné « pour loyer la somme de cent escus pour une fois ; voulant que lesdits « revelateurs soient maintenus et gardez de toutes injures, oppressions « et molestes, et les conservant en sa protection et sauve garde. » Le parlement rendit le 6 septembre un arrêt par lequel il étoit enjoint à tous propriétaires et locataires de maisons, de s'informer exactement des vie, mœurs et religion de ceux qui y demeuroient, afin d'en rendre compte aux commissaires des quarteniers.

crettes sur peine de la vie, parce que les protestans s'assembloient ordinairement en des maisons particulieres, et la nuict plustost que le jour, pour l'exercice de leur religion : et par les mesmes edicts y avoit promesse aux delateurs de la moitié des confiscations.

CHAPITRE IV.

Autorité du parlement de Paris. Pouvoir du parlement d'Angleterre. Poursuites contre les protestans. Pretendues abominations desdits protestans en leurs assemblées. Opiniastreté des protestans. Peines ordonnées contre les catholiques en Angleterre.

CES edicts estans publiez par tout le royaume, les magistrats firent de grandes inquisitions et vives poursuites contre les protestans, principalement en la ville de Paris, afin que par icelles l'on donnast l'exemple et la reigle de proceder aux autres villes, d'autant que Paris est la capitale de tout le royaume, et des plus fameuses du monde, tant pour la splendeur du parlement, qui est une compagnie illustre de cent trente juges, suivis de trois cents avocats et plus, qui ont reputation envers tous les peuples chrestiens d'estre les mieux entendus aux loix humaines et au fait de la justice, que pour la faculté de Theologie et les autres langues et sciences qui reluisent plus en cette ville qu'en autre du monde, outre les arts mechaniques et le trafic merveilleux qui la rend fort peuplée, riche et opulente; de sorte que les autres villes de France, et tous les magistrats et sujects y ont les yeux jettez, comme sur le modelle de leurs jugemens et administrations politiques, qui est un grand moyen de conserver l'Estat et la religion par tout le royaume, parce que le peuple fait jugement que cette ville, pleine de si grands et sçavans personnages, ne peut faillir; joinct aussi que les sept autres parlemens du royaume se conforment ordinairement à celui-là, qui sont en tout comme huit colomnes fortes et puissantes, composées de tous estats, sur lesquelles est appuyée cette grande monarchie; les edicts ordinaires n'ayans point de force et n'estans approuvez des autres magistrats, s'ils ne sont reçus et verifiez èsdits parlemens; qui est une reigle d'Estat, par le moyen de laquelle le Roy ne pourroit, quand il voudroit, faire des loix injustes, que bientost après elles ne fussent rejettées.

Comme aussi en Angleterre, le Roy ne peut faire loy qui porte coup aux biens, ny à l'honneur, ny à la vie des sujects, si elle n'est approuvée par les Estats du pays, qu'ils appellent leur parlement. Et si l'un d'iceux l'empesche, la loy n'est point receue.

Or les edicts qui pour lors estoient faits, les juges pour la pluspart n'y avoient point d'égard, ains ordonnoient les peines à leur discretion, et bien souvent aussi faisoient contre les protestans plus qu'il n'estoit porté par tels edicts, selon que le zele de la religion, ou la passion particuliere d'un chacun les poussoit. Doncques au mois de juillet, bien tost après la mort du roy Henry, lorsque l'ardeur de la saison enflamme les cœurs des hommes irritez, l'on print grand nombre de protestans, mesmement à Paris en la rue Sainct Jacques et au faux-bourg Sainct Germain des Prez, et ceux qui réchappoient abandonnoient leurs maisons.

Or ceux qui en estoient, furent découverts par le moyen de quelques uns qui s'estoient départis de leur religion; sçavoir est Russanges et Frete (1), lesquels avoient dénoncé aux juges les maisons particulieres où se faisoient les assemblées, et les noms des coulpables.

Il fut trouvé par informations faites à Paris, que les assemblées se faisoient la nuict, de tous aages, sexes et conditions de personnes, et qu'après avoir mangé un cochon au lieu d'Agneau paschal, il se faisoit une detestable et incestueuse copulation des hommes avec les filles et femmes, sans avoir grande discretion de l'aage ny du sang, comme il fut testifié par deux jeunes garçons, qui disoient avoir executé telles choses en certaines assemblées faites en la maison d'un advocat nommé Troüillard (1), à la place Maubert. Les informations de Paris contenans ce que dit est, furent portées à la Cour, et montrées à la Reine mère du Roy, par le cardinal de Lorraine, en la presence de plusieurs seigneurs et dames qui en furent fort estonnez; et deslors la Reine commanda que l'on en fist justice exemplaire. Mais quand ce fut aux recollemens et confrontations des tesmoins, ils se trouverent fort variables, de sorte que la cour de parlement ne put asseoir ny fonder jugement et arrest sur leurs dispositions. Neantmoins le fait demeura aux oreilles du menu peuple, qui le pensoit veritable.

(1) *Frete.* De Thou et Regnier de La Planche donnent le nom de David à ce second révélateur.

(2) *Un avocat nommé Troüillard.* Le chancelier Olivier prit lui-même connoissance de cette affaire. Trouillard et sa famille furent reconnus innocens. Cependant ils restèrent en prison jusqu'à l'édit de juillet, rendu en faveur des protestans dans la première année du règne de Charles IX.

Les moins passionnez jugeoient que la chose estoit supposée, veu que d'un nombre infini d'informations il ne s'en trouvoit qu'une, et l'on estimoit que c'estoit une invention propre et necessaire pour rendre lesdits protestans et leur doctrine d'autant plus odieuse. De laquelle invention l'on avoit anciennement usé contre les chrestiens en la primitive Eglise, comme l'on voit ès apologies de Tertulien et de l'orateur Athenagoras, depuis pratiquée contre les templiers sous le regne de Philippes le Bel, lesquels on accusoit de manger les petits enfans, et d'en crucifier un le jour du Saint Vendredy. Mais les histoires publiées de ce temps-là en Allemagne, portent que c'estoit une pure calomnie que l'on leur imposoit pour avoir leurs biens, comme il fut fait. Toutesfois cette accusation, ou impieté, n'estoit pas nouvelle, puisque l'on voit et tient-on pour histoire certaine et veritable, que les Gnostiques et Barbelites furent atteints et convaincus de se soüiller de paillardises incestueuses, sous voile de religion, et après tuer les enfans procréez de tels incestes, et les piler et paistrir avec de la farine et du miel, et en faire des tourteaux qu'ils mangeoient, disans et blasphemans que c'estoit le corps de Jesus-Christ, dit Epiphanius en son livre contre les heresies de son temps.

Quoi qu'il en fut, lorsque l'on menoit executer des protestans, quelques-uns disoient qu'ils mangeoient les petits enfans : neantmoins lesdits protestans estoient si opiniastres et resolus en leur religion, que lors mesmes que l'on estoit plus determiné à les faire mourir, ils ne laissoient pour cela de s'assembler, et plus on en faisoit de punition, plus ils multiplioient ; et semble (sans toutesfois faire marcher de pair l'obstination avec la grace du Sainct Esprit) que Julien, surnommé l'Apostat, empereur des Romains, defendit pour cette cause par edict exprès de faire mourir les chrestiens, qui se faisoient à l'envi et par grande devotion de leur salut. Mais bien commandoit-il de confisquer leurs biens et offices, qui leur estoit une rigoureuse punition, et en detourna plus par ce moyen que l'on n'avoit peu faire par les persecutions. Cela se voit en l'Histoire Ecclesiastique.

Aujourd'huy en Angleterre, où il y a des catholiques, il leur est prohibé, sur peine de prisons et de quelques sommes de deniers, de faire exercice de leur religion. Mais ces deffences envers les constans ne servent qu'à les rendre plus affectionnez à ladite religion catholique, pour laquelle ils ne craignent de perdre la vie et les biens. Il y en a d'autres de ladite religion catholique en leur cœur, qui s'accommodent aux loix politiques du royaume, et vont à l'eglise anglicane, de peur de perdre les biens, ou d'estre constituez prisonniers. Ceux-là pechent griefvement contre la confession de la foy catholique au dehors, et commettent un crime exterieur d'heresie. J'ay cogneu des uns et des autres.

CHAPITRE V.

Assemblées secrettes des protestans defendues par edict du Roy. Le president Minard assassiné. Conspiration contre la maison de Guyse. Raisons de l'exclusion des princes du sang des conseils et de l'administration du royaume.

Mais pour retourner aux assemblées secrettes que faisoient les protestans en France, l'on n'y traittoit pas seulement de la religion, ains des affaires d'Estat, chose très-pernicieuse en toute republique et monarchie, comme disoit le consul Posthumius en la harangue qu'il fit au peuple romain contre les Bacchanales nocturnes. Et pour cette cause Trajan l'empereur escrivoit à Pline le jeune, gouverneur de l'Asie Mineure, qu'il ne recherchast pas les chrestiens pour leur religion s'ils estoient gens de bien au reste de leur vie, mais bien qu'il fist en sorte que les edicts faits contre les corps et colleges illicites fussent estroitement gardez, et ceux qui y contreviendroient punis des peines portées par les loix.

Pour mesme cause fut fait un edict en France, au mois de novembre 1559, que tous ceux qui feroient ou assisteroient aux conventicules et assemblées seroient mis à mort, sans esperance de moderation de peine, et les maisons rasées et demolies sans jamais les pouvoir redifier. Et particulierement fut mandé au prevost de Paris (parce que les assemblées estoient plus frequentes en cette ville, et es environs, qu'en autre lieu), de faire crier à son de trompe que ceux qui avoient cognoissance de telles assemblées allassent les reveler à la justice. dedans certain temps, s'ils ne vouloient encourir mesme punition, avec promesses d'impunité, et cinq cens livres (1) pour loyer au delateur; et peu après fut rechargé d'informer et punir de mort les sacramentaires et entachez d'autres poincts d'heresies, et pareillement ceux qui menaçoient les officiers de justice : laquelle derniere clause fut ajoustée à l'edict pour les menaces qui avoient esté faites à quelques delateurs contraints de fuir.

Mais, nonobstant la rigueur de l'edict, Minart, president au parlement de Paris, retournant le soir du Palais en sa maison, au mois de novembre, sur les cinq à six heures, fut tué d'un coup de pistolet. A l'occasion de ce meurtre, un edict fut fait que la cour se leveroit dès-lors en avant à quatre heures du soir, depuis la Sainct Martin jusques à Pasques, pour obvier à semblables inconveniens : ce meurtre fut effectué de telle façon (de quelque part qu'il fust pratiqué), que, le fait ne pouvant estre averé, le soupçon en demeura sur un Escossois appellé Stuart, lequel fut emprisonné et gehenné comme coupable, sans qu'il voulust jamais rien confesser; il demeura toutesfois en l'opinion du vulgaire que c'estoit en haine de ce qu'il s'estoit monstré trop entier et violent à la poursuite des protestans. Ce qui augmenta la presomption, fut le meurtre commis en la personne de Julien Freme, qui portoit memoires et papiers à la cour de parlement, pour faire le proces à

---

(1) *Et cinq cens livres.* On a vu plus haut que la somme promise aux révélateurs n'étoit que de trois cents livres.

plusieurs grands protestans et partisans de cette cause. Et lors, l'on publia un edict portant deffences, sous grandes et rigoureuses peines, de ne porter aucunes harquebuses, pistolets ny armes à feu. Ce qui fut en partie cause de haster la condamnation du conseiller du Bourg, duquel j'ay parlé cy-devant.

Ce que les protestans crurent provenir de la malveillance que leur portoient ceux de Guise, desquels le credit s'augmentoit tousjours : aussi disposoient-ils des armes et des finances, estats et charges honnorables; sur quoy les protestans et leurs partisans firent deliberation de les esloigner de la Cour et de la personne du Roy, pour faire place au roy de Navarre, premier prince du sang, au prince de Condé et à la maison de Chastillon, qui estoit de leur party. Mais c'est chose bien estrange de vouloir donner la loy à son maistre, et principalement aux rois, et qu'il ne leur soit loisible de faire eslection de tels serviteurs qu'il leur plaira.

Ce que les rois de France ont quelquefois pratiqué, et n'ont appellé les princes de leur sang au maniment de leurs affaires que selon l'affection qu'ils leur portoient, pour la jalousie qu'ils s'en figuroient, craignans que l'ambition ne leur fist oublier le devoir naturel, bien que cela ne doive arriver. Et si Gontran (1) tua ses trois neveux, c'est un cas particulier d'une mauvaise conscience. Hieron, roy de Sicile, pour obvier à semblable inconvenient, ordonna par testament quinze

(1) *Et si Gontran*. Gontran, roi d'Orléans et de Bourgogne depuis 562 jusqu'en 593, ne fit pas périr ses neveux : au contraire, il servit de père à Clotaire, fils de Chilpéric. Il paroît que l'auteur a eu en vue Clotaire II, qui fit mourir deux fils de Thierry, et mit le troisième dans un cloître.

3.

personnes de ses plus fideles serviteurs pour tuteurs à son petit-fils Hierosme, et ne voulut pas bailler la garde d'iceluy à ses plus proches parens, craignant que l'on luy volast son Estat. Et pour mesme cause, Henry 1 roy de France, bailla la garde de son fils à Baudoüin, comte de Flandre, son beau-frere, et non pas à Robert, son propre frere, qui avoit voulu entreprendre sur sa couronne. Et Louis-le-Jeune choisit l'archevesque de Rheims, (1) pour gouverneur de Philippe-Auguste son fils, sans avoir esgard à ses freres; Louis huictiesme aussi postposa son frere Philippe à la reine Blanche, la laissant tutrice de Louis neufiesme, qui fut le prince le mieux nourry, et l'Estat le mieux gouverné qu'on eust peu desirer.

Et, qui plus est, Louis septiesme et huictiesme, sortans du royaume pour les guerres estrangeres, ont laissé un abbé de Saint-Denis en France pour gouverneur, et non pas leurs freres et proches parens, pour jalousie de l'estat et du commandement souverain, qui fut la cause principale pourquoy Charles cinquiesme, surnommé le Sage, fit une ordonnance qui fut publiée et verifiée en parlement, par laquelle il osta la regence durant la minorité des jeunes rois, et declara son fils majeur à quatorze ans : neantmoins pour n'avoir pourveu à sondit fils d'autre conseil que des princes du sang, il survint après sa mort plusieurs guerres civiles entre les maisons d'Orleans et de Bourgogne pour le gouvernement. Et pour cette cause, après la mort de Louis unziesme, les estats deputerent douze conseillers à Charles huictiesme, sans y nommer ny appeller

---

(1) *L'archevesque de Rheims.* Ce fut Robert Clément, seigneur du Mets, que Louis-le-Jeune donna pour gouverneur à son fils.

Louis douziesme, proche successeur de la couronne. Et quand bien il n'y auroit nul inconvenient du souverain ny de l'Estat, cela fait retenir souvent (comme quelques politiques estiment) les opinions et la liberté de ceux qui sont timides, lorsqu'ils voyent quelqu'un qui, avec mauvaise conscience, a les armes en main, par lesquelles il pourroit aspirer et atteindre à la souveraineté comme il luy plairoit.

Mais tels effets appartiennent plus aux barbares et princes d'Orient et d'Afrique, qui esloignent tant qu'ils peuvent les princes de leur sang. Comme l'on voit en la maison des Ottomans, qui font nourrir leurs propres enfans hors d'auprès d'eux pour la jalousie qu'ils en ont, et pour un soupçon les font bien souvent mourir. Aussi en Afrique l'on voit les enfans du roy d'Ethiopie, qui a plusieurs royaumes sous sa puissance, nourris en une forteresse et sur une haute montagne, de peur qu'estans auprès de luy ils ne soient cause de rebellion.

CHAPITRE VI.

Justification de la maison de Guyse. Avilissement de l'ordre de Sainct-Michel et autres Ordres et marques d'honneur. Les ordres de la Jartiere et de la Toison maintenus en leur premier lustre. Les protestans de France, mal-contens du gouvernement, soulevent le prince de Condé et l'admiral de Chastillon. Malheurs arrivez au royaume à l'occasion des guerres de la religion.

Mais pour reprendre le fil de l'histoire, il n'y avoit point d'apparence de dire et aussi peu de publier par edict (1), comme l'on fit lors, que ceux de Guise vouloient tuer le Roy et usurper l'Estat, veu que le fondement de leur puissance n'avoit plus grand appuy que de la vie du Roy, de leur niepce, reyne de France et d'Escosse, de laquelle sur toutes choses ils desiroient voir des enfans et successeurs, pour continuer leur credit. Joint aussi que le Roy avoit encores trois freres, et dix ou douze princes du sang de Bourbon (2), ausquels le naturel des François, tant de l'un que de l'autre party, n'eust jamais enduré que l'on eust fait tort, et eussent empesché ceux de Guise d'aspirer à la couronne, s'ils eussent eu ce desir, bien qu'ils n'en eussent d'autre que de se bien maintenir près du Roy, tenir les premiers rangs, et gouverner sous son autorité; s'acquerir des amis et serviteurs, en leur faisant avoir les charges et les honneurs, comme, un peu auparavant la mort du feu roy François second, ils firent donner l'ordre de Sainct-Michel à dix-huit chevaliers, qui estoit pour lors une grande et honnorable dignité, et en cinquante ans il ne s'en estoit tant fait que cette année-là; car, depuis Louis unziesme, qui avoit estably cet

---

(1) *Par edict* veut dire probablement *par des éditions de libelles.* — (2) *Dix ou douze princes du sang de Bourbon.* Cette maison comptoit alors dix princes dont voici les noms: Antoine de Bourbon, roi de Navarre; Henri de Bourbon, son fils, qui fut *depuis Henri IV;* Charles de Bourbon, et Louis de Bourbon prince de Condé, frères d'Antoine; Henri de Bourbon, François de Bourbon prince de Conti; Charles, depuis cardinal de Bourbon, fils du prince de Condé; Louis de Bourbon, duc de Montpensier, qui descendoit de Louis, prince de La Roche-sur-Yon, frère de François, comte de Vendôme, aïeul d'Antoine de Bourbon; François de Bourbon, fils du duc de Montpensier, qui portoit le nom de Prince-Dauphin, à cause du Dauphiné d'Auvergne, et qui fut l'aïeul de la fameuse *Mademoiselle;* Charles de Bourbon, prince de La Roche-sur-Yon, frère du duc de Montpensier.

Ordre, jusques à la mort du roy Henry deuxiesme, il avoit tousjours esté en très-grande estime. Aussi que, par le statut dudit Ordre, il estoit expressement defendu d'exceder le nombre de trente-six, pour le danger inevitable qu'il y avoit que la trop grande multitude n'en apportast le mespris, et qu'enfin il fust aneanty du tout, comme il advint au temps de Charles sixiesme, qui fit tant de chevaliers de l'Estoile Sainct-Ouin, que son successeur Charles septiesme fut contraint de le supprimer, faisant porter l'estoile aux archers de Paris; ce qui fut cause que tous les chevaliers quitterent cet Ordre. Et depuis il en fut estably un nouveau par ledit Louis unziesme, comme j'ay ci-devant dit, ainsi que nous voyons qu'il s'est fait par le roy Henry troisiesme, à present regnant, un ordre du Sainct-Esprit, que plusieurs pensent une suppression tacitement faite de l'ordre Sainct-Michel. Et combien que ceux de Guise pensassent, en faisant donner l'Ordre à plusieurs seigneurs et gentils-hommes qui le meritoient, faire autant de bons amis, si est-ce qu'ils en perdoient d'autres, pour n'avoir eu semblable honneur. Mais depuis il s'en est tant fait du temps du roy Charles neufiesme, que l'Ordre en a esté mesprisé et delaissé, tout ainsi que les senateurs romains laisserent les anneaux d'or, qui estoient enseignes de la noblesse, voyans qu'un esclave affranchy avoit obtenu cet honneur. Les dames nobles laisserent aussi les ceintures dorées, quand elles les virent si communes que les mal-vivantes les portoient : de là vint le proverbe qui dit que *mieux vaut bonne renommée que ceinture dorée;* car tousjours les estats et honneurs par trop communiquez sont mesprisez.

L'on voit qu'en Angleterre il y a plus de trois cens ans que l'ordre de la Jartiere y estant establi par Edouard troisiesme, n'a point encores esté changé ny le nombre des chevaliers excedé. Et mesmes de mon temps je ne l'ay point veu remply, ny pareillement l'ordre de la Toison, estably par Philippe deuxiesme, duc de Bourgogne, pour le peu de chevaliers qui obtiennent ces honneurs.

Or les inimitiez et partialitez prenans tousjours accroissement, ceux d'entre les protestans qui craignoient le plus, se mettans devant les yeux le danger qui les menaçoit de perdre la vie, leurs femmes, leurs enfans et leurs biens, prenoient de là occasion de se liguer avec toutes sortes de mal-contans, leur disans qu'ils ne devoient aussi endurer de se voir forclos et frustrez de pouvoir tenir des estats et charges honnorables dans le royaume. Par ce moyen donc les ministres, surveillans et protestans, s'adresserent premierement au roy de Navarre, qui avoit quelque sentiment de la religion protestante, ayant espousé une femme qui en estoit, et aussi sa mere, sœur du feu roy François premier (¹), laquelle fut des premieres princesses qui en fit profession.

Mais voyans que le roy de Navarre, qui leur avoit promis de les assister, s'estoit retiré en sa maison après avoir mené la reine Elisabeth en Espagne, ils s'adresserent à Gaspard de Coligny, admiral de France, et au cardinal de Chastillon et d'Andelot ses freres, qui estoient aussi de cette religion; et mesmes ledit d'An-

---

(¹) *Sœur du feu roy François I*: Marguerite, reine de Navarre. Tous les détails qu'on peut désirer sur elle se trouvent dans l'introduction aux Mémoires de Du Bellay, page 216.

delot, colonel de l'infanterie françoise, l'avoit fait prescher publiquement dès le temps du feu roy Henry II, dont il fut en peine et prisonnier au chasteau de Melun; et n'eust esté la faveur du connestable Anne de Montmorency son oncle, il estoit en grand danger d'estre mal traitté. Ils avoient aussi le prince de Portian (1) et quelques autres seigneurs et gentils-hommes qui commençoient à adherer à cette religion, et sur tous Louis de Bourbon, prince de Condé, frere du roy de Navarre, qui avoit aussi sa femme de cette religion (2), instruite en icelle par la dame de Roye sa mere, sœur de ceux de Chastillon. Voilà les chefs de part pour cette religion, dont les contraires furent ceux de la maison de Guise pour les catholiques, sous l'autorité du Roy.

Avec la couleur de ces religions se mesloient les factions par toute la France, qui ont suscité et entretenu les guerres civiles de ce royaume, lequel, depuis, a esté exposé à la mercy des peuples voisins et de toutes sortes de gens qui avoient desir de mal-faire, ayans de là prins une habitude de piller les peuples, et les rançonner, de tous aages, qualitez et sexes, saccager plusieurs villes, raser les eglises, emporter les reliques, rompre et violer les sepultures, brûler les villages, ruiner les chasteaux, prendre et s'emparer des deniers du Roy, usurper les biens des ecclesiastiques, tuer les prestres et religieux, et bref, exercer par toute

---

(1) *Le prince de Portian.* Antoine de Croy, prince de Porcien. —
(2) *Qui avoit aussi sa femme de cette religion.* Eléonore de Roye, de la maison de Mailly : elle avoit épousé le prince de Condé en 1551, elle mourut en 1564. Le prince se remaria l'année suivante avec Françoise d'Orléans, fille du marquis de Catelin.

la France les plus detestables cruautez qu'il estoit possible d'inventer. De façon qu'en moins de douze ou quinze ans l'on a fait mourir, à l'occasion des guerres civiles, plus d'un million de personnes de toutes conditions, le tout sous pretexte de religion et de l'utilité publique, dont les uns et les autres se couvroient. Et encores qu'il y en eust quelques-uns poussez et induits à prendre les armes pour la deffense d'icelle et conservation de l'Estat, neantmoins le nombre de ceux-cy n'estoit pas grand; en quoy la France a experimenté, à son grand dommage, qu'il n'y a peste si dangereuse en une republique, que de donner pied aux factions, comme les histoires sont pleines d'infinis semblables exemples. Et, qui n'y remedie dès le commencement, le feu s'embrase soudain par tous les membres d'une monarchie, et ne se peut jamais esteindre qu'avec sa ruine; comme l'on a veu les partisans des Guelfes et Gibelins avoir travaillé toute l'Italie l'espace de six vingts ans, comme aussi nos peres ont veu la desolation de la France, pour les factions des maisons d'Orleans et de Bourgogne.

CHAPITRE VII.

Les causes generales des guerres civiles. Cause particuliere de celle de France. Alliance des protestans avec les estrangers, et leurs desseins. Ils font entr'eux le proces à la maison de Guyse.

CELA advient souvent par l'ambition des princes et plus grands seigneurs pour le gouvernement de l'Estat, ou lorsque le Roy est en bas aage, insensé ou prodigue, mal voulu et hay des peuples; car chacun veut pescher en eau trouble, ou bien quelquefois quand le Roy veut eslever par trop les uns et rabaisser les autres; ce qui advint au temps du roy Henry cinquiesme, qui fut couronné roy de France et d'Angleterre, qui se fit partisan de la maison de Lancastre contre la maison d'York. De là advint qu'en moins de trente-six ans, il fut tué près de quatre-vingts princes du sang d'Angleterre, comme l'escrit Philippe de Commines; et enfin le Roy mesme, après avoir souffert dix ans entiers un bannissement en Escosse, fut tué cruellement en prison. Mais quand bien ce seroit une faute au souverain, oubliant le degré auquel Dieu l'a constitué, comme juge et arbitre de l'honneur et de la vie de tous ses sujets, de balancer plus d'un costé que d'autre, et suivre plustost ses affections particulieres que la raison, si n'est-il pas licite aux sujets de vouloir borner sa volonté, qui leur doit servir de loy, son estat estant si parfait, qu'à l'imitation de la puissance divine il peut eslever les uns et rabaisser les autres, sans que pour ce il soit permis de murmurer; et, pour quelque traittement que ce soit, le souffrir est plus agreable à Dieu que la rebellion.

Or, il semble que tous les moyens que l'on pouvoit trouver pour entretenir la guerre en France, fussent, comme par un jugement de Dieu, ordonnez pour chastier les François quand ils pensoient estre en repos; car ils n'avoient ennemis qu'eux-mesmes, ayans les guerres estrangeres esté assoupies par le moyen du traitté de Casteau-Cambresis, conclu et arresté peu de jours auparavant la mort du roy Henry second, comme j'ay dit : aussi est-il difficile qu'un peuple belliqueux comme le François puisse longuement estre en paix, n'ayant plus d'occasion d'exercer ses armes ailleurs (ce qui est infaillible en matiere d'Estat, que les guerres et occupations estrangeres empeschent les interieures et civiles); qui estoit la cause pourquoy le senat romain avoit accoustumé de chercher les guerres estrangeres, et envoyer dehors les esprits les plus remuans, pour obvier aux divisions civiles, selon ce qu'escrit Denys d'Halicarnasse : police autant necessaire en l'Estat, comme de faire une douce purgation et saignée au corps humain, pour le maintenir en santé.

Or, les protestans de France se mettans devant les yeux l'exemple de leurs voisins, c'est à sçavoir, des royaumes d'Angleterre, de Danemarck, d'Escosse, de Suede, de Boheme, les six cantons principaux des Suisses, les trois ligues des Grisons, la republique de Geneve, où les protestans tiennent la souveraineté et ont osté la messe, à l'imitation des protestans de l'Empire, se vouloient rendre les plus forts pour avoir pleine liberté de leur religion, comme aussi esperoient-ils, et pratiquoient leurs secours et appuy de ce costé-là, disans que la cause estoit commune et inseparable. Les chefs du party du Roy n'estoient pas ignorans des guerres advenues pour le fait de la religion ès lieux susdits; mais les peuples, ignorans pour la pluspart, n'en sçavoient rien, et beaucoup ne pouvoient croire qu'il y en eust une telle multitude en France comme depuis elle se descouvrit, ny que les protestans osassent ou pussent faire teste au Roy et mettre sus une armée et avoir secours d'Allemagne, comme ils eurent. Aussi ne s'assembloient-ils pas seulement pour l'exercice de leur religion, ains aussi pour les affaires d'Estat, et pour adviser tous les moyens de se deffendre et assaillir, de fournir argent à leurs gens de guerre, et faire des entreprises sur les villes et forteresses pour avoir quelques retraictes.

Ayans donc levé nombre de leurs adherans par toute la France, et recogneu leurs forces, et fait leurs enroolemens, ils conclurent qu'il falloit se defaire du cardinal de Lorraine et du duc de Guise, et par forme de justice, s'il estoit possible, pour n'estre estimez meurtriers. Aucuns m'ont dit que pour y parvenir ils avoient fait informer contre eux, et que les informations contenoient qu'ils se vouloient emparer du royaume et ruiner tous les princes, et exterminer tous les protestans; ce qu'ils estimoient chose facile, ayans la force, la justice, les finances, les villes et places toutes en main, et beaucoup de partisans et d'amis, et l'amour des peuples, qui desiroient la ruine des protestans. Mais ceux qui me l'ont dit, et ceux qui ont fait les informations, ne sont pas bons praticiens; car les temoignages des volontez et pensées d'autruy ne sont pas recevables en aucun jugement, encores que la mesme chose m'ait esté dite en Allemagne, y estant envoyé par le roy Charles pour lever des reistres et amener le duc Jean Guillaume de Saxe, et y empescher les desseins des protestans. A-t'on jamais veu que l'on puisse faire proces contre ceux qui ne sont ouis et interrogez, et les tesmoins non confrontez, s'ils ne sont condamnez par defauts et contumaces? Et, puisque l'on y vouloit proceder par forme de justice, il falloit que les juges fussent personnes publiques et legitimes, qui ne pouvoient estre que des pairs de France, puisqu'il estoit question de l'honneur, de la vie et des biens de ceux qui estoient de cette qualité, et du plus haut crime de leze-majesté ; qui sont tous argumens certains que telles informations et procedures, si aucunes y en avoit, estoient folies de gens passionnez contre tout droit et raison.

CHAPITRE VIII.

Recit particulier de l'entreprise d'Amboise. Desseins des religionnaires, communiquez au prince de Condé, revelez au cardinal de Lorraine. Prudence du duc de Guyse. Mauvaise conduite des conjurez. Mort de La Renaudie. Chastiment des coupables.

[1560] IL me souvient que, lorsque l'entreprise d'Amboise fut descouverte, ayant cet honneur d'estre assez près du Roy, je fus envoyé par Sa Majesté pour voir si je pourrois apprendre quelle estoit leur deliberation : je sceus de quelques-uns que l'entreprise n'estoit que pour presenter une requeste au Roy contre ceux de Guise : aussi fut-il verifié qu'une assemblée de plusieurs ministres, surveillans, gentils-hommes et autres protestans de toute qualité, s'estoit faite en la ville de Nantes, et qu'un nommé Godefroy de Barry, limosin, dit de La Renaudie, avoit esté esleu et nommé en ladite assemblée pour conduire et effectuer l'entreprise, de laquelle il avoit esté chargé par le prince de Condé, que l'on disoit estre chef de la conspiration, encore que pour lors il fust avec le Roy à Amboise. Et tient-on qu'il fut arresté en ladite assemblée que l'on se saisiroit des personnes du duc de Guise et du cardinal de Lorraine, pour leur faire leur proces sur plusieurs concussions et crimes de leze-majesté que lesdits protestans pretendoient contre eux, et qu'à cette fin la requeste en seroit presentée au Roy, comme plusieurs, qui furent prins, condamnez et executez, confesserent sur les proces qui leur furent faits pardevant le feu chancelier Olivier, que ceux de Guise avoient rappellé après la mort du roy Henry.

Et combien que l'on leur mist sus qu'ils avoient voulu et s'estoient efforcez de tuer le Roy, la Reyne sa mere, et tous ceux du conseil, la plus commune et certaine opinion estoit qu'ils n'avoient autre but et intention que d'exterminer la maison de Guise, comme j'ay dit, et tenir la main forte à remettre et donner l'authorité aux princes du sang, qui estoient hors de credit, et à la maison de Montmorency et de Chastillon, en esperance d'en estre supportez, comme c'estoit leur principale fin.

Donc pour executer l'entreprise, il fut determiné audit Nantes, le dixiesme jour de mars 1560 [1], de prendre la ville de Blois, en laquelle le Roy estoit pour lors, et que l'on prendroit cinq cens hommes de chaque province pour accompagner les executeurs de l'entreprise. Cela conclu, chacun se retira de la ville de Nantes, et La Renaudie s'en alla à Blois faire son rapport au prince de Condé qui estoit avec le Roy, lequel trouva la conclusion bonne, pourveu que le

---

[1] *Le dixiesme jour de mars* 1560. Cette assemblée de Nantes eut lieu au mois de février, et Castelnau le reconnoît lui-même, puisqu'il dit un peu plus loin que l'entreprise d'Amboise devoit s'exécuter le 10 mars, et que des obstacles imprévus la firent remettre au 16.

tout se fist par forme de justice, et qu'il fust bien executé; ce qui fut aussi confessé par quelques-uns des conjurez.

Au mesme temps ledit La Renaudie fit diligence pour avancer et disposer tout ce qui estoit de l'entreprise, et alla par les provinces et en plusieurs maisons particulieres de ceux qui estoient de ladite conspiration, pour leur faire promettre et signer : puis il s'en alla à Paris, où il communiqua tout le secret à son hoste nommé des Avenelles, qui trouva cet expedient fort bon, aussi estoit-il protestant. Mais, ayant bien consideré que l'entreprise estoit de merveilleuse consequence, l'execution fort difficile, et l'issue encore plus dangereuse, craignant que, si les choses ne pouvoient reussir, il fust en danger de perdre la vie et les biens, il revela le tout à un des secretaires du cardinal de Lorraine, dont il fut grandement recompensé. Ce qui fut reconfirmé par un gentilhomme de la maison du duc de Nevers, qui estoit de la partie. Et quasi au mesme temps, la conjuration estant sceue en plusieurs endroits de Flandres, d'Allemagne, de Suisse, comme aussi en Italie, le cardinal de Lorraine en fut adverti par le cardinal de Granvelle, qui luy mandoit qu'il se tinst sur ses gardes, sçachant que la conjuration estoit dressée contre luy et son frere. Cela fut cause que ceux de Guise furent d'avis de laisser la ville de Blois et de mener le Roy au chasteau d'Amboise, tant pour estre une place assez bonne, que pour rompre le rendez-vous des protestans au jour nommé, ce qui fut fort bien avisé.

Cependant le duc de Guise envoya aux lieux circonvoisins et par les provinces, pour descouvrir ce qui en estoit; et ne put-on tirer la verité asseurée, jusques à tant que les conjurez, qui couloient à la file par divers endroits, et marchoient la nuit fort secrettement, furent apperceus un matin, une partie aux portes d'Amboise, les autres ès environs; ce qu'estant rapporté à ceux de Guise, ils se trouverent un peu estonnez, mais non pas tant que le duc de Guise (qui avoit beaucoup d'esprit, de courage et d'experience, et employant l'autorité du Roy), ne remediast promptement à tout ce qui se pouvoit faire, pour s'asseurer de ceux qui estoient à la Cour, presque toute à sa devotion, comme aussi les gardes et les habitans de la ville d'Amboise. Il trouva aussi un honneste moyen de s'asseurer du prince de Condé et de sa maison, auquel il bailla une porte de ladite ville d'Amboise à garder, et avec luy mit le feu grand prieur de France son frere, avec nombre de ses amis et serviteurs : toutefois les conjurez, pour l'esperance qu'ils avoient d'executer l'entreprise, encore qu'elle fust eventée, n'en laisserent point la poursuite, et changerent seulement le jour de l'execution, qui estoit le dixiesme de mai, au seiziesme.

Et cependant le duc de Nemours et les seigneurs et gentilshommes de la Cour firent des sorties de la ville, là où ils en attraperent plusieurs en diverses troupes mal conduites, et en très-mauvais equipage. Ceux qui se retiroient ès maisons et chasteaux des gentilshommes circonvoisins, furent contraints de se rendre, et ceux qui passerent à Tours et autres lieux et passages de la riviere de Loire, y furent arrestez par l'ordre qu'y avoit mis ledit duc de Guise, lequel sortit luy-mesme de la ville avec quelque troupe de seigneurs et gentilshommes de la Cour pour les recognoistre, et les trouva si esperdus et sans chef, que plusieurs pauvres gens, qui ne sçavoient ce qu'ils faisoient, jettoient à terre quelques mauvaises armes qu'ils portoient, et demandoient pardon : desquels les uns furent faits prisonniers, les autres renvoyez pour leur simplicité, après avoir assuré qu'ils ne sçavoient autre chose de l'entreprise, sinon qu'il leur avoit esté assigné jour pour voir presenter une requeste au Roy, qui importoit pour le bien de son service et celuy du royaume.

La Renaudie fut tué d'un coup d'arquebuse par le baron de Pardeillan (1), après que ledit de La Renaudie eut tué son serviteur. Le baron de Castelnau de Chalosse se rendit au duc de Nemours, sur la parole qu'il luy donna de luy sauver la vie, voyant qu'il ne pouvoit se sauver ny resister, et monstra beaucoup de constance et de resolution, tant à respondre aux interrogatoires qui luy furent faits, qu'à se disposer de mourir, estant hors d'esperance de misericorde. Il y en eut beaucoup d'autres pris et pendus pour servir d'exemple en un cas si nouveau, et en fut attaché quelque nombre aux creneaux du chasteau, pour estonner les autres ; plusieurs furent aussi devalisez par les chemins, tant par les peuples que par les courtisans. De

---

(1) *La Renaudie fut tué d'un coup d'arquebuse par le baron de Pardeillan.* Regnier de La Planche, historien contemporain, raconte autrement la mort de La Renaudie. Selon lui, Pardaillan, parent de La Renaudie, suivi de quelques serviteurs, le rencontra dans la forêt de Château-Renault. Ils se battirent, le pistolet de Pardaillan ne put prendre feu, et La Renaudie le tua de deux coups d'epée ; puis il fut frappé lui-même d'un coup d'arquebuse dont il mourut sur-le-champ. Son corps fut porté à Amboise, et pendu sur le pont : un écrit étoit attaché à son cou, et portoit ces mots : *Chef de rebelles.*

sorte qu'en moins de quatre ou cinq jours les conjurez et leurs adherans qui estoient à la Cour, et qui n'osoient dire mot, se trouverent bien loin de leur compte. Il est certain que la Reyne mere du Roy, qui se vouloit faire cognoistre princesse pleine de misericorde et bonté, adoucit beaucoup d'autres executions qui se devoient faire contre les conjurez, desquels Sa Majesté, par son advis, en fit delivrer et renvoyer grand nombre : et sur ce l'on fit une abolition generale, afin que ceux qui n'estoient encore venus cogneussent la douceur et bonté du Roy envers eux, combien que par les chemins, nonobstant ladite abolition, il y en eut encore plusieurs pris, tuez, noyez ou executez.

CHAPITRE IX.

Rigueur des ministres du Roy contre les conjurez. Le cardinal de Lorraine, principale cause de l'engagement du prince de Condé dans le parti des protestans. La maison de Lorraine se sert de l'occasion pour s'agrandir. Le duc de Guyse fait lieutenant general. Il est dangereux de donner toute l'authorité à un seul.

CES rigueurs n'apportoient point de bien aux affaires de la France, car, en matiere de conjurations et de peines decernées contre une multitude, il suffit de punir les chefs et autheurs d'icelles, sans rechercher trop curieusement tous les conjurez ; au contraire, faut dissimuler bien souvent de les cognoistre, afin que, comme le supplice de quelques-uns donne frayeur et crainte aux autres, la trop grande rigueur ne les porte tous au desespoir ; la justice devant estre moderée par douceur et clemence, et non pas diffamée par cruauté. Joint aussi qu'en cette occurrence la pluspart des conjurez ne sçavoient où ils alloient, ny que c'estoit de crime de leze-majesté, et n'avoient autre but que d'estre asseurez, par le moyen de la requeste qui se devoit presenter pour la liberté de leurs consciences, de quelque soulagement au reste de la France. Aucuns ont voulu remarquer que l'on pardonnoit moins aux protestans qu'aux catholiques qui estoient de la conspiration, de quoy ils se servirent pour r'allumer le feu de la faction, qui n'estoit pas esteinte.

Et si le cardinal de Lorraine, qui vouloit faire cognoistre un zele à la religion catholique, eust pu dissimuler que le prince de Condé avoit eu part à la conjuration, et qu'il n'en eust jamais esté inquieté, comme le duc de Guise estoit de cette opinion, les protestans n'eussent peut-estre pas trouvé un prince du sang pour leur chef, qui fut cause d'un merveilleux changement par tout le royaume.

Or, afin de pourvoir à l'avenir à la seureté du Roy et de son Estat, l'on expedia lettres-patentes, par lesquelles il estoit porté que plusieurs, sous titre et ombre de religion, s'estoient efforcez de vouloir prendre le Roy, la Reyne sa mere, et leur conseil, pour tuer les uns, chasser les autres, et disposer entierement de tout l'Estat du royaume à leur plaisir. Et pour obvier dèslors en avant à telles entreprises, par les mesmes lettres le duc de Guise estoit estably lieutenant-general [1]

---

[1] *Estoit establyꞏlieutenant general.* Les lettres patentes par lesquelles le duc de Guise fut nommé lieutenant général sont très-remarquables; elles sont ainsi conçues : « François, par la grace de Dieu, etc.; « jugeant qu'il est bien necessaire de commettre aucun bon, grand et no- « table personnage, ayant le credit et auctorité requis en telles affaires,

du Roy, qui fut un moyen d'accroistre encores davantage sa maison; car, par cette occasion, tous les gouverneurs des provinces, baillifs, seneschaux, gentils-hommes et autres, luy estoient assujettis. Et combien que pour ses grandes vertus il pust meriter cet honneur, si est-ce que cela ne servit que pour accroistre l'envie que l'on portoit à sa grandeur. Joint aussi qu'il n'y a rien qui soit plus dangereux en matiere d'Estat, que d'establir un prince lieutenant-general avec telle puissance qu'il avoit lors, attendu que de là il n'y a plus qu'un degré à la souveraineté,

« pour commander, pourvoir et ordonner de toutes choses qui sont à
« faire pour le bien de nostre service et la seureté et conservation de
« nos personnes et Estats, durant l'affaire et les occasions qui se pre-
« sentent : sçavoir faisons que, pour cet effect, nous ne saurions faire
« meilleure ni plus convenable election que celle de la personne de nostre
« très cher et très aimé oncle François de Lorraine, duc de Guise, tant
« pour la parfaicte et entiere confiance que nous avons en luy (attendu la
« proximité du lignage dont il nous attient), que pour les claires vertus,
« vaillance, grande experience au faict des armes et de la guerre, et
« bonne diligence, dont il a faict jusques icy telles preuves en tant de no-
« tables lieux et endroits où il s'est trouvé du temps de nostre seigneur
« et pere, commandant en ses armes, que chascun en est suffisamment
« informé. Iceluy, pour ces causes, avons, pendant les mouvemens et
« affaires qui s'offrent, faict, ordonné et establi, faisons et establissons
« par ces presentes nostre lieutenant general, representant nostre per-
« sonne absente et presente, en nostre ville d'Amboise, et autres lieux
« de nostre royaume que besoin sera, avec plein pouvoir, auctorité et
« mandement special d'assembler, toutes et quantes fois que l'affaire
« le requerra, tous les princes, seigneurs, capitaines, gentilshommes et
« autres, ayant charge et conduicte de nos gens de guerre, pour leur
« dire et ordonner de par nous ce qu'ils auront à faire pour nostre ser-
« vice, la seureté et conservation de nosdictes personnes et Estats; iceux
« faire assembler à son de tabourin, faire punir, corriger et chastier
« ceux des seditieux et rebelles contre nous elevez, et qui pourront
« estre prins, par les peines et rigueurs accoustumées en tel cas, et sans
« forme ne figure de procès. Signé FRANÇOIS. Par le Roy, ROBERTET. »

si celuy qui a les forces en main avoit mauvaise conscience, et qu'il voulust abuser de sa puissance : qui fut le moyen par lequel les maires du Palais usurperent l'authorité souveraine sur les roys de la premiere et seconde lignée. Toutesfois, si l'on veut dire qu'il est besoin en quelques occasions d'establir un lieutenant-gegeral pour la jeunesse, absence et incapacité du Roy, si n'est-il pas necessaire qu'il soit né prince, ny fort ambitieux. Pour remedier à tels inconveniens, aucuns ont voulu dire qu'il vaudroit mieux en establir trois en egale puissance, afin que les deux fissent teste au troisiesme, qui voudroit abuser de son authorité, comme firent les empereurs de Constantinople, qui establirent trois grands prevosts en tout leur empire : mais cette opinion n'est pas approuvée des plus grands politiques; car la jalousie du commandement ne peut souffrir de compagnon, et apporte toujours du desordre et de la combustion.

CHAPITRE X.

L'admiral de Chastillon et le sieur d'Andelot son frere, mandez à la Cour, se justifient par leur obeissance des soupçons que la maison de Guyse donnoit de leur intelligence avec les conjurez. Le prince de Condé mis en la disgrace du Roy, et retenu en Cour. Courageuse et hardie response dudict prince au Roy. Il se retire. Prudence du connestable de Montmorency envoyé par le Roy au parlement.

Or ceux de Guise ayant ainsi fait avorter les projets de cette conjuration, ils adviserent d'avoir la raison des principaux autheurs d'icelle; et d'autant qu'ils pensoient au commencement que l'Admiral et d'Andelot fussent de la partie, parce qu'ils estoient fort affectionnez au party des protestans, ils trouverent moyen de les attirer à la Cour par lettres du Roy et de la Reyne sa mere, pleines de douceur et belles promesses, comme desirant aussi avoir leur conseil sur le fait de la religion, et sur l'estat et gouvernement du royaume; où ils vinrent incontinent, ce qui asseura fort ceux de Guise et leurs amis et serviteurs. Plusieurs faisoient jugement que si lesdits Admiral et d'Andelot se fussent entierement entremeslez de ladite conjuration, elle n'eust pas si mal reussi. Mais aussi dit-on que, comme prudens et advisez, ils vouloient voir les commencemens et quel fruit produiroit cette requeste qui se devoit presenter au Roy, de laquelle il ne se trouva point de prisonniers, ny de ceux que l'on fit mourir, qui les chargeassent.

Mais bien fut chargé le prince de Condé par le tesmoignage de plusieurs des executez et prisonniers. Ce qui fut cause de la haine que ceux de Guise conçurent contre luy, d'autant plus qu'il estoit leur cousin germain, et qu'il estoit ordinairement avec eux, lors mesme que l'on tramoit et qu'on vouloit executer cette conjuration à leurs despens. Et dès-lors la haine, couverte auparavant, commença à lever le masque, car il fut fait deffense au prince de partir de la Cour, et fut observé de si près, qu'il n'osoit presque parler à personne, ny approcher du Roy, qui estoit irrité contre luy parce que l'on luy faisoit entendre qu'il avoit conspiré sa mort; et ce qui augmenta la mal-veillance que Sa Majesté luy portoit, fut qu'un jour, ainsi que l'on executoit quelques-uns de la conspiration, le prince ne se put tenir de dire que c'estoit grande pitié de faire mourir de si gens de bien, qui avoient fait service au Roy et à la couronne, et qu'il seroit à craindre que les estrangers, voyans les capitaines françois si mal-traictez et meurtris, n'y fissent un jour des entreprises aux despens de l'Estat. Ce qu'estant rapporté au Roy, fut cause que La Trousse, prevost de l'hostel, fut envoyé pour se saisir de quelques serviteurs du prince qui avoient fait eschapper le jeune de Maligny. Et afin que le prevost pust chercher en plus grande liberté, il eut mandement de dire audit prince qu'il vinst parler au Roy, ce qu'il fit incontinent : lors Sa Majesté luy dit avec colere qu'il estoit accusé par ceux que l'on avoit executez, et autres suffisans temoignages, qu'il estoit chef de la conspiration faite par les seditieux et rebelles contre sa personne et son Estat, et que, s'il estoit vrai, il l'en feroit bien repentir.

Le prince, oyant ces propos de la bouche du Roy, et craignant que sa response ne fust pas bien prise ou calomniée, supplia Sa Majesté d'assembler les princes et son conseil, pour faire sa response en si bonne compagnie. Ce que le Roy luy accorda, pensant qu'il se voudroit excuser par quelques douces paroles. Mais le prince se trouvant au conseil, le Roy present, dit que, la personne de Sa Majesté exceptée, et celles de messieurs ses freres, de la Reyne sa mere, et de la Reyne regnante, et l'honneur et la reverence qu'il leur devoit saufs, ceux qui avoient dit qu'il estoit chef de la conjuration contre la personne du Roy et son Estat, avoient menty faussement, et autant de fois qu'ils le diroient, autant ils mentiroient, en offrant dès-lors, à toutes heures, de quitter le degré de prince si proche du Roy pour les combattre. Cela estant dit, il se retira pour donner lieu aux opinions du conseil. Mais, au lieu d'opiner, le cardinal de Lorraine fit signe au Roy pour se lever et rompre l'assemblée, parce qu'il n'y avoit prince ny seigneur qui voulust soustenir ce dementy, qui demeura aux oreilles du conseil.

Peu de temps après, le prince de Condé, voyant qu'il estoit espié de si près, et mal-voulu du Roy, se voulut retirer avec licence en sa maison. Et au mesme temps on envoya lettres au connestable, pour aller à Paris faire recit au parlement des choses passées en la ville d'Amboise : en quoy le connestable monstra qu'il estoit vieil et sage courtisan; car, combien qu'il eust la grandeur de ceux de Guise suspecte, il chanta bien haut les louanges de cette maison, et leur prudence d'avoir remedié à une telle conjuration (de quoy les auditeurs demeurerent satisfaits), sans toucher, sinon legerement, que la conjuration fust dressée contre la personne du Roy et son Estat. Le duc de Guise avoit choisi le connestable, pour n'estre point suspect à ceux de la religion des protestans; mais ce vieil Polybe, grand courtisan de son temps, dit qu'il n'y a point de plus dangereux ennemy que celuy qui loue les actions de ceux qu'il n'aime point. Aussi le cardinal de Lorraine et ses freres, estans advertis du recit que le connestable avoit fait au parlement, dirent qu'ils se fussent bien passez de telles loüanges.

CHAPITRE XI.

La maison de Chastillon quitte la Cour. Bon conseil de l'Admiral à la Reyne. L'edict de pacification mal gardé. Autre edict en faveur des protestans. Raisonnement de l'autheur sur la mauvaise conduicte de la conspiration et entreprise d'Amboise. Diverses fautes des conjurez.

Ceux de Chastillon, ayant veu joüer toutes ces piteuses tragedies à la Cour, craignans aussi que l'on les y voulust envelopper, demanderent congé de se retirer, ce qui leur fut accordé. Et la Reyne mere du Roy, monstrant une bonne affection à l'Admiral, le pria de la conseiller et l'advertir par lettres, souvent, de tous les moyens qu'il sçauroit et pourroit apprendre d'appaiser les troubles et seditions du royaume. Ce que depuis il fit, et escrivit à la Reyne que la cause des seditions ne prendroit jamais fin tant que ceux de Guise seroient à la Cour, advertissant Sa Majesté de prendre le maniment des affaires, pour remedier à plus grands inconveniens que les premiers, et qu'il falloit commencer à ne faire plus aucunes poursuites contre les protestans, ainsi qu'il avoit esté advisé par un edict fait à la haste, du conseil dudit Admiral et du feu chancelier Olivier, comme le vray moyen d'esteindre le feu de la conspiration d'Amboise, et ce, pour la crainte que l'on avoit qu'elle n'eust plus grande suitte. Toutesfois plusieurs, voyans cet edict, jugeoient que c'estoit un sujet pour decouvrir ceux qui en estoient, afin de les attraper à leur temps.

Aussi à la verité l'edict fut mal gardé, soit que les magistrats catholiques eussent devant les yeux seulement le vray zele de la religion catholique, ou que l'on eust mandé par lettres secrettes aux gouverneurs et magistrats de faire justice des protestans, sans avoir egard à l'edict; autrement, qu'il y auroit danger que ce feu ne s'allumast si grand qu'à la fin il embrasast tout le royaume.

La Reyne mere du Roy, qui a toujours cherché de maintenir les choses pour la seureté de l'Estat, et eviter les inconveniens dont l'on voyoit la France menacée, fit expedier derechef un autre edict, portant deffenses bien expresses à tous les baillifs, seneschaux magistrats et autres juges, de faire de là en avant aucunes poursuites contre les protestans; lequel edict fut assez bien executé. Ce fut cause d'attirer en France fort grand nombre de bannis et absens pour la religion, et mesmes plusieurs ministres de Geneve et d'Angleterre, qui s'establirent par toute la France, en donnant beaucoup de courage aux protestans, qui s'estoient refroidis, de continuer leurs assemblées et l'exercice de leur religion. Or ce conseil de l'Admiral tendoit à double effect. Le premier, pour faire prendre à la Reyne mere du Roy les affaires en main, en luy donnant advis de reculer, si elle pouvoit, de la Cour ceux de Guise; l'autre, pour fortifier les protestans et leurs partisans, qui se pouroient rallier plus qu'auparavant en faisant l'exercice de leur religion : ce que beaucoup croyent qui ne fust pas advenu si la rigueur eust esté continuée sur les protestans, lorsqu'ils jettoient les premiers fondemens de leurs desseins. Et ceux de Guise, soit pour le zèle de la religion, ou qu'ils eussent du tout appuyé leurs forces sur les catholiques (comme estant ce party le plus puissant et asseuré, et que c'estoit le vray moyen de se maintenir), estimerent qu'ils devoient tascher de ruiner et rabattre le party desdits protestans, et les rendre si foibles qu'ils ne pussent resister aux catholiques.

Voilà un sommaire et brief discours de la conjuration d'Amboise, de laquelle je laisseray le jugement libre à un chacun. Mais bien dirai-je qu'elle estoit mal conduite, et encore pirement executée, estant en premier lieu communiquée à si grand nombre de personnes de toutes sortes de conditions et d'aages, qu'il estoit impossible de la tenir secrette. Car il estoit dit que l'on la pourroit communiquer à tous ceux qui de mesme affection porteroient les armes, combien qu'ils n'eussent assisté au conseil; chose qui fut trouvée bien mauvaise par plusieurs protestans : aussi l'on peut voir en toutes les histoires que tous ceux qui anciennement conjuroient contre l'Estat ou contre la vie des princes, le communiquoient à peu de personnes, faisans infinis sermens. Et la pluspart des conjurez, en chose de grande entreprise, mesloient de leur sang au vin qu'ils beuvoient ensemble, comme l'on peut voir en la conjuration dressée par les enfans de Brutus, alors premier consul; autres se lioient les poulces ensemble, et en faisoient sortir du sang qu'ils mesloient l'un avec l'autre, et le suçoient, comme Tacite l'escrit du serment des princes d'Armenie aux traittez d'amitié qu'ils faisoient : ce qui se pratique encores en quelques endroits des Indes Orientales.

Les protestans firent une autre faute de deliberer la

conspiration en janvier, et en differer l'execution au dixieme de mars, tellement que c'estoit donner loisir à ceux qui sont naturellement peu secrets d'en discourir, en faisant des preparatifs si longs pour s'y trouver, de sorte que les nations estrangeres le sçavoient plus d'un mois auparavant le jour prefix ; outre que la longueur du temps refroidit bien souvent les uns, et fait repentir les autres, comme il advint en la conjuration faite contre la personne du plus grand empereur du monde, qui estoit Jules Cesar, dont l'execution se devoit faire le premier jour de mars, et le mesme jour il estoit adverty de son desastre, s'il eust leu le billet que l'on luy bailla en entrant au senat.

Davantage, il estoit capitulé qu'il se leveroit une armée pour l'execution, chose qui estoit impossible sans que le tout fust eventé et decouvert, veu que lesdits protestans vouloient que l'on levast des soldats de toutes les provinces de France. En quoy ils failloient grandement, d'autant que ceux de Guise avoient tant d'amis et serviteurs, et tant d'autres personnes qui ne respiroient que leur faveur, qu'il estoit impossible que la chose leur fust long-temps cachée.

De plus, en matiere de conspiration, il faut que ceux ausquels elle est communiquée soient reconnus grandement secrets, ce qui empescha Brutus de decouvrir à Ciceron, qui n'estoit pas tenu pour tel, la conjuration contre Cesar, encore qu'il desirast sa mort autant que nul autre. Mais le pis est quand telles entreprises sont communiquées aux femmes (sexe si fragile qu'il ne peut rien tenir de caché). Aussi la conjuration contre le grand Alexandre fut decouverte par un nommé Philotas à une dame, qui le revela incontinent à Alexandre; celle de Catilina par une garce qu'entretenoit l'un des conjurez; et celle du grand prieur de Capoue, frere du feu mareschal de Strossy, dressée, de nostre memoire, contre la ville de Gennes, qu'il avoit resolu de prendre et saccager, fut aussi decouverte par une courtisane qui l'avoit sceu d'un soldat; mais celle d'Amboise fut decouverte au secretaire du cardinal de Lorraine par l'un des plus affectionnez protestans (1), et qui recevoit ordinairement les complices en sa maison, Dieu reservant le chastiment des grands en un autre temps, auquel chacun a ressenty les effets inevitables de sa justice.

(1) *Par l'un des plus affectionnez protestans :* par l'avocat Desavenelles, comme on l'a vu plus haut. Cet homme ne quitta point sa religion : il passa en Lorraine, où, sur la recommandation des Guise, il obtint une place dans la magistrature. De Thou pense que ce ne fut point par intérêt qu'il découvrit la conjuration, mais parce qu'il fut effrayé des suites qu'elle pouvoit avoir. Quoiqu'il fût zélé protestant, il pensoit que, sous un gouvernement légitime, tout complot est criminel.

LIVRE DEUXIESME.

CHAPITRE PREMIER.

Libelles publiez contre la maison de Guise. Les religionnaires s'appuyent de la faveur des protestans d'Allemagne et d'Angleterre. Droit de la reyne Elizabeth sur la couronne d'Angleterre. Raisons des pretentions de la reyne Marie Stuart sur le mesme royaume, et de Jacques, roy d'Escosse, son fils. Droit de la maison de Suffolck, des comtes de Huntington, et des comtes de Hereford. Les enfans ne se legitiment point en Angleterre par le mariage subsequent.

C'estoit une chose fort estrange, et du tout contre le devoir naturel d'un bon sujet, principalement d'un François obeissant et fidele à son prince, de luy presenter une requeste à main armée. Ce fait si nouveau engendra une ardeur si grande et si brulante, qu'elle embrasa toutes les provinces de France en diverses factions; dont une des premieres et plus dangereuses semences vint des libelles diffamatoires (1) qui furent publiez contre la maison de Guise, colorez de prefaces d'honneur quand il estoit question du Roy, afin de lever les accusations publiées par plusieurs edicts et

---

(1) *Des libelles diffamatoires.* Ils se trouvent presque tous dans les Mémoires de Condé. Les plus remarquables sont : *l'Advertissement au peuple de France*, et la *Response chrestienne et defensive sur les lettres envoyées par le Roy après la conjuration d'Amboise.*

lettres patentes, que ce n'estoit contre Sa Majesté et son Estat que les protestans s'estoient revoltez et vouloient prendre les armes, mais pour la deffence de leurs vies, personnes et biens, et pour le zele qu'ils avoient à leur religion.

Ce que par mesme moyen, et par plusieurs autres intentions, ils s'efforçoient de faire entendre aux princes estrangers, principalement aux protestans d'Allemagne et d'Angleterre, lesquels, se laissans incontinent persuader aux impressions qui leur estoient données, en escrivoient à leurs ambassadeurs residens en France, afin d'animer tous les François contre la maison de Guise. Mais ils s'abusoient, car plus ils escrivoient contr'eux, plus ils rehaussoient leur credit, parce qu'ils avoient les catholiques partisans et favorables avec l'authorité du Roy.

Mais en cet endroit je me licencieray un peu de laisser les affaires de France, pour dire quelque chose des royaumes d'Angleterre et d'Escosse, où j'ay eu à traicter plusieurs grandes et importantes negociations pour le service des roys, tant avec la reyne Elizabeth que Marie Stuart, veuve du roy François second. Quant à Elizabeth, reyne d'Angleterre, aucuns ont voulu discourir et escrire de son titre à la couronne d'Angleterre, peut-estre selon leurs opinions et passions. Tant y a qu'il est certain que Henry huictiesme, roy d'Angleterre, son pere, estoit de la maison de Lancastre du costé paternel, et d'Yorck du costé maternel, toutes deux reunies ensemble; ce qui appaisa toutes les guerres civiles et troubles du royaume.

Le roy Henry avoit un frere aisné nommé Artus, et deux sœurs, Marguerite et Marie, dont l'aisnée fut mariée en premieres nopces à Jacques quatrieme, roy d'Escosse, duquel mariage est issu Jacques cinquieme, aussi roy d'Escosse, lequel espousa Antoinette de Lorraine, de la maison de Guise, veuve du duc de Longueville, et fut pere de Marie Stuart à présent regnante. Marguerite d'Angleterre, veuve de Jacques quatrieme, roy d'Escosse, espousa Archambaut Duglas, comte d'Angus (1) Escossois, qui eut la teste tranchée par le commandement de Jacques cinquieme, roy d'Escosse, et laissa une fille nommée Marguerite, qui fut mariée à Matthieu Stuart, comte de Lenox, duquel mariage sont issus deux fils, Henry et Charles. Henry espousa Marie Stuart sa cousine germaine, reyne d'Escosse, veuve du feu roy François second : je fus envoyé pour consentir et approuver leur mariage de la part du roy Charles neufiesme. Et de ce mariage de Henry et Marie est issu Jacques sixieme, prince d'Escosse, qui est aujourd'huy. De Charles l'autre frere, et d'une fille de la maison de Candish, est venue Arbelle.

Et quant à Marie, l'autre sœur puisnée du roy Henry d'Angleterre, elle espousa le roy Louis douzieme de France, lequel estant decedé trois mois après, elle s'en retourna en Angleterre, où le roy Henry son frere la remaria à Charles Brandon, un sien favory, qu'il fit duc de Suffolck : duquel mariage deux filles sont sorties. La premiere nommée Françoise, qui fut mariée à Henry Grey, que le roy Henry huictieme fit marquis de Dorset, et par succession des droits de sa femme fut

---

(1) *Archambaut Duglas, comte d'Angus.* Ce prince n'eut pas la tête tranchée. Il est vrai que le parlement d'Ecosse porta contre lui un arrêt de mort, mais il prit la fuite, et trouva un asile en Angleterre. (Robertson, *Hist. d'Écosse*, page 76, édition de 1821.)

fait duc de Suffolck : dont sont issues trois filles, Jeanne, Catherine et Marie. Jeanne, l'aisnée, pour avoir esté appellée à la couronne devant la reyne Marie, par le moyen du duc de Northumberland, duquel elle avoit espousé le fils aisné, après avoir regné sept jours, fut deposée, et après decapitée dedans la tour de Londres, et son mary dehors, tous deux à mesme heure et jour, et le duc de Northumberland peu de temps après. Catherine, qui estoit la seconde, fut mariée avec Henry Herbert, fils aisné du comte de Pembrock ; mais pour estre tous deux trop jeunes, l'on dit que le mariage ne fut point consommé, et Marie venant à regner en fit le divorce. Du regne de la reyne Elizabeth, ladite Catherine et le comte de Hereford se marierent clandestinement contre les loix et ordonnances du royaume d'Angleterre. A cette occasion ils furent tous deux emprisonnez en la tour de Londres l'espace de trois ans, où neantmoins ils trouverent moyen de se frequenter et faire deux fils. Marie, qui fut la troisieme fille, nourrie à la cour avec la reyne Elizabeth, espousa clandestinement aussi un capitaine de la porte, avec le grand mecontentement de la Reyne, mais peu de temps après ils moururent tous deux. Marguerite, qui fut la seconde fille de Charles Brandon, duc de Suffolck, espousa le comte de Cumberlant, dont est issue Marie à present femme du comte de Derby, de laquelle et dudit comte sont issus trois fils. Françoise, premiere fille dudit Charles Brandon, après la mort de Henry Grey, fait duc de Suffolck, son premier mary, espousa un nommé Adrian Stoc son serviteur, et en eut deux enfans.

Outre ceux que nous avons deduit, il y a le comte

de Huntington qui pretend aussi quelque droit à la couronne : mais il n'y pourroit venir par droit successif qu'après les enfans du comte de Derby, d'autant qu'il est issu de Georges duc de Clarence, frere du roy Edouard quatriesme, qui ne laissa qu'une fille, laquelle fut mariée au comte de Salisbury; duquel mariage sont issus trois fils : Henry, Paul cardinal, et Artus. De Henry sont issues deux filles, dont l'aisnée est morte sans enfans. De la seconde sont issues Marie et Marguerite.

Quant aux enfans du comte de Hereford qu'il a eu de Catherine, il y a eu sentence donnée par l'archevesque de Cantorbery, qu'ils n'estoient pas legitimes, de laquelle il y a eu appel, qui n'est pas decidé : car en Angleterre, s'il n'y a contract de mariage verifié par ecrit, ou par temoins, avant la consommation d'iceluy, les enfans nez auparavant le contract sont tenus pour bastards, et ne se peuvent legitimer par mariage subsequent. Mais si les parties contractent mariage estant la femme grosse, voire preste à se delivrer, pourvu qu'elle ne soit encores accouchée, les enfans seront legitimes, horsmis, comme l'on dit, les princes du sang, qui ne se peuvent marier sans congé du Roy, sur peine que les enfans soient declarez bastards, et le mariage nul. Vray est que le second fils du comte de Hereford est né après que les deux parties declarerent en jugement qu'ils estoient mariez. Or tous les susdits ne peuvent succeder à la couronne d'Angleterre, la reyne Elisabeth mourant sans enfans devant la reyne d'Escosse, petite-fille de Marguerite, sœur aisnée du roy Henry huictiesme.

5.

CHAPITRE II.

Histoire des amours de Henry VIII, roy d'Angleterre, avec Anne de Boulen, qu'il espouse nonobstant son mariage avec Catherine d'Espagne, qu'il pretend nul. Cela cause le schisme et l'heresie en Angleterre. Le repude de Catherine improuvé par les religionnaires d'Allemagne et de Geneve, qui refusent l'alliance de Henry. Raison pour laquelle le roy François I souhaitta la nullité du premier mariage dudict roy Henry, declaré valide en cour de Rome. Mort d'Anne de Boulen et de Thomas Morus. Raison du titre de Defenseur de la Foy, porté par le roy d'Angleterre. Le roy Henry se fait chef de l'Eglise anglicane. Continuation de ses mariages.

Et pour mieux esclaircir cette genealogie où nous sommes entrez, je reprendray comme ledit roy Henry VIII espousa Catherine d'Espagne sa belle sœur, après la mort d'Artus son frere, par dispense du pape Jules second, à condition toutesfois qu'Artus n'eust point eu copulation avec elle : et de ce mariage fut procreée Marie, sœur aisnée d'Elisabeth, qui depuis fut reyne. Mais il advint que le roy Henry devint amoureux d'une jeune dame rare en beauté et d'illustre maison d'Angleterre, nommée Anne de Boulen, marquise de Pembrock, niepce de Thomas Howart, duc de Nortfolck, laquelle, ne voulant pas servir de concubine au Roy, desiroit ou feignoit, comme elle estoit prudente et advisée, de se vouloir marier avec un seigneur du pays. Le Roy, le voulant empescher, vaincu d'amour comme il y estoit suject, se resolut de l'espouser pour n'avoir point de compagnon. Mais pour ce faire, il fut conseillé qu'il estoit necessaire de repudier Catherine, non pour autre sujet que d'avoir esté auparavant femme d'Artus son frere. Ce qui fut advisé par un subtil moyen du cardinal d'York (¹), Anglois, sur ce qu'il montra que le Roy n'avoit peu legitimement espouser la veuve de feu son frere Artus.

Et à ces fins le cardinal Campeje fut deputé, lequel vint en Angleterre, et fit information de la verité avec le cardinal d'York, delegué pour luy assister. Et depuis, après avoir trouvé qu'il estoit vray, firent aperte demonstration d'estre fort scandalisez, et y avoir grande charge de conscience en un tel mariage. Dèslors ils firent deffense au roy Henry et à la reyne Catherine sa femme de plus se frequenter, jusques à ce qu'ils eussent fait leur rapport au Pape. Cependant le roy Henry, impatient de ce nouvel amour, ne pouvant supporter la longueur qu'il voyoit au jugement de la repudiation, espousa ladite Anne de Boulen, dont est issue Elisabeth à present regnante, née le septiesme jour de septembre 1533.

Et d'autant que Charles cinquiesme, Empereur, portoit impatiemment cette repudiation faite de sa tante, et que le Pape trouvoit estranges ces nouvelles nopces, mesmes du vivant de Catherine qui avoit esté quelques années avec le Roy, estant dispensé, comme j'ay dit, le roy d'Angleterre commença de se fascher contre le Pape, et, comme l'on dit, estant persuadé par sa nouvelle espouse, qui se ressentoit de la religion des protestans, se declara chef de l'eglise d'Angleterre, et fit

(¹) *Du cardinal d'York.* C'est le fameux Thomas Wolsey

mettre le cardinal d'York en prison, qui avoit changé de volonté, ayant ecrit au Pape que le roy d'Angleterre avoit espousé une lutherienne.

Sur cela le roy Henry envoya en Allemagne et à Geneve, offrant de se faire chef des protestans (1), et mener dix mille Anglois à la guerre, et contribuer cent mille livres sterlins, qui valent un million de livres tournois. Mais ils ne voulurent jamais approuver la repudiation, horsmis Erasme de Rotterdam, combien qu'auparavant, et dès l'an 1530, il avoit eu advis des universitez de Bologne, de Padoue, d'Orleans, de Bourges, d'Angers, de Toulouse et de Paris, où les docteurs en theologie baillerent, comme l'on dit, sous les seels des universitez, que le pape Jules second n'avoit peu le dispenser de prendre la vefve de son frere, mort sans enfans, et que la loy de Dieu qui commandoit expressement au frere de prendre la vefve de son frere pour luy susciter un heritier, n'estoit que figure. Vray est que le bruit estoit que le roy Henry n'y espargna rien. Lesdites consultations ont depuis esté publiées et imprimées en Angleterre.

Cependant le procès fut depuis intenté à Rome pardevant le pape Clement septiesme, à l'instance de l'ambassadeur de l'Empereur vers ledit Pape, auquel fut envoyé Estienne Gardiner, docteur ès droits, et depuis evesque de Winchester, pour soustenir que la repudiation avoit esté juste, et la dispense du pape Jules illicite de droit divin et humain.

---

(1) *Offrant de se faire chef des protestans.* Ce fait est contredit par tous les historiens contemporains. Henri VIII au contraire, après s'être déclaré chef de l'Eglise anglicane, maintint les principaux dogmes de la religion catholique, et punit les protestans avec la dernière rigueur.

Le bruit estoit commun que le roy François premier avoit eu volonté de marier sa sœur, vefve du feu duc d'Alençon, au roy d'Angleterre, laquelle depuis espousa Henry d'Albret, roy de Navarre, et qu'il avoit incité le cardinal d'York, pour lors ambassadeur en France, de tenir la main à ce que la dispense de Jules deuxiesme fust jugée abusive. Mais deux choses empescherent le mariage : l'une, qu'il craignoit que la repudiation fust trouvée mauvaise ; l'autre, que le roy d'Angleterre n'aimoit pas madame la duchesse d'Alençon, son but estant d'espouser Anne de Boulen pour sa beauté.

Et d'autant que l'ambassadeur d'Espagne pressoit le Pape de faire juger le procès, le Pape differoit, tant pour la crainte d'offenser l'Empereur, qui avoit de grandes forces en Italie, s'il donnoit jugement au profit du roy d'Angleterre, qu'aussi donnant la sentence au contraire, ledit Roy ne se retirast du tout de l'obeissance de l'Eglise et du Saint Siege apostolique, et se declarast particulierement ennemi de l'Eglise romaine, et en ce faisant qu'il exemptast son royaume de la foy et hommage que les roys ses predecesseurs avoient toujours rendu audit Siege depuis le roy Jean, surnommé *Sans-Terre,* payans par chacun an quatre mille ducats à la chambre du Pape, pour le cens feodal convenu en l'investiture faite par le pape Innocent troisiesme audit roy Jean, du consentement des seigneurs et barons d'Angleterre.

Mais le Pape, ne pouvant plus reculer, fit juger le procès à Rome, où il fut dit par sentence que le Roy n'avoit pu repudier Catherine d'Espagne, et moins encore espouser Anne de Boulen, laquelle pendant le procès avoit esté executée à mort, comme atteinte et convaincue d'adultere, lequel toutefois n'estoit pas bien verifié, ainsi que plusieurs disoient; et croyoit-on que les catholiques, qui avoient fort mauvaise opinion de ladite Anne de Boulen, luy firent de très-mauvais offices, tant pour avoir esté cause de la repudiation d'une autre reyne, que pour estre lutherienne, et avoir fait changer au roy Henry sa religion, disans que c'estoit pour troubler le royaume, et mesmement pour avoir fait mourir Thomas Morus, chancelier d'Angleterre, l'un des plus grands personnages de son temps, parce qu'il avoit dit que le roy Henry ne se pouvoit faire chef de l'Eglise anglicane. D'où on jugeoit qu'ayant gasté le Roy, elle gasteroit aussi le royaume, qui estoit auparavant si contraire aux heresies, que le mesme Roy avoit fait un livre contre Martin Luther, pour lequel il fut grandement honoré par le pape Jules deuxiesme, qui lui donna le titre de *Defenseur de la Foy catholique,* et un chapeau et une espée. Et ce titre de defenseur de la Foy a depuis esté porté par tous les enfans dudit roy Henry, comme la reyne Elisabeth, à present regnante, le porte encore.

Le roy Henry estant adverty de cette sentence, non-seulement persista en sa declaration, après s'estre fait chef de l'Eglise anglicane, mais desavoua le Pape pour seigneur feodal, chassant ses receveurs d'Angleterre, et par mesme moyen changea la forme de la religion, et fit abattre quelques images, et fondre des reliques. Auparavant, le roy François premier avoit adverty le pape Clement, par son ambassadeur, qu'il se gardast bien de juger contre le roy d'Angleterre, car en ce faisant il perdroit l'obeissance de ce royaume-là: toutesfois cet advertissement arriva trop tard à Rome, parce que la sentence estoit desjà donnée. En ce tems le roy d'Angleterre fit assembler ses estats, et par iceux fit declarer le mariage de Catherine d'Espagne illegitime, et qu'après son decès la couronne viendroit aux enfans de luy et de Jeanne de Seimour, laquelle il espousa depuis, et fut incisée par le costé pour avoir son enfant, dont elle mourut : et pour cette cause l'enfant fut appellé *Edouart Cesar.* Pour la quatriesme femme le Roy prit Anne, sœur du duc de Cleves, qu'il repudia bientost après. Pour la cinquiesme il espousa Catherine de Hawart, qu'il fit decapiter devant que l'an fust passé. Et pour la sixiesme il espousa Jeanne, vefve du seigneur de Latimer. Et par son testament, fait en decembre 1546, il institua Edouart son fils successeur à la couronne, auquel il substitua Marie sa fille aisnée; et à Marie il substitua Elizabeth, ratifiant en cela la volonté des estats d'Angleterre, qui l'avoient ainsi ordonné.

CHAPITRE III.

Regne de Marie, reyne d'Angleterre. Refusée en mariage par Henry de Courtenay, comte de Worcester. Elizabeth, sœur et rivale de la Reyne, mise en prison; delivrée par l'entremise de Philippe II, roy d'Espagne, qui pretendoit l'espouser après la mort de sa sœur.

Ainsi Marie succeda au royaume après la mort du jeune roy Edouart son frere, ce qui n'estoit advenu depuis quatorze cens ans. Car, combien que Tacite, en la vie de son beau pere Agricola, escrive que les peuples d'Angleterre de son temps estoient commandez par une reyne, et qu'ils recevoient à la succession de la couronne les filles aussi bien que les masles, si est-ce que, depuis ce temps-là jusques à Marie, il ne s'en trouve pas une seule. Car mesme Estienne, comte de Boulogne, gendre seulement de Henry 1, roy d'Angleterre (1), fut preposé à Mahaut, appellée imperatrice, fille dudict Henry, femme de Godefroy Plantagenet, comte d'Anjou, qui succeda à la couronne, et duquel sont tous issus les princes, roys et reynes d'Angleterre, qui ont esté depuis quatre cens ans jusques à present.

Donc Marie se voyant asseurée de la couronne et estat d'Angleterre, et qu'elle avoit passé l'âge de quarante-sept ans (2), pour s'asseurer encore davantage, voulut espouser le comte de Worcester, nommé Henry de Courtenay, qu'elle avoit fait premier gentilhomme de sa chambre : lequel estoit issu des princes du sang de France du costé paternel (dit le sieur Tillet), et du costé maternel des roys d'Angleterre de la maison d'York, joint aussi qu'il estoit l'un des plus beaux entre les jeunes seigneurs de son aage. Mais luy n'avoit pas son affection à la reyne Marie, mais bien à Elisabeth sa jeune sœur, qui luy portoit beaucoup d'affection, comme l'on disoit. Ce que la reyne Marie ayant decouvert, et que plusieurs du royaume d'Angleterre, impatiens, et qui tenoient pour chose nouvelle d'estre commandez par une femme, jettoient les yeux sur milord de Courtenay, et eussent bien desiré l'avoir pour

---

(1) *Gendre seulement de Henry I, roy d'Angleterre.* Etienne étoit neveu, et non pas gendre de Henri I. — (2) *Quarante-sept ans :* lisez trente-sept ans.

roy, et qu'il espousast Elisabeth, il delibera de sortir du royaume pour eviter le courroux et animosité de la reyne Marie, et alla à Venise, où bien-tost après il mourut de poison, comme l'on dict.

Et Elisabeth fut constituée prisonniere par le commandement de Marie, en fort grand hazard de perdre la vie, comme elle m'a dit souvent qu'elle s'y estoit resolue, tant pour la mauvaise volonté qu'elle sçavoit que luy portoit ladite reyne Marie sa sœur, que pour avoir inventé contre elle des accusations, d'avoir escrit au feu roy Henry II en France, et avoir des intelligences avec Sa Majesté, et cognoistre en elle une affection toute françoise. Elle m'a dit aussi qu'estant du tout hors d'esperance d'eschapper, elle desiroit faire une seule requeste à la Reyne sa sœur, qu'elle eust la teste couppée comme l'on fait en France avec une espée, et non avec une doloire à la façon d'Angleterre, priant que pour cette execution l'on envoyast querir un bourreau en France.

Toutefois elle ne courut autre chose de ce danger que la peur; car Philippe, roy d'Espagne, qui avoit espousé ladite reyne Marie, moyenna sa liberté, et la fit sortir de prison, esperant de l'espouser au cas que Marie mourust sans enfans, comme il advint. Et ledict Philippe, qui estoit pour lors au Pays-Bas, envoya des ambassadeurs en Angleterre, et fit grande instance pour avoir en mariage ladicte Elisabeth, laquelle n'y voulut aucunement prester l'oreille, pour n'y avoir point d'affection; ce qu'elle m'a souvent dict, et qu'elle ne croyoit aussi estre honneste et licite entre chrestiens d'espouser le mary de sa sœur, bien que le roy d'Espagne fut asseuré de sa dispense si elle l'eust voulu espouser;

comme aussi il a facilement obtenu d'espouser sa niepce, fille de sa sœur et de son cousin germain, encore que plusieurs tiennent que le Pape ne peut dispenser de telle consanguinité; ce que mesme les Romains payens tenoient pour un inceste. Et outre le peu de volonté que ladite Reyne avoit de l'espouser, il y avoit encore un grand empeschement pour la diversité des religions; joint aussi que les Espagnols estoient fort mal-voulus des Anglois, qui avoient du temps de la reyne Marie fait plusieurs desseins de leur faire mauvais party ; de sorte que le roy d'Espagne fut contrainct d'avoir une garde angloise, lesdits Anglois s'estans persuadez que les Espagnols, voyans la sterilité de Marie, avoient dessein d'usurper le royaume, parce que cette nation est fort ambitieuse et en possession de s'aggrandir par prétextes d'alliance.

CHAPITRE IV.

Elizabeth succede à la couronne d'Angleterre. Marie Stuart, reyne de France et d'Escosse, y pretend. Raisons d'Estat pour l'abolition de la religion catholique en Angleterre. Marie Stuart insiste pour ses droits. Repartie des Anglois à ses pretentions. Elizabeth, pour se maintenir, brouille l'Escosse avec la France par ses intelligences avec les heretiques. Dangereux conseil de la maison de Guyse à la reyne regente d'Escosse contre les religionnaires du pays, qui revolte le pays, et ruine la religion catholique.

Donc par la mort de Marie, causée de quelque jalousie qu'elle avoit du roy d'Espagne son mary, comme aucuns ont voulu dire, Elizabeth ayant succedé à la couronne d'Angleterre, suivant le testament du roy Henry son pere, et le droit des Estats estably vingt-neuf ans auparavant au parlement d'Angleterre, fut receue avec grande joie et allegresse, le dix-septieme novembre 1559 (1).

Marie Stuart, reyne de France et d'Escosse, en estant advertie, prit les armes d'Angleterre, et les fit conjoindre et ecarteler avec celles d'Escosse, et poser publiquement à Paris en plusieurs lieux et portes, par les herauts du dauphin de France, lorsqu'il espousa ladicteMarie, avec les titres qui s'en suivent : *Franciscus et Maria, Dei gratiâ rex et regina Franciæ, Scotiæ, Angliæ et Hiberniæ*; ce que l'ambassadeur d'Angleterre ayant veu, demanda audience, et fit de grandes plaintes de l'injure faite à sa maistresse; auquel on fit seulement response qu'il y seroit pourveu, sans toutesfois rien changer ny aux armes ny aux qualitez; car l'on craignoit faire un prejudice irreparable à la reyne d'Escosse, pour le droict qu'elle pretendoit au royaume d'Angleterre et d'Irlande.

La reyne Elizabeth en estant advertie par son ambassadeur, prevoyoit bien qu'elle estoit pour courir la fortune d'une guerre contre la France et l'Escosse, et mesme contre quelque partie de ses sujets qui estoient catholiques, et portoient très-impatiemment d'estre frustrez de l'exercice de leur religion, qu'elle avoit changée, par le consentement des trois estats, trois mois après son advenement à la couronne, ce qu'elle pratiqua fort subtilement sans aucun remuement ny alteration; car, voyant que les protestans qui s'estoient

(1) 1559: lisez 1558.

absentez d'Angleterre sous le regne de Marie estoient de retour en leurs maisons, et qu'une patie des peuples et de la noblesse estoient mal affectionnez à la religion catholique, pour establir cette religion protestestante à laquelle elle estoit affectionnée, et pour plus seurement regner, elle ne voulut pas user de force, mais prit resolution de faire assembler presque tous les evesques d'Angleterre, ausquels elle fit entendre qu'elle vouloit regler le faict de la religion, et suivre leur advis en tout et partout : de quoy les catholiques estoient bien aises, estimans qu'ils le gagneroient, estant la chose mise à la pluralité des suffrages, d'autant que les evesques estoient, comme ils devoient ou sembloient estre, catholiques, pour le moins en plus grand nombre que les protestans. Mais sur cette deliberation la pluspart d'iceux furent gagnez (1) par le conseil de la Reyne, les uns par bienfaits, les autres par promesses, et les autres par crainte qu'ils avoient de luy desplaire. Joint aussi qu'une partie des comtes, barons, nobles et roturiers, deputez par le peuple aux estats, demandoient le changement, d'autant qu'ils esperoient d'estre pourveus des biens des ecclesiastiques et des confiscations, excepté seulement les eveschez qui sont encore entre les mains de personnes qui se disent evesques, ou pour le moins en ont l'habit et jouissent du revenu. Par ce moyen la religion fut remise en l'estat auquel l'avoit laissée trois ans auparavant le roy Edouart sixiesme, et toute autre religion deffendue.

(1) *La pluspart d'iceux furent gagnez.* Les évêques d'Angleterre, à l'exception de celui de Landaff, refusèrent au contraire de se prêter aux volontés d'Elisabeth, et ils furent chassés de leurs siéges. La majorité du clergé inférieur se soumit sans presque aucune résistance.

Cependant Marie Stuart, reyne de France et d'Escosse, soutenoit par livres publiés qu'elle avoit droict à la couronne d'Angleterre, tant par la loy de nature et droit successif, que par le jugement rendu contre la repudiation de Catherine d'Espagne, ce qui rendoit nul le mariage d'Anne de Boulen; d'où s'ensuivoit que la reyne Elizabeth n'estoit habile à succeder. Les Anglois disoient que les estats d'Angleterre, au parlement qui fut tenu l'an 1525, donnerent toute puissance au roy Henry huictiesme de nommer et designer un successeur à la couronne, et neantmoins nommerent Edouart sixiesme, et luy substituerent Marie, et à Marie Elizabeth : et depuis, le roy Henry, par son testament, appella les mesmes personnes, comme nous avons dit cy devant, et après Elizabeth ordonna que les enfans de Françoise et de Leonor, ses niepces, filles de Marie sa sœur puisnée, et de Charles Brandon, duc de Suffolck, succedassent, et que si elles mouroient sans hoirs legitimes, les plus proches y fussent appellez. De sorte qu'il sembloit qu'il eust totalement exclu les enfans de Marguerite sa sœur aisnée, d'où estoit issue la reyne d'Escosse, qui debattoit le testament de plusieurs nullitez.

Pour s'assurer donc, la reyne Elizabeth avoit de long-temps commencé de s'allier le plus qu'elle pouvoit avec les Escossois, tant pour le pretexte d'une mesme religion que pour les distraire du tout, si elle pouvoit, de l'amitié et alliance de France, qui avoit duré huit cens ans (1), et avoit esté comme un frein à

---

(1) *Qui avoit duré huit cens ans.* L'alliance intime de la France et de l'Ecosse n'avoit commencé qu'au quatorzième siècle, sous le règne de Philippe de Valois.

l'Angleterre, pour empescher la grandeur et accroissement de ce royaume-là, comme aussi les François ont maintenu souvent l'Escosse contre l'oppression des Anglois, jusques au changement de religion et au regne d'Elizabeth, laquelle prit fort à propos l'occasion des troubles advenus en Escosse l'année que le roy Henry mourut; car auparavant tout y estoit paisible, par la patience et prudence de la douairiere d'Escosse, regente et mere de Marie, femme du roy François second; laquelle ne vouloit, voyant qu'elle ne le pouvoit, forcer la conscience des protestans, qui estoient desjà en grand nombre en Escosse, et se multiplioient tous les jours, comme en cette nation les esprits sont prompts et faciles à mutation, dont j'ay veu infinis exemples en vingt-trois ans que j'ay traicté plusieurs grandes affaires en ce royaume.

Or ceux de Guise, freres de la regente d'Escosse, voyans que les protestans y prenoient grand pied, et devenoient les plus forts, et qu'il estoit impossible à leur sœur d'en venir à bout, la conseillerent de faire dresser et publier edicts fort rigoureux contre les protestans; et pour les executer envoyerent Nicolas de Pellevé, evesque d'Amiens, à present cardinal, et La Brosse, qui voulurent tout soudain contraindre un chacun d'aller à la messe, reprochans à la regente que sa douceur et souffrance avoit tout gasté. Elle, au contraire, combien qu'elle fust du tout catholique, persistoit en son opinion, disant qu'il ne falloit rien changer ni altérer pour le fait de la religion, craignant et leur predisant la rebellion des sujets qui advint incontinent apres.

Mais elle ne fut pas creuë: qui fut cause que la pluspart de la noblesse escossoise, courageuse, et grand nombre des peuples, prompts et remuans, commencerent à se mutiner, non pas tant pour le fait de la religion, que parce qu'ils disoient que l'on les vouloit commander par force, et asservir leur liberté aux François, disans pour pretexte qu'à la fin ils emporteroient les plus belles charges et offices du royaume : aussi ne manquent jamais de pretextes ceux qui se veulent mutiner. Cependant la reyne Elizabeth et ses conseillers ne perdoient pas de temps pour nourrir et augmenter cette division et revolte des Escossois mal contens et protestans, qui, se joignans les uns avec les autres, prirent les armes, et commencerent à donner la chasse aux ecclesiastiques, et enfin reduisirent la Regente et son conseil à cette nécessité de recevoir la loy de ses sujets.

CHAPITRE V.

La reyne Elizabeth se declare pour les heretiques d'Escosse, et commence la guerre avec la France. Protestation de la part du Roy contre l'infraction de la paix par ladicte Reyne. Ses responses ausdictes protestations. Dessein de la reyne d'Escosse sur l'Angleterre, et de la reyne d'Angleterre en Escosse. Traité entre les Escossois et les Anglois.

Sur cela le sieur de Montluc, evesque de Valence, fut envoyé en Escosse, pour voir quel remede il y auroit de leur faire poser les armes : mais n'y en trouvant point, il fut soudain renvoyé en France pour avoir secours. Ce que voyant, la reyne d'Angleterre, qui avoit desjà conclu l'alliance avec les Escossois mutins, fit dresser deux armées, par mer et par terre, et expédier des lettres patentes qu'elle publia en Angleterre, par lesquelles elle se plaignoit du tort que l'on luy avoit fait en France, et principalement d'avoir souffert que Marie, reyne d'Escosse, se qualifiast reyne d'Angleterre et d'Irlande, avec les armes ecartelées d'Escosse et d'Angleterre : et encore, sous couleur de vouloir chastier quelques sujets d'Escosse, l'on dressoit une armée en France pour attenter à l'Angleterre, dont elle estoit menacée. Elle fit aussi remonstrer et prier le Roy que l'on laissast l'Escosse en paix, et la forme du royaume en l'estat auquel il estoit, et que l'on retirast tous les François qui y estoient desjà. Autrement elle s'armeroit pour garder qu'il ne s'attentast quelque chose contre l'Angleterre, protestant que tout le mal qui adviendroit pour ce regard ne luy pourroit estre imputé. Et voyant que les forces de France s'approchoient d'Escosse, elle commença la guerre contre quelques vaisseaux françois qui estoient pour lors audict Escosse.

Cela fut cause que l'on fit protester le chevalier de Saivre, de la part du Roy, à la reyne d'Angleterre de l'infraction de paix, et de l'ouverture de guerre qu'elle avoit commencé, sous couleur que la reyne d'Escosse avoit pris les armes d'Angleterre avec celles d'Escosse, et vouloit reduire ses sujets rebelles sous son obeissance, et que le roy François second avoit fait offre à la reyne d'Angleterre de deputer gens de sa part, pourvu qu'elle en nommast aussi de son costé, afin de vuider leurs differens suivant les articles de la paix. Chose que la reyne d'Angleterre n'auroit acceptée, mais auroit limité certain jour, auquel elle vouloit pour tous delais que le Roy retirast tous les François qui estoient en Escosse, sans vouloir entrer en accord, n'ayant autre but que de clorre le chemin aux François, et les chasser tous d'Escosse.

Toutefois, le vingtiesme jour d'avril 1560, la reyne d'Angleterre, comme par une forme de response, se plaignit derechef, comme elle avoit desjà faict, de ce que la reyne d'Escosse avoit pris et portoit le nom, tiltre et armes d'Angleterre et d'Irlande, qu'elle n'avoit voulu quitter, quelque remonstrance et priere qui luy en eust esté faite par ses ambassadeurs, qu'elle disoit aussi avoir esté maltraitez : qui estoient, comme elle disoit, tous signes evidens que les forces menées en Escosse, et celles qui se preparoient encore, estoient pour surpendre l'Angleterre. Elle se plaignoit aussi d'un grand nombre de pirates françois, seulement contre les Anglois, et du support qui leur estoit donné; et davantage de ce que l'on avoit remonstré et faict instance au Pape, pour declarer qu'elle n'estoit pas Reyne et la vraye heritiere d'Angleterre, et que l'on avoit voulu capituler avec des Allemans et lanskenets pour passer en Escosse avec les François pour la conqueste d'Angleterre; disant encore que le cardinal de Lorraine avoit soutenu au traité de Cambresis la ville de Calais devoir plustost estre à la reyne d'Escosse qu'à elle. Et quant aux forces qu'elle avoit envoyées vers l'Escosse, elle disoit que c'estoit seulement pour la forteresse et ville de Warvick, frontiere principale de l'Angleterre, et que le tout y avoit esté conduit sans aucun acte d'hostilité : alleguant sur cela qu'il n'estoit pas question de mener en Escosse une si grande armée de François pour chastier les rebelles. Elle fit aussi declarer les torts et injures que les Escossois disoient avoir receu des François, qui estoit l'occasion et le commencement des troubles et divisions d'Escosse; protestant neanmoins qu'elle ne voudroit soutenir la rebellion des sujets d'Escosse contre leur Reyne, mais seulement se vouloit garder des surprises que l'on luy pourroit faire, et conserver son Estat.

Ces protestations, ainsi faites d'une part et d'autre, sembloient contraires aux effets; car, combien que la reyne d'Escosse ne pensast lors qu'à appaiser les troubles de son Estat, si est-ce que la pluspart jugeoient que si elle en eust pu venir à bout, elle eust passé en Angleterre avec les forces de France et d'Escosse, par l'intelligence qu'elle pensoit avoir avec grand nombre de catholiques qui estoient audict Angleterre, attendu qu'il n'y a ny mer ny fleuves, ny montagnes, ny forteresses, qui separent les deux royaumes, mais seulement un petit ruisseau qui se passe à gué de tous costez. Aussi la reyne d'Angleterre ne pouvoit avoir plus grand plaisir que de voir les troubles et les sujets divisez en Escosse, et la religion des protestans s'y establir, et faisoit entendre aux Escossois qu'ils ne devoient endurer la domination des François en leur pays; pensant que c'estoit un très-grand moyen pour conserver son Estat et la religion protestante, de diviser ces deux nations, qui avoient si long-temps maintenu une estroite alliance contre les Anglois, anciens ennemis des uns et des autres.

Or en ce temps le sieur de Glaion et l'evesque d'Aquila, ambassadeurs du roy d'Espagne, taschoient de moyenner la paix, et faire en sorte que la reyne d'Angleterre ne s'entremeslast point des affaires d'Escosse ; ce qu'ils ne peurent obtenir. Mais au contraire la reyne d'Angleterre reçut favorablement tous les Escossois qui se voulurent mettre en sa protection, lesquels la supplierent (par pratique faite) de faire alliance avec eux, et de les aider, comme elle fit bientost après. Mais les Escossois furent advisez par la capitulation qu'ils firent avec elle, qu'ils ne bailleroient aucunes places fortes aux Anglois, comme aussi n'y en a-t-il guere, mais seulement que la reyne d'Angleterre bailleroit des ostages qui seroient renouvellez de six en six mois. Aussi est-il bien à craindre, quand les protecteurs ont des forteresses des alliez, qu'ils ne les rendent jamais, comme il est advenu de nostre temps des villes imperiales comme Utrecht, Constance, Cambray et autres, qui ont esté assujetties à ceux qui les tenoient sous leur protection ; dequoy l'empereur Charles v a montré assez d'exemples. Or ce traicté conclu et arresté entre la reyne d'Angleterre et les Escossois, et l'union qu'ils firent de leurs religions, èsquelles ils ne vouloient estre forcez, apporta la guerre ouverte.

CHAPITRE VI.

Guerre en Escosse contre les François, qu'on ne peut secourir. Passage du sieur de Castelnau de Mauvissiere par le Portugal, avec les galeres de France. Les perils qu'il courut sur la mer avec l'armée navale. Paix faicte en Escosse. Articles de ladicte paix entre la France et l'Angleterre. Avantage des Anglois et desavantage des François en la guerre d'Escosse. Jugement du sieur de Castelnau sur la protection donnée par nos roys aux heretiques et protestans.

CELA fit deslors cognoistre la difficulté qu'il y avoit de forcer les consciences des sujets qui estoient en si grand nombre, mesmement des Escossois, nation farouche, opiniastre et belliqueuse, et qui ne se peut pas dompter par force, si l'on ne les extermine du tout, ce qui seroit trop difficile, attendu la nature du pays : aussi ne faut-il pas apprivoiser les esprits sauvages à coups de baston, mais en les traitant par douceur et courtoisie. Donc les choses estant venues à l'extremité de la guerre, les François qui estoient en Escosse, se voyans les plus foibles, ne voulurent pas se hazarder au combat, mais se retirerent dedans la ville de Petitlit (1), où ils furent assiegez par mer et par terre des Escossois et des Anglois, avec telle violence, que, ne pouvans plus tenir pour n'avoir ny vivres ny munitions de guerre, et n'ayans aucune espe-

(1) *La ville de Petitlit.* Elle s'appeloit alors *Petit Leith.* Elle s'appelle aujourd'hui *Leith.*

rance de secours, après plusieurs escarmouches et sorties, Sebastien de Luxembourg, vicomte de Martigues, qui estoit colonel des gens de pied, et le sieur d'Oysel, qui avoit long-temps esté ambassadeur, et commandé à quelques troupes françoises qui avoient esté avec la Regente, et tous ensemble resolurent de faire plustost quelque honorable composition, que de se perdre sans raison ny profit en une des plus mechantes places du monde, où il n'y avoit autre forteresse qu'un retranchement.

Et combien que l'on preparast en France des forces pour les secourir, dont le marquis d'Elbœuf estoit le chef et conducteur, si est-ce qu'elles ne pouvoient venir à temps, veu mesme que, s'estant embarqué en Normandie, il eut tant de fortune sur la mer, qu'il luy fallut relascher d'où il estoit party, avec l'entiere ruine de tout ce qui estoit avec luy.

Ce qui advança encore la composition moins avantageuse pour les François, est aussi que le grand prieur de Lorraine, frere du duc de Guise, lequel je suivis en ce voyage, qui devoit commander à l'armée navale, estant general des galeres de France, et en amenoit dix des meilleures qui fussent au service du Roy, lesquelles il avoit desjà trajectées de la mer Mediterranée en l'Ocean, et passé le detroit de Gibraltar et la coste d'Espagne, s'arresta à une infinité de rafraischissemens, et semblablement auprès du roy de Portugal dom Sebastien, pour lors jeune enfant, qui me donna, et la Reyne sa grand'mere, et le cardinal dom Henry (qui depuis fut roy après que son neveu se perdit en Afrique), un prisonnier fort estroitement detenu, et accusé de plusieurs pratiques au royaume de Portugal;

lequel trafiquoit de plus de cent mille escus, qui luy eussent esté confisquez, et l'eust-on fait mourir, si je ne l'eusse sauvé, avec beaucoup de difficulté. Mais je reçus cette particuliere faveur, pour les recommandations d'une infinité de marchands françois et italiens, qui me prierent de faire cette requeste au petit roy de Portugal et à son conseil.

Or nous eusmes nouvelles en Portugal que, si les galeres et toute l'armée navale n'estoient ensemble en Escosse dedans vingt jours, l'accord se feroit au Petit-lit, comme il fut fait. Lors le grand prieur fit estat de partir aussi-tost que le vent pourroit servir pour sortir les galeres de Lisbonne : et, vingt-trois heures après, firent voile, et eurent bon temps jusques au cap de Fin-de-terre en Espagne. Mais là ayans fait aiguade pour prendre la pleine mer et laisser la coste, afin d'accourcir le chemin, lesdictes galeres n'estoient pas encore trente milles en mer, qu'elles furent agitées d'une horrible tempeste, et en très-grand danger de périr, courans cette fortune jusques aux landes de Bordeaux et près de la tour de Cordouan, sans qu'aucun pilote peust cognoistre ny ciel ny terre, ny le lieu où nous estions prests à nous perdre, sinon un pauvre vieil pilote pescheur qu'avoit pris le capitaine Albise, lequel, de fortune, voyant le peril où nous estions, dit à son capitaine que s'il n'avançoit sa galere pour piloter les autres par le chemin qu'il leur monstreroit, elles estoient toutes perdues, ce qui estoit vray; et ainsi le capitaine Albise et son pilote, laissans les loix de la mer en telle necessité, se licencierent d'avancer leur galere devant la Reale, laquelle autrement alloit la premiere donner à travers d'infinis ecueils. Ainsi nous echapasmes ce danger, et Saint-Gouart, qui estoit esdites galeres, fut le premier qui recognut la terre et les sables d'Aulonne, comme nous en pensions estre à plus de cinquante lieues. L'extremité du peril estoit si grand, que l'argousin Real et le patron, qui n'avoient plus d'esperance qu'au hazard de la fortune, prirent leurs bourses, en resolution de se jetter sur quelque ecueil, attendans que la tempeste cesseroit, comme elle fit en cet endroit, où les galeres ayant quelque rafraichissement, le grand prieur fit diligence de les amener jusques à Nantes, où estans arrivées, je fus envoyé vers le roy François second, pour sçavoir ce qu'il luy plairoit que fissent lesdictes galeres, et si elles prendroient la route d'Escosse, et demander de l'argent pour les faire partir. Mais, arrivant à la Cour, je trouvay que la composition estoit faicte en Escosse, et le Petitlit rendu au mois de juillet 1560.

Et fut dit par l'accord que les armes avoient esté prises, tant du costé du Roy que de la reyne d'Angleterre, pour le bien des sujets d'Escosse et la conservation de l'Estat, sans que de là en avant les Escossois, pour quelque cause que ce fust, en pussent estre recherchez; que les protestans sortiroient de l'Islebourg, horsmis ceux qui estoient bourgeois de la ville; que tous les protestans demeureroient bons et fidelles sujets au Roy, à la reyne d'Escosse, et à la Regente sa mere, demeurans neantmoins les loix du pays en leur force et vertu; et que les catholiques et gens d'eglise ne seroient troublez en leurs religions, personnes ny biens; que le dixieme jour suivant seroit tenu le parlement d'Escosse, pour accorder amiablement tous les differens de la religion; que douze personnes seroient establies en Escosse, dont les sept seroient nommez par le Roy, et les autres par les estats des ecclesiastiques, de la noblesse, du peuple, et seroit resolu que toutes les dignitez, offices et estats, seroient baillez aux Escossois seulement, et que la forteresse du Petitlit seroit abatue; que les capitaines et gens de guerre estrangers qui estoient dedans et en tout le pays d'Escosse sortiroient, et que la ville de l'Islebourg auroit tel exercice de religion qu'il luy plairoit, pour y vivre un chacun en liberté de conscience; que les protestans ne seroient aucunement molestez pour le fait de leur religion; que la reyne d'Angleterre retireroit aussi toutes ses forces, et ne s'entremesleroit plus des affaires d'Escosse; que le traité fait au Casteau Cambresis demeureroit en sa force et vertu, et que la reyne Marie d'Escosse laisseroit les titres et armes d'Angleterre.

Voilà sommairement ce qui fut capitulé au Petitlit. Par cet accord fait et executé, la guerre d'Escosse prit fin. Par lequel la reyne d'Angleterre commença tellement d'asseurer son Estat et sa religion jusques à present, qu'elle peut dire avoir plus fait que tous les roys ses predecesseurs, dont le principal point est d'avoir divisé les François d'avec les Escossois, et avoir jusques aujourd'huy nourry et entretenu cette division, par le moyen de laquelle elle a affoibli les uns et les autres, et s'en est fortifiée. Aussi plusieurs sont de cette opinion, que la puissance d'un prince et d'un Estat ne gist pas tant en sa force qu'en la foiblesse et ruine de ses voisins, mesmement ennemis, comme furent les François et les Escossois, de long-temps confederez et alliez, et ennemis des Anglois, et plus encore les Escossois que les François. A quoy ceux qui ont manié ces affaires n'ont pas bien préveu; car ils ont fait une playe fort sanglante en France, ayant esté d'advis d'envoyer des François pour faire la guerre à l'Escosse, qui estoit un rempart pour la France, lorsque les Anglois y vouloient entreprendre quelque chose, dont ils estoient advertis par les Escossois, et envoyoient leurs forces en Escosse, sans que les Anglois y pussent remedier, qui leur estoit une grande epine au pied. Et quoy qu'il fust dict par le traité du Petitlit que la reyne d'Angleterre ne s'entremesleroit plus des affaires d'Escosse, ce fut un article inutile, et qui ne servit que de couleur et palliation; car les Anglois ne pretendent pas beaucoup en Escosse, mais il leur suffira d'en avoir chassé les François. Et il est aisé à voir que s'ils vouloient tenter d'y retourner pour s'y faire les plus forts, les Anglois s'armeroient incontinent, et se joindroient avec les Escossois, qui, estans pour la pluspart protestans, ont encore une recente impression de cette nouvelle amitié et alliance faite avec la reyne Elizabeth d'Angleterre, qui leur remet souvent devant les yeux, par quelques bienfaits et pensions, que c'est elle qui les a delivrez de la subjection des François, et est cause qu'ils ont la religion protestante. Et si l'on veut dire que c'estoit bien fait de ruiner les protestans d'Escosse, qui, à la verité, ont esté la seule occasion d'y faire la guerre, à cela l'on peut respondre qu'il falloit plustost s'attaquer à ceux d'Angleterre que d'Escosse, n'estant pas plus mal-aisé l'un que l'autre. Et tant s'en faut que l'on soit parvenu à l'effet que l'on pretendoit, que ceste guerre a fait perdre l'estat d'Escosse à la France, et l'a acquis à l'Angleterre.

Et ceux qui donnerent ce conseil n'avoient pas esté si conscientieux sept ou huit ans auparavant, ayant fait lever une puissante armée au roy Henry deuxiesme, et hazarder sa personne et son Estat, pour faire la guerre à l'Empereur et aux princes catholiques d'Allemagne, afin de mettre les princes protestans et leurs partisans en liberté de leur Estat et de leur religion; lesquels tost après ce nonobstant s'allierent ensemble au traité de Passau pour prendre leur revanche et attraper le Roy, et firent une grande entreprise contre son royaume, lequel, au jugement de plusieurs, eust eu fort affaire si l'Empereur eust repris la ville de Mets. Mais son malheur fut qu'ayant fait une breche de cent pas, il en fut vigoureusement repoussé par le duc de Guise qui y commandoit et avoit avec luy la pluspart des princes et de la noblesse de France, qui ne laisserent rien en arriere pour employer leurs vies, afin de soutenir un siege de telle importance. Les princes catholiques d'Allemagne ont dit depuis que ce siege fut cause de la ruine de leur religion et party.

L'année suivante, 1554, que les cantons catholiques de Suisse voulurent faire la guerre aux cantons protestans, à la suasion de l'evesque de Terracine, nonce du Pape, les François n'entreprirent pas d'aider les catholiques; ains au contraire le Roy, par ses ambassadeurs, empescha la guerre, menaçant les catholiques de se joindre aux protestans. Et si le Roy eust fait autrement, il perdoit l'amitié des cantons protestans, et le secours des cantons catholiques, et eust esté contraint d'employer ses forces et ses finances pour la guerre des Suisses : cependant les Anglois et les Imperiaux eussent eu bon marché de la France, et eust-on ruiné aussi bien la religion catholique en Suisse comme l'on a fait en Escosse, vu que de six cantons protestans celuy de Berne estoit plus fort que tous les catholiques.

CHAPITRE VII.

Resolution prise au conseil du Roy d'arrester le prince de Condé. Il se retire en Bearn, et se faict chef des protestans. Raison pour laquelle lesdicts protestans furent appelez Huguenots. Nouveau different entre les maisons de Guyse et de Montmorency. Advis donné par La Planche à la Reyne mere contre ceux de Guyse. Libelles publiez contre la maison de Guyse. Le vidame de Chartres, arresté prisonnier, meurt à la Bastille. Le connestable ecrit au prince de Condé. La maison de Guyse faict lever des troupes en Allemagne.

Mais, laissant cette discussion des pays et affaires estrangeres, je reviens aux nostres, et sur ce que nous avons dit que le prince de Condé avoit demandé permission au Roy de se retirer en sa maison. A peine eut-il tourné visage, que le cardinal de Lorraine, de son naturel assez soupçonneux, pensa bien que le mécontentement qu'avoit eu ledict prince, qui estoit de grand courage, luy donneroit occasion de s'en ressentir. Ce qui fut cause que le conseil fut donné au Roy de le mettre prisonnier; à quoy l'on dit que le duc de Guise estoit d'opinion contraire, qui se monstroit en affaires d'Estat très-politique et prudent, et remonstra que la conséquence de cet emprisonnement pourroit causer plus de mal que de bien. Toutefois le Roy ne se departit point de son premier conseil, de quelque part qu'il fust donné à Sa Majesté. Et comme les preparatifs s'en dressoient, le prince de Condé en eut quelque advertissement. Aussi est-il mal aisé d'esventer quelque chose à la cour des roys et grands princes, et le communiquer à plusieurs, que l'on n'en sçache bientost des nouvelles : car bien souvent les roys n'ont pas moins d'espions que de serviteurs en leurs maisons. Lors le prince de Condé fit semblant d'aller à la Cour, et, envoyant son train à Blois, tourna soudain vers Poictiers, où il trouva Genlis, lequel il chargea d'asseurer la Reyne sa mere de son très-humble service, et qu'il estoit entierement resolu de leur estre très-bon sujet et serviteur, les suppliant de luy permettre qu'il pust vivre en liberté de conscience; et de là tira droit en Bearn vers le roy de Navarre.

Genlis ayant dit sa charge au Roy et à ceux de Guyse, desquels il estoit particulierement serviteur, l'on jugea dèslors et prit-on pour un argument très-certain que le prince de Condé, avec les autres advis que l'on en avoit, se feroit chef des protestans, qui depuis s'appellerent huguenots (1) en France : dont

---

(1) *Huguenots.* On attribue aussi l'origine de ce nom, donné aux protestans, à un mot allemand qui signifie *association, alliance.* A l'époque de la conjuration d'Amboise, les protestans soutenoient que ce sobriquet leur avoit été donné pour jeter du ridicule sur la maison régnante qui descendoit de Hugues Capet, et pour favoriser les prétentions des Guise, qui se disoient issus de Charlemagne. « Les Guise, « écrivoient-ils, ont de long-temps composé par ensemble un sobri- « quet et mot à plaisir, par dérision de ceux qu'ils disent estre des- « cendus dudict Hugues Capet, les appelant *Huguenots*, et envelop- « pans dans une telle contumelie, non seulement ceux qui s'efforcent « de maintenir le florissant estat du royaume, mais aussi la personne « du Roy nostre maistre, messeigneurs ses freres et tous les princes « du sang. » *Mémoires de Condé*, tome I, page 22.

l'étymologie fut prise à la conjuration d'Amboise, lors que ceux qui devoient présenter la requeste, comme eperdus de crainte, fuyoient de tous costez. Quelques femmes des villages dirent que c'estoient pauvres gens, qui ne valloient pas des huguenots, qui estoit une fort petite monnoye, encore pire que des mailles, du temps de Hugues Capet; d'où vint en usage que par moquerie l'on les appelloit huguenots, et se nommerent tels quand ils prirent les armes, comme nous dirons en son lieu.

L'opinion se conceut que le prince de Condé tailleroit bien de la besogne, comme il fit depuis. Quoy voyant, il fut deliberé que le mareschal de Sainct-André iroit en Gascogne sous ombre de visiter les terres de sa femme, et par mesme moyen verroit les contenances et actions du roy de Navarre et du prince de Condé, qui en furent aussi-tost advertis. Mais il ne se put trouver que le roy de Navarre eust volonté de rien changer ny alterer dans l'Estat. Au mesme temps survint un different entre le connestable et ceux de Guise pour la comté de Dammartin (1), chacun s'en disant seigneur, pour le droit par eux acquis de divers héritiers; mais le connestable tenoit le chasteau. Et la Reyne mere du Roy, qui sçavoit que d'ailleurs il estoit assez mal content, craignoit qu'il se voulust joindre avec le prince de Condé, et donner courage au roy de Navarre d'estre de la partie. Mais pour en estre plus asseurée, et en tirer la vérité, Sa Majesté envoya

---

(1) *Pour la comté de Dammartin.* Philippes de Boulainvilliers et Odard de Rambures, frères utérins, se disputoient le comté de Dammartin. Boulainvilliers avoit cédé ses droits au connétable, et le duc de Guise avoit acheté les prétentions de Rambures.

querir un homme de lettres nommé La Planche (¹), capable de grandes affaires, et serviteur domestique du mareschal de Montmorency, lequel estant arrivé, fut interrogé par la Reyne mere du Roy dedans son cabinet, pour sçavoir ce qu'il jugeoit de l'estat des affaires de France, estant le cardinal de Lorraine caché derriere la tapisserie.

Et là ledit La Planche discourut bien au long de tout ce qui luy en sembloit; car il estoit eloquent et persuasif, comme je l'ay cogneu : depuis il fit imprimer et publier son advis, duquel, pour le faire court, le but estoit que pour appaiser la France et la garantir de troubles et divisions, et remettre l'obeissance du Roy, il estoit necessaire que ceux de Guise fussent esloignez de la Cour, et faire appeler les princes du sang au conseil du Roy, et près de sa personne; lesquels en estans separez, et les estrangers tenans les premieres dignités, il ne falloit esperer aucun repos. Par où l'on pouvoit cognoistre la mauvaise volonté qu'il portoit à la maison de Guise, laquelle il appelloit estrangere, combien que les princes de cette maison fussent nez en France, et naturels sujets du Roy, de pere en fils. Et d'autant que l'on soupçonnoit que ledict La Planche eust part en la conjuration d'Amboise, il fut retenu prisonnier, et quatre jours après eslargy. Le mareschal de Montmorency, qui aimoit uniquement ledict La Planche, estima

---

(¹) *Un homme de lettres nommé La Planche.* Regnier de La Planche, attaché à la maison de Montmorency, est l'auteur d'un ouvrage intitulé : *Histoire de l'estat de la France, tant de la république que de la religion, sous le regne de François II.* Ce livre curieux manque d'impartialité. C'est une apologie continuelle des protestans : « Peu d'au-
« teurs, observe M. Anquetil, ont écrit avec autant de passion; il ne
« prêche la modération, ni de paroles ni d'exemple. »

que l'on luy faisoit injure, dont il chargeoit ceux de Guise : ce qui aida encore à nourrir et augmenter l'inimitié entre ces deux maisons.

Au mesme temps l'on publia un livre en forme de requeste adressée au roy de Navarre et autres princes du sang par les sujets du Roy, plein de contumelies et injures contre la maison de Lorraine, qu'il n'est icy besoin de reciter, mais seulement la conclusion, qui estoit pour délivrer la France de sa domination par les princes du sang. Cela estoit une invention meslée avec l'animosité pour inciter toujours le roy de Navarre, le prince de Condé et les autres princes du sang, les seigneurs et les peuples contre cette maison-là, contre laquelle à tous propos les huguenots faisoient imprimer quelques libelles injurieux. Sur quoi on prit un imprimeur qui avoit imprimé un petit livre intitulé *le Tigre*, dont l'auteur présumé (1) et un marchand furent pendus pour cette cause.

En ce temps le prince de Condé, qui ne pouvoit plus temporiser ny dissimuler ce qu'il avoit en l'esprit, écrivit à tous ses amis, les priant qu'ils ne l'abandonnassent au besoin. Mais le porteur de ses lettres avec leurs responses fut surpris et mené à Fontainebleau, entre lesquelles s'en trouva une du vidame de Chartres (2),

(1) *Dont l'auteur présumé*. On ne put arrêter l'auteur. Un malheureux libraire, nommé l'Hommet, chez qui l'on avoit trouvé un exemplaire du libelle, fut pendu. Un marchand qui lui témoigna de la pitié pendant qu'il alloit à l'échafaud, fut saisi et exécuté peu de temps après comme complice.

(2) *Du vidame de Chartres*. François de Vendôme. Il avoit été l'amant de Catherine de Médicis, qui le sacrifia dans cette occasion. Il fut enfermé à la Bastille, et mourut aux Tournelles où il avoit été transféré pour être jugé par les chevaliers de l'ordre de Saint-Michel dont il étoit membre.

qui promettoit audit prince de le servir et prendre son parti contre qui que ce fust, sans exception de personne, sinon du Roy, de messieurs ses freres et de la Reyne; qui fut l'occasion pourquoy le vidame bientost après fut constitué prisonnier et mis en la Bastille à Paris, où il mourut, estànt fort regretté de la noblesse et de plusieurs peuples de France, desquels il estoit aimé et estimé pour les bonnes qualitez qui estoient en luy. Il y eut aussi quelques lettres surprises, que le connestable écrivoit au prince de Condé pour le convier d'aller à la Cour, et se purger des calomnies que l'on luy imposoit et vouloit-on mettre sus, en le conseillant de ne tenter la voye des armes et de fait pendant que la porte de justice luy seroit ouverte, luy promettant tout service, amitié et secours, si l'on procedoit contre luy par la voye de rigueur et de force. Ce qu'estant venu à la cognoissance de ceux de Guise, craignans d'estre surpris, envoyerent le comte Rhingrave en Allemagne devers les princes, pour les disposer à entretenir le party en l'alliance du Roy, et par mesme moyen de tenir quelques levées de lanskenets prestes à marcher, voire mesme des reistres, sous sa charge, s'il en estoit besoin.

CHAPITRE VIII.

Conseil des grands du royaume convoqué à Fontainebleau. Le roy de Navarre et le prince de Condé refusent de s'y trouver, et le connestable s'y rend avec une grande suite. L'Admiral presente une requeste, et parle pour les huguenots. Le duc de Guyse et le cardinal de Lorraine offrent de rendre compte de l'administration des armes et des finances. Raison de la maniere d'opiner dans les conseils du Roy. L'archevesque de Vienne propose l'assemblée d'un concile national et des Estats du royaume. Advis de l'Admiral. Replique du duc de Guyse. Opinion du cardinal de Lorraine suivie. Reflexion sur la mort de l'Admiral.

LA Reyne, mere du Roy, voyant que les plus grands princes et seigneurs de France se preparoient à la guerre, et monstroient un general mecontentement les uns des autres, envoya querir le chancelier de L'Hospital et l'Admiral, pour leur demander conseil, comme les estimant très-sages et lors fort affectionnez à la conservation de l'Estat. Ils conseillerent d'assembler les princes et plus grands seigneurs pour prendre avec eux quelque bonne resolution. Surquoy lettres furent expediées de toutes parts pour se trouver le quinziesme du mois d'aoust à Fontainebleau; mais le roy de Navarre et le prince de Condé furent advertis par leur amis et serviteurs de n'y aller aucunement, s'ils ne vouloient courir le danger de leur vie. Le connestable, qui avoit amené quelques six cens chevaux, s'y trouva fort bien accompagné; ce qui donna à penser à ceux de Guise, qui toutefois ne firent semblant d'avoir soupçon de telle suite, et fut le connestable fort bien reçu et caressé du Roy et de la Reyne sa mere.

Enfin le conseil fut tenu le vingtiesme du mois d'aoust audit Fontainebleau, où, avec Leurs Majestés, assisterent messieurs les freres du Roy, les cardinaux de Bourbon, de Lorraine, le duc de Guise, le connestable, le duc d'Aumale, le chancelier de L'Hospital, les mareschaux de Sainct-André et de Brissac, l'admiral de Chastillon, l'archevesque de Vienne, Morvillier, evesque d'Orleans, qui avoit remis ès mains du Roy la garde des sceaux de France, après les avoir tenus trois ou quatre ans, Montluc, evesque de Valence, du Mortier et Davanson, tous conseillers au privé conseil; où, devant qu'aucun parlast, l'Admiral commença à dire qu'ayant esté en Normandie par le commandement du Roy, pour là sçavoir et apprendre quelle seroit l'occasion des troubles, il auroit trouvé que le tout procedoit des persecutions que l'on faisoit pour le fait de la religion, et que l'on luy avoit baillé une requeste pour la presenter à Sa Majesté, pour la supplier très-humblement d'y mettre quelque bon ordre, disant que, combien que la requeste ne fust signée, toutefois, s'il estoit requis, il s'en trouveroit en Normandie plus de cinquante mille qui la signeroient. Et fit une grande supplication à Leurs Majestez de prendre en bonne part ce qu'il en disoit, et la charge qu'il avoit prise de ladite requeste, qui estoit brieve, et portoit en substance que, pour eviter les calomnies desquelles l'on chargeoit les protestans, il pleust au Roy et à son conseil leur octroyer temples et lieux asseurez, où l'on peust prescher publiquement, et y administrer les sacremens.

La requeste estant leue estonna un chacun; toutefois le Roy pria et commanda à l'assemblée de luy donner conseil sans aucune passion, et selon que la necessité du temps et des affaires le requeroit. Alors le chancelier prit la parole, et fit une remonstrance grave et pleine d'eloquence, pour faire entendre la cause de la maladie à laquelle il falloit trouver remede convenable. Lors le duc de Guise dit qu'il estoit prest à rendre compte de sa charge pour l'administration des armes et de la lieutenance generale, et le cardinal de Lorraine dit aussi qu'il estoit prest à rendre compte des finances, desquelles il avoit esté sur-intendant. Et, après quelques autres propos de chacun des assistans, bien empeschez à donner quelque bon remede au mal qui se voyoit à l'œil, l'on remit l'assemblée au vingt-troisiesme dudit mois; et fut baillé à chacun un petit billet, portant brievement les articles sur lesquels le Roy demandoit conseil au jour assigné.

Le Roy commanda à Montluc, evesque de Valence, dernier conseiller au conseil privé, de parler, et après luy les autres, selon leur ordre, qui est la façon de laquelle l'on use en France, que les derniers et plus jeunes conseillers opinent les premiers, afin que la liberté des advis ne soit diminuée ou retranchée par l'authorité des princes ou premiers conseillers et seigneurs; et que, par ce moyen, le Roy et ceux qui tiennent le premier lieu au conseil, et qui ne sont pas quelquefois les mieux exercitez aux affaires d'Estat, et instruits de ce qui se passe, en soient mieux advertis par ceux qui ont parlé les premiers, afin que, sur les opinions, ils puissent resoudre plus meuremeut les difficultez qui se proposent en ces lieux-là. Estant escheu de parler à Marillac, evesque de Vienne, il suivit aucunement l'opinion dudict evesque de Valence, et emporta la reputation, comme il estoit eloquent, d'avoir très-bien dict. Son opinion estoit de faire assembler un concile national de toutes les provinces de France, puisque le Pape avoit refusé à l'Empereur Charles cinquiesme le concile general, lors qu'il fut à Boulogne la Grasse: et après avoir deduit plusieurs moyens pour reformer les abus de l'Eglise, et pour retenir le peuple en obeissance du Roy, conclut qu'il seroit necessaire d'assembler les Estats de France, pour ouyr les plaintes et doleances du peuple, en remonstrant les inconveniens qui adviendroient par faute d'assembler lesdicts Estats.

L'Admiral approuva la harangue et resolution dudit Marillac, et toucha un point qui luy sembloit le plus important de tous, disant que c'estoit une chose de perilleuse consequence de tenir telles gardes que celles qui estoient pour lors auprès du Roy, qui ne servoient qu'à faire du desordre, consommer beaucoup d'argent, et le mettre en defiance et crainte de son peuple, monstrant que Sa Majesté n'estoit point haïe de ses sujets, et que s'il y avoit quelques uns autour de sa personne qui eussent crainte d'estre offencez, ils en devoient retrancher l'occasion : concluant aussi qu'il falloit faire droict sur la requeste des protestans, et leur permettre l'exercice public de leur religion, en quelques endroits qui leur seroient assignez seulement par provision, jusques à tant que l'on peust assembler le concile national.

Mais le duc de Guise, se sentant piqué par les propos de l'Admiral touchant la garde nouvelle du Roy, prit la parole, disant qu'elle n'avoit esté establie que depuis la conjuration d'Amboise, faite contre la personne de Sa Majesté, et qu'il avoit charge de donner ordre que dès lors en avant le Roy ne tombast plus en si grand inconvenient, que de voir ses sujets luy presenter une requeste avec les armes. Et, quant à ce que ledict Admiral avoit dit qu'il se trouveroit plus de cinquante mille protestans pour signer une requeste, le Roy en trouveroit un million de sa religion qui y seroient contraires. Et pour le regard de tenir et assembler les Estats, qu'il s'en remettoit à la volonté du Roy.

Aussi le cardinal de Lorraine insistoit fort, et empeschoit que la requeste des protestans ne fust suivie touchant l'exercice de leur religion; mais il fut d'opinion que l'on assemblast les Estats, et presque tous les autres assistans furent de son advis; ainsi la requeste de l'Admiral demeura sans effet touchant la provision qu'il demandoit pour les protestans, estant la chose remise jusques à tant que l'on eust assemblé le concile national (1). Et se peut remarquer en cet endroit qu'après douze ans de cruelles guerres civiles dedans le royaume de France, l'Admiral à pareil jour fut tué à Paris, et plusieurs de sa faction, comme il sera dict en son lieu (2).

(1) *Le concile national.* Les protestans demandoient avec ardeur, comme on l'a vu, un concile national, et ils vouloient que leurs ministres y fussent admis, ce qui donna lieu l'année suivante au colloque de Poissy. Ils avoient aussi présenté à Catherine de Médicis un plan pour spolier le clergé de France. (Voyez *Mémoires de Condé*, tome I, page 384.)

(2) *Comme il sera dict en son lieu.* Le récit de la mort de Coligny ne se

CHAPITRE IX.

Les Estats du royaume assignez à Meaux. Faute du roy de Navarre de ne s'estre trouvé au conseil de Fontainebleau. Utilité de l'assemblée des Estats. L'interest de la maison de Guyse vouloit que le Roy y fust le plus fort, et que le connestable n'y eust pas l'authorité sur les armes de Sa Majesté. Entreprise des huguenots en Dauphiné. Le Roy en accuse le prince de Condé, et mande au roy de Navarre de luy mettre ce prince entre les mains. L'on fait en sorte de les faire venir à la Cour sur des asseurances, et le roy de Navarre refuse l'assistance des huguenots en ce voyage. Ordres apportez à la maison de Guyse pour estre la plus forte aux Estats. Le prince de Condé mesprise les advis qu'on luy donne de ne point venir aux Estats.

LA résolution de ce conseil estant prise, furent expediées lettres patentes à tous les baillifs, seneschaux, juges et magistrats, portans la publication des Estats, et assignation de se trouver à Meaux le neufieme de decembre ensuivant. Et d'autant que le roy de Navarre et le prince de Condé n'estoient point venus, et que l'on pensoit qu'ils fissent amas de gens de guerre, l'on expedia autres lettres patentes à la Cour, par lesquelles la gendarmerie de France estoit departie par les gouvernemens, et sous la charge de ceux desquels l'on se pouvoit asseurer avec le mot que l'on avoit donné, pour empescher ceux qui s'assembleroient en armes,

trouve pas dans les *Mémoires de Castelnau*, qui se terminent à la paix de 1570.

et obvier aux factions qui continuoient par la France.

En quoy plusieurs partisans de la maison de Bourbon jugerent que le roy de Navarre avoit failly de n'estre venu, veu mesme qu'il avoit advertissement du connestable, qu'il y vint si bien accompagné qu'il n'y eust que craindre pour luy : et n'estant point venu, il sembloit que tacitement il se voulust rendre coupable du faict d'Amboise, et monstroit ouvertement qu'il se defioit de ses forces et de ses amis et serviteurs, envers lesquels il perdoit non seulement son credit, mais vers beaucoup de seigneurs, gentilshommes et autres de toutes qualitez, qui avoient les yeux jettez sur luy, et estimoient qu'il ne devoit point douter que, sortant de sa maison, il n'eust trouvé une bonne et grande suite ausdits Estats, desquels la convocation est chose très belle, lors que les opinions sont libres, pour faire ouverture de justice à tous les sujets, ouyr les plaintes et doleances d'un chacun, afin de remedier aux maladies de ce corps politique, et mesme pour regler l'estat des finances, et trouver les moyens d'acquitter le Roy, qui se trouvoit lors endebté, comme j'ay dict ailleurs, de quarante et deux millions de livres.

Toutefois c'estoit chose perilleuse de tenir lors les Estats, sans accompagner le Roy de bonne et seure garde, et telle que la force luy demeurast en main sans aucune contrarieté, puisque l'on avoit l'exemple si recent d'Amboise, six mois auparavant. Outre ce, l'on craignoit que le prince de Condé ne se fist le plus fort, veu qu'il conjuroit tous ses amis et serviteurs de l'assister, comme il a esté dict cy-dessus ; qui d'autre costé ne pouvoit souffrir moins que le roy de Navarre, que ceux de Guise eussent la force en main, ce qui les faisoit craindre et defier d'aller seuls ausdits Estats; desquels les deputez estans en crainte par les divisions et les forces que chacun vouloit avoir en main, je ne parle pas du Roy, ils ne pouvoient librement respirer leurs affections. Et quant à ce que l'Admiral avoit dict que ce n'estoit pas au Roy que le peuple en vouloit, il est bien certain que si Sa Majesté eust esté desarmée, ceux de Guise, desquels il se servoit pour lors, eussent entierement esté exposez à la mercy de leurs ennemis, et en danger de leurs vies.

Il y avoit grande apparence que le connestable devoit demeurer chef de l'armée et des forces du Roy, et que nul ne le devoit estre devant luy, pour la dignité de sa charge, attendu aussi qu'il n'estoit aucunement de la nouvelle religion, et n'approuvoit point la conjuration d'Amboise, quoy qu'il eust offert service et faveur au roy de Navarre. Mais l'inimitié et jalousie qu'il avoit conceue contre la maison de Guise, qui avoit la meilleure part près de Leurs Majestez, estoit une raison assez forte pour l'empescher.

Or, comme l'on estoit sur les deliberations à Fontainebleau, au mesme temps on eut nouvelles que les protestans s'estoient eslevez en Dauphiné sous la conduite de Mouvans et de Montbrun, et que le jeune de Maligny avoit une grande entreprise sur la ville de Lyon, qui la pensa surprendre, et l'eust fait n'eust esté que le roy de Navarre le fit retirer par lettres bien expresses qu'il luy escrivit. Neantmoins son intention decouverte fut cause de faire prendre les armes aux catholiques, et s'assembler contre les compagnies de Montbrun et de Mouvans, qui furent poursuivis de si près par La Mothe Gondrin, Maugiron et autres forces du Dauphiné, qu'ils furent contraints de quitter le pays et se retirer hors de la France.

Ceux de Guise estant advertis que l'on avoit voulu surprendre la ville de Lyon, et que cela s'estoit fait par le consentement et l'intelligence du prince de Condé, comme l'on l'asseuroit, conseillerent au Roy d'escrire au roy de Navarre qu'il estoit adverty que ledict prince avoit attenté contre son Estat et s'estoit efforcé de prendre ses villes, ce qu'il ne pouvoit croire : mais pour en estre plus certain, Sa Majesté prioit le roy de Navarre de luy envoyer ledict prince, autrement qu'il seroit contraint de l'envoyer querir. A quoy le roy de Navarre fit response qu'il se tenoit si asseuré de la fidelité de son frere envers le Roy, et de son innocence, qu'il aimeroit mieux mourir que d'attenter à l'Estat du Roy, et avoir pensé ce que ses ennemis luy imposoient ; et que s'il croyoit que la voye de justice fust ouverte, il ne feroit difficulté de luy mener sondict frere : ce qu'il ne pouvoit faire voyant ses ennemis avoir l'authorité à la Cour, et abuser des forces de Sa Majesté. Le prince de Condé s'excusa aussi d'y aller, pour les raisons qu'avoit allegué ledict roy de Navarre.

Incontinent le Roy fut conseillé de les asseurer par autres lettres de venir vers luy sans crainte, et qu'ils ne pourroient estre plus seurement en leurs propres maisons ny en autre lieu où ils peussent aller. La Reyne mere du Roy leur donna la mesme asseurance. Et le cardinal de Bourbon leur frere fut envoyé pour les amener : et furent si vivement sollicitez d'aller à la Cour, que le roy de Navarre promit qu'il iroit et meneroit son frere, seulement avec leur train, qui n'estoit pas ce que demandoient leurs serviteurs et les protestans et partisans de leur maison, qui s'offroient en fort grand nombre de les accompagner et servir en toutes choses, pourveu que le roy de Navarre se declarast, l'asseurans qu'il auroit plus de force que ceux de Guise. Et combien que le roy de Navarre eust assisté à plusieurs presches publics que Theodore de Beze avoit faits à Nerac, si est-ce qu'il ne voulut pas se declarer contre eux : tellement que tous ceux qui luy offroient service commençoient dès-lors à se retirer.

Aussi estoit-il à craindre que le roy de Navarre, en monstrant de se defier, et s'accompagner des forces des protestans, ne se rendist desagreable et odieux à Leurs Majestez, qui n'eust pas esté le moyen de justifier le prince son frere. Mais les partisans du roy de Navarre, de la maison de Bourbon, et les protestans qui estoient pour lors en France, s'abusoient de penser estre les plus forts aux Estats, d'autant que le duc de Guise et ses freres, ayans de leur costé la pluspart de la noblesse, le clergé et les villes presque de tout le royaume, avoient donné si bon ordre par tous les gouvernemens, ports et passages, qu'il estoit impossible aux protestans de faire aucunes assemblées, ny de passer d'un lieu en l'autre qu'ils n'eussent esté surpris et descouverts.

Toutefois le prince de Condé eust bien pu eschapper et se retirer en quelque maison forte : aussi le roy de Navarre n'estoit pas responsable de sa personne, et avoit juste occasion, au sujet de ceux de Guise, puisqu'il avoit cette defiance d'eux, de n'aller à la Cour; et ce d'autant plus que la princesse de Condé sa femme luy avoit mandé qu'elle estoit certainement advertie que l'on avoit resolu, s'il y venoit, de le prendre prisonnier, luy faire son procès et le faire mourir, le conjurant, d'autant qu'il voudroit eviter la mort, de ne se hazarder d'entreprendre le voyage de la Cour, pour quelque occasion que ce fust : et elle mesme alla en personne pour l'en detourner, ce qu'elle ne put faire : car ledict prince respondit à tous ceux qui le vouloient divertir de ce voyage, qu'il s'asseuroit tant sur les promesses du Roy et parole de la Reyne sa mere, et en la justice de sa cause, qu'il ne pensoit pas qu'il luy en peust arriver mal. Aussi est-il croyable qu'il n'estoit pas adverty des informations que le mareschal de Sainct-André avoit apportées de Lyon, par lesquelles l'on vouloit monstrer qu'il estoit chef de l'entreprise faicte sur ladicte ville de Lyon.

CHAPITRE X.

L'assignation des Estats changée de Meaux à Orleans par ceux de Guyse. Grand appareil du Roy pour son voyage d'Orleans. Raison de l'invention de faire des lieutenans generaux dans les gouvernemens des provinces du royaume. Orleans desarmé. Arrivée du Roy à Orleans, et du roy de Navarre et du prince de Condé. Le prince de Condé arresté. Le roy de Navarre observé. La dame de Roye, belle mere du prince de Condé, et autres, faicts prisonniers. Deffence de rien proposer aux Estats en faveur des huguenots. Chefs d'accusation imputez au prince de Condé. Magnanimité dudict prince. Juges mandez pour luy faire son procès.

EN ce temps le duc de Guise, craignant peut estre que la ville de Meaux, assignée pour tenir les Estats, ne fust si propre qu'il estoit necessaire pour la seureté du Roy et la sienne, fut d'advis de la changer à celle d'Orleans; ce qui fut par luy prudemment faict, tant pour rompre les conjurations et pratiques des protestans qui estoient en fort grand nombre à Meaux, que pour empescher les desseins des autres qui y pouvoient venir s'ils sçavoient le lieu assigné : outre ce que la ville d'Orleans estoit forte et presque au milieu de tout le royaume pour y envoyer, s'il estoit besoin, et recevoir advertissemens de tous costez; car le bruict avoit couru que tous les protestans se mettoient en armes, mesme qu'ils s'estoient voulu saisir de ladite ville d'Orleans, ayans le baillif de la ville, nommé Groslot, pour chef, l'un des plus grands protestans qui fust en tout le pays. Et afin de s'asseurer encore mieux et empescher qu'il n'arrivast aucun inconvenient pour le lieu, ceux de Guise furent aussi d'opinion que le Roy passast par la ville de Paris, accompagné de plusieurs seigneurs et chevaliers de l'Ordre, des deux cens gentilshommes de sa maison et de toutes ses gardes, tant de cheval que de pied, et de tous les officiers, chacun en bon equipage, et avec cela deux cens hommes d'armes; ce qui estonna fort les protestans, voyans Sa Majesté si bien accompagnée ; laquelle estant arrivée dans la ville d'Orleans, plusieurs des premiers et plus grands seigneurs du royaume, horsmis le connestable et ses neveux de Chastillon, s'y trouverent aussitost.

Et faut remarquer en cet endroict que les gouvernemens baillez au duc de Montpensier et au prince de La Roche-sur-Yon son frere, avoient pour lieutenans, comme aussi la pluspart des autres gouverneurs, ceux que le duc de Guise avoit nommez, comme les sieurs de Chavigny d'une part, et de Sipierre d'autre : lequel, estant arrivé à Orleans au commencement d'octobre, avec lettres patentes portans mandement de luy obeir, d'abord avec quelque pretexte commença à desarmer les habitans, et fit loger les garnisons ès maisons suspectes de la nouvelle opinion, et par ce moyen s'asseura de la ville : et quand bien les protestans eussent voulu, ils n'eussent pu rien executer. De sorte qu'il n'y avoit rien où ceux de Guise n'eussent bien pourveu, pour couper le chemin à ce qu'eussent pu attenter leurs ennemis et à se rendre maistres des Estats.

Le Roy fit son entrée en ladite ville d'Orleans le dixhuictiesme octobre, et fut receu avec les solemnitez accoutumées aux nouveaux roys. La Reyne fit aussi son entrée le jour mesme. Toutefois le duc de Guise, ny ses freres, ne se trouverent ny à l'une ny à l'autre desdictes entrées, pour oster la jalousie qui pouvoit estre aux princes du sang, et le sujet à leurs ennemis de les calomnier : non qu'ils eussent crainte que l'on les tuast, comme l'on leur en avoit donné quelques advertissemens; ce qui n'estoit pas aisé à faire : aussi ne s'estonnoient-ils point, et ne laissoient de se monstrer et trouver en public et en tous lieux.

Le dernier jour d'octobre, arriverent le roy de Navarre et le prince de Condé en ladicte ville d'Orleans, seulement avec leurs serviteurs et trains ordinaires. Et, apres avoir salué le Roy et la Reyne sa mere, le Roy dit au prince de Condé qu'il avoit advertissement de plusieurs entreprises qu'il avoit faites contre sa personne et son Estat, qui estoit l'occasion de l'avoir mandé pour estre esclairci de la verité d'une chose de telle importance, et contre son devoir de sujet et parent.

Lors le prince, doué de grand courage, et qui disoit aussi bien que prince et gentilhomme qui fust en France, ne s'estonna point, ains deffendit sa cause devant le Roy avec beaucoup de bonnes et fortes raisons; mais elles ne peurent le garantir que dès lors il ne fust constitué prisonnier et mis ès mains de Chavigny, capitaine des gardes, qui le mena incontinent en une maison de la ville, laquelle fut aussitost fort bien grillée, et flancquée de quelques canonnieres; et fortifiée de soldats, combien que le roy de Navarre suppliast humblement le Roy de luy bailler son frere en garde, ce qui luy fut du tout refusé.

Et mesme le roy de Navarre n'estoit gueres plus asseuré que ledict prince de Condé, parce qu'il se voyoit eclairé de fort près, et environné de la garde, et de plusieurs compagnies de gens de pied qui estoient en la ville.

Au mesme temps Carrouges fut envoyé vers madame de Roye, sœur de l'Admiral, et belle mere du prince de Condé, pour visiter ses papiers, et la faire mener prisonniere à Sainct-Germain-en-Laye, comme ayant eu part à la conjuration d'Amboise : aussi esperoit-on trouver en sa maison plusieurs memoires qui serviroient à faire le procez audict prince. Peu après, son chancelier ou premier conseiller, appellé La Haye, fut aussi fait prisonnier, comme aussi le chancelier du roy de Navarre, nommé Bouchart, qui fut mené à Meaux avec les autres prisonniers qui avoient intelligence à l'entreprise de Lyon : et au mesme temps ledict baillif d'Orleans fut aussi pris, parce qu'il avoit le bruit d'estre fort factieux en la cause des protestans, qui estoient en grand nombre en la ville d'Orleans et ès environs.

Cela se faisoit pour retrancher par la racine la requeste des protestans, qui avoit esté presentée au Roy par l'Admiral, et pour intimider les deputez des provinces de parler en leur faveur. Aussi avoit-on donné bon ordre que nul ne fust deputé par les Estats, qui ne fust bon catholique. Et lors que les deputez arrivoient en la ville d'Orleans, l'on leur faisoit deffences de ne toucher aucunement au faict de la religion.

Et afin que nul ne trouvast estrange, s'il estoit possible, l'emprisonnement du prince de Condé, l'on disoit à la Cour qu'il avoit esté chef de la conjuration d'Amboise, ainsi que plusieurs tesmoins l'avoient deposé, mesmement ceux que l'on avoit fait mourir. Davantage, qu'il avoit juré à Genlis et plusieurs autres qu'il n'iroit jamais à la messe, et, non content de cela, qu'il avoit voulu faire surprendre la ville de Lyon par les pratiques et menées du jeune Maligny, auquel il en avoit donné la charge; et que par ces moyens il estoit atteint et convaincu de crime de leze-majesté divine et humaine. Et pour rendre la cause plus claire, il fut envoyé un prestre avec son clerc en la chambre où il estoit prisonnier, pour luy dire la messe par commandement du Roy. Auquel le prince de Condé fit response qu'il estoit venu pour se justifier des calomnies que l'on luy avoit imposées, ce qui luy estoit de plus grande importance que d'ouir la messe; laquelle response fut fort mal prise, et aussi qu'il ne fleschissoit point son grand courage pour estre prisonnier.

Et comme un jour quelques-uns de ses serviteurs et

amis, qui avoient licence de le voir et luy parler en presence de sa garde, luy dirent qu'il falloit trouver quelque bon moyen de l'accorder avec ceux de Guise, ses cousins germains, qui luy pourroient faire beaucoup de plaisirs, il respondit, comme piqué de colere, qu'il n'y avoit meilleur moyen d'appointement qu'avec la pointe de la lance. Cette response fut trouvée bien digne de son courage, comme aussi plusieurs autres propos pleins de menaces, desquels il ne se pouvoit retenir, ce qui irritoit le Roy encore davantage et son conseil. De sorte qu'à l'instant l'on envoya querir Christophe de Thou, président, Bartelemy Faye, et Jacques Violle, conseillers au parlement, et Gilles Bourdin, procureur general du Roy, accompagnez du greffier du Tillet, afin de faire son procès.

CHAPITRE XI.

Procedures contre le prince de Condé, qui en appelle. Ruse de la Cour pour le surprendre. Fautes de l'advocat Robert son conseil. Ledict prince condamné à mort. Incompetence de ses juges. Privilege des chevaliers de l'Ordre. Si le Roy peut estre juge des princes du sang et des pairs de France. Divers exemples sur ce sujet. Faute du prince de Condé. Rigueur du Roy envers le prince. Le roy de Navarre en danger.

Les juges arrivez, furent au logis où il estoit prisonnier, et luy dirent la charge qu'ils avoient du Roy, en le priant et interpellant de respondre aux objections. Lors il demanda qu'il luy fust permis de communiquer avec son conseil, ce qui luy fut octroyé, encore qu'en matiere de crimes et principalement de leze-majesté, dont l'on le chargeoit, l'on ne soit pas receu de communiquer au conseil. Aussi-tost il envoya querir Claude Robert et François de Marillac, advocats au parlement de Paris, par lesquels il fut conseillé de ne pas respondre pardevant les commissaires susdicts, ains demander son renvoy pardevant les princes du sang et pairs de France, attendu sa qualité. Neantmoins le president luy fit commandement de respondre, auquel le prince declara qu'il en appelloit.

Le jour suivant, qui fut le quinziesme novembre, il fut dit par le conseil qu'il avoit mal et sans grief appellé; et, l'arrest du conseil luy estant prononcé, il en appella derechef; mais d'autant, qu'il n'y a point d'appel du Roy, séant en son conseil, parce que les arrests rendus au conseil privé, n'ont autre jurisdiction que l'absolue declaration de la volonté particuliere du Roy, pour cette cause ledict prince *appella du Roy mal conseillé au Roy bien conseillé*, à l'exemple d'un nommé Machetas, condamné par Philippe, roy de Macedoine.

Et combien que le president luy eust declaré qu'il eust à respondre pardevant luy, sur peine d'estre atteint et convaincu des crimes dont il estoit chargé, neantmoins, ayant encore appellé en adherant à son premier appel, et le tout rapporté au Roy; afin que, sous sa taciturnité, il ne fust condamné comme convaincu, il fut advisé qu'il respondroit pardevant ledict Robert, son advocat, auquel il fut enjoint de demander audict prince ce qu'il vouloit dire sur les accusations et crimes que l'on luy mettoit sus, et de luy faire signer sa response,

8.

ce qu'il fit. Or, de ladite response l'on ne pouvoit rien tirer pour asseoir jugement sur sa condamnation ; toutefois l'on avoit gagné ce point sur luy, qu'il avoit respondu.

Sur cela l'on assembla grand nombre de chevaliers de l'Ordre et quelques pairs de France, avec plusieurs autres conseillers du privé conseil, par l'advis desquels, ainsi que plusieurs estimoient, après avoir veu les charges et informations, il fut condamné à la mort, dont l'arrest auroit esté signé de la plus grande partie. Cela estant, ledict advocat Robert, qui l'avoit au commencement bien conseillé, sembla avoir fait une grande faute, et luy avoir fait grand prejudice, de le faire respondre aux articles que luy avoit proposez le president; mais il luy fit encore plus de tort de les luy faire signer, quoy qu'il eust commandement de ce faire : car le Roy ne le pouvoit aucunement contraindre de faire de son advocat son juge.

Et quant à l'incompetence des autres juges, il y avoit quelque apparence par l'ordonnance de Louis XI, parce qu'un simple chevalier de l'Ordre n'estoit tenu de respondre pardevant juges ny commissaires qui ne fussent tous de l'Ordre, ou pour le moins commis du corps et chapitre d'iceluy. A plus forte raison ne pouvoit-on proceder contre un prince du sang, chevalier de l'Ordre, lequel, par les anciennes ordonnances et coustumes en tel cas observées, ne pouvoit estre jugé que par l'assemblée des pairs de France, encore qu'il ne fust question que de l'honneur; mais au faict du prince de Condé, il y alloit de la vie, des biens et de l'honneur.

Et de faict, la Cour de parlement fit response au roy

Charles vii, l'an 1458, que Jean d'Alençon, prince
du sang, qui fut condamné à mort, ne pouvoit estre
jugé, sinon en la presence des pairs, sans qu'il leur fust
loisible de substituer. Et en semblable occasion, sur
ce que le roy Louis xi demanda, lors qu'il fut question de faire le procez à René d'Anjou, roy de Sicile,
la Cour fit mesme response, l'an 1475; et, qui plus
est, il fut dit que l'on ne pouvoit donner arrest interlocutoire contre un pair de France, quand il y va de
l'honneur, sinon que les pairs soient assemblez. Et
mesme il y a une protestation faite, dès l'an 1386, par
le duc de Bourbon, premier pair de France, au roy
Charles vi, par laquelle il est porté que le Roy ne
devoit assister au jugement du roy de Navarre, et que
cela n'appartenoit qu'aux pairs. Et allegue une pareille protestation faite au roy Charles v, afin qu'il ne
fust present au jugement et condamnation du duc de
Bretagne, prince du sang; et, où il voudroit passer
outre, les pairs demanderent en plein parlement acte
de leur protestation, ce qui leur fut accordé. Et, pour
cette cause, Louis ix ne voulut pas donner sentence
au jugement de Pierre Maucler, comte de Bretagne,
ny au jugement de Thomas, comte de Flandres, ny
Philippe-le-Long au jugement de Robert, comte d'Artois, tous princes du sang, et tous atteints de crime de
leze-majesté : ains les arrests sont donnez au nom des
pairs, et non pas du Roy. Et en cas beaucoup moindre,
où il n'estoit question que de la succession d'Alphonse,
comte de Poictiers, entre le roy Louis ix et les heritiers dudict comte, le Roy ne donna point son advis, ny
mesme quand il fut question de l'hommage que devoient faire les comtes de Champagne; ce qui fut jugé

par les pairs de France, où le Roy estoit present, mais non pas juge, comme il se peut voir par l'arrest qui fut rendu l'an 1216, où les pairs de France donnerent leurs sentences comme seuls juges : et, sans aller plus loin, au procès du marquis de Saluces il fut soutenu que le Roy n'y devoit point assister, parce qu'il y alloit de la confiscation du marquisat.

A plus forte raison donc estoit-il besoin que les princes de France et les pairs fussent assemblez au jugement du prince de Condé, ou du moins appellez s'ils n'y pouvoient assister. Et si ledict prince n'eust respondu ny signé sa response, et que seulement il eust persisté au renvoy qu'il avoit requis, il ne pouvoit estre condamné; car j'ay toujours ouy dire que le silence des accusez ne leur peut nuire, si les juges ne sont tels qu'ils ne se puissent recuser, et principalement quand l'accusé a demandé son renvoy, offrant de proceder pardevant ses juges, et sur le refus à luy fait qu'il aye appellé, comme avoit fait le prince de Condé. Cette formalité ne fut pas bien entendue par le comte de Courtenay (1), baron de Dammartin, lequel ayant respondu et procedé volontairement pardevant les commissaires de la Cour de parlement, le condamnerent à mourir, et fut executé l'an 1569, quoy qu'il fust chevalier et pris avec son Ordre.

Pour le regard du prince de Condé, le Roy, qui croyoit certainement qu'il avoit voulu attenter à son Estat et personne, et se faire chef de la conjuration

---

(1) *Le comte de Courtenay*. Au commencement de la première guerre civile, en 1562, ce seigneur, qui servoit à Orléans dans l'armée protestante, fut arrêté, et condamné pour viol. Il se déroba au supplice. Sept ans après il fut puni pour d'autres crimes.

d'Amboise, et introduire une nouvelle religion en France, ne vouloit recevoir aucunes raisons ny excuses qu'il alleguast, ny la princesse sa femme, laquelle sollicitoit jour et nuit, et se mettoit souvent à genoux devant Sa Majesté avec infinies larmes, suppliant de luy permettre qu'elle le vint voir et parler à luy. Mais le Roy ne se put tenir de luy dire tout haut que son mary luy avoit voulu oster sa couronne et Estat, et l'avoit voulu tuer.

Le roy de Navarre, qui n'osoit parler à elle, n'estoit pas aussi sans crainte, parce que le bruit estoit pour le moins qu'il ne bougeroit de prison serrée, s'il n'avoit pis. Et disoit-on qu'il estoit en grand danger d'estre aussi accusé de crime de leze-majesté : dont l'on dict que la Reyne, mere du Roy, luy donna advertissement, et de se preparer à ce qu'il devoit respondre. De sorte qu'estant mandé par le Roy pour la troisiesme fois pour aller parler à Sa Majesté, il dict à ses amis qu'il craignoit fort qu'on ne luy fist mauvais party; mais, au contraire, le Roy luy usa de toute douceur, bonnes paroles et gracieuses remonstrances. Aussi le roy de Navarre, qui estoit bon prince, parlant à Sa Majesté, adoucit de beaucoup l'aigreur qu'elle pouvoit avoir contre luy.

CHAPITRE XII.

Mort du roy François II. Le prince de Condé delivré. Reconciliation du roy de Navarre avec la maison de Guyse. Le roy de Navarre lieutenant general du Roy. Grand dessein pour la religion, echoué par la mort du Roy.

Mais d'autre costé, le Roy qui estoit malade avoit de si grands accidens, et s'affoiblissoit tous les jours de telle sorte, que l'on n'estimoit rien de sa santé ny de sa vie. Aussi Dieu le voulut appeller bientost après, et le retirer de ce monde en la fleur de sa jeunesse (1). Et par ce moyen cesserent toutes poursuites contre le prince de Condé. L'on fit entendre à la Reyne mere du Roy qu'après la mort de son fils le roy de Navarre voudroit aspirer à la regence de France, durant la minorité du jeune Roy son autre fils, et qu'elle pourroit estre mal-traitée et demeurer sans authorité. Mais comme il ny avoit point d'occasion de luy oster, pour estre une princesse très-sage et vertueuse, qui ne vouloit ny ne desiroit que la grandeur de ses enfans et le repos du royaume, elle ne se donna pas beaucoup de peine de tels discours : aussi le roy de Navarre, qui

---

(1) *En la fleur de sa jeunesse.* On fit les vers suivans sur la mort de François II :

> Je n'eus, regnant, un seul jour de plaisance;
> Et, comme on vit peu à peu de poison,
> Ainsy d'ennui, de soin et de soupçon,
> Se nourrissoit la fleur de ma jouvence ;
> Si qu'eux succant son humeur nourrissante,
> L'ont faict decheoir jà toute languissante.

n'estoit pas fort ambitieux, la supplia de croire qu'il ne prétendoit rien à la regence au lieu où elle seroit, et à l'heure mesme luy offrit son fidelle service et celuy de son frere, ainsi qu'il l'en avoit fait prier, la suppliant d'en demeurer asseurée.

Lors entre la Reyne et luy se moyenna une bonne intelligence, et par consequent entre la maison de Bourbon. De sorte qu'elle demeura dame et maistresse, avec l'authorité souveraine par tout le royaume, et celle de la maison de Guise un peu rabaissée; ayant Sa Majesté faict si bien et usé d'une si grande prudence, qu'elle reconcilia le roy de Navarre avec eux, et les fit embrasser, les priant d'oublier tout le passé et de vivre à l'advenir comme bons parens et amis; en quoy ceux de Guise recogneurent sa bonté, à laquelle ils se sentoient fort obligez.

Et afin que le roy de Navarre eust occasion de se contenter, elle luy promit qu'il seroit lieutenant general du Roy, ce qu'il estimoit à grand honneur, et dont il demeura bien satisfait. Beaucoup de catholiques estimerent lors que, si la puissance du duc de Guise et ses freres eust continué armée de celle du Roy, comme elle avoit esté, les protestans eussent eu fort à faire: car l'on avoit mandé tous les principaux seigneurs du royaume, officiers de la couronne et chevaliers de l'Ordre, pour se trouver en ladicte ville d'Orleans le jour de Noël, à l'ouverture des Estats, pour leur faire à tous signer la confession de la foy catholique, en presence du Roy, et de tout le chapitre de l'Ordre, ensemble à tous les conseillers du conseil privé, maistres des requestes, et officiers domestiques de la maison du Roy, et à tous les deputez des Estats. Et la mesme confession devoit estre publiée par tout ledict royaume, afin de la faire jurer à tous les juges, magistrats et officiers, et enfin à tous les particuliers, de paroisse en paroisse : et, à faute de ce faire, l'on y devoit proceder par saisies, condamnations, executions, bannissemens et confiscations. Et ceux qui se repentiroient et abjureroient leur religion protestante devoient estre absous.

Tellement que, si le Roy ne fut mort si-tost, l'on prevoyoit qu'en peu de temps le mal, n'estant encore qu'à sa naissance, eust esté bientost estouffé; et ceux de cette opinion nouvelle, estans reduits à l'extremité, eussent eu plus à faire à combattre contre les juges ou à demander pardon, qu'à faire la guerre en la campagne. Mais les hommes ayans ainsi proposé de leur part, Dieu disposa de la sienne tout autrement, par un nouveau roy et nouveau regne en France, qui apporta l'occasion d'autres nouveaux desseins.

LIVRE TROISIESME.

CHAPITRE PREMIER.

Marie Stuart, reyne d'Escosse, douairiere de France, conseillée de se retirer en Escosse. Son embarquement à Calais. Son arrivée. Retour des seigneurs qui l'avoient accompagnée. Compliment de la reyne Elizabeth d'Angleterre à cette Reyne. Sujet de la jalousie survenue entre ces deux Reynes. Eloge d'Elizabeth, reyne d'Angleterre; douceur de son regne. Sa bonté et son affection au soulagement de ses sujets : elle ne vend point les charges et n'emprunte point. Son apologie contre ceux qui l'ont crue encline à l'amour. L'autheur la propose pour exemple aux reynes à venir. Ledict autheur employé pour son mariage avec le duc d'Anjou. Defense faicte en Angleterre, sur peine de crime de leze-majesté, de parler de successeur à la couronne après cette Reyne.

Après la mort du roy François II, la Cour et tout le royaume changerent de face, et les affaires prirent un nouveau ply. Premierement, Marie Stuart veufve du feu Roy, et reyne d'Escosse, qui estoit lors en la fleur de sa beauté, et de l'aage de dix-huict ans, sentoit bien de quelle consequence luy estoit la perte du Roy son seigneur et mary, ayant esté amenée jeune hors de son royaume, lequel estoit en la puissance de ses sujets et de la reyne d'Angleterre, plustost que de la sienne. Après avoir mis quelque relasche à son ennuy, voyant qu'elle ne pouvoit demeurer à la Cour ny en France, autrement que comme une jeune douairiere, sans faveur ny credit, ceux de Guise ses oncles luy conseillerent (1) de s'en retourner en son royaume d'Escosse, tant pour asseurer son Estat, et y vivre avec plus d'authorité, se faisant cognoistre à ses sujets, que pour y restablir sa religion, et que par mesme moyen elle s'approcheroit de l'Angleterre, dont elle estoit la plus proche heritiere. Ce que la Reyne mere du Roy trouva fort bon et expedient de s'en defaire.

Surquoy luy ayant esté baillé un grand et honorable douaire, comme le duché de Touraine, le comté de Poictou et autres terres, sans ses pensions, après qu'elle eust faict ses adieux et donné ordre à son partement, un de mes freres fut envoyé à Nantes, pour faire passer à Calais deux galeres de celles que le grand-prieur de France son oncle avoit amenées l'année auparavant de Marseille, èsquelles il entreprit de la faire passer, contre les desseins que l'on disoit que la reyne Elisabeth avoit de la surprendre, ou d'empescher son passage. Mais cette crainte ne l'empescha de s'embarquer à Calais, où elle fut accompagnée fort honorablement jusques au bord de la mer par les ducs de Guise et de Nemours, et plusieurs autres seigneurs et gentils-hommes de la Cour. Et le duc d'Aumale, grand-prieur, general desdites galeres, son conducteur, le marquis d'Elbœuf, le sieur d'Anville (2) à

(1) *Ceux de Guise ses oncles lui conseillerent.* Marie Stuart se retira d'abord près du duc de Lorraine ; puis elle passa en Ecosse, au mois d'août 1561. Tout le monde sait quels furent ses regrets et ses tristes pressentimens, lorsqu'elle perdit de vue les côtes de France.

(2) *Le sieur d'Anville.* Ce seigneur, l'un des fils du connétable, aî-

present heritier de la maison de Montmorency, et mareschal de France, de Strossy, La Nouë, La Guiche et plusieurs autres, tous pour lors affectionnez à la reyne d'Escosse et à la maison de Guise, la suivirent jusques en son royaume, où, le huitiesme jour après son embarquement, elle arriva, ayant eu la vuë et quelque apprehension de l'armée d'Angleterre, qui estoit en mer, soit pour la prendre ou pour luy empescher le passage : ce qui estoit très-mal-aisé, pource que les galleres naviguent beaucoup plus legerement que les vaisseaux ronds.

Aussi elle prit terre sans aucun danger à la rade du Petitlit un matin, lorsqu'elle n'estoit nullement attenduë de ses sujets, et se fit conduire et porter en sa maison de Saint James, autrement appelée Le Cavignet, au fauxbourg de l'Islebourg, où soudain elle se mit au lit et y demeura vingt jours ou environ, pendant que les comtes, barons et seigneurs de son royaume, la furent trouver, ordonnant de ses affaires et de l'estat de son pays; et comme on luy faisoit tout l'honneur et le service qu'elle pouvoit desirer, elle s'efforçoit de se rendre agreable et de contenter autant qu'il luy estoit possible aussi bien les petits que les grands. Et donna d'entrée si bonne opinion d'elle à ses sujets, que l'Escosse s'estimoit heureuse d'avoir la presence de sa Reyne, qui estoit des plus belles et plus parfaites entre les dames de son temps.

Ayant rallié tous ses sujets qui estoient divisés en factions, et se voyant en pleine et paisible possession,

moit éperdument Marie Stuart : Le Laboureur prétend qu'elle l'auroit épousé s'il fût devenu veuf.

la pluspart des François se retirerent les uns après les autres.

Le duc d'Aumale s'en retourna par mer avec les galeres, et le grand prieur et le mareschal d'Anville passerent par l'Angleterre, desireux de voir la Reyne, son royaume et sa Cour, où ils receurent beaucoup d'honneur, et tous les seigneurs et gentilshommes françois qui les accompagnoient : le marquis d'Elbœuf fut le dernier qui partit d'Escosse, où le comte de Muray, frere bastard de ladicte Reyne, demeura comme principal chef de son conseil, avec quelques autres seigneurs escossois.

La reyne d'Angleterre envoya se conjouir avec elle de son arrivée en Escosse, luy offrant toutes les amitiez d'une bonne parente, et demonstrant estre bien aise de la voir en mesme isle, où elles regneroient toutes deux en bonne et parfaite union, comme si elle eust oublié toutes les querelles passées par le moyen du traicté fait au Petitlit.

Je me souviens que la reyne Elizabeth disoit lors, ce qu'elle luy escrivit aussi, que toute l'isle seroit enrichie et decorée de sa venuë et de sa beauté, vertu et bonne grace, qui estoient toutes honnestetez peut estre fort esloignées du cœur. La reyne d'Escosse de sa part n'oublia aussi rien pour donner bonne response et faire pareilles offres à la reyne d'Angleterre. Ces commencemens d'amitiez furent nourris et entretenus quelques temps par ambassadeurs, honnestes lettres et presens reciproques.

Mais enfin l'ambition, qui rarement abandonne l'esprit des princes, et particulierement ceux qui sont si voisins, et qui ne permet qu'ils soient longuement en repos, fraya le chemin à l'envie. Et comme la reyne d'Escosse estoit douée d'infinies perfections et de grande beauté, elle fut recherchée à cette occasion de plusieurs grands princes, comme de celuy d'Espagne, qui n'avoit lors que dix-sept ou dix-huict ans, de l'archiduc d'Austriche et de plusieurs princes d'Italie. Cela apporta incontinent de la jalousie à la reyne Elizabeth d'Angleterre, quelque demonstration qu'elle luy fist de la vouloir aimer comme sa sœur et plus proche parente. Et ainsi ces deux Reynes en une mesme isle commencerent à se prendre garde, et espier les actions l'une de l'autre.

Mais la reyne d'Angleterre, comme elle avoit un plus grand royaume, aussi avoit-elle plus de prosperité en toutes ses affaires, comme elle a continué jusques à present : non que cela luy vint de grandes superfluitez ni dons immenses qu'elle fist, car elle a tousjours esté grande menagere, sans toutesfois rien exiger de ses sujets, comme ont fait les autres roys d'Angleterre ses predecesseurs, et n'ayant rien eu en plus grande recommandation que le repos de ses peuples, qui se sont merveilleusement enrichis de son regne. Cette princesse ayant toutes les grandes qualitez qui sont requises pour regner long temps, comme elle a fait, quelque bon esprit qu'elle eust, toutefois n'a jamais voulu rien decider ny entreprendre de son opinion; mais a toujours remis le tout à son conseil. Et pourroit-on dire de son regne ce qui advint au temps d'Auguste, lorsque le temple de Janus fut fermé à Rome par la paix universelle qu'il avoit de son temps. Ainsi la reyne d'Angleterre s'estant garantie de toutes guerres, en les rejettant plustost sur ses voisins que de les attirer et nourrir en son royaume, conservoit par ce moyen ses sujets en fort grand repos ; et si elle a esté taxée d'avarice, c'est à tort, pour n'avoir pas fait de grandes liberalitez, lesquelles apportent non seulement de l'envie à ceux à qui elles sont conférées quand il y a de l'excès, mais aussi bien souvent du blasme à ceux qui les exercent sans raison, si le don n'est charitable ou necessaire.

Ladicte Reyne ayant entierement acquité toutes les debtes de ses predecesseurs, et donné si bon ordre à ses finances, qu'il n'y a aucun prince de son temps qui ait amassé tant de richesses si justement acquises comme elle a fait, sans imposer aucun nouveau tribut ou subside, qui est une raison suffisante pour monstrer que l'avarice ne l'a point commandée, comme on luy en a voulu donner le blasme ; aussi a-t-elle esté huict ans sans demander l'octroy et don gratuit que l'Angleterre a de coustume de faire de trois en trois ans à son Roy : et, qui plus est, l'an 1570, ses sujets le luy ayant offert sans le demander, elle, non seulement les remercia sans en vouloir rien prendre, mais aussi les asseura qu'elle ne leveroit jamais un escu sur eux que pour entretenir l'Estat, ou lorsque la necessité le requerroit. Ce seul acte merite beaucoup de louange, et luy peut apporter le nom de bien liberale.

Davantage, elle n'a point vendu ny tiré d'argent des offices de son royaume, que la pluspart des princes mettent au plus offrant, chose qui corrompt ordinairement la justice, la police, et toutes loix divines et humaines. Et outre ce qu'elle a maintenu ses sujets en paix et en repos, elle a fait faire un grand nombre de vaisseaux, qui sont les forteresses, bastions et remparts de son Estat, faisant tous les deux ans faire un grand navire de guerre; et font estat tels vaisseaux de ne trouver rien en mer qui leur puisse resister. Voilà les bastimens et palais que la reyne d'Angleterre a commencé depuis son advenement à la couronne, et lesquels elle continue. Elle a encore une autre sorte de prudente liberalité, qui est de ne rien espargner pour sçavoir des nouvelles des princes estrangers. Et a cela de particulier, qu'elle preste plustost gratuitement que d'emprunter à aucuns changes ou interests.

Et si l'on l'a voulu taxer faussement d'avoir de l'amour, je diray avec verité que ce sont inventions forgées de ses malveillans et ès cabinets des ambassadeurs, pour degouster de son alliance ceux ausquels elle eust esté utile. Et si elle eust aimé le comte de Leicester, comme l'on a voulu dire, et qu'elle eust oublié l'amour de tous ses autres sujets et des princes estrangers qui l'ont recherchée, qui l'eust empeschée d'espouser ledict sieur comte de Leicester, veu que presque tous les estats de son royaume, et mesme les roys et princes ses voisins, l'en ont requise et luy en ont fait instance, ou de se marier à tel autre de ses sujets qui luy plairoit? Mais elle m'a dict infinies fois, et longuement auparavant que je fusse resident auprès d'elle, que pour sa vie elle ne se voudroit marier qu'à un prince de grande et illustre maison et tige royale, et non moindre que la sienne, plus pour le bien de son Estat que par affection particulière; et que si elle pensoit que l'un de ses sujets fust si presomptueux que de la desirer pour femme, elle ne le voudroit jamais voir, mais, contre son naturel, qui ne tenoit rien de la cruauté, elle luy feroit un mauvais tour. De sorte qu'il n'y a point d'apparence de croire qu'elle n'aye tousjours esté aussi chaste que prudente, comme le demonstrent les effets. Ce qui en donne bonne preuve, est la curiosité qu'elle a euë d'apprendre tant de sciences et langues estrangeres, et a tousjours esté si employée aux affaires de son Estat, qu'elle n'eust pu oisivement vacquer aux passions amoureuses, qui n'ont rien de commun avec les lettres, comme les anciens ont sagement demonstré quand ils ont fait Pallas, déesse de sagesse, vierge et sans mere, et les muses chastes et pucelles. Toutesfois les courtisans disent que l'honneur, et principalement des femmes, ne gist qu'en la reputation, qui rend ceux-là heureux qui la peuvent avoir bonne.

Et si je me suis laissé transporter à la loüange de cette princesse, la cognoissance particuliere que j'ay euë de ses merites me servira d'excuse legitime, dont le recit m'a semblé necessaire, afin que les reynes qui viendront après elle, puissent avoir pour miroir l'exemple de ses vertus, si ces mémoires (contre mon intention) estoient un jour mis en lumiere; remettant en autre lieu (1) à parler du contract de mariage que j'ay fait passer par une fort solemnelle ambassade, avec François duc d'Anjou, et les visites et grandes amitiez qu'il a demonstrées à ladite reyne d'Angleterre. A quoy j'ay eu l'honneur d'estre employé des premiers, par le commandement de la Reyne, mere du Roy, incontinent après que la pratique de Henry, fils de France, son frere aisné, à présent Roy, fut delaissée :

---

(1) *Remettant en autre lieu.* Cette négociation dura depuis l'année 1572 jusqu'en 1581. Elle ne fait point partie des *Mémoires de Castelnau*, qui, comme on l'a vu, ne vont que jusqu'en 1570.

où il fut advisé que, pour le bien des royaumes de France et d'Angleterre, celuy des enfans de France qui seroit le plus esloigné de la couronne, seroit le plus propre pour estre marié avec la reyne d'Angleterre, qui cependant tient non seulement ses sujets, mais aussi la chrestienté en attente de ce qu'elle veut faire; ne voulant en façon que ce soit, durant sa vie, declarer aucun successeur à sa couronne : aussi toutes les nations du monde regardent plustost le soleil levant que le couchant.

Et pour cette cause fut arresté aux Estats tenus en Angleterre, au mois de mars 1581, qu'il ne se parleroit poinct des successeurs, ny de droict successif à la couronne pour qui que ce fut, sur peine de trahison et crime de leze-majesté. Mais je laisseray en cet endroict ce qui est des affaires d'Angleterre, pour reprendre le fil de l'histoire de la France et les choses advenues vingt ans auparavant le traicté dudict mariage, selon la cognoissance que j'ay euë, tant des unes que des autres.

CHAPITRE II.

Changement arrivé en France par la mort du Roy. La Reyne mere faict un contre-poids des princes du sang avec la maison de Guyse. Le prince de Condé declaré innocent. Les autres prisonniers delivrez. Le connestable de Montmorency maintient la maison royale contre ceux de Guyse. Sentimens du chancelier de L'Hospital sur les abus du clergé. Mauvaise administration des finances. Ordre apporté pour la despense du royaume. Le roy de Navarre refuse la regence. Les estats d'Orleans licentiez sans parler de la requeste des huguenots.

Pour retourner donc au lieu où j'ay fait la digression, lors de la mort du roy François second, auquel succeda Charles neufiesme son frere, par ce nouveau changement en tout le royaume, la maison de Guise particulierement avoit occasion de porter beaucoup de dueil, parce que leurs ennemis se rehaussoient et fortifioient de tous costez, pour voir leur appuy au roy de Navarre, ce leur sembloit, et le prince de Condé eschappé du peril et hazard qu'il avoit couru, par la pleine liberté en laquelle il fut remis; et dès-lors le roy de Navarre et luy furent tousjours fort bien suivis : qui sont mutations que l'on voit presque ordinairement naistre au changement des roys.

Toutesfois, la Reyne, mere du Roy, pour obvier aux inconveniens qui pouvoient arriver, comme nous avons dict, avoit moyenné quelque reconciliation entr'eux et ceux de Guise, et avoit mis en credit le roy de Navarre et le cardinal de Bourbon, et donné bonne espérance au prince de Condé, afin de tenir comme un contre-poids des princes du sang à la maison de Guise, et qu'au milieu de ces maisons jalouses et envieuses l'une de l'autre, le gouvernement luy demeurast, comme à la mere du jeune Roy. En quoy elle fit paroistre un traict politique de reyne et bonne mere bien advisée, ne voulant laisser tomber le Roy son fils et le royaume en autre gouvernement que le sien; où dèslors elle usa de telle prudence et authorité, que chacun commença à la craindre et luy deferer toutes choses.

Et lors le prince de Condé obtint lettres du Roy adressées à la cour de parlement, pour estre purgé du crime duquel il avoit esté accusé, et eut un arrest d'innocence (1). Et tous les autres prisonniers pour le mesme faict, et detenus pour la religion protestante, bientost après furent elargis, et tous les defauts donnez contre les protestans revoquez.

Le connestable, qui estoit venu à la Cour (2) auparavant la mort du roy François second, accompagné de ses enfans et neveux de Chastillon, et de plusieurs seigneurs et gentilshommes ses amis, qui faisoient le nombre de plus de sept ou huict cens chevaux, avoit bien aidé pour asseurer le roy de Navarre et ledict prince de Condé contre la puissance de la maison de Guise.

(1) *Un arrest d'innocence.* Par un arrêt du 13 juin 1561, le prince de Condé fut déclaré innocent, et il lui fut permis de se pourvoir en réparation, selon la dignité de sa personne, contre qui il appartiendroit.

(2) *Estoit venu à la Cour.* Tous les auteurs contemporains soutiennent que le connétable ne vint à la Cour qu'après la mort de François II.

Les protestans lors commencerent à se ressentir des poursuites faites contr'eux; car, outre la faveur qu'ils esperoient du roy de Navarre et du prince son frere, ils avoient esperance que le chancelier de L'Hospital, qui avoit succedé à cette charge par la mort du chancelier Olivier, favoriseroit leur party. Ce qu'il fit cognoistre en la harangue (1) qu'il fit à l'ouverture des estats d'Orleans; où ayant touché en general et en particulier toutes les calamitez publiques, il parla fort contre les abus qui se commettoient en tous estats, et principalement en l'ecclesiastique, ce qui avoit donné occasion aux protestans de vouloir introduire une nou-

(1) *En la harangue.* Ce discours nous a été conservé par le président de La Place, et par La Popelinière. Il offre le défaut des écrits de ce temps, où l'on mêloit trop d'érudition aux discussions politiques; mais il renferme des observations très-remarquables. « Il n'y a, dit « L'Hospital, opinion qui s'imprime plus profondement dans le cœur « des hommes que l'opinion de religion, ni qui tant les separe les uns « des autres. Nous l'experimentons aujourd'huy, et voyons que deux « François et Anglois qui sont d'une mesme religion, ont plus d'affec- « tion et d'amitié entre eux que deux citoyens d'une mesme ville, « subjects à un mesme seigneur, qui seroient de diverses religions, tel- « lement que la conjonction de religion passe celle qui est à cause du « pays; et, par contraire, la division de religion est plus grande que « nulle autre; c'est ce qui separe le pere du fils, le frere du frere, le « mari de la femme. » L'Hospital ne voit de remède que dans un concile national; il prend l'engagement que le Roy et la Reyne ne négligeront rien pour le procurer. Jusque-là, il demande qu'on vive en paix. « La douceur, dit-il, profitera plus que la rigueur; ostons « ces mots diaboliques, noms de factions et de séditions: *luthériens,* « *huguenots, papistes;* ne changeons le nom de chresticns. » Le chancelier déclare qu'une armée levée contre les séditieux épuiseroit l'Etat: il autorise, au nom du Roi, les bourgeois des villes à s'armer et à maintenir l'ordre dans leur arrondissement. En général les maximes qui dominent dans ce discours sont saines et justes; mais la suite a prouvé qu'elles étoient peu applicables aux circonstances.

velle religion, sans toutesfois entrer en la matiere, ny au merite de la doctrine. Ce qui fut cause que chacun pensant à la reformation desdicts abus, l'on fit plusieurs belles et loüables ordonnances, que l'on appelle les ordonnances des estats d'Orleans, et particulierement pour retrancher les venditions et trafics des benefices, et aussi pour supprimer les offices erigez depuis le regne du roy Louis douziesme.

Mais les Estats, qui ne savoient pas encore le fonds des finances, trouverent fort estrange que le Roy fust endebté de quarante et deux millions six cens et tant de mille livres, veu que le roy Henry II, venant à la couronne, avoit trouvé en l'espargne dix-sept cens mille escus et le quartier de janvier à recevoir, outre le profit qui venoit du rachat des offices. Et si n'estoit deu que bien peu aux cantons des Suisses, que l'on n'avoit pas voulu payer pour continuer l'alliance avec eux. Toutes ces grandes debtes furent faites en moins de douze ans, pendant lesquels on leva plus d'argent sur les sujets, que l'on n'avoit fait de quatre-vingts ans auparavant, outre le domaine qui estoit presque tout vendu. Plusieurs des deputez furent d'advis que l'on devoit contraindre ceux qui avoient manié les finances depuis la mort du roy François premier à rendre compte, et repeter les dons excessifs faits aux plus grands. Mais cela fut pour lors rabatu, parce que ceux qui estoient comptables estoient trop puissans, et, par consequent, c'estoit se remettre en danger de quelque nouveau trouble, si l'on les vouloit rechercher. Mais l'on advisa de faire le meilleur mesnage qu'il seroit possible, en retenant une partie des gages des officiers pour cette année-là.

L'on retrancha de plus toutes les depenses de la venerie et de plusieurs autres offices qui sembloient estre inutiles; car il y avoit lors en la maison du Roy plus de six cens officiers de toutes qualitez : mais d'autant qu'il n'y avoit gueres plus d'un an que les officiers du royaume avoient payé le rachapt de leurs offices, que l'on appelle confirmation, il fut arresté qu'il n'en seroit rien payé par l'advenement du Roy à sa couronne, en recompense aussi de ce que la moitié de leurs gages leur estoit retranchée; par quoy il ne fut besoin de reconfirmation ny nouvelles lettres.

Plusieurs deputez des Estats furent aussi d'advis qu'il falloit elire le roy de Navarre pour regent en France, parce que le roy Charles neufiesme n'estoit pour lors aagé que de dix à unze ans; mais le roy de Navarre, peu ambitieux, dit à ceux qui le vouloient inciter à telle chose, que c'estoit à la Reyne mere du Roy d'avoir le gouvernement du Roy et du royaume; joint aussi que le connestable, le duc de Guise, le chancelier de L'Hospital, de Morvillier, evesque d'Orleans, du Mortier de Montluc, evesque de Valence, et plusieurs autres bien versez aux affaires d'Estat, et qui estoient du conseil, n'estoient pas de cet advis. Cela fut cause que les deputez ne voulurent pas insister davantage sur ce poinct. De sorte qu'après que l'on eust ordonné beaucoup de choses très-utiles et necessaires pour la conservation du royaume, les Estats furent clos, et les deputez licentiez.

Alors l'on jugeoit que toute la France seroit paisible et sans crainte d'aucuns ennemis, et espéroit-on un heureux succès de toutes choses. Quant à la requeste des protestans, qui avoit esté présentée six mois auparavant à Fontainebleau par l'Admiral, il n'en fut point parlé ausdits Estats, encore que ce fust l'un des poincts principaux pour lesquels ils avoient esté assemblez, comme il a esté dit par cy-devant. Aussi ceux de Guise avoient donné fort bon ordre qu'il n'y eust pas un deputé qui ne fust catholique, ou s'il y en avoit quelques-uns, c'estoit en petit nombre, ou bien ne s'osoient manifester. Joint aussi que les poursuites rigoureuses que l'on avoit faites en tous les endroits du royaume contre les protestans, les avoient si fort ecartez et estonnez, qu'il n'y avoit personne qui osast parler ny des protestans ny de leur requeste : tellement que l'admiral de Chastillon, et ceux qui les favorisoient, voyans qu'il n'y avoit personne qui parlast pour eux, n'oserent s'en formaliser. Mais, quelque temps après que les protestans eurent cognu que ceux de Guise n'avoient plus tant d'authorité au conseil, et que le roy de Navarre et le prince de Condé, le chancelier de L'Hospital, et autres dudict conseil, estoient mieux unis avec la Reyne, mere du Roy, ils commencerent à reprendre courage et se rallier en leurs assemblées, en esperance que le temps leur seroit favorable pour reprendre leurs premieres erres, et se remettre au chemin de leur requeste, et demander des temples et l'exercice de leur religion.

CHAPITRE III.

Requeste presentée au Roy par les huguenots, renvoyée au parlement. Diverses opinions. Edict de juillet dressé sur les deliberations du parlement. Sentimens de l'autheur en faveur dudict edict. Puissance des huguenots. La force ne sert de rien contre les heresies. L'on propose de recevoir la confession d'Ausbourg. Progrez de l'heresie en France. Ignorance des ministres calvinistes. Pretextes des huguenots pour avoir des temples. La Reyne justifiée de son intelligence avec eux.

Ils s'adresserent derechef à l'Admiral, qui estoit conseil et partie en cette affaire, lequel en communiqua avec le roy de Navarre et le prince de Condé, et tascha à son possible de leur persuader, pour leur grandeur et bien du royaume, de favoriser la requeste desdicts protestans. Lors il fut advisé qu'elle seroit présentée au Roy, ce qui fut fait; et à l'instant Sa Majesté la renvoya en son conseil privé : et pour autant que la chose estoit de grande consequence, il fut advisé par ledict conseil de renvoyer ladicte requeste à la cour de parlement, pour estre bien pesée et meurement considerée avec tous les princes du sang, pairs de France et conseillers du privé conseil, afin que, d'un commun advis et consentement, l'on donnast sur icelle quelque bonne resolution : ceux de Guise, et tous les catholiques n'en estoient pas faschez, s'asseurans que la cour de parlement rejetteroit cette requeste, d'autant que la plus grande partie estoient fort bons catholiques. Et mesme le chancelier de L'Hospital, l'Admiral et autres du privé conseil, favorisans ladicte requeste, sçavoient bien que si elle estoit accordée au privé conseil, elle seroit rejettée par la cour de parlement, en laquelle se devoit admettre la publication et authorité des edicts : neantmoins l'on craignoit que l'authorité des princes et grands seigneurs du privé conseil, qui favorisoient les protestans, ne donnast courage aux conseillers de la cour de parlement qui eussent voulu avancer ladicte requeste, lesquels n'eussent osé l'entreprendre si librement sans l'appuy du conseil privé et des plus grands.

Ladicte requeste fut desbattue d'une part et d'autre à la cour de parlement par plusieurs jours du mois de juin et juillet 1561, où les plus sçavans et grands esprits s'efforcerent de bien dire, tant ceux dudict parlement que du conseil privé, et se trouverent de cinq ou six opinions differentes : les uns estoient d'advis que la requeste devoit estre rejettée, et les edicts faits contre les protestans demeurer en leur force et vertu. Les autres jugeoient que les peines des edicts, qui estoient capitales, fussent suspendues jusques à la decision du concile general. Aucuns disoient qu'il estoit plus expedient d'en renvoyer la cognoissance aux juges ecclesiastiques, avec deffenses de faire assemblées, ny en public ny en particulier, en armes ny sans armes. Il y en avoit d'autres qui estimoient que l'on leur devoit permettre de s'assembler ès maisons particulieres pour l'exercice de leur religion, sans estre inquietez ny recherchez : on rapporta à ce sujet les edicts faits par les empereurs en la primitive Eglise, sur le different des catholiques et des ariens, nestoriens et autres sectes, et les edicts faits en Allemagne pour faire l'*interim* et appaiser les catholiques et les protestans si esmeus les uns contre les autres.

Mais à la fin, les advis d'un chacun estans recueillis, l'on fit un edict, lequel depuis fut appelé l'edict de juillet, par lequel estoient faites deffenses expresses de s'injurier ny mal faire sous ombre de religion, et aux predicateurs et ministres d'esmouvoir les peuples à sedition, sur peine de la hart, et pareilles deffenses, sous mesme peine, de faire assemblées en public ny en particulier, et de ne faire exercice d'autre religion que de la catholique, apostolique et romaine, remettant la cognoissance du fait de la religion aux juges ordinaires de l'Eglise, horsmis ceux qui seroient livrez au bras seculier, encore le tout par maniere de provision, jusqu'à la décision d'un concile general. Et pour le passé l'edict portoit une generale abolition.

Cet edict estant publié ès cours de parlement, esmeut beaucoup d'esprits qui estoient contraires aux protestans ; beaucoup de politiques toutesfois estimoient, comme les affaires estoient disposées, qu'il estoit necessaire pour avoir la vraye paix : car comme le pilote qui se voit en danger, se doit accommoder au temps et aux vents, et reculer le plus souvent en arriere, ou temporiser, pour eviter le peril de la fortune, afin qu'après la tempeste il puisse parvenir au port, aussi doivent les sages princes et prudens conseillers s'accommoder aux saisons, dissimuler et changer les edicts au besoin, et faire en sorte que l'Estat demeure en son entier, s'il est possible ; ce que la loy ancienne, souvent alleguée par le chancelier de L'Hospital, portoit en peu de mots : *Salus populi suprema lex esto*. Aussi le dernier but de la loy n'est point seulement l'observation de la mesme loy, ains le salut et conservation des peuples et des Estats. Et semble mesme que toutes les loix divines tendent à cette fin; et combien que toutes nos actions doivent butter à la gloire et à l'honneur de Dieu, il est certain que sa puissance, qui est toute parfaite et immuable d'elle-mesme, ne peut estre augmentée par sacrifices ou louanges des plus grands saints, comme elle ne peut diminuer par les blasphesmes des meschans, qui ne sçauroient offencer Dieu de leurs paroles, ains plustost s'offencent et ruinent eux-mesmes. De sorte que tout le bien et le mal que font les hommes n'est que pour les hommes mesmes, et n'en revient rien à Dieu. Aussi voit-on souvent ces mots en la loy divine: *Fais cecy ou cela, et il t'en prendra bien*; et si les republiques estoient peries, les loix divines et humaines ne serviroient plus de rien.

Si l'on veut dire que l'Estat du royaume de France, n'eust pas esté subverty, quand l'on eust continué les poursuites et condamnations contre les protestans, sans leur permettre le changement de religion, peut-estre est-il vray; mais neantmoins le royaume n'eust pas manqué de tomber aux dangers où depuis il a esté, pour avoir pensé bien faire en continuant ces rigueurs contre lesdicts protestans, attendu qu'une grande partie des seigneurs et de la noblesse du royaume tenoient ce party, et favorisoient la religion nouvelle, comme le roy et la reyne de Navarre, le prince et la princesse de Condé, l'Admiral de Chastillon, d'Andelot son frère, colonel de toute l'infanterie françoise, le cardinal de Chastillon, tous freres, et avoient lesdicts protestans le duc de Nemours, pair de France, et le duc de Longueville pour amis; et le chancelier de L'Hospital leur estoit du tout favorable, et plusieurs evesques que le Pape excommunia. Outre ce, les autres magistrats, menus officiers et peuples de toutes qualitez, qui inclinoient à cette religion, estoient en beaucoup plus grand nombre que l'on ne pensoit; d'autre part, les princes et peuples voisins, horsmis l'Espagne et l'Italie, estoient presque tous protestans, comme la plus grande part de l'Allemagne, l'Angleterre, l'Escosse, Danemarck, Suede, Boheme, et la meilleure partie des six cantons des Suisses et les ligues des Grisons.

Je sçay que plusieurs bien exercez aux affaires d'Estat, diront que pour sauver un corps il faut couper les membres inutiles et pourris. Cela est vray quand il n'y a que les jambes ou les bras, ou quelque autre membre moins important, si pourry et gasté qu'il infecteroit le reste du corps s'il n'estoit coupé. Mais quand la maladie est venue au cœur, au foye, au cerveau ou autres parties nobles et principales, il n'est plus question en ce cas d'user de sections. Et ne faut pas, pour guerir le cerveau incurable, couper la teste, arracher le cœur ou le foye, et faire mourir tout le corps. Au contraire, il faut s'accommoder au patient et à sa maladie, et y apporter divers remedes, par diette, medecines et tout ce que l'on pourra, sans avancer sa mort. Donc, puisque l'on n'avoit rien pu gagner en France contre les lutheriens par le feu et par la mort et autres condamnations trente ans durant, mais au contraire qu'ils s'estoient multipliez en nombre infiny, il estoit expedient de tenter autre voye, et essayer si l'on gagneroit quelque chose de plus par la douceur : comme fit Auguste envers Cinna, auquel il sauva la vie, l'ayant convaincu de l'avoir voulu tuer, ce qui succeda bien à l'Empereur; car depuis il n'y eut personne qui voulust entreprendre de conspirer contre luy. Voilà, ce semble, les raisons pour lesquelles l'edict de juillet fut fait, lequel toutesfois n'estoit que provisionnel, après y avoir employé des plus doctes et grands personnages, et des plus advisez du royaume: ce que j'ay bien voulu toucher en cet endroit, pour en faire juger la necessité, et qu'il ne faut pas que les gens qui n'ont esté nourris qu'aux ecoles, blasment temerairement les princes et les gouverneurs qui manient les affaires d'Estat, principalement à l'advenement d'un jeune roy, comme le nostre estoit lors, et plusieurs esbranlez aux factions.

Cet edict estant fait, aucuns des protestans commencerent à respirer et reprendre courage, et quelques-uns de ceux qui n'osoient auparavant dire mot, se descouvrirent sans aucune crainte, disputans franchement de la religion de part et d'autre, sans exception de lieux. Et quoy qu'il fust deffendu par l'edict de faire assemblées en public ny en particulier, pour le faict de la religion, neantmoins les protestans ne se purent abstenir de s'assembler en des maisons où l'on baptisoit, faisoit la cene, les mariages et prieres à la façon de Geneve, fort differente de la confession d'Ausbourg, qu'aucuns proposerent qu'il seroit meilleur d'admettre en France, si la necessité y estoit, que de bailler entrée à la secte calviniste et aux ministres de Geneve, que l'on disoit avoir beaucoup plus d'ignorance et de passion que de religion.

Bientost après les assemblées furent si grandes, que les maisons particulieres qui avoient accoustumé de les recevoir, ne les pouvoient plus contenir. Toutesfois il y avoit encore bien peu de ministres qui se voulussent decouvrir, et la pluspart estoient pauvres gens, ignorans et grossiers, et qui n'avoient autre sçavoir ny doctrine que leurs catechismes et leurs prieres imprimées à Geneve, parce qu'il n'y avoit autre profit que le danger de perdre la vie et les biens s'ils en eussent eu, et les plus doctes et habiles avoient esté chássez ou faits mourir. C'est pourquoy ceux qui estoient demeurez, comme plus fins et advisez, envoyoient devant les plus grossiers, pour voir quel tems il y faisoit. Et dès-lors que quelque sçavant ministre venoit, tous les protestans couroient et le suivoient comme un prophete.

Trois mois après ils presenterent une autre requeste au Roy, pour avoir des temples fondez, comme ils disoient, pour oster l'opinion à beaucoup de catholiques des paillardises que l'on avoit publié se faire ès assemblées privées; qui estoit bien une partie du pretexte, mais en effet les protestans esperoient que ces temples leur estans octroyez, chacun y courroit à l'envy.

Il sembloit à quelques-uns que la Reyne, mere du Roy, inclinoit à leur faveur, parce qu'elle escoutoit volontiers l'Admiral et ceux qui lui parloient pour le bien de l'Estat et le repos du royaume, comme c'estoit une princesse qui ne refusoit de prester l'oreille à tout ce qui pouvoit accroistre la grandeur de ses enfans et la paix en France; aussi que pour lors on luy disoit qu'il n'estoit question que de reformer seulement quelques abus qui avoient pris accroissement en l'Eglise catholique par souffrance : et mesme l'on pensoit que la duchesse de Savoye et madame d'Uzès luy avoient donné quelque impression de la nouvelle opinion. Mais, si elle les a escoutées, elle n'y a jamais donné son consentement, et n'a rien voulu faire changer ny innover que par conseil, ny consentir à la requeste des protestans, ouy bien aux assemblées publiques, par souffrance et connivence des magistrats, qui estoient en partie de la religion protestante, ou qui n'osoient, ou ne vouloient s'y opposer.

CHAPITRE IV.

Tenue du colloque de Poissy. La regence de la Reyne mere confirmée. Les evesques et docteurs, et les ministres qui se trouverent à Poissy. Justification du cardinal de Lorraine qu'on taxoit d'heresie. Blasphesme de Theodore de Beze. Remonstrance du cardinal de Tournon au Roy. Response des docteurs catholiques à la profession de foy des huguenots, par la bouche du cardinal de Lorraine. Seconde conference faite en particulier. Rupture du colloque sans succès. Il est dangereux d'exposer la verité de la foy au hazard de la dispute.

En ce temps fut advisé de faire le colloque de Poissy, composé des evesques de France, et des ministres des protestans, pendant que les deputez des Estats qui estoient à Pontoise cherchoient les moyens d'acquiter le Roy. Là fut requis que l'edict de juillet fust cassé et aboly, et qu'il fust convoqué un concile pour decider les poincts contentieux de la religion, où le Roy presideroit, et que la jurisdiction fust ostée aux evesques, et rendue au Roy.

33.

La Reyne demanda aussi que le gouvernement qui luy estoit laissé par le consentement mesme du roy de Navarre, et de tous les princes et seigneurs du conseil, fust emologué par les Estats. Il fut respondu que c'estoit contre la loy salique et ancienne coustume du royaume : toutesfois, puisque c'estoit par le consentement du roy de Navarre, des princes du sang et du conseil, il fut emologué. L'on tint encore quelques propos de faire rendre compte des finances à ceux qui les avoient maniées du temps du roy Henry second et François second.

Et pour le regard de la religion, un nommé Pierre Vermeil (1), qui se faisoit appeller Martyr, comme en ce temps chaque ministre changeoit de nom, et un ministre italien que l'on envoya querir à Zurich sous la foy publique, d'Espina, La Rosiere, Marlorat, Merlin, Morel, Malo, et plusieurs autres ministres qui estoient en reputation, se trouverent audit Poissy, où ils demanderent que le Roy y presidast, et que la dispute fust vuidée par la parole de Dieu et pureté de l'Evangile. D'autre part estoient les docteurs Despence, de Xaintes, et autres de la Sorbonne, et plusieurs evesques pour les catholiques. Pierre Martyr et Theodore de Beze voulurent user de grandes et vives persuasions à la Reyne, mere du Roy, pour l'induire à se ranger de leur costé ; mais cela ne servit qu'à la rendre plus constante à suivre et tenir la religion catholique, sans faillir un seul jour d'aller à la messe avec le Roy.

(1) *Pierre Vermeil.* Il est plus connu sous le nom de Pierre Martyr. Lorsqu'il eut embrassé la religion nouvelle, il quitta la Toscane sa patrie, où il étoit chanoine régulier : il épousa une religieuse de Strasbourg, et passa en Angleterre, où il fut proscrit sous le règne de Marie. Il devint ensuite premier pasteur de l'église calviniste de Zurich.

Il y eut aussi plusieurs propos familiers, qui furent tenus entre le cardinal de Lorraine et Theodore de Beze, que l'on a depuis imprimez, et toutefois deguisez et supposez en telle sorte, que ledict cardinal se trouveroit lutherien; car il est dit qu'il n'approuve point la Transsubstanciation: à quoy il ne pensa jamais, comme il a bien fait cognoistre en plusieurs sermons qu'il a faits, et mesmement en la harangue qu'il fit en pleine assemblée audict Poissy, où le Roy estoit present, laquelle depuis fut imprimée.

Enfin Theodore de Beze, assisté de douze ministres, fut ouy en pleine assemblée (1) du conseil privé, et de

(1) *Fut ouy en pleine assemblée.* Charles IX, âgé de onze ans, ouvrit le colloque de Poissy par le discours suivant: « Messieurs, vous estes
« assez advertis des troubles qui sont en ce royaume sur le faict de la
« religion. C'est pourquoy je vous ay fait assembler en ce lieu, à
« reformer les choses que vous verrez y estre à reformer, sans passion
« quelconque, ni regard aucun de particulier interest, mais seulement
« de l'honneur de Dieu, de l'accord de nos consciences et du repos
« public. Ce que je desire tant, que j'ai deliberé que vous ne bougiez
« de ce lieu jusques à ce que vous y ayez donné si bon ordre, que
« mes subjects puissent désormais vivre en paix et union les uns avec
« les autres, comme j'espere que vous ferez. Et, ce faisant, me donnerez
« occasion de vous avoir en la mesme protection qu'ont eue les roys
« mes predecesseurs. » Le chancelier de L'Hospital parla ensuite, et l'on remarque dans son discours de grandes concessions aux nouvelles doctrines. Après avoir dit que le colloque est un véritable concile national, et qu'il est plus en état de guérir les plaies de l'église de France qu'un concile général, il ajoute: « Le premier et principal moyen est
« d'y proceder par humilité, et, tout ainsy que vous estes assemblés
« de corps, y estre unis d'esprit; ce qui adviendra si chascun de vous
« ne s'estime point par dessus l'autre, et que les plus sçavans ne
« meprisent leurs inferieurs, ni les moins doctes portent envie aux
« autres, si l'on laisse toute subtilité et curieuses disputes, à l'exemple
« du bon homme, cognoissant Dieu tant seulement, et son fils cruci-
« fié: il n'est besoin aussy de plusieurs livres, ains de bien entendre la
« parole de Dieu, et se conformer à icelle le plus qu'on pourra. Outre

ceux qui estoient mandez de tous les endroits du royaume, le Roy et la Reyne sa mere presens. Il discourut fort amplement et disertement, comme aussi il estoit eloquent, de la religion protestante, sans estre nullement interrompu, jusques à ce qu'il se hazarda de dire en telle compagnie, que le corps de Jesus-Christ estoit autant éloigné de l'hostie comme le ciel de la terre.

Alors les evesques et seigneurs catholiques commencerent fort à murmurer : ce nonobstant, le Roy permit qu'il eust entiere audience. Mais ayant achevé, le cardinal de Tournon, tant pour la dignité qu'il avoit que pour son aage, avec le zele de la religion catholique, et pource qu'il avoit toujours manié les affaires d'Estat, prit la parole, et, l'adressant au Roy, dit qu'il ne pouvoit plus ouyr tant de blasphemes contre l'honneur de Dieu et son sainct Evangile, en suppliant le Roy, au nom de tous les prelats qui estoient presens, de ne croire en des propos si scandaleux : au contraire, que

« plus, que ne devez estimer ennemis ceux qu'on dit de la religion nou-
« velle, qui sont chrestiens comme nous et baptisés; et ne les con-
« damner par préjudices, mais les appeller, chercher et rechercher, ne
« leur fermer la porte, ains les recevoir en toute douceur, et leurs en-
« fans, sans user contre eux d'aigreur et opiniastreté. » (Actes du colloque de Poissy, *Mémoires de Condé*, tome 2, pages 689 et 692.) Vers le même temps, Catherine de Médicis, allant plus loin que le chancelier, adressa au pape Pie IV des remontrances, où elle lui proposa d'admettre dans sa communion tous ceux qui recevoient les dogmes des six premiers conciles généraux. Elle ajouta que les calvinistes formoient la quatrième partie de la nation, et que les trois quarts des gens de lettres partageoient leurs opinions. Ce calcul de Catherine de Médicis est évidemment exagéré, puisque Castelnau, dans le chapitre 2 du IVe livre de ses Mémoires, dit *qu'il y avoit pour lors en France cent catholiques pour le moins contre un huguenot.*

Sa Majesté ne se devoit jamais departir d'un seul poinct
de la foy catholique, où tant de roys ses predecesseurs
avoient honorablement et heureusement vescu, et y estoient
morts constamment. Le jour d'après, Theodore
de Beze escrivit touchant le propos qu'il avoit tenu du
Sainct Sacrement et de l'hostie, voulant adoucir son
stile par une déclaration, qui fut depuis imprimée
avec sa harangue, et neantmoins il persista en ce qu'il
avoit dit.

Après la premiere session tous les prelats catholiques
et docteurs de Sorbonne, pour lors assemblez, resolurent
de faire response à la confession des protestans,
portée par leur harangue, et toucherent seulement les
deux poincts principaux, à sçavoir l'article concernant
le sacrement de l'autel et de l'Eglise catholique : et fut
faite la response par le cardinal, à la seconde session
de Poissy, le Roy present, et ceux qui avoient ouy la
harangue des protestans. Alors les cardinaux et deputez
du clergé, s'approchans du Roy, le supplierent,
pour le meilleur conseil que l'on lui pust donner, de
continuer en la vraye foy de l'Eglise catholique et religion
de ses predecesseurs. Theodore de Beze supplia
qu'il plust à Sa Majesté luy donner audience pour respondre
sur le champ à tout ce qu'avoit dit le cardinal
de Lorraine; ce que le Roy ne voulut faire, mais fut
remis à autre jour, afin que personne ne s'offensast, ou
fust esmeu d'adherer aux propos des protestans.

L'on advisa un lieu où l'on pourroit ouyr les ministres
hors de la grande assemblée, et où le Roy et la Reyne
pussent estre presens : où peu après l'on s'eschauffa si
bien en la dispute, que l'ardeur surpassa la raison de
part et d'autre, qui fut cause que le Roy diminua le

nombre jusques à cinq de chaque costé ; et fut dit qu'il y auroit un greffier de chaque part, pour escrire ce qui seroit resolu par commun consentement des deux parties. Mais, après avoir bien disputé l'espace de trois mois, il fut impossible d'accorder entre eux un seul article, de sorte que le colloque fut rompu le vingt-cinquiesme novembre suivant. Le cardinal de Lorraine avoit envoyé querir des ministres allemans, pour les faire disputer avec ceux de France sur l'article de la Cene, qui estoit le plus important, et par ce moyen donner plus d'authorité à l'Eglise catholique par leur discorde. Le semblable estoit advenu vingt ans auparavant au colloque de Ratisbonne, qui fut, par l'authorité de l'empereur Charles cinquiesme, entre quelques docteurs catholiques et protestans, autant d'une part que d'autre.

Ce qui ne servit de rien, sinon de revoquer en doute la religion des uns et des autres, et mettre ceux qui les oyoient, et plusieurs peuples, en deffiance de leur foy ; car il est bien certain que tout ce qui est mis en dispute engendre doute. Aussi est-ce une faute bien grande de vouloir mettre sa religion en doute, de laquelle l'on doit estre entierement asseuré. Voilà pourquoy, non-seulement les princes musulmans et infideles, mais davantage le duc de Moscovie, qui est un grand monarque, et qui est chrestien, a deffendu de disputer aucunement de la religion. Aussi fut-il deffendu estroitement entre les Hebreux de disputer de la loy de Dieu, et permis seulement de la lire. Et ne faut pas douter que toutes les heresies ne soient provenues des disputes trop curieuses de la religion chrestienne ; laquelle ne se peut bien entendre que par foy et par humilité, accompagnées de la grace de Dieu, parce qu'il y a choses contraires au sens humain, et qui surpassent la raison naturelle. Au contraire, les disputes ne cherchent que les argumens, avec trop de subtilitez et surprises, qui ne s'appuyent que sur la raison humaine.

Cependant que l'on disputoit à Poissy quelqu'un apporta la nouvelle que Philibert, duc de Savoie, ayant eu du pire contre les protestans de la vallée d'Engrogne (1), avoit esté contraint de leur permettre l'exercice de leur religion.

CHAPITRE V.

Emeute au fauxbourg Sainct Marcel de Paris contre les huguenots, qui forcent l'eglise de Sainct Medard et la pillent. Edict de janvier en leur faveur. Reconciliation du prince de Condé et du duc de Guyse. La verification de l'edict de janvier augmente l'heresie. De la maniere de prescher des huguenots, et leur façon de prier. Faute politique des ministres de France. Adresse des heretiques, qui conservent quelque chose des ceremonies anciennes de l'Eglise. Honneurs deus et rendus aux habits pontificaux. Raison de l'autheur contre le sentiment des ministres. Nécessité des ceremonies en l'Eglise.

[1562] APRÈS la dispute de Poissy tous les catholiques portoient impatiemment de voir que, contre l'edict de juillet, les protestans fissent assemblées publiques,

(1) *Les protestans de la vallée d'Engrogne.* C'étoit un reste des Vaudois qui avoient été traités avec tant d'inhumanité sous le règne de François I. Le duc de Savoie avoit voulu les soumettre, et la guerre duroit depuis 1560 : il leur accorda la paix au mois de juin 1562.

preschans et baptisans en divers lieux, mesmement aux fauxbourgs de Paris; qui fut cause que les prestres irritez de cela s'assemblerent en l'eglise de Sainct-Medard (1), au fauxbourg Saint-Marcel de Paris; et si tost que le ministre eut commencé de prescher, ils sonnerent les cloches le plus fort qu'ils peurent, de sorte que les protestans, qui estoient en fort grand nombre en un jardin près du temple, ne pouvoient rien entendre : qui fut cause que deux ou trois de l'assemblée des protestans allerent par devers les prestres pour les faire taire, ce qu'ils ne peurent obtenir, et de là vinrent aux paroles et aux prises, dont il y en eut un qui mourut.

Les prestres incontinent fermerent leur eglise, et montans au clocher sonnerent le tocsin pour esmouvoir le peuple catholique, qui accourut soudain au lieu où se faisoit le presche. Mais les protestans s'y trouverent les plus forts, et avec grande violence rompirent les portes de l'eglise, où ils trouverent un des leurs battu et blessé à mort, ne se pouvant mouvoir, lequel ils avoient envoyé dire aux prestres qu'ils cessassent de sonner les cloches : irritez de cela ils pillerent l'eglise, et abbattirent et rompirent les images, en menaçant de mettre le feu au clocher, si les prestres ne cessoient

---

(1) *En l'eglise de Sainct Medard.* Les protestans, soutenus par le gouvernement, se livrèrent à cette occasion à de grands excès contre les catholiques. Ils enfoncèrent les portes de l'église de Saint-Médard, la saccagèrent, et firent prisonniers une trentaine de catholiques. Peu de temps après ils publièrent un pamphlet intitulé : *Histoire veritable de la mutinerie, tumulte et sedition, faicts par les prebstres de Saint-Medard contre les fideles, le samedi 27e jour de decembre.* Ce pamphlet, où respire l'esprit de parti, se trouve dans le second volume des *Mémoires de Condé.*

de sonner le tocsin : il y eut plusieurs prestres blessez et quelques autres emprisonnez par les sergens et chevaliers du guet.

Le jour d'après, les catholiques brûlerent les bancs et sieges des protestans, et vouloient brûler la maison où se faisoit le presche, s'il n'y fust arrivé des officiers de la justice et des forces pour les empescher : qui fut cause que la Reyne, mere du Roy, ayant fait acheminer à Sainct-Germain un nombre de personnages des plus suffisans du royaume et de tous les parlemens, pour, avec le conseil privé du Roy, faire quelque bon edict, et trouver remede au mal qui croissoit, et à l'alteration qui estoit entre les catholiques et protestans, il en fut fait un le dix septiesme de janvier, portant qu'il seroit permis aux protestans de faire l'exercice de leur religion hors les villes seulement, et sans aucunes armes, avec injonction à tous de se comporter modestement, et à tous les magistrats et officiers du Roy, de tenir la main à l'execution dudict edict, lequel n'estoit aussi que provisionnel, non plus que l'edict de juillet, fait auparavant.

En ce mesme temps (1) la Reyne, mere du Roy, cherchant toujours plus de moyen d'adoucir les aigreurs qui estoient de tous costez, fit un accord entre le prince de Condé et le duc de Guise, lequel fait en presence du Roy, des princes et de tous les plus grands seigneurs, le duc de Guise declara qu'il n'avoit jamais incité le feu Roy à faire mettre le prince de Condé prisonnier, et se donnerent quelques raisons l'un à l'autre, dont

---

(1) *En ce mesme temps.* Il y a ici une erreur de date. L'accommodement du prince de Condé et du duc de Guise avoit été fait le 24 août précédent.

ils demeurerent ou feignirent estre contens, et à l'instant s'embrasserent, promettans de s'aimer comme parens : tellement qu'il ne restoit plus que le cardinal de Lorraine à accorder avec le prince de Condé ; mais d'autant qu'il ne faisoit pas profession des armes comme les autres, il ne falloit pas tant demeurer sur la reputation ny sur le poinct d'honneur qu'avec les gens de guerre, qui font profession d'employer la vie pour deffendre l'honneur : neantmoins le prince de Condé demeuroit toujours avec ressentiment contre le cardinal de Lorraine, pensant qu'il estoit cause du danger qu'il avoit couru.

Cependant l'edict fut verifié et publié ès parlemens, après trois jussions et très-exprès mandemens. Alors les ministres [1] prescherent plus hardiment, qui çà qui là, les uns par les champs, les autres en des jardins et à decouvert, par tout où l'affection ou la passion les guidoit, et où ils pouvoient trouver du couvert, comme ès vieilles sales et masures, et jusques aux granges; d'autant qu'il leur estoit deffendu de bastir temples, et

---

[1] *Alors les ministres.* Les ministres protestans avoient été convoqués à Saint-Germain, à l'époque de l'édit de janvier. Ils firent d'abord une déclaration par laquelle ils invitèrent leur troupeau à s'y conformer. Puis ils envoyèrent une circulaire à toutes leurs églises. Elle commence ainsi : « Grace et paix par Nostre Seigneur Jesus-Christ. Très-chers
« freres, vous sçavez que de tout temps l'obeissance que les hommes
« doivent à leurs princes et superieurs, après celle qu'ils doivent à
« Dieu, a esté fort recommandée, tant pour le repos de leurs con-
« sciences que pour la conservation de la paix et tranquillité pu-
« blique. » On voit ensuite qu'ils se flattent d'obtenir bientôt de nouvelles concessions. « Il faut considerer, ajoutent-ils, que si nous
« sommes privés pour un temps de quelque commodité, le grand bien
« qui s'offre de l'autre costé, doit effacer l'ennui qui en pourroit venir;
« joint que ce n'est pas le dernier benefice que nous esperions de la
« main de nostre Dieu, par le moyen de nostre Roy. »

prendre aucune chose d'eglise. Les peuples, curieux de voir chose nouvelle, y alloient de toutes parts, et aussi bien les catholiques que les protestans, les uns seulement pour voir les façons de cette nouvelle doctrine, les autres pour l'apprendre, et quelques autres pour cognoistre et remarquer ceux qui estoient protestans.

Ils preschoient en françois, sans alleguer aucun latin, et peu souvent les textes de l'Evangile, et commençoient ordinairement leurs sermons contre les abus de l'Eglise, qu'aucun catholique prudent ne voudroit deffendre. Mais de là ils entroient pour la pluspart en invectives, et à la fin de leurs presches faisoient des prieres, et chantoient des pseaumes en rythme françoise, avec la musique et quantité de bonnes voix, dont plusieurs demeuroient bien edifiez, comme desireux de chose nouvelle, de sorte que le nombre croissoit tous les jours. Là aussi se parloit de corriger les abus, et d'une reformation, de faire des aumosnes et choses semblables, belles en l'exterieur, qui occasionnerent plusieurs catholiques de se ranger à ce party; et est croyable que si les ministres eussent esté plus graves et plus doctes, et de meilleure vie pour la pluspart, ils eussent eu encore plus de suite. Mais voulurent du premier coup blasmer toutes les ceremonies de l'Eglise romaine, et administrer les sacremens à leur mode, sans garder la modestie qu'observent encore aujourd'huy plusieurs protestans, comme ceux d'Allemagne et d'Angleterre, qui ont encore leurs evesques, primats et leurs ministres, qui ont pris et retiennent le nom de curez, diacres et soubs-diacres, chanoines, doyens, et portent les surplis et ornemens de l'Eglise catholique avec les robbes longues. Ce qui les fait plus estimer que les protestans de France, de Geneve, d'Escosse et autres, qui, sous pretexte de religion plus reformée couvrans leurs passions, se sont pris mesme aux choses qui ne leur nuisoient point, mais servent à retenir les peuples en une honneste reverence et plus grande modestie à l'endroict des ecclesiastiques.

Aussi la pluspart de ceux qui regrettent la messe et l'exercice de la religion catholique, ès endroicts d'où les princes l'ont chassée, ne peuvent encore quitter les habits des gens d'eglise, avec les ceremonies que les chrestiens ont si long-temps gardées, et lesquelles ont retenu les peuples en devotion et admiration tout ensemble, avec beaucoup d'obeissance à leurs evesques, suffragans, curez, abbez, prieurs, et autres qui ont charge en l'Eglise. Qui fut la cause pourquoi les levites furent sequestrez des peuples, et revestus d'ornemens qui temoignoient la reverence qui estoit deue à leur office, et leur grand pontife avoit un habit fort riche et de grande majesté. De sorte que Jaddus, pontife des Hebreux, n'eut aucun meilleur moyen que de se vestir de son habit pontifical, pour destourner l'armée d'Alexandre le Grand, lequel, ayant veu le pontife en tel habit, s'agenouilla devant luy, et luy accorda tous les priviléges, exemptions et prerogatives qu'il demanda, combien qu'Ephestion l'en voulust empescher.

L'on dit que le pape Urbain en usa de mesme avec son habit pontifical, pour empescher la fureur d'Attila. Et François Souderin [1], evesque de Florence, voyant les peuples de cette ville-là cruellement acharnez au sang et à la vie les uns des autres, et qu'il estoit

---

[1] *Souderin* : Soderini.

impossible de les appaiser, prit aussi son habit episcopal, et se presenta à eux, leur faisant des remonstrances, ausquelles, et à la dignité de leur evesque, revestu en cette sorte, cederent leurs querelles, et chacun se retira en maison.

Or il est certain qu'Alexandre le Grand, duquel l'ambition surpassoit les cieux, pour conquester d'autres mondes, n'eust pas ployé les genoux devant le pontife, ny la fureur d'Attila, qui fut estimé le plus cruel et barbare capitaine de son aage, ny la rage et cruauté d'un peuple acharné de son propre sang et de sa patrie, n'eussent pas si-tost esté appaisez, si ces pontifes eussent esté revestus d'habillemens communs, comme les ministres de France. Lesquels, combien que par belle apparence ils disent et preschent qu'il faut oster et corriger les abus, et, comme le bon et diligent jardinier, emonder les arbres de chenilles et de branches mortes, et en couper quelquefois de vives pour avoir plus de fruict et de bois, si est-ce pourtant qu'il ne faut pas couper l'arbre par le pied, et n'y laisser que la racine : ainsi ne faut-il pas, pour amender les abus que ces reformez disoient estre en l'Eglise, en retrancher tout à fait la saincteté, l'ornement et les ceremonies, et s'attacher à la malveillance des habits, pour en abattre l'honneur et le service, et la renverser entierement.

Aussi est-il impossible que le menu peuple, de long-temps contenu dans l'obeïssance par sa loy et coustume, eleve son esprit plus haut que sa portée; à l'infirmité duquel nos peres se sont très-sagement accommodez, les contenans avec l'usage de ces solemnitez exterieures en la crainte de Dieu, et obeissance de leurs princes superieurs; et estant loisible, voire necessaire, de s'accommoder aux habits et ceremonies, quand il n'y a rien qui soit contre la loy divine et de nature.

CHAPITRE VI.

L'heresie oblige les evesques et autres ecclesiastiques à estudier et à se reconcilier avec les lettres. Nouveauté de religion cause nouveauté en l'Estat. Prieres et jeusnes pour la foy. Le roy de Navarre detourné du parti des protestans, sous de belles esperances. Il s'unit, comme le connestable, avec la maison de Guyse. Les huguenots affoiblis par ceste union. Sedition arrivée contre eux à Cahors et ailleurs.

EN ces temps, comme plusieurs choses se faisoient, ou par exemple, ou par imitation, ou par volonté de mieux faire, les evesques et docteurs, theologiens, curez, religieux et autres pasteurs catholiques, commencerent à penser en ces nouveaux prescheurs, si desireux et ardens d'advancer leur religion, et dèslors prirent plus de soin de veiller sur leur troupeau, et au devoir de leurs charges, et aucuns à estudier ès sainctes lettres à l'envy des ministres protestans, qui attiroient les peuples de toutes parts : et craignans que lesdicts ministres n'eussent l'advantage sur eux par leurs presches et par iceux attirassent les catholiques, ils commencerent aussi à prescher plus souvent que de coustume, en advertissant les auditeurs de se garder bien des heresies des nouveaux dogmatisans, sur peine d'encourir la haine de Dieu en se departant de sa vraye Eglise.

Et ceux qui estoient plus politiques, preschoient à haute voix qu'il n'y avoit rien de plus dangereux en une republique que la nouveauté de religion, nouveaux ministres, nouvelles loix, nouvelles coustumes, nouvelles ceremonies, nouveaux sacremens et nouvelle doctrine ; toutes lesquelles choses tiroient après elles la ruine des Estats, avec une effrenée desobeissance envers Dieu et les princes : parquoy il n'y avoit rien si asseuré que de suivre l'ancienne religion, l'ancienne doctrine, les anciennes ceremonies et les anciennes loix, publiées et gardées depuis les apostres : et remonstroient aux peuples que depuis quinze ou seize cens ans tous les chrestiens avoient tenu la religion catholique que les protestans s'efforçoient d'arracher et renverser, et qu'il n'estoit pas possible que tant de roys, princes et grands personnages, eussent erré si longuement, et fussent privez de la grace de Dieu, et du sang de Jesus-Christ, qui seroit blasphemer contre sa bonté, et l'accuser d'injustice.

Davantage, les jesuites, tous les mandians et autres religieux, qui preschoient aussi plus qu'auparavant, alloient par les villes, villages et maisons des particuliers, admonester un chascun de la doctrine des protestans. Et les evesques envoyoient querir des pardons et jubilez à Rome, pour faire jeusner les peuples, et les convier à prier pour la manutention de la vraye Eglise catholique ; et plusieurs ne se pouvoient tenir de dire qu'il falloit empescher les protestans de prescher, puisque la justice n'en tenoit compte. Toutes ces choses empescherent beaucoup les desseins des ministres, qui ne preschoient qu'en crainte : de là commença à naistre et s'enraciner une plus grande hayne qu'auparavant, entre les catholiques et les protestans. Toutesfois cette année-là (¹) se passa sans violence, horsmis ce qui advint au faux-bourg Sainct-Marcel, comme j'ay dit, ce qui fut assoupi par l'authorité des magistrats. Mais depuis que les catholiques furent advertis que le roy de Navarre avoit esté distrait du party des protestans, et leur estoit plus contraire que favorable, et qu'il estoit uni avec ceux de Guise, le connestable et le mareschal de Sainct-André, ils commencerent à se tenir plus asseurez qu'auparavant.

Cette reconciliation et amitié du roy de Navarre avec ceux de Guise avoit esté maniée fort dextrement, mesmement par le cardinal de Ferrare (²), qui estoit venu en France comme legat du Pape, afin de publier le concile de Trente, pensant par ce moyen empescher le concile national que la pluspart de la France demandoit, où l'on craignoit qu'il ne fust aresté quelque chose au prejudice de l'Eglise catholique et romaine, aussi qu'il tenoit grande quantité de benefices en France. L'on voyoit clairement que le party des protestans ne prenoit pied et accroissement que par la divison des princes et grands seigneurs. C'est pourquoy quelques-uns, desireux de les voir reunis ensemble, dirent au connestable, au duc de Guise et mareschal de Sainct-André, que le roy de Navarre et le prince de Condé, à l'instance et suscitation des protestans, leur vouloient faire rendre compte des finances de France qu'ils avoient maniées sous le roy Henry et le roy François II, et repeter les dons excessifs à eux

---

(¹) *Toutesfois cette année-là.* Castelnau parle de l'année 1561. Suivant l'ancienne manière de compter, il la prolonge jusqu'à Pâques 1562. — (²) *Le cardinal de Ferrare* : Hippolyte d'Est.

faits; à quoy s'ils ne remedioient leurs maisons en seroient ruinées, et que le moyen d'empescher cela seroit de tirer le roy de Navarre de leur costé, en luy persuadant que le Pape avoit tant fait avec le roy d'Espagne, qu'il luy rendroit le royaume de Navarre, pourveu qu'il tint entierement le party de la religion catholique, qu'il ne pouvoit delaisser sans la perte evidente du royaume de France, où il n'avoit pas petit interest, comme premier prince du sang après le Roy et ses freres, lesquels venans à mourir, il seroit exclus de la couronne s'il n'estoit catholique, comme l'avoient esté si long-temps les roys de France, sans qu'aucun d'iceux eust varié en aucune chose de l'obeissance de l'Eglise romaine : à quoy on luy alleguoit l'exemple du pape Jules II, qui avoit osté le royaume de Navarre à Pierre d'Albret, ayeul paternel de la reyne de Navarre sa femme, l'ayant excommunié et exposé la conqueste de Navarre au roy d'Espagne, encore qu'il fust catholique. A plus forte raison estoit-il à craindre que le Pape ne le declarast, s'il demeuroit en la religion protestante, et chef d'icelle, indigne de la couronne de France. Au contraire, se declarant catholique, ou le royaume de Navarre luy seroit rendu, ou baillé pour recompense le royaume de Sardaigne, et par mesme moyen le royaume de France luy demeureroit asseuré, si le Roy et ses freres venoient à mourir : et si la Reyne, qui avoit le gouvernement, luy deffereroit autant en toutes choses que si luy-mesme avoit la regence; joint que ce luy seroit un grand honneur d'estre lieutenant-general.

Ces propos et plusieurs semblables furent tenus au roy de Navarre par personnes qui avoient beaucoup de credit auprès de luy, et confirmez par le nonce du Pape et l'ambassadeur d'Espagne, qui s'entendoient l'un avec l'autre, cognoissant la facilité du prince, qui estoit vaillant et de bon naturel, mais trop facile à estre persuadé : d'autre costé il luy faschoit d'estre controollé par l'admiral de Chastillon et autres protestans de la Cour, qui le vouloient par trop reformer et contraindre. Cela fut en partie cause de le faire incliner du costé des catholiques; joint aussi que la doctrine des protestans ne luy estoit pas trop agreable, combien qu'il fust à toutes heures sollicité par les ministres de ne se mesler avec ceux de Guise, disans qu'ils luy avoient voulu oster la vie et l'honneur, avec plusieurs autres persuasions, par lesquelles l'on vouloit aussi empescher le connestable de se liguer avec la maison de Guise, ce qui ne put avoir lieu.

Car, d'autre costé, l'on luy persuadoit qu'il ne pourroit trouver meilleur appuy en sa vieillesse et pour sa maison que ceux de Guise, qui luy cederoient par mesme moyen le droict de la comté de Dammartin. Et pour lors il n'y avoit pas grande affection entre la Reyne, mere du Roy, et le connestable, pour avoir eu quelque mescontentement l'un de l'autre, accompagné de paroles assez aigres. Enfin, cette amitié et confederation de ceux de Guise, du connestable et mareschal de Sainct-André avec le roy de Navarre, fut si sagement conduite, qu'en peu de jours ils ne furent tous qu'une mesme chose. Et quelques-uns pour lors eurent opinion qu'ils eussent bien voulu que la Reyne, mere du Roy, n'eust pas eu le gouvernement, laquelle neantmoins l'a tousjours prudemment conservé.

Lors les partisans, serviteurs et amis de toutes ces

maisons, ainsi unis, donnerent un mauvais coup aux protestans, lesquels firent une lourde faute; car, estans paisibles en l'exercice de leur religion, ils se voulurent mesler trop avant des affaires d'Estat, et proposer qu'il falloit faire rendre compte à ceux qui avoient manié les finances, comme s'ils eussent esté tresoriers ou receveurs: ce qui n'estoit pas aisé à faire à telles personnes, qui avoient fait tant de services à la couronne, et avoient beaucoup d'amis et serviteurs, et qui avoient plusieurs enfans, qui n'eussent pas eu moins d'esgard à leur conservation et de leur maison, qu'à l'Estat du royaume.

Or, le bruit de cette confederation estant publié, les catholiques commencerent de mespriser les protestans avec paroles dedaigneuses; et, les voyans sortir des villes pour aller aux faux-bourgs et villages où se faisoient les presches, et retourner mouillez et crottez, se mocquoient d'eux; et les femmes n'estoient pas exemptes que l'on n'en fist des contes, soit qu'elles fussent guidées de religion, ou d'amour et affection de voir leurs amis qui se trouvoient en telles assemblées. Et lors s'il se mouvoit quelque dispute pour la religion, elle estoit soudain accompagnée de colere et mepris, et de là on venoit aux mains, où les protestans estoient le plus souvent battus; aussi estoient-ils en moindre nombre que les catholiques. Et sans la crainte des magistrats, ils eussent eu encore pis; car les catholiques ne pouvoient supporter leurs presches et assemblées.

Et de fait, le seiziesme jour de novembre 1561, en la ville de Cahors en Quercy, les protestans s'estans assemblez en une maison pour faire leurs presches et prieres, les catholiques, les voyans par les fenestres, commencerent à murmurer et les appeler *huguenots;* et parce que c'estoit un dimanche, les artisans, qui n'avoient que faire, s'assemblerent devant la maison en grand nombre, et, après plusieurs injures, jetterent des pierres contre les fenestres; et comme les choses s'emeurent de part et d'autre, on mit le feu aux portes, et y eut quelques-uns frappez et tuez. L'un des magistrats alla pour faire retirer les peuples, où il fut blessé, et y eut enfin beaucoup de desordre. Le Roy en estant adverty, envoya commission à Montluc pour en faire justice, lequel en fit pendre quelques-uns de part et d'autre des principaux autheurs de la sedition. Neantmoins les ministres ne desisterent point de prescher, et les protestans y allerent à grandes troupes, sans aucune crainte et consideration de l'exemple de ce qui estoit survenu à Cahors.

Il advint en plusieurs autres villes du royaume, comme Sens, Amiens, Troyes, Abbeville, Thoulouse, Marseille, Tours, autres desordres où il y eut aussi des protestans tuez par leur insolence; et y eut de la faute de part et d'autre.

CHAPITRE VII.

Histoire du massacre de Vassy. Plainte des huguenots contre cette action, louée des catholiques. Sentiment des politiques. La Reyne entre en soupçon du duc de Guyse. Reception de ce duc à Paris. Amour du peuple de Paris envers la maison de Guyse. Devotion des Parisiens.

DEPUIS, ce que l'on a appellé le massacre de Vassy, qui advint au mois de mars ensuivant, fut plus remarqué que tout ce qui estoit advenu à Cahors et autres lieux, que l'on disoit estre folies, ayant le mal esté augmenté et plus aigry par la presence du duc de Guise, lequel, après la confederation, reçut lettres et prieres du roy de Navarre, pour s'advancer d'aller à la Cour avec bonne compagnie, afin de se rendre les plus forts auprès du Roy. Ledit duc ayant donc pour cet effet adverty ses amis et serviteurs, et donné charge au comte de Rokendolf (1) de lever quelques cornettes de reistres, partit de sa maison de Joinville avec le cardinal de Lorraine, quelques gentilshommes leurs voisins et serviteurs. Et, le premier jour de mars, qui estoit un dimanche, il alla disner à Vassy, où les officiers qui alloient devant, trouverent que les protestans y faisoient leur presche en une grange près de l'eglise. Et y pouvoit avoir environ six ou sept cens personnes de toutes sortes d'aages. Lors, comme m'a souvent dit le duc de Guise, aucuns de ses officiers et autres, qui

---

(1) *Rockendolf.* Rockendorff.

estoient allés devant, curieux de voir telle assemblée et nouvelle forme de prescher, sans autre dessein s'approcherent jusques à la porte du lieu, où il s'emeut quelque noise avec paroles d'une part et d'autre. Aucuns de ceux de dedans qui gardoient la porte jetterent des pierres, et dirent des injures aux gens du duc de Guise, les appellant papistes et idolastres. Au bruit accoururent les pages, quelques gentils-hommes et autres de sa suite : s'estans eschauffez les uns les autres avec injures et coups de pierres, ceux de dedans sortirent en grand nombre, repoussans ceux de dehors. Ce qu'estant rapporté au duc en se mettant à table, et que l'on tuoit ses gens, il s'en alla en grande haste, où, les trouvant aux mains à coups de poings et de baston, s'approchant du lieu où se faisoit le presche, luy furent tirez plusieurs coups de pierres, qu'il para de son manteau : et lors se voulant advancer plus près de la grange, tant pour se mettre à couvert que pour appaiser ce desordre, il se fit plus grand ; dont il advint, comme il disoit, qu'à son grand regret quelques-uns de ceux qui estoient audit presche furent blessez et tuez, dequoy chacun faisoit diverse interpretation.

Cet accident estonna la Cour (1), et plus les protes-

(1) *Cet accident estonna la Cour.* Au moment du passage du duc de Guise à Vassy, les deux partis étoient très-animés l'un contre l'autre, parce que, le 17 décembre de l'année précédente, l'évêque de Châlons-sur-Marne, s'étant présenté au prêche pour faire réfuter la nouvelle doctrine par un théologien célèbre, fut indignement chassé. Le ministre qui prêchoit pendant ce tumulte, étoit Léonard Morel. Il avoit été envoyé de Genève à Vassy par Théodore de Bèze, et y étoit arrivé le 27 janvier 1562. Au milieu des clameurs des deux partis, il continua quelque temps de prêcher ; mais, voyant le danger extrême, il quitta sa robe, et voulut fuir. Le duc de Guise, devant lequel il fut amené, lui dit : *Tu es la cause de la mort de tous ces gens ;* et il donna

tans par toute la France : lors le prince de Condé, l'Admiral, le chancelier de L'Hospital, et autres qui tenoient le party, en firent de grandes plaintes à la Reyne mere du Roy ; les autres excusoient le cas, comme estant advenu par inconvenient et sans estre premedité. Il y eut de là plusieurs ministres protestans qui prescherent ce fait estre une impieté la plus grande et la plus cruelle du monde.

Au contraire, les predicateurs catholiques soutenoient que ce n'estoit point de cruauté, la chose estant advenue pour le zele de la religion catholique, et alleguoient l'exemple de Moyse, qui commanda à tous ceux qui aimoient Dieu de tuer, sans exception de personne, tous ceux qui avoient plié les genoux devant l'image d'or pour luy faire honneur; et, après qu'ils en eurent tué trois mille, il leur dit qu'il leur donnoit sa benediction et la prelature de tout le peuple, pour avoir consacré leurs mains au sang de leurs freres pour le service de Dieu ; et que Jehu, roy de Samarie, fit mourir, pour mesme zele, deux roys et cent douze princes de leur sang, et fit manger aux chiens la reyne Jezabel; et, ayant fait assembler tous les prestres idolastres, feignant estre de leur religion, il les fit tous tuer dans le temple par le commandement de Dieu :

l'ordre à son prévôt de le pendre. Le carnage dura une heure. Les protestans évaluèrent leur perte à cinquante ou soixante personnes. Cependant l'ordre de pendre le ministre ne fut pas exécuté, et le duc de Guise le mena prisonnier à Saint-Dizier. Là on chercha, mais en vain, à lui faire abjurer sa religion. Il fut mis en liberté le 8 mai 1563, dix-neuf jours après la paix d'Amboise. Tous ces détails sont puisés dans une relation publiée par les ministres protestans, et intitulée : *Discours entier de la persecution et cruauté exercées en la ville de Vassy par le duc de Guise, le 1er mars 1562.*

dequoy il reçut sa benediction, et ses enfans heritiers du Roy, jusques à la quatriesme generation, pour avoir vengé l'honneur de Dieu.

Toutesfois, ceux qui en parloient plus politiquement, estimoient que cet inconvenient advenu audict Vassy apporteroit beaucoup de maux, attendu que l'assemblée n'estoit faite que suivant les edicts, èsquels il n'y avoit point de revocation, et que tels discours de part et d'autre, faits par les ministres et predicateurs, estoient semences de sedition qu'il falloit reprimer.

En ce mesme temps la Reyne, mere du Roy, fut advertie par le prince de Condé, que le duc de Guise et le connestable venoient à Paris, armez et fort accompagnez; ce qui occasionna Sa Majesté d'escrire audict duc de Guise, afin qu'il vint à la Cour avec son train ordinaire seulement, et manda le semblable au roy de Navarre, le priant de demander au duc qu'il laissast les armes. Quoy qu'il en fust, il arriva à Paris le vingtiesme jour de mars, fort accompagné. Lors on recognut une très-grande affection que ceux de Paris luy portoient; car, en premier lieu, les principaux de la ville allerent au-devant de luy pour se conjouir de sa venuë; et, entrant dans la ville, tout le peuple montra une grande rejouissance, avec quelques particulieres allegresses, qui ne furent faites ny aux princes du sang ny au connestable; ce qui luy donna beaucoup de contentement, et d'esperance à ceux de sa maison d'accroistre leur puissance. Et la pluspart du peuple disoit qu'il ne faisoit rien par ambition, ains pour le seul zele de la religion catholique, ce qu'ils ne disoient pas des autres; chose qui luy augmentoit aussi la malveillance de ses ennemis et envieux : occasion pourquoy il leur fit dire qu'ils ne luy fissent pas tant d'apertes demonstrations d'amitié; et leur faisoit mesmement signe des mains qu'ils se teussent.

Aussi le peuple de Paris estoit lors, et a tousjours esté, autant zelé à la religion qu'autre de tout le royaume de France, dans lequel il se voyoit beaucoup d'alteration en la religion; ce qui estoit remarqué des estrangers et de toutes sortes de gens, et que si-tost que la messe estoit dicte, en beaucoup de lieux l'on fermoit les eglises; au contraire à Paris elles estoient ouvertes tout le jour avec grande devotion d'un chacun, qui oyoit la messe jusques à midy, et se faisoient plusieurs vœux et assemblées le reste du jour esdictes eglises, avec offre de cierges et autres dons; aussi en icelle il y a beaucoup d'hospitaux et grand nombre de religieux et couvens, dont le nombre croist tous les jours. Et entre toutes celles de France, cette ville se promettoit d'estre bien gardée, et qu'elle seroit exempte de presches, comme elle fut et a tousjours esté, depuis la declaration faite quelques jours après sur l'edict de janvier (1).

---

(1) *La déclaration faite quelques jours après sur l'édict de janvier.* Cette déclaration est du 11 avril 1562; elle porte que l'édit de janvier sera maintenu partout, excepté à Paris, où *l'expérience a enseigné que l'exercice de la nouvelle religion donne lieu à des troubles.*

CHAPITRE VIII.

Le roy de Navarre et ceux de son party mettent le prince de Condé hors de Paris, et d'authorité y ramenent le Roy qui vouloit demeurer à Fontainebleau. Le prince de Condé et l'Admiral, ayans manqué leur dessein de se rendre les plus forts auprès du Roy, se saisissent d'Orleans. Persecution des huguenots à Paris. Ils s'assemblent à Orleans, font un party, et reconnoissent pour chef le prince de Condé. La qualité de prince du sang importante dans un party. Puissance du party huguenot, resolu à la guerre. Manifeste des huguenots.

Et d'autant que le prince de Condé avoit aussi quelques gens à sa devotion en ladicte ville de Paris pour conforter le party des protestans, et qu'il y avoit danger evident que les partisans catholiques ne se jettassent sur les protestans, le prevost des marchands alla trouver la Reyne, mere du Roy, à Monceaux, pour la prier qu'elle y envoyast le roy de Navarre, lequel y alla : et, estant arrivé, ne put persuader le prince de Condé, son frere, de sortir de la ville. Sur ce il escrivit à la Reyne qu'elle luy fist exprès commandement de se retirer, ce qu'elle fit ; et, pour l'induire encore davantage, luy envoya le cardinal de Bourbon, son frere.

Alors on ordonna de bonnes et fortes garnisons à Paris, de peur qu'elle ne fust surprise ; le tout par le conseil de ceux de Guise, lesquels s'en allerent au mesme temps à Fontainebleau, où estoit la Cour, avec le roy de Navarre, le connestable et le mareschal de

Sainct-André, auparavant que le prince de Condé y pust arriver, parce que son intention estoit de se faire le plus fort auprès du Roy et de la Reyne sa mere : et d'autant que Fontainebleau n'estoit qu'une maison de plaisir, sans aucunes murailles ny fossez, le roy de Navarre remonstra au Roy et à la Reyne sa mere que Leurs Majestez n'y pouvoient demeurer seurement, et pour cette occasion qu'il estoit expedient de retourner à Paris : ce qui fut fort disputé et desbattu, d'autant que l'on disoit à la Reyne que le Roy, elle et tous ses enfans, se mettroient du tout en la puissance de ceux de Guise, lesquels tacitement, comme aucuns vouloient dire, prendroient toute l'authorité, laquelle leur seroit conservée et maintenuë par ceux de Paris. Davantage, l'on conseilla à la Reyne, mere du Roy, de ne se mesler des querelles du prince de Condé avec le duc de Guise, et fut conclu par le Roy qu'il ne falloit bouger de Fontainebleau ; mais, pensant que cela venoit du conseil, qui n'estoit pas favorable aux desseins du roy de Navarre, de ceux de Guise et du connestable, après que la chose fut quelque temps contestée de part et d'autre, le roy de Navarre dit à la Reyne que, pour le rang qu'il tenoit dans le royaume, comme premier prince du sang, il ne pouvoit accorder ny consentir que le Roy demeurast à Fontainebleau, la suppliant de faire condescendre Sa Majesté, avec le conseil du connestable et autres principaux officiers de la couronne, de mener le Roy à Paris. Alors Leurs Majestez, ne pouvant mieux, eurent recours à quelques larmes. Et ainsi le roy de Navarre estant du tout conseillé dudict connestable, du duc de Guise et mareschal de Sainct-André, emmena toute la Cour à Paris. Lors le prince de Condé et l'admiral de Chastillon, et ceux de leur party, ayans failly leur dessein et se voyans pressez, recoururent à leurs forces, et à trouver moyen de se loger, de peur de tomber entre les mains de leurs ennemis, qui faisoient des levées, et faisoient bailler commissions aux capitaines et gens de guerre catholiques; et n'ayant pas les moyens autrement de resister ny se mettre en campagne, ils surprirent la ville d'Orleans par la diligence et bonne conduite de d'Andelot, colonel de l'infanterie françoise, lequel fit entendre aux habitans, après avoir gagné les portes, que ce qu'il faisoit estoit pour le service du Roy, et la conservation particuliere de leur ville, en laquelle il y avoit grand nombre de protestans ausquels l'on faisoit entendre qu'ils estoient ruinez et perdus s'ils ne tenoient la main à l'entreprise, et leur disant qu'il estoit pour maintenir les edicts de la paix. Avec ces pretextes il se fit le plus fort; et de vray il entretint quelque temps les edicts et la paix entre les catholiques et les protestans : ainsi cette ville là fut une retraite à tous les protestans; ce qui leur vint fort à propos, parce qu'elle est forte d'assiette, et aussi bien située que ville de France.

En ce mesme temps le connestable, par le consentement et l'authorité du Roy, de laquelle il se fortifioit tousjours, fit brûler les maisons hors la ville de Paris, où les protestans faisoient leurs presches et assemblées; chose qui fut très-agreable aux catholiques et principalement au peuple de Paris, qui ne laissa pierre sur pierre. Alors tous les ministres, surveillans, et tous les chefs des protestans, sortirent de la ville : aucuns d'iceux furent tuez par le peuple, ou emprisonnez par la justice, laquelle toutesfois ne leur usa d'aucune rigueur ny punition, aussi n'avoient-ils presché que par l'authorité des edicts. Plusieurs autres ministres protestans, qui n'estoient point ministres de ladicte ville, furent aussi emprisonnez pour estonner les autres, et les reduire par ce moyen à la religion catholique : à laquelle plusieurs s'y reduisirent, ou feignirent vouloir abandonner la protestante, voyans qu'il n'y avoit pas grande seureté aux edicts faits en faveur desdicts protestans. Ce nonobstant, en plusieurs autres endroits de la France, les ministres ne laisserent pas de continuer les presches jusques à ce que la guerre fust declarée et l'edict de janvier revoqué (1); et d'autant que plusieurs seigneurs qui s'estoient monstrez protestans, craignoient qu'estans ecartez les uns des autres, ils ne fussent en danger, non-seulement de perdre l'exercice de leur religion, mais aussi les biens et la vie, cela les fit rallier ensemble en ladicte ville d'Orleans, en laquelle estoit le prince de Condé, et avec luy l'admiral de Chastillon, d'Andelot, le prince Porcian, le comte de La Rochefoucault, le sieur de Piennes, de Soubise, de Mouy, Sainct-Fal, d'Esternay et plusieurs autres, qui firent ledict prince de Condé leur chef: ce que volontiers il accepta, tant pour estre de son naturel ambitieux, et pour avoir moyen de se venger de ses ennemis, qu'aussi pour la crainte qu'il avoit de tomber en leurs mains. Lors il escrivit au connestable qu'il le prioit de cesser de tourmenter les protestans, et faire envers le Roy que les edicts, faits pour eux avec grande cognoissance de cause, fussen entretenus; mais cela ne luy servit de rien.

(1) *Et l'édict de janvier revoqué.* Cet édit cessa d'être exécuté pendant la guerre partout où les catholiques étaient les maîtres, mais il ne fut révoqué par aucun acte public.

Aucuns des plus politiques pensoient que les edicts ne se devoient revoquer, voyant que les protestans avoient un chef prince du sang, sans lequel ils n'eussent pu rien faire, parce que la noblesse et ces seigneurs qui avoient pris ce party n'eussent pas voulu suivre l'Admiral, quoy qu'il fust de grande experience; lequel aussi ne s'y fust pas embarqué s'il n'eust cogneu le prince de Condé d'un tel courage, qu'il fust plustost mort que de fleschir en aucune chose et changer, comme il avoit monstré en prison. Ceux qui avoient traitté de la confederation entre le roy de Navarre, ceux de Guise et le connestable, pensoient que celuy-cy retireroit ses neveux de Chastillon, et le roy de Navarre le prince de Condé son frere, et ne pouvoient croire que les deux freres et l'oncle et les neveux se fissent la guerre; mais entre les autres calamitez que la guerre civile tire après soy, elle porte ce malheur d'armer les peres contre les enfans, et les freres contre les freres, et principalement quand il y va du faict de la religion, et que l'ambition domine la raison; lors il n'y a plus aucun parentage ou alliance qui soit respectée.

Ainsi, les seigneurs et la noblesse protestante conclurent que, puis qu'ils avoient un prince du sang pour leur chef, qui vivroit et mourroit avec eux, il leur falloit mettre le tout à la fortune et au hazard de la guerre, voyans aussi qu'ils avoient l'Admiral, principal officier de la couronne, et digne chef de party, pour les bonnes et grandes qualitez qu'il avoit en luy; et d'autant qu'il avoit quelque apparence de tenir sa religion plus estroitement que nul autre, il tenoit en bride, comme un censeur, les appetits immoderez des jeunes seigneurs et gentilshommes protestans, par une certaine severité qui luy estoit naturelle et bien-seante. Et d'Andelot, son frere, combien qu'il n'eust pas tant d'experience, estoit tenu neantmoins fort vaillant et hazardeux, et avoit beaucoup de creance avec les soldats. Et pour le regard du cardinal de Chastillon leur frere, il avoit esté, dès sa jeunesse, nourry au maniement des grandes affaires, et estoit très-grand courtisan, qui aimoit et faisoit plaisir et caresse à la noblesse. Quant au prince Porcian, il estoit jeune, prompt, volontaire, et toutesfois bien suivy, comme estoient les sieurs de Rohan de Bretagne, de La Rochefoucault, de Genlis, de Montgommery, de Grammont, de Soubise, de Mouy, de Piennes, et plusieurs autres seigneurs, ausquels se rallioient de toutes parts quantité de leurs parens, amis et serviteurs, tant capitaines, soldats, qu'artisans, et plusieurs mesme de la maison du Roy et de la Cour : ce qui accrut tellement le nombre des protestans, qu'ils eurent moyen de faire une armée, mais non pas telle que celle des catholiques, qui avoient le Roy pour eux et la pluspart des villes.

Or, lesdicts protestans pour donner bonne impression de leurs armes, firent dès lors publier une declaration, comme ils avoient esté contraints de les prendre, tant pour le tort que l'on faisoit au Roy, à messeigneurs ses frères, à la Reyne sa mere, qui estoient comme captifs, que parce que l'on avoit empesché à Paris l'execution de l'edict de janvier; et protestoient n'avoir autre but devant les yeux en la confederation qu'ils avoient faite de prendre les armes, et juré inviolablement de mourir tous ensemble, que pour l'honneur de Dieu, la liberté du Roy, de ses freres, de la Reyne sa mere, et pour la conservation des edicts. Et pour tout ce que dessus, ils tenoient le prince de Condé, après le Roy, pour leur chef, et promettoient de luy obeyr et employer leurs vies et leurs biens, sans souffrir aucunes voleries, meurtres, assassinats, saccagemens d'eglises, ny aucunes injures publiques. Cette protestation ainsi faite fut envoyée au Roy par le prince de Condé, avec ses lettres, et à la Reyne sa mere, au roy de Navarre, et au connestable.

CHAPITRE IX.

La Reyne tasche de regagner le prince de Condé. Veritables desseins de cette princesse. Massacre des huguenots à Sens. Guerre resoluë. Livrée des huguenots, leurs raisons de faire la guerre. Declaration du Roy contre leurs pretextes. Revocation de l'edict de janvier. Prise de plusieurs villes par les huguenots. Le prince de Condé defend les excès et sacrileges. Grand estonnement à la Cour de tant de progrez. La Reyne et le parlement de Paris offrent toute satisfaction au prince de Condé. Sa response. Son manifeste envoyé aux princes estrangers. Leurs sentimens des malheurs des troubles de France.

LA Reyne temoignant trouver mauvais que l'on dist que le Roy et elle eussent esté forcez contre leurs volontez d'aller à Paris, et qu'ils fussent comme prisonniers, pour adherer aux particulieres volontez de ceux de Guise, du connestable et du mareschal de Sainct-André, et que l'on publiast que lesdicts sieurs eussent pouvoir de faire faire au roy de Navarre tout ce qui leur plaisoit, escrivit au prince de Condé, par le baron de La Garde (¹), de la bonne affection qu'elle luy avoit tousjours portée, et du regret qu'elle avoit de voir les choses en telle extremité, luy promettant que si à ce coup il se montroit bon serviteur et parent du Roy, elle ne l'oublieroit jamais, ny le devoir qu'il monstreroit à la conservation de l'Estat, et à appaiser les troubles dont il se faisoit chef d'une part, voyant bien que de l'autre le connestable et mareschal de Sainct-André prenoient beaucoup de licence avec ceux de Guise, pour s'animer peut-estre par trop contre les protestans ; en quoy elle n'avoit pas du tout esté cruë desdicts sieurs, qui avoient des passions particulieres, mais que, pour le service du Roy et le bien du royaume, il falloit tout oublier.

Et si l'on avoit dit du duc de Nemours qu'il avoit voulu tirer Henry, duc d'Anjou (²), frere du Roy, de la

---

(¹) *Par le baron de La Garde.* Cette lettre, qui nous a été conservée dans les *Mémoires de Condé*, tome III, page 123, n'est pas tout-à-fait telle que l'annonce Castelnau : elle est curieuse en ce qu'elle donne une idée de la position où se trouvoit alors Catherine de Médicis, et de la politique tortueuse qu'elle avoit adoptée ; la voici : « Mon cousin, « j'ay entendu par le baron de La Garde ce que vous avez dict ; et, « mon cousin, j'en ay esté et suis si asseurée que je ne m'asseure pas « plus de moi-mesme. Je n'oublieray jamais ce que vous ferez pour le « Roy mon fils ; et, pource qu'il s'en retourne pour l'occasion qu'il vous « dira, je ne feray pas longue lettre, et vous prieray seulement de croire « ce qu'il vous dira de la part de celle de qui vous vous pouvez asseurer « comme de vostre propre mere. Vostre bonne cousine, Catherine. »

(²) *Qu'il avoit voulu tirer Henry, duc d'Anjou.* Le duc de Nemours (Jacques de Savoie) avoit fait cette tentative au mois de novembre 1561, avant que le triumvirat fût formé. Ayant séduit mademoiselle de La Garnache, proche parente de la reine de Navarre, et n'ayant pas voulu l'épouser, il craignoit la vengeance d'Antoine de Bourbon. Ce fut, à ce qu'il paroit, cette crainte qui le porta à faire au jeune frere de Charles IX, l'étrange proposition dont parle Castelnau.

Cour pour le faire chef des catholiques, que c'estoit chose qui n'avoit point esté approuvée, encore que Rigneroles, pour lors escuyer dudict duc de Nemours, eust esté prisonnier pour ce sujet, la Reyne n'oubliant aucunes raisons pour persuader au prince de Condé qu'il ne se devoit embarquer legerement au dessein de se faire chef des protestans. En quoy il sembloit à quelques-uns qu'elle voulust favoriser son party; mais il est croyable que, comme sage et prudente princesse, elle recherchoit par tous les moyens qui luy estoient possibles la conservation du Roy, de ses freres, et de l'Estat, craignant sur toutes choses la touche des guerres civiles. En ce mesme temps quelques-uns en la ville de Sens, qui retournoient du presche, par l'insolence du mal qui alloit toujours croissant, furent tuez, et y eut quelques maisons pillées par des soldats et autres gens armez en ladicte ville. De sorte que l'on disoit que le fait de Vassy (1) n'estoit rien au regard de celuy-là de Sens, dont les protestans vouloient imputer la faute au cardinal de Lorraine, qui en estoit pour lors archevesque. Le prince de Condé se plaignoit grandement à la Reyne de cet accident, l'appellant massacre et grande cruauté; à quoy la Reyne se trouvoit bien empeschée de pouvoir satisfaire, et réparer le mal advenu : et lors ledict prince de Condé, entierement resolu de ne se departir de la foy et promesse qu'il avoit donnée aux protestans, de vivre et mourir avec eux, dit qu'il ne falloit plus rien esperer que de

---

(1) *On disoit que le fait de Vassy.* Il est à remarquer que le prince de Condé, dans tous ses manifestes, ne dit pas un mot du tumulte de Sens : il n'en parle que dans une lettre qu'il écrivit à la Reine mere le 19 avril 1562.

Dieu et des armes. Ainsi chacun se resolut et appresta pour la guerre de part et d'autre. Les protestans donc, que nous appellerons cy-après huguenots, du nom que nous avons dit leur avoir esté donné à la conspiration d'Amboise, ayans pris ce nom, le voulurent honorer de tout le courage que les François ayent jamais eu à combattre leurs plus grands ennemis, et firent faire lors des casaques de drap blanc pour toute leur cavalerie, qui estoit une marque fort aisée à cognoistre; aucuns des principaux chefs en avoient de velours, mais bien peu. Et, pour donner plus de couleur aux raisons qu'ils disoient avoir de prendre les armes, faisoient souvent publier et imprimer de petits livrets, par lesquels ils se plaignoient de la susdicte captivité du Roy, et confederations faites contre Sa Majesté, de l'infraction des edicts, des meurtres et massacres, ainsi les appelloient-ils, faits en plusieurs lieux, de la necessité en laquelle ils estoient reduits, et autres semblables protestations pleines de paroles fort aigres et piquantes contre ceux de Guise; montrans par leurs paroles et discours grande affection envers le Roy et la Reyne sa mere, et principalement le prince de Condé, qui ecrivit aussi lors à toutes les eglises des huguenots, afin qu'ils donnassent ordre que leur armée n'eust faute des choses necessaires pour la deffense de la religion.

Mais d'autre part, pour oster l'occasion audict prince et à ses partisans de prendre les armes, le Roy fit publier un nouvel edict (1), declaratif et limitatif de l'edict de janvier, par lequel Sa Majesté vouloit et entendoit que l'edict de janvier fust entretenu par tout le royaume,

---

(1) *Un nouvel edict.* C'est la déclaration du 11 avril 1562, dont nous avons parlé dans la note de la page 169.

excepté seulement en la ville de Paris. Et par autres lettres patentes Sadite Majesté déclara comme les huguenots ne devoient prendre occasion de se rebeller ny prendre les armes, sous couleur que le Roy et la Reyne estoient prisonniers avec ses freres, tant de ceux de Guise que du connestable : faisant ample declaration du contraire, et qu'ils estoient en pleine et entiere liberté pour deffendre l'Estat, avec l'aide de leurs bons sujets et serviteurs, tant ceux qui estoient près de leur personne, qu'autres qui en estoient plus esloignez. Laquelle declaration sembloit monstrer que la confederation faite entre le roy de Navarre, le connestable et le duc de Guise, n'estoit point tant pour le fait de la religion que pour la conservation de l'Estat : c'est pourquoy beaucoup de catholiques qui n'avoient autre but que de maintenir leur religion, et pensoient auparavant que la confederation ne visast que là, commencerent à se refroidir ; ce qui fut cause que l'edict de janvier fut entierement revoqué, afin que tous bons catholiques s'employassent plus volontiers à la conservation du royaume quand ils verroient qu'il seroit question de la religion seulement, pour laquelle chacun prendroit de bon cœur les armes.

Cependant, afin de ne perdre temps, l'on manda la gendarmerie et ceux des ordonnances de se tenir prests pour le quinziesme du mois de may ; et se delivra plusieurs commissions pour lever des gens de pied, et furent faits nouveaux capitaines de tous âges et qualitez ; ce que voyans les huguenots, commencerent à s'emparer des villes de Blois, Poictiers, Tours, Angers, Baugency, Chaalon-sur-Saosne, Mascon, La Rochelle, Rouen, Ponteau-de-Mer, Dieppe, le Havre-de-Grace,

Bourges, Montauban, Castres, Montpellier, Nismes, Castelnaudary, Pezenas, Beziers, Agen, la forteresse de Maguelone, Aiguesmortes, le pays de Vivarès, les Sevenes, Orange, Pierre-Latte, Mornas et presque de tout le comté Venaissin autour d'Avignon, Lyon, Grenoble, Montelimar, Romans, Vienne, Cisteron, Gap, Tournon et Valence, où La Mothe-Gondrin (1), gouverneur, fut tué par les huguenots, qui s'emparerent de plusieurs autres villes, places fortes et chasteaux, comme ils les purent surprendre par diverses inventions et stratagemes, où ils spolierent toutes les eglises et rompirent les images, et les jetterent par terre avec grande animosité.

Dequoy le prince de Condé temoigna estre fort fasché, d'autant que cela contrevenoit à la protestation qu'il avoit faite et ses partisans avec luy, et que c'estoit une occasion aux catholiques de grand mescontentement, qui les encourageoit à prendre les armes ouvertement et avec plus de passion. Qui fut cause qu'il fit publier en toutes les villes que l'edict de janvier y fust entierement gardé; mais les courages estoient tellement animez, qu'ils avoient lasché la bride à toute sorte de desordre et de licence, sans aucune conduicte ny raison.

Or la prise de tant de villes, où les huguenots commandoient à discretion, estonna fort la Cour et les catholiques, voyans que c'estoit chose très-difficile de les en chasser sans faire de grandes despenses pour y mener des armées et respandre beaucoup de sang, avec

(1) *Où la Mothe-Gondrin.* Blaise de Pardaillan, seigneur de la Mothe-Gondrin. Le chef protestant contre lequel il avoit eu à lutter, étoit le fameux baron des Adrets, qui s'étoit emparé du gouvernement du Dauphiné, et qui souilla ses victoires par les plus monstrueuses cruautés.

la ruine evidente du royaume, comme s'il eust fallu de nouveau reconquester telles places par le moyen desquelles ils tenoient en subjection les catholiques, et les desarmoient, encore qu'ils fussent en beaucoup plus grand nombre que les huguenots.

Cela occasionna la Reyne, par meur et prudent conseil, mesmement du chancelier de L'Hospital et des confederez, craignant que le Roy ne se trouvast à la fin depouillé de son Estat, estant toutes choses reduites à l'extremité de la guerre civile, d'escrire au prince de Condé pour le prier de venir à la Cour, où elle esperoit que toutes choses se pacifieroient à son contentement et pour le bien du royaume. La cour de parlement de Paris luy escrivit (1) semblablement, luy faisant

---

(1) *La cour de parlement de Paris lui escrivit.* Cette lettre peut passer pour un modèle de sagesse et de modération. Le prince de Condé se plaignoit de ce que le Roi et sa mère étoient prisonniers des Guise, et de ce que les édits de juillet et de janvier n'avoient pas été exécutés. Le parlement réfute victorieusement ces deux griefs. « Le
« principal point de vos plaintes, dit-il, est qu'on vous a rapporté que
« le Roy et la Reyne sont en captivité. Nous vous supplions n'adjouster
« plus foy à tels mauvais rapports, qui, tant plus seront publiés, moins
« seront creus, puisque, non seulement les subjets du Roy, mais tous
« ses voisins sçavent que le roy de Navarre, vostre frere aisné, tant
« vertueux et sage, qu'il a tant par évidence monstré l'amour et obéis-
« sance qu'il porte aux magistrats et à la conservation du royaume,
« est avec eux, et ne permettroit pas qu'il leur fust faict tort, tant
« petit qu'il fust, estant oncle et lieutenant general, représentant la
« personne dudict seigneur, et a le moyen d'y résister, quiconque fust
« si osé de l'entreprendre ; et que monseigneur le cardinal de Bourbon,
« vostre autre frere, l'accompagne, très prudent, et non moins affec-
« tionné à la couronne que vous. Ils sont très-contens du gouverne-
« ment, vous desirent unis avec eux et les autres princes et seigneurs
« dudict conseil : ce doit vous estre une preuve certaine de la malice
« desdicts rapports; lesquels, si la magnanimité et fidélité desdicts roy
« de Navarre et mondict seigneur le cardinal de Bourbon, n'estoient

response aux lettres qu'il leur avoit envoyées, et le certifiant qu'ils avoient donné arrest de son innocence pour le desir qu'ils avoient de luy faire service et le voir bien content auprès du Roy ; et que pour le regard de l'edict de janvier, il n'estoit que provisionnel, pour appaiser les troubles, et jusques à ce que l'on vist que les affaires s'en porteroient mieux, ce qui n'estoit point advenu. Quant au fait de Vassy, ils avoient commission du Roy pour en informer et faire la justice, comme ils esperoient faire; si bien qu'il auroit occasion de s'en contenter. Et la conclusion estoit pour l'exhorter à se remettre avec le Roy, duquel il estoit si proche parent.

Mais telles remonstrances n'eurent pas beaucoup de

« connues, les offenseroient. » Le parlement refute ensuite les allégations relatives à la non exécution des traités. « L'edict de juillet,
« continue-t-il, arresté en très-grande et honorable assemblée, où vous
« estiez, a aussitost esté rompu que publié; celuy de janvier a depuis
« esté faict. Craignant qu'au lieu de repos il apportast de plus grands
« troubles, nous fismes quelque temps les difficiles à le passer : nos re-
« monstrances manifestent nos intentions et motifs. Après, sur l'assu-
« rance qu'on nous donna de la tranquillité publique, nous le pu-
« bliasmes, et ne l'eussions autrement faict. La fin dudict edict n'a esté
« pour innover la religion et le royaume, ains, comme dict est, pour
« appaiser les subjets et les faire vivre en paix. S'il y a eu désobéissance
« au dernier, comme il y a eu au premier, la conservation ou change-
« ment des loix du Roy lui appartient, non aux subjets de leur autho-
« rité, et par armes. Et que nous ne pouvons vous dissimuler, nostre
« très-honoré seigneur, ayant leu en vostre dicte declaration, que vous
« exposerez vostre vie et celle de cinquante mille hommes de pareille
« volonté à vous. S'il vous plaist, ferez profit de nostre remonstrance,
« et regarderez que l'honneur que vous avez d'estre du sang et maison
« du Roy, vous oblige plus que tous ceux qui ne sont pas de ce sang,
« à conserver la couronne en estat. Si, par vostre faute, le royaume
« est troublé, la coulpe et blasme en seront plus grands. Escript à
« Paris en parlement, le vingt et uniesme jour d'avril 1562. Les gens
« tenant le parlement du Roy, bien vostres. Signé DU TILLET. »

vertu envers luy, d'autant qu'il estimoit que le parlement estoit du tout passionné contre les huguenots; ce qui les affoiblissoit fort, attendu aussi que tous les autres parlemens, baillifs, seneschaux et autres juges et magistrats, suivoient entierement ce qui leur estoit enjoint et mandé par ladite cour de parlement de Paris. Pour response, le prince fit derechef une declaration (1), qui fut publiée, pleine de protestations et doleances telles et plus grandes que les precedentes. Neantmoins il offroit de se retirer en sa maison, pourvu que ceux de Guise, le connestable et mareschal de Sainct-André se retirassent aussi de la Cour, laissans les armes et le Roy, la Reyne et messeigneurs ses freres en liberté, cependant qu'il garderoit à Sa Majesté les villes saisies par les huguenots.

Il escrivit aussi à l'empereur Ferdinand, au duc de Savoye et au comte Palatin, afin qu'il leur plust s'interposer en ceste affaire comme bons amis et alliez de la maison de France, et induire les uns et les autres à

(1) *Fit de rechef une declaration.* Les protestans publièrent en même temps, au nom du prince de Condé, une épître en vers, où le prince reproche à la Reine mère de lui avoir ordonné de prendre les armes. Dans cette pièce, la règle des rimes masculines et féminines n'est pas observée. En voici deux passages.

    J'appelle maintenant, non seulement les hommes,
    Mais le ciel et la terre à témoins que nous sommes
    Par trop mal recogneus, et nostre honneur trahy,
    Pour vous avoir en tout promptement obey.
    . . . .
    Avez-vous oublié de m'avoir faict armer,
    Et m'avoir commandé de ne me désarmer
    Tant que vos ennemis auroient l'espée au poing?
    Combien de fois loué avez-vous le grand soing
    Que vous voyez en moy, et la sollicitude
    Pour vos enfans et vous garder de servitude,
    Les Estats maintenir, et leur authorité,
    Cependant que le Roy est en minorité?

quelque bonne union, ou du moins pour se justifier envers eux de la necessité où il disoit que luy et tous les huguenots de France estoient reduicts.

Mais il estoit mal aisé d'esteindre un feu qui estoit trop allumé entre ceux d'un mesme sang et d'une mesme patrie, où chacun vouloit mettre le bon droict de son costé; et aussi que ces princes estrangers, entr'autres ceux de la maison d'Austriche, ne demandoient pas mieux que de voir ce grand estat de France, si fort et si puissant, se ruiner par ses propres mains. Le duc de Savoye sentoit aussi encore le dommage qu'il avoit eu par la France, où il eust plustost attisé le feu que de l'estouffer, sçachant bien qu'elle auroit plus de perte en un an par les guerres civiles, qu'en vingt contre ses voisins, qui en estoient plus forts et plus asseurez. Car il est certain que la ruine et perdition d'un Estat est la conservation et accroissement des autres; et nul ne perd en ce monde icy, que l'autre ne gagne, et de la corruption de beaucoup de choses se fait la generation. Il est vray que le comte Palatin, que j'ay de ce temps-là cogneu fort passionné pour les huguenots, avoit quelque volonté, s'il eust pu, de moyenner un accord, mais en faveur desdicts huguenots, encore qu'il fust pensionnaire de la maison de France, de laquelle il avoit reçu et les siens de grandes faveurs. Mais il estoit d'autre part suspect aux catholiques, car il avoit abandonné la religion lutherienne, receue par l'interim d'Allemagne, pour prendre la calviniste, dont il se rendoit fort partisan en toutes choses.

CHAPITRE X.

Nouvelles offres des huguenots. Ceux de Guyse engagez par le Pape et les catholiques contre les huguenots. Reproche des huguenots au cardinal de Lorraine. Division entre les calvinistes et les lutheriens. Entreprise des huguenots sur Thoulouse. Ils s'emparent de Montauban. Synode tenu par les huguenots à Orleans. L'armée du Roy marche vers Orleans. La Reyne mere tasche en vain de terminer les affaires par conference. Offres envoyées au prince de Condé avec les ordres du Roy. Sa response. Profanations et sacrileges commis par les huguenots.

Donc les huguenots de France, se sentans forts de tant de villes et forteresses qu'ils avoient prises, estimerent qu'il seroit aisé de se defendre, ou au moins se pourroient maintenir, combien que le prince de Condé offrist tousjours de se retirer en sa maison, pourveu que ceux de Guise, le connestable et mareschal de Sainct-André fissent le semblable, ce qu'ils offrirent aussi au Roy de faire par plusieurs fois, pourveu que l'edict de janvier fust revoqué (1), et que nul ne demeurast avec les armes, sinon du vouloir et consentement de Sa Majesté et du roy de Navarre.

La Reyne, mere du Roy, leur fit response que le Roy ny elle ne commanderoient pas à ceux de Guise de se retirer : aussi n'en avoient-ils pas grande volonté, tant pour maintenir leur credit et puissance, que pour estre sommez et interpellez, par le nonce du Pape et tous les

---

(1) *Fust revoqué.* Il paroitroit devoir y avoir *ne fust revoqué.*

catholiques, de maintenir la foy et vraye religion contre les huguenots, et essayer de les exterminer avant qu'ils fussent plus forts.

Si-tost que les huguenots eurent copie de la requeste, ils firent publier leur reponse toute pleine de protestations, comme ils avoient fait auparavant, avec belles parolles, toutesfois piquantes, contre le cardinal de Lorraine, disant qu'il contrevenoit à la promesse qu'il avoit faite un an auparavant à un prince de l'Empire, auquel il avoit dict qu'il trouvoit toutes bonnes choses et salutaires en la confession d'Ausbourg, et conformes à la religion catholique, offrans tousjours de garder au Roy les villes occupées par eux, qui se monstreroient en toutes choses bons et fideles sujets. De sorte que chacun se vouloit couvrir et aider du manteau royal.

Aucuns disoient que les propos que le cardinal de Lorraine avoit tenus à ce prince de l'Empire touchant la confession d'Ausbourg, estoit un subtil moyen qu'il vouloit inventer pour diviser les lutheriens d'avec les calvinistes de France, et les mettre en querelle les uns contre les autres : aussi estoient-ils en grande dispute, laquelle n'est pas encore vuidée. Et s'ils eussent esté bien unis et leurs forces conjointes, ils eussent bien donné des affaires aux catholiques; mais ils ont tousjours esté si contraires, qu'au mois de may 1562 les protestans de la confession d'Ausbourg se jetterent sur les François qui avoient leurs ministres et leurs presches à part en la ville de Francfort; et n'y eut moyen d'appaiser la sedition, qu'au prealable les magistrats et la plus grande partie des bourgeois, qui tenoient la confession d'Ausbourg, n'eussent chassé les calvinistes.

En ce temps, les huguenots de Thoulouse, se voyans trop foibles pour se saisir de la ville comme ils avoient deliberé, et, craignans d'estre mal-traictez des catholiques, trouverent moyen d'attirer ès environs d'icelle quelques soldats des monts Pirenées, qui se disoient bandolliers, lesquels, avec l'intelligence qu'ils avoient des huguenots, entrerent en la ville et la surprirent; puis ils se saisirent de la maison de ville, où estoient les poudres et artillerie, et tinrent en leur puissance une grande partie de ladicte ville; mais, n'ayans pu se rendre tout à fait maistres d'icelle ny du chasteau, les catholiques prirent courage, s'assemblerent, vinrent aux armes, et combattirent trois ou quatre jours contre les huguenots, où plusieurs furent tuez de part et d'autre, et quelques maisons brûlées. Et les huguenots, estans advertis que Montluc approchoit avec une armée, se retirerent la nuict du jeudy devant la Pentecoste, et de là surprirent et gagnerent la ville de Montauban, laquelle ils ont depuis tousjours tenue. Ceux qui demeurerent en la ville de Thoulouse furent mal-traictez, car ils furent tous tuez, pendus ou prisonniers.

Enfin les huguenots, animez et bien resolus, se voyans hors d'esperance de paix, firent assembler leur synode general en la ville d'Orleans, où il fut deliberé des moyens de faire une armée, d'amasser de l'argent, lever des gens de tous costez, et enrooller tous ceux qui pourroient porter les armes. Puis ils firent publier jeusnes et prieres solemnelles par toutes leurs eglises, pour eviter les dangers et persecutions qui se presentoient contr'eux.

Lors la Reyne mere, craignant que la personne du Roy et de ses autres enfans fussent en danger, ou que ceux qui estoient auprès du Roy se retirassent en leurs maisons, comme ils en avoient fait courir le bruit, disans que Sa Majesté favorisoit les huguenots, et empeschoit tant qu'elle pouvoit que l'on leur fist la guerre, se resolut de laisser partir l'armée qui estoit toute ès environs de Paris, en laquelle il y avoit plusieurs compagnies nouvelles de gens de pied, et la cavalerie pouvoit estre de dix-huit cens ou deux mille chevaux, avec une grande troupe de seigneurs et gentilshommes volontaires en fort bon equipage. Et ainsi l'armée du Roy s'achemina bien gaillarde, et conduite par de bons chefs, et commença à marcher en bataille aussitost qu'elle fut à cinq ou six lieues de Paris, pour tirer vers Orleans.

Les huguenots d'autre costé, qui estoient en cette ville avec le prince de Condé leur chef, pourvoyoient à leurs affaires le mieux qu'ils pouvoient, chacun d'une part et d'autre, monstrant beaucoup de resolution. L'on ne parloit que de donner la bataille : le prince de Condé, qui a tousjours eu plus de courage que de force, se prepare de sortir d'Orleans et se mettre en campagne. La Beauce se trouve avec deux armées pour luy aider à faire la recolte.

La Reyne, mere du Roy, voyant les armes au milieu du royaume, qui n'en promettoient que l'entiere desolation, cherche le moyen de parler au prince de Condé, present le roy de Navarre; ce qu'elle fit au commencement du mois de juin, en un village près de Talsy, où se pensa donner la bataille; et après plusieurs conferences sur le bien de la paix et le repos du royaume, et pour faire poser les armes de part et d'autre, la conclusion du prince de Condé fut que l'edict de janvier seroit gardé inviolablement, sans exception ny limitation, et que ceux de Guise se retireroient en leur maison, comme il offroit de faire de sa part, ce que la Reyne eust bien voulu pour eviter à plus grand inconvenient. Mais pour lors le conseil et toute l'authorité ne gisoit qu'aux armes : et ce qui en estoit le pis, ceux qui les avoient en main, de part et d'autre, n'avoient pas grande volonté de les quitter; aussi le roy de Navarre, par le conseil de ceux de Guise, ne voulut accorder ny l'un ny l'autre de ces poincts. Tellement que cette entrevue ne servit d'autre chose que d'aigrir davantage les affaires.

Chacun s'estant retiré, et les armées estans près l'une de l'autre, Villars fut envoyé de la part du Roy au prince de Condé, auquel il porta commandement de poser les armes et luy rendre les villes que luy et ses partisans tenoient ; et ce faisant, le duc de Guise et ses freres, le connestable et le mareschal de Sainct André, se retireroient en leurs maisons; et que l'edict de juillet seroit maintenu de poinct en poinct, et seroit pardonné aux huguenots d'avoir pris les armes contre le Roy.

Le prince de Condé fit response qu'il estoit prest de ce faire, pourvu que l'on restablist les choses en l'estat qu'elles estoient auparavant la venue de ceux de Guise à la Cour, et que l'edict de janvier fust observé, et le cardinal de Ferrare, que les huguenots disoient entretenir les divisions, et les autres confederez se retirassent, sauf le roy de Navarre; que la Reyne, mere du Roy, et ledict roy de Navarre eussent le gouvernement libre avec ceux de leur conseil, et qu'il plust au Roy de publier et assembler un concile national, au-

quel il estoit prest d'assister, s'il plaisoit à Sa Majesté;
mais, pour le regard du pardon d'avoir pris les armes,
il disoit n'en estre point de besoin, voulant soustenir
que c'estoit pour le service du Roy, comme aussi les
villes qu'ils tenoient n'estoient que sous son obeissance;
offrant de les quitter et faire retirer les huguenots,
moyennant les conditions cy-dessus proposées, lesquelles il remettoit, comme il avoit desjà mandé, au
jugement de l'Empereur, des princes de l'Empire, du
roy d'Espagne, des reynes d'Angleterre et d'Escosse,
des seigneurs et cantons des Suisses, et de la republique de Venise. Et pour mieux justifier sa cause, il disoit aussi que s'il estoit question de revoquer l'edict de
janvier, il y falloit proceder par les voyes ordinaires et
avec meure deliberation, vu qu'il estoit question de la
religion, qui est la chose du monde en tous Estats la
plus importante; et, sans entrer au merite de la religion, il n'y avoit aucune apparence, avant que l'edict
fust revoqué, de tuer, massacrer et emprisonner les
huguenots et faire piller leurs maisons, comme l'on
avoit fait ès villes de Vassy, Sens et Paris, ès unes par
commandement du duc de Guise, ès autres du connestable; veu mesmement que l'on ne trouvoit poinct,
ny ne mettoit-on en fait, qu'ils eussent en aucune chose
contrevenu à l'edict : nonobstant toutes ces choses, il
persistoit en ses offres et conditions.

Mais tout cela n'estoit que belles paroles sans venir
aux effets, car, se defians entierement les uns des autres,
nul ne se fust voulu desarmer le premier; ainsi Jules-
Cesar, qui avoit le gouvernement des Gaules et avoit
une grande armée, ecrivoit au Senat qu'il estoit prest
de laisser les armes, pourvu que *Pompeius* les laissast

aussi, et vinssent tous deux comme personnes privées à pourchasser la recompense de leurs services. Un autre ancien capitaine romain disoit que la guerre estoit juste à ceux auxquels elle estoit necessaire ; les huguenots disoient la mesme chose.

Le roy de Navarre et les confederez, que l'on appelloit l'armée du Roy, après toutes ces entrevues et pourparlers, conseillerent de faire sortir des villes tous les huguenots, et leur faire commandement d'en vuider. D'autre part, les huguenots, qui tenoient beaucoup de villes, prirent toutes les reliques des eglises et ce qu'ils purent trouver èsdites villes et ès villages où ils estoient les plus forts, et en firent battre de la monnoye au coin du Roy, disans que c'estoit pour le service de Sa Majesté. De là commencerent toutes sortes de sacrileges, voleries, assassinats, parricides, paillardises, incestes, avec une licence debordée de mal faire de part et d'autre. Il y eut quelques villes qui racheterent leurs reliques des huguenots, lesquels faisoient aussi fondre les cloches pour faire de l'artillerie : aucuns d'eux ne se proposoient pas moins que de marcher droit à Paris, et pressoient fort de donner la bataille; mais l'Admiral ne vouloit en façon du monde hazarder ce peu de gens qu'il avoit; qui fut cause qu'il se mit seulement sur la deffensive.

CHAPITRE XI.

La Reyne pratique une nouvelle conference à Beaugency. Proposition du prince de Condé. Justification des seigneurs de son parti. Le prince insiste pour le maintien de l'edict de janvier. Rupture de la conference. Lettre au roy de Navarre interceptée. La Reyne suspecte aux huguenots. L'Admiral ne veut hazarder la bataille. Blois assiegé et pris par l'armée du Roy. Tours rendu au Roy. Beaugency repris par le prince. Bourges reduict à l'obeissance. Angers repris sur les huguenots. Poictiers pris par le mareschal de Sainct André, et pillé.

Lors la Reyne, mere du Roy, chercha de nouveau de parlementer avec le prince de Condé, et le roy de Navarre lui écrivit plus gracieusement qu'il n'avoit de coustume. Et pour l'induire plus facilement à s'aboucher eux deux, ledict roy de Navarre fit un roole de ceux qu'il meneroit avec lui, qui estoient tous gentilshommes et ses plus favoris, comme fit le prince de Condé, desquels après estre convenus, le lieu fut ordonné à Beaugency, que le prince de Condé bailla pour cet effet audict Roy, à la charge de le lui rendre si la paix ne se pouvoit conclure : et lors ils firent une treve de huit jours.

En ce second abouchement, le prince de Condé demanda derechef que le cardinal de Ferrare, legat du Pape, et les confederez, se retirassent, horsmis le roy de Navarre, et promit de demeurer entre les mains de la Reyne, mere du Roy, et dudict roy de Navarre, pour ostage de ce qui seroit promis par les huguenots, qui offriroient de faire toutes choses pour le bien de la paix, leurs consciences sauves. Lors se trouverent avec le prince de Condé l'Admiral, le prince Porcian, d'Andelot, La Rochefoucauld, Rohan, Genlis et Grammont, lesquels firent la reverence à la Reyne mere, qui les reçut fort gracieusement, et entendit bien volontiers toutes leurs raisons, par lesquelles ils remonstroient leur innocence et l'equité de la cause qui les avoit induits de prendre les armes, dont les principales occasions estoient l'infraction des edicts et les massacres de ceux qui alloient au presche suivant l'edict de janvier.

La Reyne leur fit pleinement response qu'il estoit impossible d'entretenir deux religions en France; et d'autant que les catholiques estoient beaucoup les plus forts, il ne falloit pas esperer que l'edict de janvier pust demeurer en vigueur. Le prince de Condé et les seigneurs qui estoient avec luy contesterent fort sur cela, offrans de se bannir plustost du royaume pourvu que l'edict fust gardé; ce qu'ils disoient pour bailler plus de force et de justice à leurs causes et raisons de prendre les armes. Et lors la Reyne mere du Roy, pour essayer toute sorte de remedes à un danger si proche et si grand, accepta aussi-tost leurs offres, ce qui les estonna fort, car ils ne pensoient pas que Sa Majesté leur portast si peu d'affection, qu'elle pust voir le prince de Condé et tant de noblesse bannie de France. Lors ils repondirent que c'estoit la pratique et le dessein des confederez, à quoy neantmoins ils n'avoient donné conseil ni opinion, car ils ne pensoient pas que les huguenots dussent faire telles offres; mais le seul but de la Reyne estoit de voir le royaume paisible, et le Roy maistre en quelque sorte que ce fust: occasion pourquoy Sa Majesté promettoit au prince et à ses partisans toutes les seuretez qu'ils voudroient demander, leur remonstrant aussi qu'ils n'auroient ny les forces, ny les moyens de resister aux catholiques.

Or, après plusieurs disputes et raisons deduites de part et d'autre, sans pouvoir rien conclure pour le bien de la paix, le prince de Condé avec sa compagnie se departit de ses offres. Neantmoins il fut sommé par la Reyne mere de se souvenir de ses promesses pour le bien du Roy et du royaume, à laquelle pour response il fit des excuses que l'on luy avoit envoyé des lettres interceptées, ecrites par les confederez du cardinal de Lorraine, par lesquelles l'on luy mandoit que la Reyne mere et le roy de Navarre n'avoient autre desir que d'abolir et exterminer la religion des huguenots, et que les forces du Roy estoient assez grandes pour ce faire, davantage qu'ils estoient fort odieux.

L'on apporta en mesme temps un petit mot intercepté audict prince de Condé, que l'on ecrivoit au roy de Navarre, par lequel les confederez l'advertissoient que sur-tout il ne fust point parlé de l'edict de janvier, mais que l'on parlast de rendre les villes usurpées par les huguenots, et que s'il vouloit faire un acte digne de luy, il fist retenir le prince de Condé son frere. Soit que la lettre fust veritable ou supposée, cela fit perdre toute esperance d'accord, et dès-lors les huguenots se defierent grandement de la Reyne, disant qu'elle estoit du tout partiale, et gagnée par la maison de Guyse: par ce moyen le prince de Condé et les associez demanderent de se retirer en leur camp, comme ils firent. Quoy voyant, l'armée du Roy resolut de ne perdre plus de temps, ains de combattre, ou avancer quelque chose.

L'Admiral, entendant cette deliberation des catholiques, ne fut pas d'avis que l'on hasardast ce peu de gens qu'ils avoient, veu qu'ils esperoient plus grandes forces, et que par ruses et stratagemes, en temporisant, ils renvoiroient l'armée du Roy sans faire aucun effect: laquelle, voyant que l'armée huguenotte ne vouloit en façon quelconque venir au combat, alla mettre le siege devant la ville de Blois, qui fit mine de se vouloir deffendre; mais estant l'artillerie pointée sur le bord du fossé, en deux volées de canon fit breche au portail et dedans la courtine, dont les assiegez et habitans de ladicte ville furent si estonnez, qu'en moins de trois heures ils leverent la main pour parlementer. Le sieur Dalluye, secretaire d'Estat, et moy, allasmes pour traicter de la composition; mais les pauvres habitans, estonnez et esperdus, ne sçavoient sinon demander misericorde avec telle condition que l'on voudroit, parce que quelques huguenots, qui avoient tenu la ville, incontinent qu'ils ouirent tirer l'artillerie, s'enfuirent, tant par la porte de Vienne que du long de la levée: et presque aussi-tost entrerent par la bresche de la courtine le roy de Navarre, le duc de Guise, le grand prieur et quelques gentilshommes, pour garder que la ville ne fust pillée et saccagée.

Mais comme les choses estoient desjà en grande alteration, et ces noms de huguenots et papistes portoient avec eux un mepris et une haine si grande, qu'ils se traictoient comme mortels ennemis, les soldats estans entrez de tous costez en la ville, chacun en print où il put; quelque ordre et commandement que l'on eust sceu faire; et qui ne trouvoit à piller et à prendre y vivoit à discretion.

Incontinent après, la ville de Tours, qui n'avoit pas des garnisons suffisantes, et n'estoit pas meilleure que Blois, s'estonna; et ceux qui estoient dedans pour les huguenots, n'avoient pas moins de crainte des catholiques qui estoient en la ville, que de l'armée du Roy. Qui fut cause qu'ils envoyerent vers le roy de Navarre, pour dire que volontiers ils se rendroient à composition, ce qui fut accepté. Alors fut depesché le sieur de Beauvais Nangy, pour aller faire la composition, et avec luy quelques gens de pied et deux cens chevaux. Cette ville fut bien aise de se remettre en l'obeissance du Roy, où les habitans tuerent et noyerent quelques huguenots, pour les outrages qu'ils en avoient receus, et le regret qu'ils avoient d'avoir veu ruiner leurs eglises. Le prince de Condé, pour revanche, reprit la ville de Beaugency, où la pluspart des soldats que le roi de Navarre y avoit laissez en garnison furent tuez.

L'armée du Roy, qui se fortifioit cependant de tous endroicts, alla remettre le camp auquel j'estois devant la ville de Bourges, en laquelle commandoit Yvoy avec nombre de gens de guerre, lequel endura la batterie et les approches; et enfin fut contraint de parlementer et rendre la ville par composition, laquelle luy fut gardée et tout ce qui avoit esté promis aux assiegez, dont la pluspart se mirent en l'armée du Roy, et mesmement ledict sieur d'Yvoy; les autres s'en allerent en la ville d'Orleans.

Quant à la ville d'Angers, ceux qui l'avoient prise s'estoient retirez à Orleans pour se joindre à l'armée du prince, et y avoient seulement laissé bien peu de soldats avec les huguenots du pays, qui avoient promis de garder la ville; mais ils ne tenoient pas le chasteau, qui est l'un des meilleurs et plus forts de la France, et qui commande entierement à ladicte ville. Le duc de Montpensier, qui estoit pour lors dans Chinon, envoya querir le capitaine dudict chasteau, et trois ou quatre des principaux habitans de la ville, le plus secrettement qu'il put, où ils adviserent du jour pour envoyer des forces, qui furent conduites et commandées par Puigaillard, lequel entra de nuit audict chasteau, et de là en la ville, un matin que tous les catholiques avoient le mot du guet de se mettre en liberté; où ils userent tant de dexterité et diligence, qu'ils reprirent leur ville et y tuerent plusieurs huguenots; autres y furent executez par justice, et leurs maisons abandonnées à la mercy des soldats et habitans catholiques.

En mesme temps le mareschal de Sainct André prit la ville de Poictiers, en laquelle il entra par le chasteau, et y fut tué plus de huguenots qu'en aucune des autres, parce qu'ils estoient là en grand nombre; toutesfois il s'en sauva beaucoup. Et la ville fut saccagée, où les catholiques n'eurent guere meilleur marché que les huguenots; car plusieurs filles et femmes y furent traictées à la discretion des soldats, sans grande exception d'aage ny de religion. La ville de Poictiers avoit esté prise par quelques Gascons et bandoliers, seulement trois mois auparavant,, par le moyen des huguenots habitans d'icelle; où ils avoient vescu à discretion sur les catholiques, saccageans et ruinans toutes les eglises.

CHAPITRE XII.

Guerre contre les huguenots en Normandie. Le sieur de Castelnau Mauvissiere employé pour le service du Roy au sujet de cette guerre. Le parlement de Rouen retiré à Louviers. Le duc d'Aumale fait lieutenant general en Normandie, par soupçon qu'on eut du duc de Bouillon qui en estoit gouverneur. Siege de Rouen. Le sieur de Castelnau Mauvissiere continué en plusieurs emplois. Le duc de Bouillon le fait surprendre en une embuscade par les huguenots qui le menent au Havre. Diverses intelligences par luy pratiquées durant sa prison. On luy permet d'aller en Cour. Le Havre livré aux Anglois par les huguenots. Les Anglois en mettent les François dehors. Le sieur de Castelnau Mauvissiere fait un second voyage à la Cour sur sa foy, et se charge des complimens du comte de Warwick pour le Roy. Son retour au Havre. Levées faites en Allemagne par le sieur d'Andelot.

LE grand prieur de France, qui estoit allé voir madame de Nevers (1), comtesse de Sainct Paul, à present vefve du feu duc de Longueville, et le sieur de Matignon, lieutenant du Roy en la basse Normandie, en ce temps se joignirent ensemble pour s'opposer aux desseins du comte de Montgommery, qui tenoit la campagne en ce pays-là, et se retirerent en la ville de Cherbourg, d'où ils firent sçavoir au Roy que, s'il luy plaisoit

(1) *Madame de Nevers*. Marie de Bourbon fut mariée d'abord à Jean de Bourbon, comte d'Enghien, puis à François de Clèves, duc de Nevers, dont elle étoit veuve en 1562. Elle épousa ensuite Léonor d'Orléans, duc de Longueville, qui mourut en 1573.

de m'envoyer vers le duc d'Estampes (1), gouverneur de Bretagne, et de Martigues, son neveu, pour leur commander d'amener leurs forces de gens de pied et de cheval, attendu que la Bretagne estoit la province de France moins travaillée des huguenots, et joindre celles qu'y pourroit amasser le sieur de Matignon avec les leurs, ce seroit le moyen de defaire le comte de Montgommery, qui tenoit la basse Normandie en subjection, et se preparoit pour aller à Rouen, et de reprendre les villes que les huguenots y avoient tenues.

Donc incontinent après la composition de Bourges, le Roy me depescha pour aller trouver lesdits duc d'Estampes et de Martigues, avec grande priere et commandement, veu que les affaires n'estoient pas grandes en Bretagne, d'amener leurs forces comme il avoit esté advisé; ce qu'ils offrirent fort volontiers de faire, et tout ce qui leur seroit commandé pour le service du Roy. Et aussi-tost s'acheminerent par la basse Normandie, où le grand prieur, qui estoit de la maison de Guise, lequel avoit laissé ses amours pour reprendre les armes, et Matignon qui avoit les forces dudict pays, s'assemblerent avec eux; de sorte qu'estans les plus forts, ils hasterent le comte de Montgommery de s'aller jetter dedans Rouen, parce que les huguenots, lesquels y commandoient à discretion, craignoient le siege devant cette ville, comme celle qui leur importoit entierement et qui incommodoit beaucoup la ville de Paris, à l'occasion du grand trafic et commerce qui est entr'elles : comme aussi la pluspart des nations de l'Europe ont de grandes correspondances en ladite ville

---

(1) *Le duc d'Estampes.* Jean de Brosse, époux de la fameuse duchesse d'Etampes, maitresse de François I.

de Rouen, l'une des plus riches et plus marchandes de toute la France.

Ceux du parlement s'estoient retirez à Louviers, où ils tenoient leur séance ; mais leurs plus grandes occupations estoient à condamner les huguenots, confisquer leurs biens et les faire mourir, quand ils les pouvoient attraper, comme rebelles. De sorte que ceux dudict parlement et ceux qui tenoient la ville, faisoient du pis qu'ils pouvoient, avec grande animosité les uns contre les autres.

Le duc d'Aumale fut fait lieutenant-general en toute la Normandie, à l'occasion que le duc de Bouillon (1), pour lors jeune seigneur et gouverneur de ladicte province, favorisoit le party des huguenots en tout ce qu'il pouvoit, combien qu'il temoignast vouloir tenir un certain milieu pour estre estimé politique, de ne se mesler ny d'une part ny d'autre. Mais, en matiere de guerres civiles, il faut tenir un party asseuré; car de toutes sortes de nations, du temps mesme des Romains, ceux-là ont esté meprisez qui en ont usé autrement, et par la neutralité on ne se defait de ses ennemis et n'acquiert-on point d'amis.

Or le duc d'Aumale, ayant eu le commandement d'assieger la ville de Rouen, commença par le fort Sainte-Catherine qu'il ne put prendre; il demeura neantmoins avec ses troupes pour tenir la ville en subjection, attendant qu'il eust plus de gens de guerre, ou

---

(1) *Le duc de Bouillon.* Henri Robert de La Marck : il avoit épousé une princesse de la maison de Bourbon; il mourut en 1574. Henri IV maria, en 1591, sa fille unique, Charlotte de La Marck, à Henri de La Tour d'Auvergne, l'un de ses généraux, qui prit le titre de duc de Bouillon. C'est celui dont nous publierons les mémoires.

que le camp du Roy tournast de ce costé-là. Je fus aussi envoyé devers luy, pour sçavoir quelles forces il demanderoit; puis j'allai vers le parlement, pour leur dire qu'ils ne fussent pas si violens à faire mourir les huguenots qui tomboient en leurs mains. Et de là ayant passé à Caën où estoit le duc de Boüillon, pour aller encore trouver le duc d'Estampes, de Martigues, le grand prieur et Matignon, pour leur commander, de la part du Roy, de donner bon ordre aux affaires de la Normandie, et, s'il estoit possible, d'empescher les Anglois d'entrer au Havre de Grace et à Dieppe, et autres villes qui leur estoient promises en cette province, je demeuray une nuit à Caën avec ledict sieur de Boüillon, lequel me parla de l'affection qu'il avoit de faire service au Roy, faisant toutesfois beaucoup de plaintes de la defiance que l'on avoit de luy, et de ce que Matignon et les lieutenans du Roy en la Normandie ne luy obeissoient point, et ne le reconnoissoient en aucune chose : ce qu'il me prioit de dire à Sa Majesté quand je la verrois, et, en attendant, de luy escrire par un courrier qu'il depescheroit ce jour-là.

Cependant j'avois laissé quelques arquebusiers et gens de cheval avec mon train, à deux lieuës de Caën, sur le chemin que je devois reprendre le lendemain pour aller trouver lesdicts duc d'Estampes et de Martigues; de quoy estant jaloux ledict de Boüillon, et que je ne retournois pas trouver le Roy, et davantage qu'il y avoit quelques prisonniers entre les mains de ceux du parlement de Rouen qui luy avoient esté refusez, fit advertir de ses amis et plusieurs huguenots de me faire une embuscade pour me prendre prisonnier: à quoy ayant donné ordre toute la nuit, il me pria de disner encore le lendemain avec luy; mais je partis du matin pour reprendre ma troupe, et fis une grande traitte ce jour-là, auquel ne m'ayant pu attraper, ils firent toute diligence d'advertir lesdicts huguenots et autres qui leur estoient favorables, et quelques troupes qui alloient trouver le comte de Montgommery, pour me couper chemin; ce qu'ayant fait de plusieurs endroits, ils me chargerent en un lieu estroit avec ce peu de gens que j'avois, de sorte que mon cheval ayant esté tué, moy blessé et porté par terre, je fus pris prisonnier par la pratique dudict duc de Boüillon, qui s'en est toutesfois depuis voulu excuser, disant qu'au contraire il avoit voulu empescher l'entreprise.

Je fus mené au Havre de Grace, la nuit ensuivant, par mer, où d'arrivée l'on me menaça de mauvais traitemens, parce que le duc d'Aumale et ceux du parlement de Rouen, qui estoient à Louviers, faisoient, comme ils disoient, plusieurs cruautez contre aucuns de la noblesse qui s'estoient retirez là. Neantmoins je reçus beaucoup de faveur de Beauvois-la-Nocle, qui y commandoit, et fus mis en garde ès mains du jeune de La Curée, qui me fit bon traitement. Cependant je trouvay moyen d'envoyer vers le duc d'Estampes et de Martigues, que j'advertis de tout ce que je leur eusse pu dire moi-mesme; lesquels, estans joints avec Matignon et les forces de la basse Normandie, assiegerent et reprirent Sainct-Lo, Vire et autres places, et en chasserent toutes les forces des huguenots, qui estoient eparses et faisoient mille maux. Le comte de Montgommery en ce mesme instant arriva par mer au Havre de Grace pour s'aller mettre dedans Rouen, et ne fut que deux jours à y aller avec ce qu'il put mener le long de la riviere, en plusieurs bons vaisseaux qui luy furent equipez.

Je trouvay aussi les moyens d'escrire au Roy, à la Reyne sa mere, au roy de Navarre, au duc de Guise et au Connestable, de tout ce qui se passoit audit Havre, par l'entremise d'un de mes gardes et un sergent major appelé le capitaine *La Rose*, lesquels j'avois gagnez, qui m'asseuroient ne desirer rien tant que de pouvoir partir de là avec quelque bon pretexte pour faire service au Roy, et eus beaucoup de grandes deliberations avec eux, pour voir quels moyens il y auroit d'avoir une porte, et faire une entreprise audit Havre de Grace. Comme nous traitions de ces affaires, je reçus lettres de Leurs Majestez, qui me manderent que je leur ferois un très-grand service si je pouvois traiter quelque chose avec Beauvois et les gentilshommes qui estoient retirez en cette ville de plusieurs endroits de la Normandie, pour la faire remettre en l'obeissance du Roy, sans la mettre entre les mains des Anglois. Mais ledict Beauvois, avec les principaux qui estoient en la ville, me dirent qu'ils ne pouvoient venir à aucune composition, sans en advertir premierement le prince de Condé et l'Admiral.

Cependant ils me proposerent que si je pouvois faire rendre certains prisonniers qu'ils me demandoient, qui estoient entre les mains des ducs de Guise et d'Aumale et du parlement de Rouen, ils me mettroient en liberté et escriroient au Roy et à la Reyne l'occasion qui les avoit meus de se retirer en cette ville-là, laquelle ils conserveroient pour le service de Leurs Majestez et pour le bien du royaume. De quoy ayant trouvé moyen d'advertir Leursdictes Majestez, ils m'escrivirent incontinent que je fisse tout ce que je pourrois pour les aller trouver; ce qui me fut accordé, tant par ledict sieur de Beauvois que par les principaux du Havre, qui temoignoient desirer quelque bon accord. J'allay donc trouver Leurs Majestez, le roy de Navarre et le Connestable, ausquels je fis quelques ouvertures des choses que demandoient ceux qui estoient retirez audit Havre, toutesfois peu raisonnables.

Neantmoins pour le desir que la Reyne, mere du Roy, avoit que cette ville ne fust mise entre les mains des Anglois, lesquels avoient capitulé avec le vidame de Chartres (1), qui estoit en Angleterre de la part du prince de Condé et des huguenots pour avoir de l'argent, moyennant lequel ils avoient promis de livrer ledict Havre, Dieppe et quelques autres places de Normandie, je fus aussi-tost depesché pour retourner leur porter une sincere volonté du Roy, et des conditions raisonnables, avec la seureté de la vie, des biens et des estats de tous ceux qui estoient en ladicte ville, tant bourgeois qu'autres, qui y commandoient, et mesme pour le sieur de Cros, qui en avoit esté gouverneur.

Le lendemain, après que je fus de retour au Havre de Grace, les mareschaux des logis et fouriers de l'ar-

(1) *Le vidame de Chartres.* On a vu dans la note de la page 26 du tome XLII, page 45 de l'édition de Le Laboureur, que François de Vendôme, vidame de Chartres, amant de Catherine de Médicis, étoit mort après avoir subi à la Bastille une longue captivité. Jean de La Ferrière, seigneur de Maligny, dont il est ici question, avoit succédé à ce titre par son mariage avec Louise de Vendôme, tante du dernier vidame. Le traité conclu avec le vidame fut signé à Hamptoncourt le 10 septembre. Elizabeth, en fournissant des troupes aux protestans, ne déclara pas la guerre à Charles IX, et elle soutint, dans un manifeste, qu'elle ne prenoit les armes que pour sauver de l'oppression et du massacre les sujets de son bon frère.

mée d'Angleterre arriverent pour marquer les logis;
et le premier qu'ils firent fut à la tour et aux principaux bastions, temoignans assez qu'ils se vouloient
rendre les maistres de cette place, en laquelle les
François qui y commandoient, au lieu d'en estre faschez, se rejouissoient de leur venue, me disant qu'ils
n'avoient pas faute d'amis estrangers; et comme le
Roy et les confederez, et chefs de son armée, avoient
fait faire des levées de reistres et lanskenets par les
comtes Rhingrave et de Rokendolf, ils m'asseuroient
qu'ils avoient eu nouvelles que d'Andelot auroit semblablement des reistres et lanskenets, et qu'ils mettroient tant d'estrangers en France, qu'il seroit mal-
aisé de les en chasser quand l'on voudroit.

Quatre ou cinq jours après, le comte de Warwik, frere
aisné du comte de Leicester, et grand-maistre de l'artillerie d'Angleterre, arriva avec cinq à six mille hommes
de pied anglois, et deux à trois cens chevaux, et force
jeunes gentilshommes de cette nation, tous lesquels et
ledict comte de Warwik estoient de ma cognoissance.
Je les vis debarquer et loger, et en moins de trois
jours se faire maistres de ladicte ville et en mettre dehors les François, auxquels ils baillerent quelques armes, poudres et munitions, pour s'aller mettre dans
Rouen avec le comte de Montgommery, qui s'estoit
entierement asseuré de ladicte ville, et avoit fait rompre les eglises pour prendre les reliques, et mis toutes
choses à la mercy des soldats ramassez de plusieurs
endroits, et mal policez, qui prenoient des catholiques
tout ce qu'ils avoient, les chassoient ou rançonnoient à
discretion. Et comme j'estois prisonnier des François
sur ma foy, et avec beaucoup de liberté, je me trou-

vay avec eux aussi prisonnier des Anglois, y estant les François sans aucune autorité.

Mais ayant beaucoup de cognoissance avec le comte de Warwik, lequel me traita bien, et plusieurs desdicts Anglois, pour les affaires que j'avois traitées en Angleterre, il desira que je fisse encore un autre voyage sur ma foy, pour dire à Leurs Majestez qu'entrant dedans le Havre de Grace, il n'avoit autre commandement de la reyne d'Angleterre, sa maistresse, que de faire service au Roy et à son Estat, le voyant si affligé et en l'extremité des guerres civiles. Je ne voulus pas accepter cette charge en cette façon, mais bien offris-je audict comte de Warwik d'aller devant le Roy, et luy dire comme il s'estoit entierement saisi de la forteresse du Havre de Grace, et que j'en avois veu les François, fors Beauvois et quelque peu de sa suite, qui n'y avoient plus aucun commandement; et que si ledict sieur comte pretendoit quelque chose du Roy, je ferois volontiers le voyage, et luy en rapporterois les nouvelles.

Sur cela je pris l'occasion, estant toujours prisonnier sur ma foy, de retourner à la Cour et en nostre armée, pour faire entendre à Leurs Majestez ce que j'avois veu, et aux chefs de l'armée. Et comme j'estois allé avec des paroles de la part du comte de Warwik, sçachant bien qu'elles ne serviroient de rien que pour faciliter ma liberté, je fus semblablement redespesché de la Cour, avec autres paroles qui ne pouvoient que contenter ledict comte et la reyne d'Angleterre, sa maistresse, et aussi pour luy remonstrer que, n'y ayant encore que peu de temps qu'il s'estoit fait une bonne paix avec le feu roy Henry, par le moyen du traité de Casteau-Cambresis, ladicte reyne d'Angleterre n'avoit point d'occasion de s'en despartir envers le roy Charles IX son fils, estant prince jeune qui ne l'avoit point offensée; et que davantage elle decherroit de son droit de Calais par le traité fait audict Cambresis, si elle faisoit la premiere quelque innovation de guerre.

Or cela, comme j'ay dit, n'estoient que paroles et discours, car la guerre s'eschauffoit de tous les costez de la France; et les levées que faisoit d'Andelot en Allemagne s'avançoient fort, tant des dix cornettes de reistres, qui faisoient environ deux mille six cens chevaux, que de douze enseignes de lanskenets, qui faisoient trois mille hommes de pied, sous la conduite du mareschal de Hessen, qui estoit un pauvre soldat.

CHAPITRE XIII.

Siege de Rouen et prise du fort Saincte-Catherine. Le Roy tasche en vain de l'avoir par composition pour la sauver du pillage. Le sieur de Castelnau Mauvissiere traicte de sa rançon, et vient servir au siege. Pourquoy on ne vouloit point forcer Rouen. Le roy de Navarre blessé au siege. Rouen pris de force, pillé nonobstant les ordres du Roy et les soins du duc de Guyse, et mesme par ceux de la Cour qui accoururent au butin. Le comte de Montgommery, gouverneur de Rouen, se sauve. Punition de quelques rebelles et huguenots. Modestie des Suisses au pillage de Rouen. Mort du roy de Navarre. Resolution du siege du Havre. Le sieur de Castelnau Mauvissiere y est employé.

L'ARMÉE du Roy s'avançant, alla mettre le siege devant Rouen et au fort Saincte-Catherine, qui fut pris après quelque batterie, lors que ceux de dedans estoient à disner, faisans mauvaise garde, ce que quelques-uns des nostres ayant recogneu, firent signe aux soldats, lesquels au mesme temps monterent, et donnerent l'espouvante à ceux de dedans, qui s'enfuirent en la ville : il y eut peu de perte, sinon de Randan, qui y fut blessé aux jambes d'une grenade, dont il mourut, ayant la charge de colonel de l'infanterie françoise en la place de d'Andelot : le Roy se vint loger dedans le fort.

Le camp resserra lors la ville de si près, que, n'estant poinct fortifiée, d'heure en autre ils couroient le hasard d'estre pris : neanmoins ils se monstroient resolus et opiniastres. L'on fit une batterie à la tour du Colombier, qui estoit une tour ronde et d'assez bonnes estoffes : quelques ravelins et flancs furent rompus et levez par nostre artillerie, qui estoit fort près du rempart; le fossé fut percé et pris, et aussitost nos soldats y furent logez. Le Roy et toute la Cour, du mont Saincte-Catherine voyoit battre cette ville, des plus riches de son royaume. Il y avoit quelques pieces au long du costeau dudict mont Sainte-Catherine, qui battoient en courtine tout du long de ladicte ville; et de là se voyoient tous ceux de dedans, et leurs ouvrages, reparations, retranchemens, et les traverses qu'ils faisoient pour se sauver de l'artillerie qui les endommageoit fort. Neantmoins l'on ne desiroit pas prendre cette ville par force, s'il estoit possible de l'avoir par composition, pour la crainte que l'on avoit de la voir saccager sans remede, comme elle fut depuis par l'opiniastreté de ceux de dedans.

Un peu devant la prise de la ville, je fus encore

renvoyé au Havre de Grace; mais, voyant que c'estoit chose inutile de parler d'y faire aucune composition, je trouvay moyen de me faire liberer entierement de ma foy, en faisant rendre quelques prisonniers, après avoir recognu tout ce qui se pouvoit de la place, et de l'ordre que tenoient les Anglois : lesquels s'estonnoient de voir Rouen serré de si près, qu'il eust esté pris vingt jours plustost qu'il ne fut, si l'on n'eust esperé d'y faire quelque composition, comme l'on en chercha tous les moyens, ayant souvent ouy dire au duc de Guise qu'en vingt-quatre heures il eust pris la ville d'assaut, si le Roy eust voulu : mais le chancelier de L'Hospital insistoit tousjours qu'il ne la falloit forcer, et que c'estoit une mauvaise conqueste que de conquerir sur soy-mesme par armes, et que si cette ville estoit pillée, Paris s'en ressentiroit, et les estrangers qui y avoient leurs biens en demanderoient la raison au Roy. L'on envoya le capitaine des gardes escossoises et le sieur d'O deputez, pour voir s'il se pourroit faire quelque accord; mais ceux de dedans demeurerent resolus en leur opiniastreté.

Le roy de Navarre, prince vaillant, et jaloux de l'honneur plus que de la vie, estant dedans le fossé fut blessé en l'espaule droite, dont il mourut, ainsi que je diray cy-après. Le duc de Guise, voyant l'obstination des assiegez, et principalement du comte de Montgommery, lequel fit paroistre autant d'opiniastreté que de courage, m'envoya par plusieurs fois des tranchées, et mesme du fossé, devers le Roy, la Reyne sa mere et leur conseil, qui estoient au mont Saincte-Catherine, pour leur dire que s'ils vouloient la ville seroit prise en moins de deux ou trois heures, ce qu'il ne vouloit faire sans leur bien exprès commandement; à quoy Leurs Majestez reculoient tant qu'il estoit possible, esperans tousjours de faire quelque composition.

Mais comme les obstinez se perdent à la fin, et voyant que l'on perdoit temps, il fut resolu, après leur avoir donné un faux assaut, où il demeura quelques lanskenets sur le haut du fossé, et avoir mis le feu à la mine, de les prendre par force, comme il fut fait : car ayant le duc de Guise gagné et saisi le ravelin d'une porte, et logé plusieurs enseignes dedans le fossé, où il y avoit quantité de jeunes seigneurs avec luy, entre lesquels le duc de Nevers et plusieurs autres de la noblesse françoise y furent tuez ou blessez, estant main à main avec ceux de dedans, ils furent incontinent contraints d'abandonner le rempart qui fut entrepris. Quoy voyant le duc de Guise, lequel estoit prest d'executer sa promesse de prendre la ville en peu de temps quand il seroit ordonné, envoya derechef devers le Roy pour sçavoir sa volonté; mais Sa Majesté remit les choses à la victoire, priant et commandant, s'il estoit possible, que la ville ne fust point pillée, au contraire que l'on fist tout ce qui seroit possible pour contenir les capitaines et soldats, par quelques promesses d'honneur et de bienfaits, et d'une paye franche, s'ils s'abstenoient du pillage.

Lors le duc de Guise fit une harangue aux capitaines et soldats sur le haut du rempart, où j'estois present, les priant et admonestant tous de considerer qu'ils estoient François, et que c'estoit l'une des principales villes du royaume, où plusieurs estrangers avoient tous leurs biens; que ce seroit une très-mauvaise condition qu'ils les perdissent par l'opiniastreté de ceux qui y commandoient; que la victoire de se commander estoit plus grande que celle qu'ils pouvoient remporter sur leurs ennemis; que ce seroit chose indigne de soldats bien disciplinez de ruiner et saccager la ville de son souverain, contre sa volonté et en sa presence, et qui le trouveroit fort mauvais, et au contraire recognoistroit leur obeissance en cette occasion; parquoy il prioit d'affection les seigneurs, capitaines et soldats, de ne se debander point, n'entrer en aucunes maisons, ne piller, ne prendre aucune chose sur les habitans, et n'exercer point de cruautez contre les vaincus : davantage il leur fit entendre qu'il estoit adverty que les gens de guerre s'estoient retirez au vieil marché et aux chasteaux, où il faudroit combattre. Et après avoir, autant qu'il put, persuadé un chacun, il les pria de luy faire cette promesse, qui luy fut donnée generalement; aussi promit-il de faire donner une paye franche ausdits capitaines et soldats.

Ainsi nous entrons dedans la ville avec peu de resistance, les assiegez fuyent, la ville est incontinent pleine de gens de guerre, qui tous se debandent, vont au pillage, rompent et saccagent les maisons, prennent un chacun à rançon : les courtisans y accourent du mont Sainte-Catherine, qui sont les plus aspres à la curée; chacun lors se loge à discretion, quelque commandement que le duc de Guise fist à ceux qui avoient authorité, d'entrer ès maisons, de tuer et chasser les soldats, et les jeter par les fenestres, pour les garantir de piller et saccager; ce qui ne fut possible. La nuit estant proche, chacun qui en put avoir en prit, et toute l'armée se logea dedans la ville.

Le comte de Montgommery se sauva dedans une

galere qui estoit en la riviere, de celles qui avoient mené la reyne d'Escosse en son royaume; et, ayant promis liberté aux forçats, il passa pardessus la chaisne, qui fut rompue et faussée, au hasard de la galere et des hommes qui estoient dedans; les autres assiegez se sauverent aussi en autres vaisseaux, quelque devoir que ceux qui estoient commis, tant sur la riviere que sur les bords d'icelle, avec quelques pieces d'artillerie, fissent pour les empescher de passer.

Il y eut quelques soldats qui estoient demeurez dedans la ville, qui furent pris prisonniers, bien peu de tuez; trois ou quatre des principaux de la ville furent pendus, entr'autres le president Mandreville, le sieur de Cros, qui avoit baillé le Havre de Grace, et le ministre Marlorat.

Ainsi cette grande ville, pleine de toutes sortes de richesses, fut pillée l'espace de huit jours, sans avoir esgard à l'une ny à l'autre religion, nonobstant que l'on eust, dès le lendemain de la prise, fait crier, sur peine de la vie, que chaque compagnie et enseigne, de quelque nation qu'elle fust, eust à se retirer au camp et sortir de la ville; à quoy fort peu obeirent, horsmis les Suisses (lesquels ont tousjours gardé et gardent encore grande discipline et obeissance), qui n'emporterent autre butin, que quelque peu de pain et choses pour manger, chaudrons, pots, et autres ustenciles et vaisselles pour leur servir en l'armée : mais les François se fussent fait tuer plutost que de partir tant qu'il y eut dequoy prendre.

La Cour se logea dedans la ville, où il fut advisé de faire porter le roy de Navarre, pour voir s'il y auroit moyen de trouver quelque remede à sa blessure : de laquelle, comme l'on deliberoit de le faire porter du long de la riviere, il mourut à Andely, le 17 decembre 1562, et fut fort regretté de la Cour et de toute l'armée, ayant esté l'un des plus vaillans et meilleurs princes de son temps, comme en cette race et maison il ne s'en est point vu d'autres.

Après la mort du roy de Navarre l'on advisa aux autres affaires qui estoient presque en tous les endroits du royaume, et ausquelles il falloit plus promptement remedier : comme d'assieger le Havre de Grace où estoient les Anglois, pour ne laisser cette nation prendre pied en France, à l'occasion des grandes pretensions qu'ils y ont eues au temps passé. Ainsi il fut conclu d'y envoyer le comte Rhingrave, avec un regiment de trois mille lanskenets, et quatre cornettes de reistres, qui faisoient douze cens chevaux, afin de resserrer les Anglois en la ville, et les autres de cette nation qui estoient à Dieppe et autres endroits de la Normandie, et de leur retrancher les moyens d'avoir des vivres du pays, et autres commoditez qui se trouvent en lieu si fertile.

Et parce que je cognoissois cette place, de laquelle je ne faisois que sortir de prison, je fus mandé pour estre quelque temps avec ledit comte Rhingrave avec six compagnies de gens de pied, chacune de deux cens hommes, et cent chevaux françois, comme ledit comte l'avois requis ; lequel estoit l'un de mes plus grands amis, et avoit infiniment desiré que je demeurasse avec luy, et fit loger mes chevaux avec ses reistres et les gens de pied avec ses lanskenets ; et encore quelques enseignes françoises, qui estoient en Normandie nouvellement levées, furent ordonnées de demeurer avec luy pour clorre ledit Havre de Grace et tenir les Anglois qui y estoient en telle subjection qu'ils ne pussent sortir ny recevoir aucune commodité de la terre. L'un des regimens de lanskenets demeura depuis en l'armée du Roy, laquelle, après la prise de Rouen, l'on advisa d'employer à ce qui seroit le plus necessaire, et en premier lieu pour couper chemin à celle des huguenots, lesquels se fortifioient de tous les costez de la France, avec les estrangers, lanskenets et reistres, que d'Andelot avoit levé sous la charge et conduite du mareschal du landgrave de Hessen pour joindre les forces qu'avoit le prince de Condé, qui se promettoit d'assieger la ville de Paris; chose de fort grande entreprise, et encore de plus difficile execution, comme il se verra cy-après par les choses qui s'en sont ensuivies.

LIVRE QUATRIESME.

CHAPITRE PREMIER.

Retour de la Cour à Paris. Le comte Rhingrave et le sieur de Castelnau Mauvissiere marchent pour le siege du Havre. Belle escarmouche entre les reistres et les Anglois près de Graville. Miserable estat de la Normandie.

Or, mon fils, la ville de Rouen estant prise, le roy de Navarre mort, et le Connestable, qui commandoit à l'armée, ayant donné ordre d'y laisser des garnisons, remparer les bresches et murailles rompues, et remis les catholiques et ceux du parlement en leurs sieges et maisons, la Cour et le camp s'acheminerent vers Paris, tant pour conserver cette ville que pour donner ordre à toutes les affaires du royaume.

Le comte Rhingrave (1) se voulant loger à Graville, devant le Havre-de-Grace, ville qui estoit bien munie d'artillerie, il en sortit six ou sept mille Anglois et deux cens chevaux à la portée et faveur de ladicte artillerie, cherchans les avantages, comme s'ils eussent voulu donner une bataille; ce que voyant ledict comte Rhingrave, et que desjà il estoit fort advancé pour se loger, n'y ayant plus moyen de se retirer, fit attaquer

(1) *Le comte Rhingrave*. Philippe, comte du Rhin. Il épousa une dame françoise, Jeanne de Genouillac, veuve de Charles de Crussol. Quoique protestant, il servit toujours dans les armées catholiques.

l'escarmouche, qui de part et d'autre s'eschauffa et se fit de telle sorte, qu'il ne s'en est point veu de plus grande de nostre temps. Je vis lors les lanskenets, aussi bien que les François, faire tout ce qui estoit possible, non en une escarmouche, mais en un grand combat, auquel le comte Rhingrave se trouva si empesché, qu'il commanda aussi-tost de faire venir ses reistres, lesquels se meslerent courageusement parmy les Anglois qui estoient à la porte de la ville, de laquelle l'artillerie incommodoit fort nos gens. Bassompierre[1], lieutenant-colonel des lanskenets dudit comte, entr'autres, y fut blessé et pris prisonnier avec plusieurs François.

Ledit comte s'estant retiré et logé près de la ville, commença de resserrer les Anglois de plus près, qui faisoient neantmoins tous les jours quelques sorties; comme aussi de nostre costé se faisoient nouvelles entreprises, et en conservant la Normandie des Anglois, elle estoit doublement travaillée par les reistres et lanskenets, qui ruynoient le pays et desesperoient un chacun, tant la noblesse que le tiers estat, dont la plus grande partie estoient contraincts d'abandonner leurs maisons.

[1] *Bassompierre.* Christophe de Bassompierre. Il fut le père de François de Bassompierre, maréchal de France et colonel général des Suisses, dont nous avons publié les mémoires dans la seconde série.

CHAPITRE II.

Chaalon et Mascon repris par le sieur de Tavannes sur les huguenots. Grands desordres en Provence et Dauphiné à cause du massacre de Cabrieres et de Merindol. Grande guerre en Provence entre le comte de Tende, huguenot, et le comte de Sommerive son fils, chef du party catholique. Exploits du baron des Adrets contre le comte de Suze. Cruauté du baron des Adrets. Arrest du parlement contre les huguenots d'Orleans, qui declaroit le prince de Condé estre prisonnier entre leurs mains. Le conseiller Sapin et l'abbé de Gastines pendus par represailles à Orleans. Leur mort vengée. Sentiment du sieur de Castelnau sur toutes les violences de part et d'autre, et sur l'inutilité de tant de secours estrangers entretenus par le Roy à la ruyne de son royaume. Dangereuses intelligences des huguenots avec les Anglois et les princes d'Allemagne. Deux services importans rendus au Roy en Angleterre contre le party huguenot, par le sieur de Castelnau Mauvisiere. Le Roy escrit aux princes d'Allemagne pour empescher une levée de reistres par le sieur d'Andelot. Manifeste du prince de Condé contre l'arrest rendu par le parlement de Paris contre les huguenots.

En ce mesme tems la guerre se faisoit par tous les endroits de la France : Tavannes, lieutenant pour le Roy en Bourgogne en l'absence du duc d'Aumale, reprit sur les huguenots Chaalon et Mascon, que Montbrun tenoit, lequel, se defiant de ses forces, se retira une nuit auparavant que Tavannes fust arrivé, et mena ses soldats en la ville de Lyon, que tenoient les huguenots, tellement que la Bourgogne en demeura exempte.

Mais en Provence et Dauphiné il se fit de grands meurtres, tant des catholiques que des huguenots; car, outre l'animosité qui estoit entr'eux, ces peuples-là sont farouches et belliqueux de leur nation, et des premiers qui s'estoient despartis, il y a trois cens ans, de l'eglise catholique romaine, sous le nom de *Vaudois*, lesquels on disoit alors estre sorciers; mais il se trouva qu'ils estoient plustost huguenots. Depuis, le baron de La Garde avec le sieur de Cepede (1), premier president de Provence, l'an 1555 (2), mena quelques soldats à Cabrieres, Merindol et autres villages, qui en firent mourir quelques-uns, dont les huguenots d'Allemagne et les cantons des Suisses firent plainte au roy Henry II; et, à cette cause, ledict president et tout le parlement de Provence fut suspendu, jusques à ce qu'il se fust justifié, et la cause renvoyée au parlement de Paris pour en cognoistre.

Cela fut cause de faire multiplier les huguenots sous les roys Henry et François II; mais, après les meurtres de Vassy et de Sens, les catholiques se licencierent un peu plus sur les huguenots de Provence, où il en fut tué en divers lieux. Combien que le baron de Cursol, depuis fait duc d'Uzès, chevalier d'honneur de la Reyne, mere du Roy, tenant le party des huguenots et de leur religion, eust aucunement reprimé les seditions, si est-ce que, comme il fut party du pays, les catholiques reprirent les armes sous la conduite de Sommerive (3), fils aisné du comte de Tende, lequel prit les

---

(1) *Le sieur de Cepede;* il faut lire le sieur d'Oppede. — (2) *L'an* 1555; lisez l'an 1545. — (3) *Sommerive.* Ce seigneur fit la guerre au comte de

armes contre son pere, gouverneur de Provence, qui favorisoit et tenoit le party des huguenots; lesquels s'assemblerent sous la conduite de Mouvans, et prirent la ville de Cisteron, ayans auparavant pris celle d'Orange; où Sommerive, comme l'on disoit, fut persuadé par le vice-legat d'Avignon, neveu du Pape, de s'acheminer, voyant que ladite ville d'Orange estoit grande et malaisée à garder, et qu'elle seroit plus facile à prendre, comme elle fut, y ayant esté tué grand nombre des huguenots par les catholiques, qui se voulurent venger des injures, pilleries et dommages qu'ils avoient receu d'eux, et en jetterent quelques-uns par les fenestres, et pendirent les autres par les pieds.

Peu de temps après, le comte de Suze, qui s'estoit joinct avec Sommerive en Provence, reprit Pierre-Latte et Mornas au comté Venaissin : ce qui estonna fort les huguenots de ce pays-là, qui voyoient le traitement fait à la ville d'Orange, laquelle pensoit estre exempte de l'obeissance du Roy et du Pape. Lors le baron des Adrets, qui avoit esté capitaine en Piedmont avec le mareschal de Brissac, sortit de Lyon avec quelques compagnies, vers le commencement de juillet, et alla rechercher le comte de Suze, qui vouloit assieger Vaureaz, tenu par les huguenots, et eut quelque avantage sur ledit comte, qui se retira avec la pluspart de ses gens. Qui fut cause que le baron des Adrets reprit les villes que le comte de Suze avoit ostées aux

---

Tende, son père, parce que, né du premier lit, il étoit jaloux du jeune de Cipierre, que le comte avoit eu de sa seconde épouse. Sommerive devint, au mois d'avril, gouverneur de la Provence : il en chassa les protestans, et se livra contre eux à d'horribles cruautés. On dit que, pendant un an que dura la guerre, il fit périr dans les supplices sept cent soixante-dix hommes, quatre cent soixante femmes et vingt-quatre enfans.

huguenots au comté Venaissin, et entr'autres Mornas, où environ deux cens catholiques qui avoient composé de rendre la ville, s'estoient retirez au chasteau, estimans que la capitulation leur seroit tenue, de sortir la vie et les bagages sauves; neantmoins, sans avoir esgard à la foy jurée et publique, le baron des Adrets (1) les fit cruellement precipiter du haut du chasteau, disant que c'estoit pour venger la cruauté faite à Orange. Aucuns de ceux qui furent precipitez et jettez par les fenestres, où il y a infinies toises de haut, se voulans prendre aux grilles, ledict baron leur fit couper les doigts avec une très-grande inhumanité.

Il y eut un desdicts precipitez qui, en tombant du haut en bas du chasteau, qui est assis sur un grand rocher, se prit à une branche, et ne la voulut jamais abandonner; quoy voyant, luy furent tirez infinis coups d'arquebuse et de pierres sur la teste, sans qu'il fust possible de le toucher. Dequoy ledict baron estant esmerveillé, luy sauva la vie, et reschappa comme par miracle. J'ay esté voir le lieu depuis avec la Reyne, mere du Roy, estant en Dauphiné; celuy qui fut sauvé vivoit encore là auprès. Le mesme baron des Adrets, quelque temps après, assiegea et prit Montbrison en Forest, et en fit precipiter encore cinquante, disant pour toutes raisons que quelques-uns des siens avoient esté tuez en capitulant pour la reddition de la ville. Et là on remarqua plus de cruauté qu'ès lieux precedens (2); et, à la verité, il sembloit que, par un juge-

(1) *Le baron des Adrets.* De Thou et d'Aubigné disent que cette exécution fut ordonnée par Montbrun. Il paroît que Castelnau a confondu cette action avec celle qu'il raconte immédiatement après, et qui appartient incontestablement à des Adrets.

(2) *On remarqua plus de cruauté qu'ès lieux précédens.* D'Aubigné

ment de Dieu, elles fussent reciproques tant d'un costé que d'autre; et Orange fut estimée le fondement de celles qui se faisoient au Dauphiné de sang froid par les huguenots. Bref, toutes choses estoient reduites à l'extremité; ledict baron des Adrets y fit bien parler de luy, et son nom fut cogneu par toute la France. Ainsi la guerre civile estoit comme une rage et un feu qui brûloit et embrasoit toute la France.

En ce temps, la cour de parlement de Paris, sur des lettres patentes envoyées par le Roy le vingt-cinquiesme juillet, declara ceux qui tenoient la ville d'Orleans rebelles et coupables du crime de leze-majesté, horsmis le prince de Condé, comme estant iceluy detenu et arresté prisonnier des huguenots. En vertu de cet arrest, l'on prenoit tous ceux de la religion que l'on attrappoit portant les armes, et procedoit-on contre eux criminellement, comme coupables de leze-majesté. Et, davantage, la cour de parlement condamna et fit executer à mort Gabaston [1], lieutenant du capitaine du Guet, pour s'estre monstré trop partisan des huguenots.

Cela et la condamnation du ministre Marlorat, et autres qu'on fit mourir par justice en plusieurs villes

---

raconte que des Adrets, en entrant dans le château de Montbrison, fit tailler en pièces les assiégés, et n'en réserva que trente qu'il appela pendant qu'il dînoit sur le bord d'un précipice. Il leur ordonna de s'y précipiter successivement. L'un d'eux s'étant arrêté sur le bord, le baron lui dit : *Quoi! tu en fais à deux fois!* — *Monsieur*, répondit le condamné, *je vous le donne en dix.* Ce fut le seul auquel le général protestant fit grâce.

[1] *Gabaston*: il avoit, l'année précédente, pris le parti des protestans dans le tumulte de Saint-Médard, et on lui attribuoit la mort de plusieurs catholiques.

reprises par l'armée du Roy, irrita fort les huguenots de la ville d'Orleans, qui jurerent de s'en venger; et prirent, par forme de represaille, un nommé George de Selve, que l'on disoit aller en Espagne, Sapin, conseiller au parlement de Paris, et l'abbé de Gastines. Pour le regard de Selve, il fut rendu pour le sieur de Luzarche, que l'on tenoit prisonnier à Paris pour la religion; mais le conseiller Sapin avec l'abbé de Gastines, et le curé de Saint-Paterne (1) d'Orleans, furent pendus, ce qui estonna et esmeut fort la cour de parlement et les catholiques qui portoient les armes pour le Roy, voyant la hardiesse des huguenots contre les sujets de Sa Majesté : et n'y avoit catholique qui ne craignist d'estre traicté de mesme façon s'il tomboit entre leurs mains. La cour de parlement, pour revanche, en condamna aussi quelques autres à estre pendus, à la poursuite du président Le Maistre, de qui le conseiller Sapin estoit nepveu (2).

Alors l'on cogneut la necessité qu'il y avoit de garder la foy et n'user de telles violences, possible envers les innocens autant que contre les coupables; car, sans adjouster malheur sur malheur, la France estoit assez travaillée des estrangers, qui marchoient pour les uns et les autres, et desquels on se fust bien passé : car il est certain que les forces du Roy estoient suffisantes pour faire teste aux huguenots, et peu à peu les reduire en son obeissance, sans appeler tant d'estran-

(1) *Le curé de Saint-Paterne.* La mort de cet ecclésiastique précéda de quelques mois celle de Sapin. Ce ne fut point par représailles que les protestans le firent périr, mais parce qu'ils le soupçonnoient d'être délateur.

(2) *De qui le conseiller Sapin estoit nepveu.* Sapin étoit le beau-frère du président Le Maistre, et non son neveu.

gers, attendu qu'il y avoit pour lors en France cent catholiques pour le moins contre un huguenot; joint aussi que la pluspart des reistres et lanskenets qui estoient au service du Roy estoient huguenots, et mesmement le comte Rhingrave, qui m'a souvent dit que la guerre civile luy desplaisoit fort en France, encore qu'il y eust beaucoup de profit, comme de faire la monstre sur les vieux rooles; à quoy se sont depuis accommodez les reistres et lanskenets, aussi bien que les Suisses, où toutesfois il n'y a que les colonels et capitaines qui ayent du gain : et c'est chose à quoy le prince qui se sert de ces nations doit bien prendre garde; car à la fin il n'a qu'une moitié de gens de guerre en effet, et les autres en papier; et faut payer ceux qui sont retournez dès la premiere monstre en Allemagne ou en Suisse. Davantage, c'estoit une chose fort perilleuse que d'appeller des estrangers de religion contraire, et envoyez par les princes d'Allemagne, qui ne demandoient que l'entretenement de nos guerres civiles, aussi bien que les Anglois et Espagnols.

Aussi les huguenots prenoient ce pretexte et s'excusoient de la levée de reistres et lanskenets qu'avoit amené d'Andelot, sur ce qu'on avoit fait venir toutes sortes d'estrangers pour les exterminer. Et puis dire en cet endroit que, comme l'on ne peut croire ce que l'on ne desire point, les chefs de l'armée du Roy ne pouvoient croire que ledict d'Andelot pust faire cette levée, dont neantmoins j'avois adverty le Roy, la Reyne et le roy de Navarre, dès-lors que j'estois prisonnier au Havre-de-Grace, comme en ayant veu ceux qui s'estoient trouvez à la capitulation. Et il est certain que les Anglois ne se fussent jamais hazardez de faire descente en la Normandie, s'ils n'eussent premierement esté asseurez de la levée que faisoit ledict d'Andelot, de laquelle la pluspart de l'argent estoit venu d'Angleterre.

Et depuis ce temps-là toutes les pratiques et levées que les huguenots ont faites en Allemagne, ils les ont premierement commencées audit Angleterre, où j'en ay empesché deux de très-grande importance pendant que j'y ay esté ambassadeur : l'une fut l'an mil cinq cens soixante et dix-huit, qu'avoit promis de mener le duc Casimir, et de ne sortir jamais de France qu'il n'y eust mis toutes choses à l'extremité ; l'autre fut quand le prince de Condé vint en Angleterre, lorsque La Fere estoit assiegée, pensant y avoir de l'argent pour faire marcher les reistres et lanskenets qu'il avoit errez et retenus : mais je fis en sorte, avec la reyne d'Angleterre et ses principaux conseillers, que l'amitié du Roy fut preferée à celle de son sujet, et à la passion de ceux qui avoient precipité le roy de Navarre en cette guerre ; de quoy je parleray (1), Dieu aidant, en son ordre, et retourneray à ce que le Roy et les chefs de son armée ne crurent pas assez tost que d'Andelot pust amener des reistres et lanskenets, et qu'il pust les passer, comme il fit.

Raison pour laquelle le Roy fut conseillé d'envoyer en Allemagne, et escrire à l'electeur Palatin, pensionnaire de France, au landgrave de Hesse, et autres princes affectionnez aux huguenots, qu'ils n'eussent à les secourir, parce qu'ils estoient rebelles et sacramen-

---

(1) *De quoy je parleray.* Cette seconde négociation de Castelnau eut lieu en 1680. Il ne parle point de cette guerre dans ses mémoires, qui, comme nous l'avons observé, ne vont que jusqu'en 1570.

taires, qui ne cherchoient autre chose que la ruine des huguenots de la Germanie et confession d'Ausbourg, contraires en plusieurs choses à la confession de Geneve; qui fut cause que les huguenots incontinent firent publier, pour la justice de leur cause, la necessité qui les avoit contraints de prendre les armes, et appeller des estrangers à leur aide, pour defendre leur religion et leurs vies, et entretenir les edicts du Roy, sans entrer au différend de la confession d'Ausbourg.

Et particulierement le prince de Condé fit publier une response contre l'arrest du parlement de Paris, par lequel il estoit excepté du nombre des huguenots que ledit parlement avoit declarez rebelles; disant que par son innocence les autres de sa suite estoient justifiez du crime de leze-majesté, en recusant toutefois les presidens et conseillers du parlement, qu'il disoit estre passionnez et partisans de ceux de Guise, lesquels avoient fait faire exception de sa personne afin de le mettre en defiance de ceux qui l'avoient eleu pour chef, veu qu'en plusieurs autres lettres patentes il n'avoit nullement esté excepté; faisant aussi declaration qu'il n'avoit pris les armes que pour le service du Roy et de la Reyne sa mere, et pour leurs libertez; appellant Leurs Majestez en temoignage, et plusieurs lettres qu'ils luy avoient escrites pour le prier d'employer ses armes pour les enfans de France et leur mere, voyant la confederation faite par ceux de Guise et le Connestable, et leurs partisans, qui tenoient les premiers lieux par toute la France et aux parlemens; lesquels il disoit se monstrer plustost parties formelles des huguenots, que juges equitables; attendu mesmement qu'ils avoient envoyé Chambon et Faye, conseillers, pour luy faire entendre que la cour de parlement ne tiendroit aucun traité de paix fait avec les huguenots; et persistoit au surplus aux protestations par luy faites.

CHAPITRE III.

Le prince de Condé justifie ses armes envers l'Empereur. Le landgrave de Hesse favorise les levées du sieur d'Andelot. Prise de Cisteron par le comte de Sommerive. Quelques exploits du mareschal de Joyeuse en Languedoc. Grand affoiblissement des huguenots, qui se remettent par l'arrivée des reistres sous d'Andelot, et marchent droit à Paris. On les amuse en negociations. Offres et demandes du prince de Condé. Response faite au prince.

Peu auparavant, le prince de Condé avoit aussi envoyé à l'empereur Ferdinand, et autres princes d'Allemagne, pour leur faire entendre qu'il n'avoit pas pris les armes sans grande et juste occasion, afin que tous les princes estrangers qui sont jaloux de leurs Estats et de l'obeissance que doivent les sujets à leur prince souverain, n'estimassent que luy et ceux qui portoient les armes de son party fussent rebelles au Roy; voulant par là se justifier le plus qu'il pourroit envers un chacun.

Or le landgrave de Hesse, qui estoit bien asseuré des autres princes d'Allemagne, qui ne vouloient pas abandonner les huguenots, donna à d'Andelot toute la faveur qu'il luy fut possible, et marcha avec les reistres et lanskenets; et à l'instant il y eut quelques princes d'Allemagne qui envoyerent vers les reistres qui estoient sous le comte de Rokendolf, qui avoit auparavant esté au ban imperial, pour leur faire dire que, s'ils ne se retiroient, ils y seroient aussi mis. Cela fut cause que quelques-uns se retirerent vers le prince de Condé, et les autres continuerent au service du Roy.

En ce temps-là Sommerive assiegea la ville de Cisteron, que Mouvans fut contraint d'abandonner et se retirer la nuit à Grenoble; et en toute la Provence il ne demeura pas une seule ville aux huguenots, contre lesquels on exerça des cruautés plus grandes qu'en nulle autre province. Aussi cette contrée est la plus meridionale de France, où les esprits sont fort passionnez et vindicatifs.

Le sieur de Joyeuse, à present mareschal de France, et lors lieutenant general pour le Roy au gouvernement de Languedoc, reprit Pezenas vers le mois d'aoust. Et, peu après la prise de Montbrison, Negrepelisse mit aussi le siege devant Montauban, qui ne put estre pris; sur cela on assembla les forces de Provence et de Languedoc, pour assieger Montpellier tenu par les huguenots, où fut envoyé ledit sieur de Joyeuse pour commander à l'armée; mais il ne fut pas pour lors jusques audit Montpellier, estant adverty que d'Acier, frere puisné du baron de Cursol, à present duc d'Uzès, bon catholique et grand serviteur du Roy, avoit de grandes forces, et suffisantes pour defendre la ville, voire mesme pour tenir la campagne, et aussi que les habitans dudit Montpellier offroient de garder leur ville, où les huguenots ruinerent les fauxbourgs et toutes les églises d'icelle. Alors Joyeuse reprit la forteresse de Maguelone par composition, et alla mettre le siege devant Montpellier. Ce qu'ayant entendu, le baron des Adrets y alla, disant qu'il assiegeroit les assiegeans, ausquels il donna beaucoup de peine. Mais incontinent il fut rappellé à Lyon par les habitans de la ville, qui craignoient d'estre assiegez.

Après qu'il fut retiré à Lyon, les catholiques de Provence voulurent aller au siege de Montpellier avec Sommerive et le comte de Suze, lesquels, pensans assieger la ville de Nismes, y eurent grande perte; cela fut cause que le siege de Montpellier fut levé. Mais je retourneray au cœur de la France, pour dire qu'entre les rivieres de Seine et de Loire, les huguenots avoient perdu et perdoient beaucoup de villes, semblablement en Bourgogne, Picardie, Bretagne et Normandie; qui fut cause que plusieurs gentils-hommes et soldats huguenots se retirerent au camp du Roy, où ils furent bien recueillis et obtinrent lettres de pardon d'avoir porté les armes contre Sa Majesté, avec entiere restitution en leurs biens, honneurs et offices. Quelques-uns aussi qui tenoient le party catholique, s'en allerent vers les huguenots, lesquels avoient de grandes intelligences en l'armée du Roy, et ne se faisoit rien à la Cour dont ils ne fussent advertis; et de ces gens-là il s'en faut plus donner de garde que des ennemis declarez. Aussi sont-ils peu estimez, et ne peuvent eviter le nom de traistres et espions, qui n'ont ordinairement le cœur de se declarer fidelles pour un party ny pour l'autre. Le Roy envoya derechef lettres patentes pour estre procedé contre ceux qui avoient pris les armes et ses villes, comme rebelles à Sa Majesté. Et y eut lors de grandes deliberations de reprendre lesdites villes que tenoient les huguenots, qui ne les pouvoient deffendre et tenir la campagne sans secours estranger; car en l'armée du Roy il y avoit une fort bonne infanterie et grand equipage d'artillerie.

Mais tous ces desseins furent rompus par la venue des reistres que d'Andelot amenoit pour les huguenots, lesquels, s'estans joincts près d'Orleans environ le mois de novembre, firent deliberation d'aller mettre le siege devant Paris, où le Connestable et le duc de Guise allerent incontinent pour asseurer les habitans de la ville, qui estoient en grande crainte.

Or, d'Andelot ayant esté laissé en ladite ville d'Orleans avec bonne et forte garnison, l'armée des huguenots, suivant leur deliberation, s'achemina droict à Paris; et, après avoir pris en passant, sans resistance, les villes de Pluviers, Estampes, La Ferté et Dourdan, se vint camper à Arcueil sous Paris; pour lequel asseurer, le duc de Guise s'alla loger hors la ville et aux fauxbourgs, où furent faits des retranchemens pour loger les gens de pied, et y mit-on si bonne garde que ceux de Paris furent un peu moins estonnez.

Toutesfois l'on advisa prudemment de ne rien hasarder contre des gens qui ne mettoient leur esperance qu'au hasard d'une bataille, et devant la principale ville du royaume, mais plustost de parlementer avec eux pendant que le secours des Espagnols et Gascons se joindroit à l'armée du Roy. Et afin que l'on prist plus d'asseurance, tant d'une part que d'autre, le Connestable alla comme ostage au camp des huguenots: cependant l'Admiral passoit au Port-à-l'Anglois pour parler à la Reyne, mere du Roy, laquelle luy dit resolument qu'il ne falloit point esperer l'edict de janvier, ny changement de la religion catholique; qui fut cause que l'Admiral s'en retourna sans rien faire; et depuis encore l'on parlementa au faux-bourg Sainct-Marcel.

- Le prince de Condé offrit lors de laisser l'armée, pourveu que leur religion fust entretenue dedans les villes où elle estoit exercée publiquement devant la guerre, et ès autres villes; que l'on ne recherchast plus les huguenots au fait de leurs consciences, et qu'ils eussent main levée de leurs biens, et tous jugemens et sentences contr'eux donnez fussent rescindez; qu'ils pussent avoir et tenir offices et charges honorables, comme les catholiques, et qu'il fust permis à tous gentils-hommes d'avoir exercice de leur religion en leurs maisons, et aux conseillers du privé conseil, quand ils seroient à la suite de la Cour; que le Roy advouast les deniers pris en ses receptes par les huguenots, et les reliques qu'ils avoient fondues, estre pour son service; que le concile general fust tenu en toute liberté, sans que le Pape ni legat pour luy y assistast; ou, s'il ne se pouvoit faire, que du moins dedans six mois l'on tint un concile national de toute la France avec entiere liberté; que les armes fussent posées, tant d'une part que d'autre, et pour l'armée du prince de Condé, advouée avoir esté faite pour le service du Roy. Que pour la seureté de la paix, Leurs Majestés jurassent, avec tous ceux de leur conseil privé, toutes les conditions susdictes.

Et cependant que le Connestable estoit pour voir s'il pourroit passer quelques articles, l'on ne perdoit pas temps pour assembler des forces de tous costez, pour empescher par tous moyens les desseings du prince de Condé, auquel l'on fit response qu'il n'y auroit point d'exercice de la religion à Paris, ny à la Cour, ny ès villes frontieres, mesmement en la ville de Lyon; que l'armée du Roy demeureroit, et l'armée dudit prince seroit licentiée; que les jugemens qui avoient esté donnez contre les huguenots ne seroient cassez, ains seulement suspendus; que les huguenots ne pourroient avoir offices ni charges publiques, horsmis le prince de Condé. Et si l'on ne vouloit pas approuver que les deniers du Roy et les reliques prises par les huguenots eussent esté employées pour le service de Sa Majesté.

CHAPITRE IV.

Quelques huguenots se retirent du party. Le prince de Condé songe à la retraite et decampe. L'armée du Roy le suit. Diverses opinions des chefs huguenots touchant leur marche. Hardie proposition du prince de Condé de revenir à Paris. L'Admiral contraire en son advis. Ils resolvent leur route en Normandie, prennent Gallardon. Les deux armées proches d'Ormoy. Le sieur de Castelnau Mauvissiere envoyé par le Connestable et le duc de Guise vers le Roy et la Reyne, pour apporter un ordre de donner bataille. La Reyne en est faschée, et deplore l'estat des affaires. Son adresse pour se railler de cette deputation des generaux. Le conseil du Roy resout qu'un general doit se servir des occasions de combattre, sans demander conseil ny ordre à la Cour.

PENDANT ce parlement et ces allées et venues, ceux des deux armées, comme parens et autrefois amis, et de mesme nation, se voyoient et discouroient ensemble le jour, et les autres bien souvent venoient à quelques combats et escarmouches. Quelques-uns desdits huguenots se retirerent au camp du Roy, ou en leurs maisons : entr'autres, Genlis, lequel avoit toujours esté serviteur de la maison de Guise, se retira comme à demy mal-content du prince de Condé et de l'Admiral; et ayant prié un soir le sieur d'Avaret, qu'il avoit tiré de ce costé-là, de l'accompagner, il s'en alla avec le mot du guet, sans que ledit d'Avaret le voulust suivre; mais rapporta cette nouvelle, qui estonna fort le prince; lequel fit soudain changer le mot, combien que Genlis asseurast ledit d'Avaret qu'il ne feroit rien contr'eux, ny changeroit de religion.

Au mesme temps, l'armée du Roy fut renforcée des compagnies espagnoles et de plusieurs Gascons; qui fut cause que le prince de Condé, ayant prins conseil de ce qu'il falloit faire, advisa de se retirer vers la Normandie, où les huguenots avoient quelques villes qu'ils vouloient asseurer et y passer l'hyver, et pour se fortifier de plusieurs de leurs partisans en ladite province qui estoient en leurs maisons, et des Anglois que la reyne d'Angleterre promettoit de leur envoyer avec quelque somme d'argent pour le payement de leurs reistres, qui commençoient fort à se mescontenter de ce qu'on ne leur pouvoit tenir promesse; joinct aussi que le Roy commençoit à les faire pratiquer.

Davantage, l'on avoit fait une deliberation d'attaquer le prince au mesme lieu qu'il avoit choisi pour combattre devant Paris, où il estoit en danger de se perdre et toute son armée, s'il y fust demeuré plus longtems. Quoy voyant, et qu'il ne pouvoit avoir la paix aux conditions qu'il desiroit, ny moins forcer les tranchées de Paris, il prit resolution le dixiesme de decembre 1562 de desloger, faisant mettre le feu à la pluspart de leurs logis, en partie pour tesmoignage de l'inimitié qu'ils portoient à ladite ville, à laquelle ils ne purent faire pis. Son armée estoit d'environ huit à neuf mille hommes de pied et quatre mille chevaux. Estant deslogé, il se mit en l'arriere garde avec tout ce qu'il avoit de meilleur et de plus fort, craignant d'estre assailly de l'armée du Roy, comme il en fut suivi de bien près. Il alla faire son premier logis à Palayseau, et le lendemain à Limours, où il demeura tout le jour à tenir conseil, faire plusieurs despesches et attendre nouvelles de ce que feroit nostre armée. Le treiziesme jour dudit mois, il alla loger à Sainct-Arnoul, sur le chemin de Chartres, pensant le prendre; mais les portes luy furent fermées : neantmoins, plusieurs prestres et catholiques y furent tuez; et voyant qu'il ne pouvoit prendre cette ville, pour n'avoir pas un suffisant attirail ny esquipage d'artillerie, il en fit charger la pluspart audit Sainct-Arnoul sur des chariots.

Cependant l'armée du Roy sortit de Paris, et, costoyant celle des huguenots, s'approcha d'Estampes feignant la vouloir assieger; ce qui n'estoit pas son dessein, mais de combattre l'armée des ennemis avant qu'elle fust passée en Normandie et jointe avec les Anglois, et qu'elle eust receu l'argent que l'on leur apportoit de ce costé.

Là-dessus les huguenots se trouverent bien empeschez, et prirent diverses deliberations : l'une, d'aller droit à Chartres l'assieger, et en promettre le pillage à leurs soldats; l'autre, de se loger en lieu avantageux pour attendre l'armée du Roy au combat, ce qui ne fut trouvé bon des principaux chefs, voyans que nostre armée avoit eu du renfort et les suivoit de si près. Lors le prince, duquel le grand courage ne pouvoit plus souffrir qu'on reculast, mit en deliberation de retourner à Paris, disant qu'il le regagneroit le premier, et y trouveroit les tranchées et les faux-bourgs sans resistance, et qu'il lui donneroit un second estonnement plus grand que le premier, et fermeroit le retour à l'armée du Roy, laquelle seroit contrainte d'aller prendre un grand tour pour passer la riviere, et rentrer par l'autre costé audit Paris; que cependant il prendroit son advantage sans se retirer devant ses ennemis.

Cette opinion du prince de Condé, plus gaillarde et courageuse que raisonnable, l'eust emporté si l'Admiral n'y eust entierement contredit, en remonstrant que l'armée du Roy auroit bien-tost repassé, ou se mettroit entre Orleans et eux pour leur couper les vivres sans difficulté, ou peut-estre iroit assieger et prendre ledit Orleans, ou enfin les viendroit enclorre dedans les tranchées, pour avoir Paris en teste d'un costé, et l'armée du Roy en queue de l'autre. De sorte que l'opinion de l'Admiral l'emporta, attendu mesmement que leurs reistres et lanskenets les pressoient pour avoir de l'argent, ausquels ils n'en pouvoient bailler autre que celuy qui leur estoit promis d'Angleterre.

Toutes ces choses bien debattues et mises en consideration, et que la perte de leur armée estoit la ruine entiere et evidente de tous les huguenots de France, lesquels ne se pourroient jamais relever, il fut conclu qu'ils iroient droit en Normandie suivant leur premiere deliberation; joint que sur toutes choses l'Admiral craignoit la perte d'Orleans comme de leur magasin et retraite, attendu que l'armée du Roy estoit la plus forte de gens de pied, et qu'il y avoit force artillerie. Alors ils resolurent de marcher droit à Dreux, que Baubigny avoit promis de surprendre, ce qu'il voulut tenter, mais l'effet ne s'ensuivit pas; au contraire il fut contraint de se retirer plustost qu'il n'y estoit allé.

Le seiziesme du mois, le prince de Condé alla loger à Ablie, à deux petites lieues de Sainct-Arnoul, et de là le dix-septiesme à Gallardon, où l'entrée luy fut refusée par les catholiques, qui tirerent et tuerent quelques huguenots; mais nonobstant, la place, qui ne valoit rien, fut prise et forcée, où il y eut plusieurs prestres et catholiques tuez; ils y logerent la nuit avec une grande commodité de vivres, dont ils avoient bon besoin, et le soir, ils firent pendre un greffier de ladite ville, qu'ils disoient avoir esté cause de leur refuser l'entrée, et en vouloient faire mourir d'autres s'ils ne se fussent sauvez. Ils sejournerent là deux jours, où ils firent une revue de leurs gens de pied, qui se deroboient tous les jours depuis qu'ils eurent perdu l'esperance de la prise et pillage de Paris, dont ils avoient esté amusez et entretenus longuement.

De là le prince alla loger en un village appelé *Ormoy*, où il se trouva plus près de nostre armée qu'il ne pensoit, et qui estoit à une lieue de l'Admiral, qui menoit l'avant-garde, laquelle estoit logée au village de Neron, et alla le soir trouver le prince pour ensemble adviser à leurs affaires, et le lendemain ils y sejournerent.

Cependant l'armée du Roy ne perdoit pas temps, resolue de donner la bataille : à quoy le Connestable, le duc de Guise et le mareschal de Sainct-André, chefs et conducteurs d'icelle, concluoient toujours; mais ne le vouloient entreprendre sans en avoir le commandement exprès du Roy, de la Reyne sa mere, des princes et autres du conseil privé qui estoient avec eux. Occasion pourquoy, le quatorziesme du mois, lesdits Connestable, duc de Guise, et mareschal de Sainct-André, me depescherent en grande diligence pour aller trouver Leurs Majestez au bois de Vincennes, et leur dire que dedans quatre ou cinq jours au plus tard ils estoient à la bataille : ce que les ennemis ne pouvoient eviter, et que les deux armées ne se rencontrassent ou en la plaine de Dreux ou de Neubourg. Parquoy lesdits sieurs demandoient un commandement exprès et absolu de Leurs Majestez avec leur conseil, de combattre ; et me baillerent chacun une petite lettre de cette substance principale, et créance qu'ils ne vouloient rien hazarder sans ce commandement, afin que l'on ne rejettast sur eux aucune faute en affaires de telle importance, et estant si près du Roy.

Je fis ce petit voyage toute la nuit, et arrivay le lendemain de grand matin au lever de la Reyne, mere du Roy, laquelle m'ayant ouy sur ce sujet piteux et lamentable, d'estre à la veille de donner une bataille de François contre François, Sa Majesté me dit qu'elle s'esmerveilloit comme lesdits Connestable, duc de Guise et Sainct-André, estant bons capitaines, prudens et experimentez, envoyoient demander conseil à une femme et à un enfant, pleins de regret de voir les choses en telle extremité que d'estre reduites au hasard d'une bataille civile.

Alors entra la nourrice du Roy, qui estoit huguenote ; et au mesme temps que la Reyne me menoit trouver le Roy, qui estoit encore au lit, elle reprit ce propos, que c'estoit chose estrange de leur envoyer demander conseil de ce qu'il falloit faire pour la guerre; et lors, fort agitée de douleur, me dit par moquerie : « Il faut demander à la nourrice du Roy si l'on don-« nera la bataille. » Lors l'appellant : « Nourrice, dit-« elle, le temps est venu que l'on demande aux fem-« mes conseil de donner bataille: que vous en semble? » Lors la nourrice suivant la Reyne en la chambre du Roy, comme elle avoit accoustumé, dit par plusieurs fois, puis que les huguenots ne se vouloient contenter de raison, qu'elle estoit d'avis que l'on leur donnast la bataille. Et continua ce propos entre quelques-uns qui lui parloient, comme chacun en discouroit alors selon sa passion.

A l'instant la Reyne me dit, en faisant sortir ladite nourrice, et quelques autres qui estoient en la chambre du Roy, qu'elle ne me pourroit dire pour sa part autre chose que ce qu'elle m'avoit dit, mesmement pour donner conseil à des capitaines; aussi que l'on ne leur pouvoit rien prescrire de la Cour, et que j'avois vu ce qu'en disoit la nourrice du Roy, auquel je presentay les lettres; et s'y trouverent le prince de la Roche-sur-Yon, le Chancelier, les sieurs de Sipierre, de Vieille-ville, depuis mareschal de France, Carnavalet et quelques autres du conseil privé. Et comme je faisois mon recit de ce qui m'avoit esté commandé par lesdits chefs, et pressois pour m'en retourner l'après-disnée, afin de les resoudre sur le fait de donner la bataille, Losse arriva de la part desdits seigneurs avec semblable charge que la mienne. Sur cela y eut plusieurs discours du bien et du mal qui en pourroit arriver

Mais la resolution fut que ceux qui avoient les armes en main, ne devoient demander conseil ny commandement de la Cour; et à l'heure mesme je fus renvoyé pour leur dire de la part du Roy et de la Reyne, qui leur escrivoient aussi chacun un mot de leur main, que, comme bons et prudens capitaines et chefs de cette armée, ils fissent ce qu'ils jugeroient le plus à propos, de combattre ou non avec tous les avantages qu'ils sçauroient bien choisir.

Je partis à l'instant en poste, et arrivay au village où ils estoient à l'issue de leur disner, ayant laissé Sipierre et tous ceux qui estoient près du Roy, en volonté d'estre bientost après moy au camp pour se trouver à la bataille. Losse (depuis capitaine des gardes du Roy) demeura jusques au soir, et arriva le lendemain à nostre armée sans apporter rien plus que moy de la Cour, d'où l'on remettoit tout en la prudence des chefs de l'armée de faire ce qu'ils verroient necessaire, selon les forces qu'ils avoient en main.

CHAPITRE V.

Le Connestable et le duc de Guise resolus au combat contre l'opinion de l'Admiral qui n'en vouloit rien croire. Fautes faites par les chefs de part et d'autre. Bataille de Dreux. Le prince tasche d'eviter le combat. Ordonnance de l'armée royale. Pourquoy le duc de Guise ne prit point de commandement cette journée. Louange de sa valeur et de sa conduite. Forces des deux partis. Commencement du combat. Faute du prince de Condé. Mort du sieur de Montberon, fils du Connestable. Le Connestable blessé et pris. Grande valeur des Suisses. Exploit du duc de Guise. Defaite des reistres du prince par le mareschal de Sainct-André. Le prince de Condé pris prisonnier par le sieur d'Anville. Louange du duc de Guise. Faute de l'avant-garde royale. Grands devoirs de l'admiral de Chastillon en cette journée. Sa retraite. Le duc de Guise demeuré general.

ALORS ils tinrent conseil et resolurent de combattre, et d'aller passer la riviere d'Eure le plus près de Dreux et des ennemis qu'il seroit possible, en certains villages où nostre armée se logea, pour le lendemain ou le jour suivant donner la bataille. Ce qui advint contre l'opinion de l'Admiral, qui, pour toutes raisons, alleguoit que l'armée du Roy, voyant le progrès du chemin qu'elle avoit fait depuis qu'elle estoit partie de Paris, ne se mettroit jamais au hasard de donner la bataille ; ce qui fut rapporté au Connestable ; mais que le prince de Condé estoit de differente opinion à l'Admiral, disant que la bataille ne se pouvoit eviter : à quoy il se prepara plustost que ledit Admiral, qui estoit fort entier en ses opinions, comme je l'ay cognu souvent ès affaires que j'ay depuis eues à traiter avec luy, tant pour la paix que pour licencier par deux fois ses armées, dont j'ay eu la charge, comme je diray en son lieu.

Donc, pour revenir au point de donner la bataille, l'armée du Roy, qui avoit tousjours costoyé celle des huguenots, passa l'eau le dix-huictiesme decembre, et se logea avec tout l'avantage qu'elle put, dont les huguenots furent assez mal advertis; et y en a quelques-uns qui disent que le prince de Condé ny l'Admiral ne firent pas ce qu'ils devoient faire, soit pour donner, soit pour eviter la bataille. Aussi nostre armée perdit-elle de son avantage de combattre au bout de la campagne de Beauce et en la plaine de Dreux; attendu que la pluspart de nos forces consistoient en gens de pied, et celle des huguenots en plus grand nombre de cavalerie, et avoit un fort grand bagage, et leurs reistres trop de chariots. De sorte que, passant au bourg de Trion, comme il sembloit que ce fust leur intention, ils eussent esté fort incommodez, à l'occasion des chemins bas et plus estroits, et plus avant tant d'arbres qui estoient de ce costé.

Or le jour du combat estant venu, le prince de Condé monta à cheval de grand matin, et premier que l'Admiral qui menoit l'avant garde; mais ils ne firent pas grand chemin, qu'ils n'eussent advertissement que l'armée du Roy avoit passé l'eau de leur costé, et la voyant en bataille, et qu'elle ne bougeoit, ains les attendoit pour voir leur contenance, ils firent alte, et se mirent en bataille à la portée du canon. Le prince de Condé fit deliberation de charger le premier, estimant que ce luy seroit avantage; mais il jugea aussi qu'il luy falloit endurer un grand eschec de nostre artillerie, et que la campagne estoit large, de sorte que, venant le premier combat, il couroit le danger d'estre rencontré par le flanc : et toutesfois il fit quelque semblant de tourner la teste vers Trion : ce que voyant le Connestable, et que quelques troupes paroissoient, mesmement les reistres du prince, il leur fit tirer quelque volée de canon; ce qui les esbranla de telle sorte, que les reistres se voulurent couvrir, et prendre le chemin du valon.

Cela fit juger à quelques-uns de nostre armée, qui le rapporterent au Connestable, que le prince vouloit chercher le moyen d'eviter la bataille, voyant l'armée du Roy composée de cinq gros bataillons de gens de pied entremeslez de cavalerie, d'autant qu'elle estoit plus foible, à l'occasion des reistres, que celle du prince. L'avant-garde, conduite par le mareschal de Sainct-André, estoit de dix-sept compagnies de gens d'armes, vingt enseignes de pied françoises, et quatorze compagnies espagnoles, dix enseignes de lanskenets et quatorze pieces d'artillerie. Le Connestable, chef de l'armée, menoit la bataille, où il y avoit dix-huit compagnies de gens d'armes, avec les chevaux legers, vingt-deux enseignes de Suisses, et seize compagnies de gens de pied françois et bretons, avec huit pieces d'artillerie.

Le duc de Guise ce jour là, pour plusieurs considerations, ne se disoit avoir charge que de sa compagnie, et de quelques-uns de ses amis et serviteurs, aussi que les huguenots disoient que c'estoit sa querelle, et qu'il estoit le motif de cette guerre, dont il vouloit oster l'opinion. Il ne laissa toutesfois de remporter avec sa troupe l'honneur de la bataille, par sa prudence et bonne conduite; et pour en parler avec la verité, l'armée du Roy estoit d'environ treize ou quatorze mille hommes de pied et deux mille chevaux, que bons que mauvais. Celle du prince de Condé estoit de quatre mille chevaux, et de sept à huit mille hommes de pied.

Donc, l'armée du Roy estant en bataille, voulut marcher vers celle du prince qui nous monstroit le flanc, et se mit à costé de deux villages nommez Bleinville et l'Espi, si proches l'un de l'autre, que nostre armée n'y pouvoit marcher d'un front; qui fut cause que la bataille que menoit le Connestable advança l'avant garde que menoit le mareschal de Sainct-André. Le prince de Condé, qui estoit tousjours d'opinion de charger le premier, voyant que nostre armée marchoit droit à luy, fit aussi tourner son armée en la plus grande diligence qui luy fut possible, mais non sans quelque desordre, comme il advient le plus souvent en telles affaires; de sorte que l'Admiral, qui menoit l'avant garde des huguenots, se trouva en teste du Connestable et de sa bataille, et le prince et sa bataille à l'opposite du mareschal de Sainct-André, qui menoit l'avant-garde du Roy. Neantmoins le prince la laissa à la main gauche, et tourna contre le flanc des Suisses, qui fermoient la bataille du Connestable, laissant l'avant-garde du mareschal de Sainct-André entiere. De sorte que le prince laissoit toute son infanterie engagée, sans considerer qu'estant le plus fort de cavalerie il ne devoit pas charger les gens de pied, comme il en donna le commandement à Mouy et à Davaret, qui avoit succedé à Genlis, en les asseurant qu'il les suivroit de bien près, comme il fit de telle furie qu'ils entamerent fort le bataillon des Suisses avec les reistres, qui les chargerent en mesme temps ; mais lesdits Suisses, lesquels firent ce jour-là tout ce qui se pouvoit desirer de gens de bien, se rallierent avec grand courage, sans espargner les coups de picques à leurs ennemis.

En ce mesme temps d'Anville, aujourd'hui mareschal de France, s'advança avec trois compagnies de gens d'armes et les chevaux legers, ausquels il commandoit, pour faire teste au prince; mais il fut en mesme temps chargé par les reistres, où fut tué Montberon son frere; La Rochefoucault donna aussi dedans les Suisses, qui les trouva ralliez, et où il ne gagna gueres. Cependant l'Admiral, avec une grosse troupe de reistres, son regiment et la troupe du prince Porcian, marcha droit au Connestable, qui soustint cette grande charge, en laquelle il fit, et plusieurs qui estoient avec luy, tout ce qui se pouvoit. Quelques autres ne tinrent ferme, voyant qu'il avoit eu son cheval tué, remonté aussi-tost par d'Orayson, son lieutenant, qui luy bailla le sien ; mais enfin estant rechargé, et fort blessé au visage d'un coup de pistolet, il fut contraint de se rendre à un gentilhomme françois, auquel les reistres l'osterent, en prenant sa foy et son espée de force : et pour en parler en un mot, la bataille où il commandoit fut presque desfaite, combien que les Suisses se ralliassent tousjours, en faisant teste à toutes les charges qui leur estoient faites : de sorte que jamais cette nation ne fit mieux que ce jour-là. Les lanskenets du prince de Condé, les voyans ainsi assaillis de tous endroits, se voulurent mettre de la partie : quoy voyans les Suisses, au lieu de s'estonner, marcherent droit à eux et les mirent en fuite : quelques cornettes de reistres et de François s'estans ralliées, voulurent entreprendre de leur faire encore une charge; mais ils les trouverent si bien ralliez qu'ils ne l'oserent entreprendre, et ainsi passerent sans les charger de ce coup là; mais leur firent une entreprise en despit de laquelle il se maintinrent tousjours ensemble, en se retirant vers nostre avant garde, qui tenoit ferme sans se mouvoir, ayant ainsi veu maltraiter le Connestable et l'emmener prisonnier.

Lors le duc de Guise tira environ deux cens chevaux des troupes, avec quelque nombre de harquebusiers à sa main droite; et, avec les Espagnols qui suivoient, alla charger les gens de pied des huguenots, qu'il desfit entierement, sous la charge de Grammont et de Fontenay.

A l'instant le mareschal de Sainct-André, avec tout le reste de l'avant-garde, s'alla ranger au bout du bataillon des lanskenets, pour charger les reistres et ceux qui se rallieroient et seroient sur pied de l'armée du prince : lesquels voyans telle charge leur tomber sur les bras, et leurs gens de pied desfaits, se retirerent au grand trot vers un grand bois prochain. Ce que voyant d'Andelot, et leurs lanskenets, dont il avoit esté le conducteur, s'enfuir au travers du village de Bleinville, et assez près du lieu où le Connestable avoit soustenu la charge, les voulut contraindre de tourner teste à la cavallerie qui les suivoit, ce qu'ils ne voulurent faire, et ainsi se servirent ce jour-là plus des pieds et des jambes que de leurs picques et corselets : ce que voyant d'Andelot, et qu'il ne pouvoit rien faire, estant las et malade (¹), comme je luy ai depuis ouy dire, et ne pouvant retrouver ny rallier les siens, s'arresta quelque peu, puis se hazarda d'aller regagner le reste de leur armée, qu'il ne retrouva que le lendemain au matin.

Le prince de Condé et l'Admiral, voyans nostre avant-garde entierement victorieuse, et que c'estoit à recommencer, leurs François estans separez et debandez en divers endroits, furent bien estonnez, et de voir leurs reistres qui prenoient la fuite au grand galop, et leurs François qui les suivoient de près. Le prince, qui ne pouvoit se mettre en l'esprit de se retirer, y demeura, et fut chargé et pris du sieur d'Anville, auquel il se rendit, et donna la foy et l'espée, ayant son cheval blessé, et luy un peu en une main.

Les reistres et les François huguenots, ayant passé des taillis qui estoient près de là, en fuyant trouverent un petit haut au de-là d'un vallon où ils s'arresterent, montrant de vouloir faire teste à nostre avant-garde, qui temporisa un peu trop à les charger et à suivre entierement cette victoire obtenue par le duc de Guise sur leur infanterie ; lequel, ne s'estant porté que pour un particulier capitaine en cette armée, fit bien paroistre qu'il estoit digne d'un plus grand commandement, se gouvernant comme un bon et sage capitaine, et bien affectionné à la cause pour laquelle il portoit les armes, en prenant sagement le party où il voyoit le plus d'avantage. Toutesfois il y en a qui veulent dire que nostre avant-garde, soit par le retardement du mareschal de

(¹) *Estant las et malade.* D'Andelot avoit alors la fièvre quarte. Il voulut combattre, quoique ce jour-là fût son jour de fièvre.

Sainct-André ou du duc de Guise, donna trop de temps à l'Admiral, qui ne le perdoit pas, à rallier tout ce qu'il pouvoit de sa cavalerie, comme il fit environ quatre cens chevaux françois et ses reistres, à la teste desquels il se mit avec le prince Porcian, La Rochefoucault, et la pluspart de la noblesse huguenote, et les pria tous de retourner au combat. Et ainsi ils marcherent droit au village de Bleinville où nostre avant-garde estoit en bataille, foible de cavalerie, ce qui apportoit beaucoup d'avantage audit Admiral, lequel se vouloit tousjours avancer pour la rompre; mais le duc de Guise fit approcher Martigues, qui estoit avec un bataillon de gens de pied couvert de la cavallerie, où estoient les plus vieux soldats de toutes les bandes, lesquels rompirent le dessein dudit Admiral, qui estoit de defaire notre cavalerie, comme j'ay dit, laquelle soustint une si grande et forte charge sous la conduite du duc de Guise, qu'il ne luy demeura pas cent chevaux ensemble; mais il fit une grande diligence de se rallier : ce que voyant l'Admiral, et que Martigues avec son bataillon de gens de pied faisoit merveilles de tirer sur sa cavalerie, il commença alors à se serrer avec ses reistres pour faire la retraite.

Ainsi le duc de Guise demeura chef en l'armée du Roy, pour estre le Connestable pris prisonnier, et le mareschal de Sainct-André aussi pris et tué. Et voyant que l'Admiral se retiroit avec ses reistres et ses François, essaya de le suivre avec Martigues et ses gens de pied et fort peu de cavalerie : mais il n'y eut moyen qu'il le pust joindre, et aussi que la bataille ayant duré plus de cinq heures, les jours estans courts, la nuit survint, qui osta la vue et la cognoissance de l'Admiral. Lequel sauva avec sa cavalerie quelques pieces de son artillerie, et les bagages, que les reistres principalement ne veulent jamais abandonner, et s'en alla à La Neufville, environ deux petites lieues de la bataille, de laquelle l'honneur, le gain et la place demeurerent au duc de Guise, avec la pluspart de l'artillerie des huguenots, horsmis, comme nous avons dit, quelques pieces que sauva l'Admiral avec luy.

CHAPITRE VI.

Observations sur la bataille de Dreux. Des morts et blessés en cette journée. Losse porte au Roy la nouvelle de la victoire. Grand service du sieur de Biron. Le Connestable mené à Orleans, et mis entre les mains de la princesse de Condé sa niece. Le prince de Condé prisonnier du duc de Guise. L'Admiral veut revenir au champ de bataille tenter un nouveau combat. Les reistres et les Allemans s'y opposent et l'empeschent. Le duc de Guise, demeuré maistre du champ de bataille, vient saluer le Roy à Rambouillet, luy fait le recit du combat et loue la valeur du Connestable, du prince de Condé, et du mareschal de Sainct-André qui y fut tué. Il loue encore le duc d'Aumale et le grand prieur ses freres, et les sieurs d'Anville et de Martigues, et parle modestement de soy. Le duc de Guise fait lieutenant general pour l'absence du Connestable. L'Admiral éleu chef des huguenots pour l'absence du prince de Condé. Ses exploits en Berry. Le prince de Condé mené au chasteau d'Onzain.

[1563] VOILA, mon fils, comme passa la bataille de Dreux, où la victoire fut bien debattue d'une part et d'autre, et en laquelle il n'y eut point d'escarmouches dès deux costez avant que de venir aux grands combats. Les deux chefs y furent prisonniers, et l'on s'y rallia fort souvent. Aussi y eut-il un grand meurtre de part et d'autre; le duc de Nevers y fut blessé, toutesfois par un des siens; d'Annebaut blessé, qui mourut depuis; La Brosse et son fils aussi; Givry y fut tué, et Beauvois, son frere, y fut blessé. Pour les morts, l'on disoit, et ay vu rapporter au duc de Guise, qu'il y en avoit huit ou neuf mille sur la place; mais d'autres disent qu'il n'y en avoit pas six; tant y a que la bataille fut fort sanglante : de laquelle les nouvelles furent portées en grande diligence de tous costez par ceux qui n'attendoient pas à en voir la fin, tant d'une part que d'autre.

L'on avoit rapporté au Roy et à la Reyne sa mere, et dit par toute la Cour, que la bataille estoit perdue et le Connestable prisonnier et blessé, de sorte qu'il y en avoit de bien estonnez à la Cour, où se faisoient diverses deliberations et discours. Mais telle nouvelle fut bien-tost tournée en joye par l'arrivée de Losse; qui fit le discours à Leurs Majestez de tout ce qui s'estoit passé en la bataille, en laquelle il ne faut pas celer que Biron [1], alors premier mareschal de camp, depuis grand maistre de l'artillerie, aujourd'huy mareschal de France, n'aye remporté beaucoup d'honneur, comme il a fait en toutes les batailles qui se sont données ès guerres civiles. Losse ayant esté ouy avec grande allegresse à la Cour, meslée toutesfois de douleur pour la prise du Connestable et mort du mareschal de Sainct-André et des autres seigneurs et gentils-hommes morts ou bles-

---

[1] *Biron*. Armand de Biron, qui fut par la suite l'un des serviteurs les plus dévoués de Henri IV.

sez de nostre costé, il fallut faire part de cette rejouissance à Paris, où il fut commandé de faire feux de joie et processions pour rendre graces à Dieu. Le semblable fut fait ès bonnes villes de France, èsquelles on despescha force courriers pour leur faire entendre cette nouvelle.

Cependant le Connestable fut mené en si grande diligence, blessé et vieil comme il estoit, qu'il porta presque le premier ces nouvelles à Orleans, où l'on lui bailla pour hostesse la princesse de Condé sa niece; laquelle, d'autre costé, avoit besoin de consolation pour la prise du prince son mary, lequel demeura hoste du duc de Guise son cousin, qui le traita fort bien; et coucherent ensemble (1) le jour de la bataille près de Dreux, où ledit duc avoit son logis, et deviserent de tout ce qui s'estoit passé.

Il y eut au matin quelques advertissemens apportez au duc de Guise, que l'Admiral voulust persuader aux reistres de retourner le lendemain au combat, leur disant qu'ils trouveroient le reste de nostre armée en desordre, avec si peu de cavalerie, que la victoire leur seroit asseurée; mais les reistres n'approuverent pas ce conseil, pour les excuses qu'ils alleguerent de n'avoir plus de poudre, et qu'ils avoient plusieurs chevaux blessez, deferrez et mal repeus, et autres raisons que l'Admiral fut contrainct de recevoir. De sorte que le lendemain, au lieu de retourner combattre, ils prirent le chemin de Gallardon, laissant quelques pieces de leur artillerie par le chemin.

(1) *Et coucherent ensemble.* Pierre Mathieu dit que le prince de Condé coucha seul dans le lit du duc de Guise, et que celui-ci passa la nuit dans la même chambre sur une paillasse.

Le jour suivant au matin, le duc de Guise se trouva seul au champ et maistre de la place, où il fit tirer quelques coups de canon pour assembler et appeller un chacun, et fit mettre les blessez dans Dreux et enterrer tous les morts. Puis il envoya les enseignes gagnées sur les gens de pied, et les cornettes et guidons remportez sur la cavalerie, à Paris, pour signal de la victoire qui luy estoit demeurée, et s'arresta quelques jours ès environs de Dreux, attendant le commandement du Roy.

Alors Leurs Majestez avec toute la Cour s'acheminerent à Rambouillet, où ledit duc fut mandé de s'y trouver : et y estant allé accompagné de la pluspart des seigneurs, gentils-hommes et capitaines de son armée, après le disner du Roy il se trouva dedans la sale pour faire la reverence à Leurs Majestez, où il leur rendit en public, et comme en forme de harangue, compte de tout ce qui s'estoit passé en cette bataille; et commença par le regret qu'il avoit d'avoir vu tant de braves François, princes, seigneurs et gentils-hommes, obstinez, aux despens de leur sang et de leurs vies, les uns contre les autres, qui eussent esté suffisans pour faire quelque belle conqueste sur les ennemis estrangers. Puis il s'estendit amplement à parler de la prudence du Connestable, chef et general de l'armée, tant pour l'avoir mis en bataille avec tous les avantages que la nature du lieu lui avoit pu permettre, que pour avoir si bien encouragé un chacun au combat, que les moins courageux s'estoient resolus d'y bien faire, ausquels il avoit monstré le chemin, se trouvant par tout, suivant son ancienne valeur. Après il fit le discours de toutes les charges qui furent faites par le prince de Condé, auquel il attribua toutes les louanges qui se peuvent donner à un chef d'armée qui ne vouloit rien commander dont luy mesme ne prist courageusement le hasard, et comme, après plusieurs recharges, l'un et l'autre furent à la fin pris prisonniers, et plusieurs braves seigneurs, capitaines et gentils-hommes, tuez ou blessez. Il loua aussi fort amplement les Suisses; puis il fit une digression sur le malheur qui estoit advenu au mareschal de Sainct-André, chef et conducteur de l'avant-garde, qui, après avoir esté pris, fut tué par la mauvaise volonté que luy portoit un gentilhomme.

Il n'oublia pas l'Admiral, qui avoit esté contrainct de quitter la partie; et loua fort le duc d'Aumale, son frere, qui y avoit esté porté par terre, et eu une espaule rompue, et le grand prieur, son autre frere, pour avoir usé de grande diligence et esté deux ou trois jours à cheval devant la bataille, tousjours à la teste ou aux flancs, ou à la queue des ennemis, où il s'estoit porté aussi vaillamment qu'on eust sceu desirer. Il fit semblablement un bon recit de d'Anville et de Martigues; mais il parla legerement des lanskenets, comme ayans peu fait, tant d'une part que d'autre, et fort sobrement de luy, comme n'estant qu'un simple capitaine et particulier en l'armée, avec sa compagnie et quelques gentils-hommes de ses amis, qui luy avoient fait cet honneur de le suivre et accompagner ce jourlà, où, après la prise dudit Connestable et la mort du mareschal de Sainct-André, le reste de l'armée luy avoit fait cet honneur de le prier de la commander. Et s'estant joinct avec eux, et ayant pris leur conseil, ils avoient tant fait avec la volonté de Dieu, que la victoire et la place de bataille leur estoit demeurée, et s'estoient maintenus jusques à l'heure, pour attendre ce qu'il plairoit au Roy de leur commander.

Et après avoir dit, il presenta à Sa Majesté une infinité de ceux qui l'avoient accompagné audit Rambouillet, où le Roy, l'ayant remercié du bon service qu'il luy avoit fait ce jour-là, luy commanda et pria d'accepter la charge de l'armée pendant l'absence du Connestable; et ainsi il fut fait lieutenant du Roy, avec grand honneur qui luy fut rendu, tant des gens de guerre que de ceux de la Cour, bien qu'il se voulust excuser de cette charge en suppliant le Roy d'y commettre quelque prince de son sang, ou le mareschal de Brissac.

L'Admiral cependant, qui avoit pris le chemin de la Beausse, alla à Dangeau, où il fut aussi esleu chef de l'armée des huguenots en l'absence du prince de Condé; et là fit deliberation d'aller rafraischir son armée ès villes des pays de Sologne et de Berry, et prit une petite ville appellée Le Puiset, qui se rendit par composition. Estant à Espies en Beausse, il eut quelques advertissemens que le duc de Guise le vouloit suivre. Qui fut cause qu'il manda à Orleans pour rassembler tout ce qui s'y estoit allé rafraischir, puis s'en alla à Beaugency, où il passa la riviere de Loire, et alla, au commencement de janvier, à Selles en Berry, qu'il assiegea et prit par composition. Il alla semblablement prendre Sainct-Agnan et Montrichard, qui sont toutes places lesquelles ne pouvoient tenir, n'y ayant que les habitans. Le duc de Guise, d'autre part, ayant grande quantité d'artillerie, et son armée estant composée de gens de pied du reste de la bataille, ne pouvoit aller si tost que l'Admiral, qui n'avoit que de la cavalerie. Il prit cependant Estampes et Pluviers, et alla jusques aux portes d'Orleans.

Au mesme temps le Roy alla à Chartres, et de là à Blois, où le prince de Condé fut mené, et de là envoyé au chasteau d'Onzain, où il pratiqua de se sauver; ce que toutesfois il ne put executer, et y en eut quelques-uns pendus de ceux qui faisoient l'entreprise.

CHAPITRE VII.

Le sieur de Castelnau, après la bataille de Dreux, où il se rencontra, est renvoyé continuer le siege du Havre. Il prend Tancarville. Le Roy luy en donne le commandement. Miserable estat de la Normandie entre les deux partis catholique et huguenot. L'admiral de Chastillon prend Jargeau et Sully, et se retire en Normandie. Querelle entre le mareschal de Vieilleville et le sieur de Villebon, gouverneur de Rouen. Le mareschal de Brissac envoyé lieutenant general en Normandie à la place du mareschal de Vieilleville. Amnistie publiée par ordre du Roy, pour diminuer les troupes de l'Admiral, qui escrit aux princes d'Allemagne que le Roy n'est pas libre. La Reyne tasche de divertir l'Admiral de son voyage de Normandie, qu'il continue, et prend Caen.

MAIS avant que poursuivre à parler de ces deux armées, que je laisseray pour un peu, je te diray, mon fils, qu'ayant esté laissé au Havre de Grace avec le comte Rhingrave, dès lors que l'armée du Roy partit de Rouen après la prise de la ville, ce que je m'estois trouvé dedans Paris, en l'armée du Roy, et en tout le progrez qu'elle fit jusques après la bataille, ne fut qu'en poursuivant ce qui nous estoit necessaire pour assieger ledit Havre, avoir des gens de pied, de l'argent, poudres et munitions. De sorte que du mesme lieu de Rambouillet je fus renvoyé audit Havre de Grace, avec l'un des regimens de lanskenets du comte Rhingrave, qui estoit à la bataille, qui fut tout le secours que l'on envoya lors audit comte. Lors le sieur de Vieilleville, estant fait mareschal de France par la mort du mareschal de Sainct André, fut envoyé à Rouen pour y commander, et faire les entreprises de chasser les Anglois de la Normandie, reprendre le Havre et Dieppe.

Et comme je passois au pays de Caux avec ledit regiment de lanskenets, et près d'un chasteau appellé Tancarville, que tenoient les Anglois sur la riviere de Seine, ils eurent quelque espouvante, pensans que ce fust toute l'armée du Roy, dont je leur fis courir le bruit, et à l'instant loger là auprès et au village dudit Tancarville les lanskenets, qui fut cause de faire parlementer ceux du chasteau : ce que je manday incontinent au comte Rhingrave, qui estoit à Montivillier ; lequel partit à l'heure mesme pour voir cette composition avec son regiment : le mareschal de Vieilleville partit aussi au mesme temps de Rouen, et le jour mesme qu'ils arriverent la place fut rendue des François et Anglois qui estoient dedans.

Le Roy, en estant adverty, m'envoya une commission pour y mettre quelques gens de pied et de cheval, afin de tenir les Anglois resserrez de ce costé-là, et asseurer la riviere de Seine jusques au Havre de Grace, et pour faire le magazin de vivres et toutes choses necessaires audit Tancarville pour assieger ledit Havre. Car en toute la Normandie il y avoit eu tel desordre par les armées qui y avoient passé et sejourné, que toutes choses y estoient desolées, et tous les pauvres peuples au desespoir; où les catholiques ne faisoient pas moins de mal que les Anglois et les huguenots : de sorte qu'il ne se trouvoit rien par les villages ny par les maisons, qui ne fust caché et retiré dedans des carrieres longues et profondes qu'ils ont en ce pays-là, où ils sauvoient tous leurs biens et bestail et eux mesmes, comme gens sauvages desesperez; de façon que les reistres du comte Rhingrave battoient ordinairement sept ou huit lieues de pays, pour trouver des vivres et aller aux fourrages.

Mais, pour retourner aux deux armées du Roy et des huguenots, l'Admiral, craignant le siege d'Orleans, persuada aux siens d'y aller, et les fit passer et loger en la ville, ayant pris en passant Jargeau et Sully. Alors le duc de Guise s'alla loger à quatre lieues d'Orleans par le costé de la Sologne, tellement que ces deux armées se trouverent voisines, ledit duc pour assaillir, et l'Admiral pour defendre : mais, après avoir demeuré quelques jours en ladite ville d'Orleans, il persuada à ses reistres, avec grande peine et difficulté, de reprendre le chemin de la Normandie pour deux raisons : l'une, pour ne se hasarder et enfermer tous en la ville d'Orleans; l'autre, pour recevoir l'argent qui luy estoit promis d'Angleterre pour les payer, leur persuadant de laisser leurs chariots en la ville, qui demeureroient seurement et à couvert, en prendre les chevaux, pages et valets, et en faire quelques cornettes; ce qu'ils firent à la fin, mais très mal volontiers. Cette resolution faite, il laissa d'Andelot son frere audit Orleans, pour la deffence de cette ville, et aussi qu'il estoit malade de la fievre quarte. Cela fait, l'Admiral prit son chemin vers Tyron et Dreux, au mesme lieu où s'estoit donné la bataille, où il fit divers discours des fautes faites des deux costez.

Le Roy, adverty du partement et voyage que ledit Admiral faisoit en Normandie avec tous ses reistres et François, depescha lettres en tous les lieux de cette province, pour porter tous leurs biens et vivres ès villes fermées. En ce temps, estant survenu une querelle entre le mareschal de Vieilleville et le sieur de Villebon, baillif et gouverneur de la ville de Rouen, comme ils disnoient ensemble, le mareschal de Vieilleville coupa le poing, au lieu de la jointure, d'un coup d'espée audit Villebon, comme il vouloit mettre la main à la sienne, laquelle luy tomba par terre. Un jour après, j'allay à Rouen où j'avois affaire, pour adviser aux necessitez de la Normandie; et comme j'avois donné advis à Sa Majesté de cet accident arrivé, elle m'envoya lettres pour voir ceux du parlement et les premiers de la ville, pour leur commander qu'il n'y eust aucunes factions qui pussent troubler le public. J'avois aussi commandement de Sa Majesté de voir lesdits mareschal de Vielleville et de Villebon, et leur dire le desplaisir qu'elle avoit de cet accident survenu à l'un et à l'autre ; mais chacun d'eux voulut rejetter le tort sur son compagnon. Villebon ne parloit que de mettre la vie, et employer tous ses amis pour avoir sa revanche.

Le Roy, pour obvier à l'inconvenient qui pouvoit arriver de quelque sedition et nouveau remuement en la ville de Rouen, qui ne commençoit qu'à se remettre de tant de maux qu'elle avoit soufferts auparavant, advisa de retirer le mareschal de Vieilleville, et y envoya le mareschal de Brissac, pour estre lieutenant-general en toute la Normandie, et luy commit la puissance et authorité generale de reprendre les villes du Havre et Dieppe, et faire une armée pour empescher les desseins de l'Admiral en ladite province.

Et alors le Roy, pour diminuer et rompre les forces des huguenots, fut conseillé de faire publier un pardon general à tous ceux qui se retireroient d'avec l'Admiral pour aller vivre paisiblement dans leurs maisons. Outre cela, Sa Majesté fit faire une declaration particuliere adressante aux princes d'Allemagne, pour leur faire entendre qu'elle estoit en pleine liberté, la Reyne sa mere, et messeigneurs ses freres ; et en envoya la copie au mareschal de Hesse et à ses reitremaistres, pour les inciter à se retirer hors du royaume de France, ou bien de se mettre à son service, et de laisser le parti de ses ennemis, mauvais sujets et perturbateurs du repos public qui les avoient déceus.

Cette declaration estant venue à la cognoissance du mareschal de Hesse et de ses reistres, aussi-tost l'Admiral leur fit entendre qu'elle estoit contrainte et forcée ; que le Roy estoit mineur, comme aucuns des autres princes de son sang qui l'avoient signée par son commandement, et les autres intimidez, et la Reyne sa mere, par ceux qui les tenoient en subjection. Il escrivit le mesme à l'empereur Ferdinand et aux princes d'Allemagne pour les advertir de croire tout le contraire de ce que l'on leur avoit mandé, en les priant plustost de leur aider et envoyer le secours qui leur avoit esté promis, que de l'empescher et garder que les catholiques ne fissent des levées en Allemagne. La

Reyne mere, comme j'ay dit souvent, tousjours desireuse de trouver quelque moyen de pacification, escrivit à l'Admiral de differer son entreprise d'aller en Normandie pour quelques jours, durant lesquels l'on pourroit traiter de la paix. A quoy il respondit que c'estoit une chose qu'il desireroit volontiers, et que, pour cet effet, il seroit bon que le prince et le Connestable se vissent pour traiter cette affaire; mais cependant qu'il estoit deliberé de poursuivre son entreprise; et, comme j'ay dit, estant desjà arrivé au lieu où s'estoit donnée la bataille, il fit diligence d'achever son voyage; mais il ne put, comme c'estoit son dessein, prendre la ville d'Evreux, d'où il fut repoussé, et y perdit quelques gens. En passant, le prince Porcian fit une entreprise d'aller composer avec celuy qui estoit au Pont-l'Evesque qui le rendit. L'Admiral sejourna quelques jours à Dives, attendant des nouvelles des Anglois, et, peu de temps après, alla assieger la ville de Caen, de laquelle du Renouart estoit gouverneur, où le marquis d'Elbeuf, frere puisné du duc de Guise, s'estoit retiré, estant en ce pays-là; et usa de telle diligence qu'il l'eut à la fin par composition, laquelle ne fut tenue en toutes choses; car les eglises furent ruinées, les reliques saccagées, les ecclesiastiques pris et mis à rançon, avec plusieurs catholiques, qui furent contraints de contribuer à ce qu'ils avoient esté cottisez.

CHAPITRE VIII.

Conquestes de l'Admiral en Normandie. Declaration de la reyne d'Angleterre sur le secours qu'elle luy donne. Le duc de Guise assiege Orleans contre le conseil de plusieurs, et ainsi abandonne la Normandie à l'Admiral. Le mareschal de Brissac, renfermé dans Rouen, et hors d'estat de secourir la province, veut remettre son employ, n'estant point assisté. Il envoye vers le Roy, et conseille la levée du siege d'Orleans pour venir secourir la Normandie.

L'ADMIRAL, triomphant de la prise de Caen, commença à bastir de plus grands desseins sur la Normandie, et depescha plusieurs capitaines pour faire des entreprises sur les villes d'icelle, et entr'autres Mouy et Coulombiers, qui se saisirent de Honfleur et de Bayeux; et Montgommery, lequel, comme nous avons dit, avoit fait un grand ravage dans cette province, fut aussi envoyé pour reprendre les villes de Sainct-Lo, Vire et autres places, ce qu'il fit, avec quelques gens de pied et pionniers anglois qui lui furent baillez par l'Admiral, lequel toucha l'argent de la reyne d'Angleterre, que le sieur de Trokmarton, lequel estoit auparavant son ambassadeur auprès du Roy, avoit apporté, avec autres belles promesses de ce royaume pour augmenter le mal qui estoit au nostre. Ce qui incita l'Admiral de leur donner le plus de pied qu'il luy seroit possible, afin qu'ils fussent plus prests à le secourir;

s'efforçant de contenter ledit Trokmarton en tout ce qu'il put, et fit relire et publier de nouveau la declaration qu'avoit faite la reyne d'Angleterre, pour monstrer que son intention n'avoit jamais esté autre que de secourir le Roy son bon frere, contre la violence et desseins de ceux qui le gouvernoient par force, sans vouloir rien entreprendre dedans le royaume, qui ne fust pour le bien et conservation de son Estat.

Et ainsi, par tous moyens, ledit Admiral taschoit de faire ses affaires en Normandie, y branquetant (¹) tous les villages, leur faisant payer et fournir certaines contributions, et mettre les catholiques à rançon, pour payer ses reistres qui estoient logez au large : lesquels je laisseray pour retourner au duc de Guise qui approcha d'Orleans, et s'alla loger au village d'Olivet, à demie lieue de la ville, le 5 fevrier 1563, où, ayant fait refaire le pont en diligence, et celuy de Sainct-Mesmin, et la chaussée des Moulins de Sainct-Samson, il yt son dessein en peu de temps de mettre en liberté le Connestable, et de prendre la ville d'Orleans, contre le conseil et opinion de plusieurs de la Cour, qui demandoient qu'il allast en Normandie, pour y combattre ou empescher les desseins de l'Admiral, et lequel n'avoit personne qui luy contredist et fist resistance. Car le comte Rhingrave, qui n'avoit que ses deux regimens de lanskenets et les six compagnies qui m'avoient esté baillées, avec quelque cavalerie, et douze cens reistres, estoit de l'autre costé, au pays de Caux, au delà de la riviere de la Seine, et attaché au Havre-de-Grace, que l'on ne pouvoit abandonner sans mettre le pays à la mercy des Anglois, qui estoient audit Havre et à

(¹) *Branquetant* : pillant.

Dieppe, guidez par plusieurs huguenots qui estoient dedans le pays.

Matignon, lieutenant du Roy en la basse Normandie, et à present mareschal de France, estoit d'autre part bien empesché par l'Admiral, lequel avec ses reistres estoit maistre de la campagne, comme aussi par le comte de Montgommery ; ce qui faisoit bien mal au cœur au mareschal de Brissac, lieutenant-general par toute la Normandie, lequel estoit contraint de demeurer à Rouen, pour n'avoir ny hommes, ny argent, ny moyen de sortir de la ville, et trouvoit ce commandement bien different de celuy qu'il avoit eu en Piedmont, avec tant d'argent et de braves capitaines et soldats, et qu'il n'y avoit rien en France qui luy fust lors espargné, n'y ayant jeune prince, seigneur et gentilhomme qui n'allast faire son apprentissage en cette guerre de Piedmont. Voyant donc le mareschal de Brissac le piteux commandement qu'il avoit, et le peu de moyen de conserver sa reputation, et faire service au Roy en cette charge, manda le comte Rhingrave et quelques autres seigneurs et gentilshommes, et des principaux capitaines qui estoient serviteurs du Roy en Normandie, pour le venir trouver à Rouen, afin de prendre conseil et deliberation de ce qu'il falloit faire. Or estans assemblez avec luy, il nous proposa qu'il avoit un extresme regret d'avoir, sur ses vieux jours, accepté la charge de lieutenant general du Roy en Normandie, se trouvant seulement avec la commission qu'il vouloit renvoyer à Sa Majesté, parce que l'on ne luy avoit tenu aucune chose de ce qui luy avoit esté promis, luy ayant esté dit et asseuré au partir de la Cour, qu'aussi tost qu'il seroit à Rouen l'on luy envoyeroit des hommes, de l'argent, du canon, des munitions, des pionniers et autres choses necessaires pour reprendre les villes du Havre-de-Grace, de Dieppe et autres detenues, et qui se prenoient tous les jours en Normandie; qu'il estoit un bourgeois de la ville de Rouen, et non un lieutenant du Roy, parce qu'il n'avoit pas seulement deux cens chevaux pour recognoistre l'Admiral, lequel faisoit tout ce qu'il vouloit sans aucun empeschement. Que de tirer le comte Rhingrave avec ses forces du Havre-de-Grace, où il tenoit les Anglois resserrez, il n'y avoit point d'apparence, tant pour n'estre assez fort pour faire teste à l'Admiral, qu'aussi ce seroit bailler entierement le pays de Caux aux Anglois, qui avoient six mille hommes dedans le Havre-de-Grace. Et après avoir le mareschal de Brissac allegué plusieurs autres raisons accompagnées de la douleur qu'il avoit de se voir enfermé dans la ville de Rouen, et voir ruiner, prendre et piller toute la Normandie par l'Admiral, il demanda conseil d'un chacun de ce qui estoit de faire. La plus grande partie fut d'opinion d'envoyer vers le Roy, tant pour luy remonstrer les maux que faisoit l'Admiral, que pour la grande espouvante qu'il donnoit à tout le pays, afin que Sa Majesté envoyast des forces et de l'argent au mareschal pour faire une armée, et se mettre en campagne avec ce qu'il tenoit pour le Roy, et aller combattre l'Admiral.

Le mareschal de Brissac ayant entendu l'opinion d'un chacun, prenant de l'un et de l'autre ce qui luy sembloit bon, fit la conclusion qu'il avoit prise, comme il est à presumer, avant que de nous envoyer querir, qu'il falloit donc en diligence envoyer vers le Roy qui

estoit à Blois, avec les instructions et mémoires de tout
l'estat present de la Normandie et de la necessité où
elle estoit reduite, en danger d'estre bientost plus mal,
s'il n'y estoit promptement pourvu, et qu'au lieu de
six mille Anglois qu'il y avoit, il y en auroit bientost
douze mille et plus ; disant qu'il avoit toujours ouy
dire et recognu que cette nation ne demandoit qu'à
prendre pied en France du costé des lieux maritimes.
Davantage, que l'Admiral, ayant de l'argent d'Angleterre, n'auroit pas faute de gens, mesme d'un renfort
de reistres, comme il traitoit avec quelques princes
d'Allemagne. Par ainsi qu'il jugeoit (ce qu'à Dieu ne
plust) que, s'il n'estoit bientost pourvu à la Normandie,
les Anglois et l'Admiral y auroient la meilleure part,
et seroit fort mal-aisé de les en desloger ; et que, pour
cette occasion, il ne voyoit autre remede plus prompt,
ny forces qui fussent bastantes de deux mois de donner
aucun secours à cette province, si ce n'estoit de l'armée que commandoit le duc de Guise : estans d'advis
qu'il laissast la ville et le siege d'Orleans et les entreprises au milieu de la France, où il se trouveroit tousjours assez de remedes pour ruiner les huguenots, afin
d'aller chasser les Anglois, principaux ennemis du
royaume, et l'Admiral de Normandie : lequel estant
defait avec ce qui luy restoit de reistres, et le prince de
Condé prisonnier, les huguenots estoient perdus pour
jamais, et demeureroient sans chef, et les Anglois avec
la honte et le repentir d'avoir mis le pied en France.
Et fit avec cette resolution plusieurs beaux discours
trop longs à reciter, selon son experience au fait des
armes.

CHAPITRE IX.

Le sieur de Castelnau Mauvissiere envoyé au Roy à Blois par le mareschal de Brissac proposer ses advis. Le Roy le renvoye au duc de Guise devant Orleans. Le duc de Guise à son arrivée le mene à l'attaque du fauxbourg de Portereau qu'il emporte de force. Entretiens du duc de Guise avec le sieur de Castelnau Mauvissiere, tendant à ne point quitter son entreprise. Liberalité du duc de Guise envers les soldats blessez. En continuant le siege le duc assemble le conseil de guerre pour entendre les ordres du sieur de Castelnau Mauvissiere. Discours du duc de Guise contre le conseil de la levée du siege. Il ramene tous les chefs à son opinion, et fait difference du commandement des armées en guerres civiles et en guerres estrangeres. Le duc de Guise propose la levée du ban et arriereban, et de faire une grande armée commandée par le Roy, et s'en promet en peu de mois la ruine des rebelles et la paix du royaume.

APRES cela il me voulut choisir pour porter ce conseil et son opinion au Roy et au duc de Guise, avec instruction et amples memoires. Cette depesche ainsi resolue fut faite tout le reste du jour et de la nuit, et le lendemain au matin je fus pressé de partir par ledit mareschal, après m'avoir dit plusieurs choses de bouche pour dire à Leurs Majestez et au duc de Guise, afin de les porter à cette resolution. Donc le chemin de Rouen à Blois n'estant pas fort long, je fis diligence d'y aller en poste, et trouvay le Roy et la Reyne sa mere, et tout le conseil qui estoit auprès d'eux, si preparez à ce que je leur proposay de la part du mareschal, qu'ils me dirent estre entierement de son opinion, mais qu'il sembloit que ce ne fust celle du duc de Guise, lequel se vouloit attacher à Orleans de sa seule volonté.

Gonnor, frere dudit mareschal de Brissac, qui avoit la super-intendance generale des finances, pressoit fort de conseil et de raisons semblables à celles de son frere, que le duc de Guise s'acheminast incontinent en Normandie. De sorte qu'à mesme heure je fus depesché du Roy et de la Reyne sa mere, par l'advis de tout le conseil qui estoit auprès d'eux, pour aller trouver le duc de Guise qui faisoit ses approches à Orleans. Et comme il n'y a que quatre postes j'y arrivay devant son disner; et incontinent après il s'en alla voir son infanterie, qui estoit à deux cents pas du faux-bourg du Portereau, sur les deux costez du droit chemin, qui l'attendoit sans faire aucun bruit, suivant le commandement qu'elle en avoit reçu.

Là je proposai au duc de Guise, le plus briefvement qu'il me fut possible, la commission que j'avois. Mais il ne me respondit autre chose, sinon que j'estois le fort bien venu, et que nous aurions du temps à parler et resoudre sur une affaire de telle importance; puis me fit bailler un bon cheval de son escurie, et me commanda de le suivre et de bien considerer les gens de pied qui estoient en cette armée, les meilleurs, disoit-il, qu'il eust jamais veu, et d'aussi bons maistres de camp et capitaines qu'il y en eust en France, et entr'autres Martigues, leur colonel, qui estoit plein de valeur et de courage. Au mesme temps il met pied à terre au milieu de ses troupes, parle à quelques capitaines, et commissaires de l'artillerie, prend ses armes et fait mettre à la teste de son infanterie quatre coulevrines traisnées seulement par les pionniers; puis donna droit au faux-bourg du Portereau, qui n'estoit fortifié que de quelques gabions, fascines et tonneaux, où il fit tirer une volée desdites coulevrines, et, au mesme temps donner quelques enseignes, lesquelles au mesme instant faussent les portes, renversent tous les gabions et tonneaux, et entrent dedans le faux-bourg, où il y avoit quelques lansquenets et François, qui avoient promis à d'Andelot de garder et deffendre ledit Portereau; mais les uns se retirerent fuyans et jettans les armes par terre pour entrer en la ville; les autres qui n'alloient sitost y furent tuez et taillez en pieces, autres pris prisonniers, laissans tout ce qu'ils avoient en leurs logis, qui fut tout pris et gagné par les gens de pied du duc de Guise, lequel fit assez grande diligence, et d'entrer pesle-mesle pour gagner la porte de la ville, et entrer dedans avec les fuyards, qui aiderent à fermer la porte à leurs compagnons et leurs ennemis tout ensemble, et tiroient fort et ferme du portail et de plusieurs endroits de la ville sur les nostres, qui avoient gagnez le fauxbourg.

Lors le duc de Guise me dit qu'il avoit ouy dire autrefois que l'on prenoit des villes, et y entroit-on peslemesle quand il y avoit un espouvantement tel que celui-là, et qu'il n'en avoit jamais veu un plus grand, ayant toutesfois bien fermé leur porte, sans nous épargner la poudre. Aussi tiroient-ils force arquebusades, et quelques pieces qui faisoient beaucoup de dommage aux nostres, et où ledit duc mesme n'estoit pas hors de danger; qui fut cause de le faire descendre de cheval et entrer ès premieres maisons à la main gauche, qui regardoient vers la porte; de laquelle ceux de la ville tiroient jusques à son logis, où il demeura jusques environ sur les cinq heures du soir à voir tout ce qui se passoit, entendant quelques prisonniers sur l'estat de la ville et de ce que faisoit d'Andelot, qu'ils dirent avoir la fievre quarte ce jour-là. Lors il dit en riant que c'estoit une bonne medecine pour la guerir. Et s'enquit du Connestable d'autres particularités, selon qu'il pensoit apprendre quelque chose, puis il me dit : « Je voudrois que le mareschal fust ici pour une heure; j'estime qu'il prendroit contentement de nos gens de pied, et qu'il auroit regret de les voir partir d'icy sans mettre M. le Connestable en liberté et desnicher le magazin et premiere retraite des huguenots. »

Achevant ce propos, il sortit de ce logis, et alla recognoistre ce qu'il put de la ville, de leurs fortifications et des lieux par où il la voudroit prendre; puis il assit ses gardes, et ordonna à un chacun ce qu'il avoit à faire pour la nuit, leur asseurant qu'il seroit le lendemain de bon matin avec eux pour adviser du surplus, et donna lui mesme de sa main de l'argent à quelques soldats blessez, comme c'estoit ordinairement sa coustume, et ainsi avec la nuit il se retira à son logis, qui estoit à une lieue de là, et en retournant me dit: « Nous parlerons demain pour faire response au Roy et à M. le mareschal de Brissac. » Le lendemain de grand matin il m'envoya querir, estant desjà prest à monter à cheval pour aller au Portereau et retourner à son entreprise, où il employa tout le jour à commander et ordonner tout ce qu'il y avoit à faire pour la prise de la ville, et à preparer des batteaux pour passer la rivierc et faire sa batterie, avec esperance que la ville ne tiendroit pas long-temps après. Le troisiesme jour au matin, sur les huit heures, il envoya querir tous les principaux seigneurs et capitaines qui avoient charge en son armée, et, pour avoir plus d'espace, entra au jardin, où il me donna charge en leur presence de dire, sans oublier aucune chose, la commission que m'avoit donnée le mareschal de Brissac, par l'advis de ceux qui estoient serviteurs du Roy en Normandie, et le commandement que m'avoient fait Leurs Majestez, qui approuvoient l'opinion dudit mareschal : ce que je recitay de point en point, avec toutes les raisons qu'il m'estoit commandé de dire au duc de Guise et à tous ceux qui estoient avec luy. Et, après m'avoir attentivement escouté, demanda l'advis à tous les seigneurs et capitaines qui estoient presens, et les fit opiner par ordre, commençant aux plus jeunes. Il n'y en eut pas un qui ne trouvast en apparence ce conseil du mareschal et ce commandement du Roy très-bon, d'aller incontinent combattre l'Admiral.

Et après les avoir tous ouys, le duc de Guise commença de parler en cette façon : « Messieurs, nous avons tous entendu le bon conseil de M. le mareschal de Brissac par la bouche de Castelnau, et l'opinion de tous les bons serviteurs du Roy qui sont avec luy, ensemble l'estat auquel sont de present les affaires en la Normandie, et les actes d'hostilité qu'y fait journellement l'Admiral avec ses reistres, et ce qui luy reste de cavalerie de la bataille, toutes choses à la verité dignes de grande consideration, et le commandement exprès que le Roy nous donne la-dessus de partir d'icy avec cette armée, pour nous aller opposer à l'Admiral et à ses desseins, qui seroient de subjuguer le pays de Normandie, et en bailler une bonne partie aux Anglois, anciens ennemis de la couronne de France, et qui ont tousjours cherché de faire leur profit de nos divisions, dont il n'est besoin d'alleguer les exemples connus à un chacun; et est bien croyable que la necessité d'argent dans laquelle est reduit l'Admiral pour payer son armée et ses reistres, avec la passion de sa cause, luy fera oublier le devoir de sujet envers son roy et sa patrie; et en l'opinion et au jugement de vous autres, très-sages et bons capitaines qui estes icy assemblez, je recognois bien que vous voulez du tout, comme très-obeissans, vous conformer au commandement du Roy et advis très-prudent du mareschal de Brissac, le plus sage et experimenté capitaine de France après le Connestable; et, de ma part, je craindrois toujours de faillir en mon opinion, mesmement pour contredire à tant de sages capitaines et au commandement du Roy; mais j'ai aussi souvent ouy dire et appris par expérience que sur nouveau accident il faut prendre nouveau remede. Chose qui me fera plus librement dire ce qui me semble en cette affaire, sans me laisser emporter d'aucune affection particulière. Premierement je trouve qu'en apparence le conseil de M. le mareschal de Brissac est fort bon, de vouloir persuader au Roy que Sa Majesté envoye son armée pour defaire celle de l'Admiral, remettre la Normandie en liberté, et en chasser les Anglois le plustost qu'il sera possible, et garder qu'ils ne prennent plus de pied et ne donnent plus d'aide et d'argent aux huguenots, et confesse que leur conservation ou leur ruine depend de l'Admiral et de son armée. Mais de partir si soudain pour le penser trouver et sa cavalerie en lieux desavantageux, comme Castelnau m'en a fait le rapport, et laisser l'entreprise d'Orleans, ville si estonnée et à demi prise, c'est chose qui me semble hors de propos; veu aussi que l'Admiral ne sera pas si mal adverty (attendu qu'il en a de sa faction à la Cour et par toute la France), qu'en moins de vingt-quatre heures l'on ne luy mande ce qui aura esté conclu contre luy : sur quoy il pourvoira diligemment à ses affaires pour se mettre et sa cavalerie en lieu de seureté et commode pour chercher ses advantages; et faut considerer que l'armée du Roy qui tient Orleans de bien près, est composée de gens de pied seulement ; que depuis la bataille toute la cavalerie s'est allé rafraischir et remettre en estat de faire service; et lorsqu'il a esté question d'employer cent chevaux après avoir passé la riviere de Loire, j'y ay eu assez affaire, la pluspart estant volontaires, et bien souvent j'ay presté ceux de mon escurie et de ma maison. Aussi a-t-on jamais veu une armée, toute de gens de pied, aller chercher une armée de gens de cheval, ayant tant de plaines à passer, comme celle de la Beausse, celle de Dreux et celle du Neufbourg, en l'une desquelles l'Admiral attendra l'armée du Roy, en son option de combattre, ou de hasarder mille ou douze cens chevaux, pour les sabouler parmy les gens de pied, voir s'il les pourra entamer, pour donner dessus tout le reste? ou bien, quand il n'aura volonté de combattre, il leur coupera les vivres, et leur fera endurer de grandes incommoditez en quelque mauvais logis; et, en un mot, pour partir d'Orleans, quand bien ce seroit chose forcée, il faux six ou sept jours à desloger, à faire cuire du pain, ordonner aux commissaires des vivres de faire leurs estapes, et le chemin qu'il faut tenir, envoyer querir et faire ferrer les chevaux de l'artillerie, bailler quelque argent aux soldats, dont la pluspart ont besoin, et qui sont sans souliers ; et, pendant ce temps-là, l'Admiral, estant adverty, s'acheminera pour se trouver en l'une des trois plaines susdites, èsquelles, s'il ne veut tenter la fortune de combattre, il passera, avec toute sa cavalerie, à cent ou deux cens pas de l'armée du Roy, la laissera aller en Normandie, retournera à Orleans, passera auprès de Paris, donnera aux habitans un estonnement, en danger de brûler les faux-bourgs, espouvantera tous ces quartiers, rançonnera chacun à discretion, peut-estre ira droit à Blois, prendra la ville, ou du moins en fera desloger le Roy, et par consequent se fera maistre de la campagne tout le long de la riviere de Loire, et y asseurera Orleans et les places qu'il y a et au pays de Berry, et, en somme, fera la pluspart de ce qu'il luy plaira sans aucun empeschement. Alors l'on dira : Où est l'armée du Roy ? où va le duc de Guise ? pourquoy a-t-il laissé l'entreprise d'une ville qu'il pouvoit prendre en dix jours, abandonné le Portereau et ce qu'il avoit pris sur les ennemis, pour entreprendre de passer l'armée du Roy en Normandie, laquelle à moitié chemin il faudra faire retourner bien harassée, sans avoir rien fait qui soit à propos ? Parquoy, je prie un-chacun de ne prendre en mauvaise part mon opinion, du tout contraire à celle de M. de Brissac, et faut, à mon advis, prendre Orleans avant que partir de-là, et asseurer toute la riviere de Loire et le Berry. »

Lors, comme tous les seigneurs et capitaines qui estoient en ce lieu avoient esté d'opinion contraire, à l'heure mesme ils demeurerent tous de celle du duc de Guise, lequel fit incontinent une digression et assez ample discours sur l'estat et malheur des guerres civiles; disant que le mareschal s'y trouveroit bien plus empesché qu'aux guerres de Piedmont, où il n'avoit eu qu'un ennemy en teste, ayant toutes les commoditez d'hommes et d'argent que pouvoit produire la France.

Puis il pria ceux qui estoient en ce conseil de prendre bien son opinion, et ne desloger d'Orleans, s'il estoit possible, que la ville ne fust prise; que tousjours il estoit d'advis qu'on allast chercher l'Admiral en Normandie, où la part (1) qu'il tourneroit, pour le combattre : toutesfois, qu'il y falloit marcher avec advantage, pour vaincre s'il estoit possible, et non pour estre vaincu; et, pour cet effet, qu'il estoit d'opinion que, dans peu de jours, le Roy fist donner le rendez-vous à toute la gendarmerie et arriereban de France à Baugency et ès environs, ou à Estampes, comme il seroit advisé pour le mieux, et que pareillement il fust mandé à tous ceux de la noblesse de France, depuis l'âge de dix-huict et vingt ans jusques à soixante, sans aucune excuse que de legitime maladie, de se trouver tous à faire, non pas profession de leur foy, mais de leur affection envers le Roy, et que tous ceux qui luy voudroient estre bons sujets prissent les armes et combatissent avec Sa Majesté pour la deffence de sa couronne. Que pareillement toutes les forces qui estoient esparses en divers endroits par le royaume, fussent ramassées comme celles qu'avoient mandées les ducs de Montpensier, de Nemours, Montluc, et toutes les compagnies des gens de pied et de cheval qui estoient à la solde du Roy; et

(1) *Où la part :* de quelque côté.

que Sa Majesté, estant accompagnée de la Reyne sa mere, des princes de son sang qui estoient à la Cour, et de tout le conseil, commanderoit en personne à son armée, laquelle, après avoir fait monstre, il feroit marcher droit où seroit l'Admiral, avec trente mille hommes de pied, et pour le moins dix mille chevaux, dont il se pourroit faire deux armées, desquelles la moindre seroit trop forte pour le combattre et defaire; de telle sorte que luy ny ceux de sa faction ne s'en pourroient jamais relever; et que lors l'on diroit estre la cause et l'armée du Roy, et non celle du duc de Guise, respondant aussi à ceux qui pouvoient objecter que Sa Majesté estoit trop jeune, disant qu'il prendroit sur sa vie de le faire commander et le mettre et loger tousjours en lieu si asseuré, qu'il ne courroit non plus de hasard, ny tout son conseil, que s'ils estoient à Paris; et qu'il esperoit, par ce moyen, qu'avant que l'esté fust passé le Roy seroit aussi paisible en son royaume, et exempt de guerres civiles, qu'il fut jamais.

Tout ce que dessus estant proferé par le duc de Guise, plut grandement à tous les seigneurs, capitaines et autres qui estoient en ce conseil, où aucun ne repliqua rien, sinon qu'il leur sembloit le devoir faire ainsi. Sur cela je fus renvoyé vers le Roy, où estant arrivé, soudain Sa Majesté me voulut entendre en presence de la Reyne sa mere, du cardinal de Bourbon, du prince de La Roche-sur-Yon et du conseil.

CHAPITRE X.

Le sieur de Castelnau Mauvissiere retourne vers le Roy, qui approuve la resolution prise par le duc de Guise, et renvoye le sieur de Castelnau Mauvissiere en Normandie vers le mareschal de Brissac. Histoire de l'assassinat du duc de Guise par Poltrot. Prise de Poltrot. Les huguenots s'excusent et se purgent de ce meurtre, qui causa de grands malheurs. Continuation du siege d'Orleans. Poltrot tiré à quatre chevaux. Les charges du duc de Guise continuées à son fils. Reflexion de l'autheur sur la mort tragique de tous les chefs des deux partis.

CHACUN pensoit que je deusse apporter le partement du duc pour aller avec l'armée en Normandie. Mais ayant rapporté le contraire au Roy, et tout ce qui s'estoit passé ès opinions des seigneurs, gentils-hommes, capitaines et autres, desquels le duc avoit pris l'advis, et sa conclusion susdite, elle fut incontinent approuvée de Leurs Majestez et des princes du sang et du conseil, où il n'y eut pas un de ceux qui estoient avec le Roy qui y contredist. Occasion pourquoy Leurs Majestez luy despescherent au mesme instant Rostaing, tant pour luy communiquer les autres affaires du royaume, que pour en avoir son advis.

Ce mesme jour je fus despesché en Normandie pour faire entendre au mareschal de Brissac ce que je remportois de mon voyage, et luy dire qu'il advisast, avec les forces qui estoient en Normandie, de conserver et deffendre le pays le mieux qu'il seroit possible, et empescher l'Admiral et sa cavalerie d'y faire un plus grand progrès, attendant que le Roy y envoyast son armée, où peut-estre il iroit en personne, selon le conseil du duc de Guise. De façon que l'Admiral ne pourroit là ny ailleurs trouver lieu de seureté, qu'il ne fust combattu et defait, et que ce seroit le vray moyen de mettre la fin à toutes les guerres civiles de la France.

Je n'avois pas encore esté une heure et demie avec le mareschal de Brissac, qu'il arriva en diligence un chevaucheur d'escurie, qui avoit couru jour et nuict, portant la nouvelle d'une grande blessure qu'avoit eue le duc de Guise en retournant, le jour d'après que je l'eus laissé, en son logis, resolu la nuit mesme d'assaillir les isles. Il estoit accompagné de son escuyer, qui marchoit devant luy, et de Rostaing, monté sur un mulet, lorsqu'un jeune soldat, qui se disoit gentil-homme du pays d'Angoumois, appellé Jean de Meré, dit Poltrot, estant peu auparavant party de Lyon, lors occupé par les huguenots, vint trouver le duc, feignant de se rendre à luy pour servir Sa Majesté en son armée. S'estant donc mis au service de ce prince, qui recevoit volontiers ceux qui le recherchoient, et qui l'avoit fort bien traité, il espia toutes les occasions d'executer sa detestable entreprise. L'on disoit que ce Poltrot avoit esté nourry quelque temps en Espagne, dont il parloit le langage, et s'estoit, quelque temps auparavant, tenu au service de Soubise, où quelques-uns vouloient dire qu'il avoit premedité son entreprise, bien que par sa confession il l'aye deschargé, et qu'estant party de Lyon il fut trouver l'Admiral, qui s'en servit comme d'un espion, et luy bailla de l'argent pour acheter un cheval. Quoy que ce soit, il suivit le duc de Guise jusques au dix-huitiesme fevrier 1562, qu'il luy tira en l'espaule, de six ou sept pas, un coup de pistolet chargé de trois balles empoisonnées.

Incontinent qu'il eut fait le coup, il essaya de se sauver par les taillis, desquels il y a quantité en ce pays là; mais ayant chevauché toute la nuit en crainte, pour la grande trahison qu'il avoit commise, et estant, luy et son cheval, fort las et harassez, il descendit en une grange près du lieu d'où il estoit party; et le lendemain, ayant esté trouvé endormy par Le Seurre, principal secretaire du duc, il fut pris et mené en prison, où estant accusé par conjecture, il confessa le fait; et fut mené en presence de la Reyne mere deux ou trois jours après, où il fut interrogé.

Quelque temps après, il fut publié un petit livre, par lequel l'on chargea l'Admiral, La Rochefoucauld, Feuquieres, Theodore de Beze et Soubise, auquel les huguenots firent response par forme d'apologie, disant que ledit Poltrot avoit pris ce conseil de soy-mesme, sans en demander advis à personne. Aussi l'Admiral s'en est tousjours voulu purger, disant l'acte estre meschant, encore qu'il dist que, pour son particulier, il n'avoit pas grande occasion de plaindre la mort du duc de Guise, lequel finit ses jours de cette blessure le mercredy vingt-quatriesme dudit mois, après avoir esté malade sept jours (1) avec de grandes douleurs et

(1) *Après avoir esté malade sept jours.* Il ne le fut que six : blessé le 18 février, il mourut le 24. Par ordre de la Reine-mère, l'évêque de Riez fit une relation de la mort du duc de Guise. On y voit que ce prince fut plus grand encore dans ses derniers momens que pendant sa vie. A une époque où les partis étoient exaspérés l'un contre l'autre, un passage de cette relation fit beaucoup de scandale, et compromit la duchesse de Guise. Le prélat, rappelant les conseils du prince à son

convulsions. Ce fut un acte le plus meschant que ce Poltrot eust pu commettre, car le soldat merite la mort, qui seulement aura voulu toucher le baston duquel son capitaine l'auroit voulu chastier. Et ceux qui sçavoient quelque chose de cette entreprise, eussent eu plus d'honneur de l'en detourner que de le conforter en sa mauvaise volonté; comme fit le consul Fabritius, auquel s'adressant un jour le medecin de Pyrrhus, luy offrit de l'empoisonner s'il luy vouloit donner une somme d'argent; mais au contraire, Fabritius, voyant la perfidie d'un tel homme, le fit prendre, et l'envoya, pieds et mains liez, à son maistre, lequel avoit gagné trois grandes batailles sur les Romains. Et combien que quelques-uns ayent pensé que ce Poltrot eust beaucoup fait pour les huguenots, si est-ce que cet acte a esté cause d'autres grands maux qui s'en sont depuis ensuivis, lesquels l'Admiral a sentis pour sa part, comme

---

épouse, lui faisoit dire : « Je ne veux pas nier que les fragilités de la
« jeunesse ne m'aient quelquefois conduit à choses dont vous avez pu
« estre offensée. Je vous prie me vouloir excuser et me le pardonner,
« *comme je vous pardonne!* Combien *que mes offenses soient beaucoup*
« *plus grandes que les vostres*, je ne me tiens pas des plus grands pé-
« cheurs en cet endroit, ni aussy des moindres. » Dans tout autre temps,
ce passage n'auroit fait soupçonner dans la duchesse de Guise que quelque légéreté de conduite; alors on prétendit y trouver la preuve des
fautes les plus graves. L'évêque de Riez se hâta de publier une nouvelle édition de sa relation : le passage qui avoit donné lieu à de
malignes interprétations y étoit ainsi changé. « Je ne veux pas nier
« que les fragilités de la jeunesse ne m'aient quelquefois conduit à
« choses dont vous avez pu estre offensée : je vous prie m'en vouloir
« excuser et me les pardonner : si veux-je bien dire que je ne suis pas
« en cet endroit des plus grands pécheurs, ni des moindres. » Cette
précaution tardive n'effaça pas l'impression qu'avoit produite la première édition de la relation, car la méchanceté en conserva soigneusement des exemplaires.

je diray en son lieu; et a cette mort apporté un changement à toutes les affaires de la France.

L'armée, toutesfois, vouloit poursuivre l'entreprise, et fut faite une plate-forme sur le pont pour tirer en la ville; mais le Roy, la Reyne sa mere, et tous les catholiques, demeurerent fort estonnez, comme aussi la ville de Paris, qui luy fit des funerailles fort honorables, et en laquelle ledit Poltrot fut executé et tiré à quatre chevaux. La Reyne, mere du Roy, monstra lors le ressouvenir qu'elle avoit de ses services, et l'affection qu'elle portoit à sa memoire et à toute sa maison, faisant pourvoir Henry, duc de Guise, son fils aisné, de l'estat de grand-maistre de France, et du gouvernement de Champagne, que tenoit son pere, et a fait depuis tout ce qu'elle a pu pour cette maison.

Or il fut advisé, sur les occurrences qui se presentoient, de regarder ce qui estoit le meilleur pour l'estat du Roy, du royaume et de l'armée, qui avoit perdu quatre de ses chefs en peu de temps, sçavoir: le roy de Navarre, qui estoit mort au siege de Rouen, le Connestable, pris prisonnier, le mareschal de Sainct-André, tué à la bataille de Dreux, et le duc de Guise, tué devant Orleans: chose fort remarquable, que tous les chefs de part et d'autre de ces deux armées, sont à la fin mort violemment sans qu'il en soit eschappé aucun, comme on verra cy-après.

SUPPLÉMENT DU CHAPITRE X

PAR L'ÉDITEUR.

On a vu que Coligny, La Rochefoucauld, Feuquières, Théodore de Bèze et Soubise, furent accusés par Poltrot de l'avoir excité à tuer le duc de Guise; l'assassin prétendoit même qu'il avoit reçu, à deux reprises différentes de l'argent de l'Amiral. Cette accusation augmenta la fureur des partis, et le plan de défense qu'adopta Coligny n'étoit pas fait pour la calmer. Dans l'espace de trois ans que dura l'affaire, il publia trois apologies, qui peuvent être considérées comme des pièces infiniment curieuses, parce qu'elles répandent beaucoup de lumière sur le plus grand événement de la première guerre de religion, et parce qu'elles donnent une idée très-juste, tant du caractère de l'Amiral, que de la disposition où se trouvoient alors les esprits. Nous allons en faire un extrait impartial, laissant au lecteur à juger si l'accusation avoit quelque fondement.

Le duc de Guise avoit été assassiné le 18 février 1563 : l'assassin fut arrêté le lendemain, et conduit, deux jours après, au camp de Saint-Hilaire, près de Saint-Mesmin, où se trouvoient Catherine de Médicis et Charles ix. Là il fut interrogé par le conseil privé, et fit les révélations dont nous avons parlé.

Dès le 12 mars suivant, Coligny, se trouvant à Caen, publia une première apologie, qui fut signée par le comte de La Rochefoucauld et par Théodore de Bèze.

L'Amiral avance d'abord qu'il n'a vu Poltrot, pour la première fois, qu'un mois avant l'assassinat; qu'il lui fut alors présenté par Feuquières comme un homme d'exécution, et que, dans le court entretien qu'il eut avec lui, il ne fut nullement question du duc de Guise. Il convient qu'il l'a revu depuis dans différens lieux, et qu'il lui a donné une fois vingt écus, une seconde fois cent, pour *l'employer,* dit-il, *à sçavoir des nouvelles du camp des ennemis, sans luy tenir autre langage ni propos, et sans luy faire mention de tuer ou ne pas tuer le seigneur de Guise.* Il prend à témoin la duchesse qu'autrefois il a fait souvent avertir son mari des dangers qui le menaçoient; mais il ajoute qu'il a dû changer de conduite, après avoir appris que le duc avoit conçu le projet de faire assassiner le prince de Condé et tous les seigneurs de la maison de Châtillon. « Depuis ce temps-là, continue-t-il, quand j'ay ouy dire à quelqu'un que, s'il pouvoit, il tueroit le sieur de Guise jusques en son camp, je ne l'en ay point détourné; mais, sur ma vie et mon honneur, il ne se trouvera jamais que j'aye recherché, induit ni sollicité quelqu'un à ce faire, ni de paroles, ni d'argent, ni par promesses, par moy ni par autrui, directement ni indirectement. »

Coligny finit par avouer que, à sa dernière entrevue avec Poltrot, celui-ci lui dit *qu'il seroit aisé de tuer le duc de Guise :* « Je n'insistai jamais sur ce propos, se hâte-t-il d'ajouter, je l'estimois pour chose du tout frivole, et je n'ouvris jamais la bouche pour l'exciter à l'entreprendre. »

Il termine cette première apologie par demander

que Poltrot soit étroitement gardé jusqu'à la fin des troubles. Il récuse les cours de parlement et tous autres juges *qui se sont manifestement déclarés ses ennemis;* il veut, à la paix, être confronté avec l'assassin, et comparoître ensuite devant des juges *non suspects.*

Cette pièce fut transmise à Catherine de Médicis avec une lettre de l'Amiral, dans laquelle il emploie de nouvelles raisons pour se justifier. « Cependant, poursuit-il, ne pensez pas que ce que j'en dis soit pour regret que j'aie à la mort de M. de Guise; car j'estime que ce soit le plus grand bien qui pouvoit advenir à ce royaume et à l'église de Dieu, et particulièrement à moy et à toute ma maison; et aussy que, s'il plait à Votre Majesté, ce sera le moyen pour mettre ce royaume en repos. »

Cette justification fut loin de satisfaire les catholiques, et les protestans trouvèrent que l'Amiral avoit eu tort de ne pas chercher à dissimuler sa haine implacable contre le duc de Guise. Les représentations de ces derniers ne purent le déterminer à changer de ton : il fit paroître, le 5 mai de la même année, une seconde apologie, où, sans faire valoir de nouveaux moyens de défense, il s'étend sur les entretiens qu'il a eus avec Poltrot, et soutient toujours qu'ils n'ont roulé que sur les moyens de découvrir ce qui se passoit dans l'armée catholique.

« Si j'en avois fait davantage, ajoute-t-il avec audace, pourquoy le dissimulerois-je? Car y eut-il jamais un ennemy plus declaré contre autre que cestuy-là? Pourquoy estoit-il devant Orleans, que pour exterminer femmes, enfans et tout ce que j'avois de plus cher au monde? Voire que gens dignes de foy disent qu'il s'estoit vanté de ne pardonner à nul sexe de ce qui se trouveroit audit Orleans. Il ne faut aussi douter que l'homme de toute l'armée que je cherchay le plus le jour de la bataille derniere, ne fust cestuy-là; aussy peu faut-il douter que si j'eusse pu braquer un canon contre luy pour le tuer, que je ne l'eusse fait, que je n'eusse semblablement commandé à dix mille harquebusiers, si je les avois eus à mon commandement, de luy tirer entre tous les autres, fust-ce en campagne, au-dessus d'une muraille ou derriere une haye. Bref, je n'eusse épargné un seul moyen de ceux que le droit des armes permet, en temps d'hostilité, pour me défaire d'un si grand ennemy que cestuy-là me l'estoit, et à tant d'autres bons sujets du Roy : et, pour conclusion, je proteste, devant Dieu et devant les anges, que je n'en ay ni faict ni commandé rien davantage que ce que j'en ay mis par escript. »

Après la paix d'Amboise, au mois de septembre 1563, Anne d'Est, veuve du duc de Guise, la maison de Lorraine et ses partisans presserent le parlement de Paris de faire des informations contre Coligny : mais le prince de Condé et les protestans obtinrent de Catherine de Médicis que la cause fût évoquée au conseil du Roi, et que le parlement eût défense d'en connoître. Alors Anne d'Est s'adressa directement à Charles IX, et lui présenta une requête où elle établit qu'une évocation générale ne pouvoit, ni ne devoit comprendre un crime de lèse-majesté, et le meurtre d'un pair de France, lieutenant général du royaume. « Rien, ajouta-t-elle, ne seroit plus inique que de bailler à un accusé d'un tel crime, juges par luy demandés et poursuivis. »

L'Amiral répondit à cette requête, et c'est sa troisième apologie. Il est assez singulier de voir ce chef des protestans, qui se prétendoit le plus ardent défenseur des anciennes libertés du royaume, soutenir que les rois peuvent dérober leurs sujets à la justice ordinaire, et les traduire devant des commissions. « Quoi que madame de Guise puisse supposer par ses requestes, dit-il au jeune monarque, la justice, administration et distribution d'icelle est en vostre main, non liée, ni obligée à cour de parlement ou autre, pour, soit de volonté, soit par justice, la raison et necessité le requerant, *la commettre à qui bon semblera,* comme vous et vos predecesseurs avez faict en plusieurs cas et exemples. » Ensuite, d'accusé devenant accusateur, l'Amiral reproche audacieusement au feu duc de Guise *d'avoir pris les armes sans l'aveu du Roy, et faict plusieurs choses au prejudice de Sa Majesté, et du repos du royaume.*

Catherine ajourna cette affaire à trois ans, et elle défendit de faire aucune poursuite jusqu'à l'expiration de ce terme. Enfin, en 1566, elle obtint à Moulins une réconciliation apparente entre les maisons de Guise et de Châtillon.

Pendant que Coligny se justifioit ainsi de l'assassinat du duc de Guise, un protestant écrivit à la Reine-mère une lettre datée de Rome. On y trouve l'apologie la plus révoltante du crime de Poltrot. En voici un passage très-remarquable :

« Au lieu de recognoistre, madame, qu'un tel ouvrage est procedé de la main de Dieu en faveur manifeste du Roy et de vous, madame, et pareillement aussy de tout le royaume, et luy rendre louange et gloire d'une telle delivrance, vous avez permis, contre tout devoir et observance des loix militaires, qui permettent en guerre ouverte tuer et mesmement envahir son ennemy, à tel avantage que l'on peut, sans que pour cela on puisse estre attiré en justice, que le preux et vaillant gentilhomme Poltrot ait esté, par tourmens barbares et non accoustumés, condamné et executé à mort. » L'auteur regarde un lâche assassinat, commis par derrière, comme une action légitime et glorieuse. « Il faudroit, poursuit-il, condamner à la mort tous ceux qui, en juste bataille, ont ainsy tué ou occis quelqu'un ; et certainement le faict dudict Poltrot n'est du tout dissemblable de celuy de Moïse, qui, se voyant estre ordonné, par la vertu et puissance de Dieu, à faire delivrance de son peuple, mit à mort l'Egyptien. » (*Mémoires de Condé,* tome v, pages 212 et suivantes.)

CHAPITRE XI.

Prise de Vienne par le duc de Nemours, qui entreprend sans effet sur la ville de Lyon et defait le baron des Adrets. Autre defaite des huguenots, et prise d'Annonay par le sieur de Saint Chaumont. Le duc de Nemours pratique le baron des Adrets, lequel le sieur de Mouvans retient prisonnier.

LAISSANT l'armée au Portereau, et les affaires de la Cour et du royaume sur le point de nouveau changement, je ne veux obmettre que le duc de Nemours, lequel avoit une armée en Dauphiné, joignant ses forces à celles de Bourgogne, Auvergne et Forest, alla assieger et prendre la ville de Vienne, avec les catholiques qui estoient dedans. Après la prise de laquelle il s'approcha de Lyon, où Soubise commandoit pour les huguenots, d'autant qu'ils ne s'osoient plus fier au baron des Adrets. Là, il y eut plusieurs escarmouches aux approches, où l'un des habitans de la ville, nommé Marc Herbin, promettoit au duc de Nemours de le faire entrer en la ville, moyennant quelque somme qu'il demandoit : de laquelle ne retirant que des promesses, il advertit Soubise de l'entreprise; lequel disposa si bien les garnisons, habitans et gens de guerre qui estoient en la ville, qu'ils en laisserent entrer quelques-uns de l'armée du duc de Nemours, qui furent presque tous tuez; ce que voyant le duc, et qu'il avoit esté trompé, et qu'il falloit trois camps pour assieger ladite ville, à cause de sa situation qui est sur le bord de deux grandes rivieres, le Rhosne et la Saosne, et une citadelle qui commande aux deux rivieres, fut contraint de laisser son entreprise, après avoir defait et mis en deroute quelques enseignes de gens de pied, et quelques cornettes de cavalerie que le baron des Adrets menoit à Lyon pour leur secours. Cette defaite estonna fort toutes les villes situées sur le Rhosne, et donna beaucoup de courage aux catholiques du pays de courir sus aux huguenots.

En ce mesme temps, ceux qui tenoient la ville d'Annonay en Vivarez, que les huguenots avoient prise sur les catholiques, sortirent de ladite ville pour aller surprendre Saint-Estienne-en-Forest, ce qu'ils firent; mais, comme ils s'amusoient au pillage, ils furent surpris par Saint-Chaumont, où il y en eut beaucoup de tuez, et de là il retourna prendre la ville d'Annonay, devant que les huguenots qui estoient dedans en fussent advertis, qui furent fort maltraitez, de tous sexes et âges, l'espace de deux jours ; et la ville fut pillée, tant par les soldats que par les catholiques qui y estoient encore. Mais ayans nouvelle que le baron des Adrets marchoit en diligence pour avoir la revanche, ils trousserent bagage, et abandonnerent la ville d'Annonay, après avoir gasté les grains et vivres qui restoient en icelle, de peur que leurs ennemis ne s'en pussent prevaloir.

Le baron des Adrets, estant adverty que Saint-Chaumont s'estoit retiré avec ses troupes, rebroussa chemin, et s'en alla pour assieger la ville de Vienne, où estoit une grande partie des gens et de l'armée du duc de Nemours ; lequel, cognoissant l'humeur du baron, et sçachant qu'il n'avoit pas tant d'affection à la religion des huguenots comme il monstra depuis, qu'à son profit particulier, soit qu'il vist qu'il n'y avoit plus de calices ny reliques à prendre, ou qu'il se faschast de ce party, soit pour acquerir reputation du costé des catholiques, ou bien pour se venger des injures qu'il avoit reçues des huguenots ; le duc le cognoissant pour capitaine, et qui avoit beaucoup de credit et reputation, pensa que c'estoit le plus seur et expedient pour le service du Roy de le gagner que de le combattre par force ; ce qu'il fit si dextrement avec belles promesses et douces paroles, comme c'estoit un prince fort persuasif, et qui a toujours sçu attirer les hommes par son gentil naturel, que depuis les huguenots n'ont eu en ce pays-là un plus grand ennemy que ce baron, qui commença dès-lors à pratiquer contre les huguenots ; lesquels, comme fort vigilans en leurs affaires, en furent advertis, aussi ont-ils toujours eu des espions partout. Qui fut cause que Mouvans, estant le baron des Adrets allé en la ville de Valence, le prit prisonnier par l'advis du cardinal de Chastillon et du sieur de Cursol, depuis fait duc d'Uzès, l'envoya à Nismes, où il fut en bien grand danger; et à peine en fust-il eschapé, sinon par le moyen de la paix, en vertu de laquelle il fut eslargy.

CHAPITRE XII.

La Reyne moyenne une treve. Entrevue du prince de Condé et du Connestable. Raisons qui portoient la Reyne à la paix. Dangereux estat de la France. Desseins des Anglois en France. La paix, souhaitée des deux partis, conclue, et à quelles conditions. Difficultez apportées à la verification du traité par quelques parlemens. Cette paix arreste les progrès de l'Admiral en Normandie. Le prince de Condé le rappelle de Normandie. L'Admiral se plaint de la precipitation de la paix. Alienation des biens ecclesiastiques pour la subvention.

MAIS, pour retourner à l'armée que nous avons laissée au Portereau devant Orleans et à l'Amiral, qui faisoit tout ce qu'il pouvoit en Normandie pour y avancer ses affaires, chacun ayant diverses affections par le royaume, les uns de poursuivre la guerre, les autres de faire la paix; la Reyne mere du Roy, qui ne respiroit que le bien du Roy et de l'Estat, voyant, comme j'ay dit, les trois principaux chefs de l'armée du Roy morts, et le quatriesme prisonnier, fut conseillée de rechercher les moyens de faire la paix, où elle ne fut pas difficile à persuader. A cette occasion trefves furent accordées d'une part et d'autre.

La princesse de Condé fut voir la Reyne à Saint-Mesmin, où elle fut fort bien reçue avec beaucoup de belles promesses. Et fut arresté un parlement, qui se tint dans l'Isle-aux-Bœufs près la ville d'Orleans, où furent menez le prince de Condé et le Connestable, qui disoit ne pouvoir souffrir que l'on remist l'edict de janvier : mais il se trouva d'autres moyens par ceux qui estoient du tout desireux de la paix, disans qu'autrement l'Estat estoit en danger de se perdre. Le prince de Condé demanda d'entrer à Orleans pour en conferer, à condition aussi que le Connestable iroit en l'armée du Roy; ce qui fut accordé avec suspension d'armes d'une part et d'autre.

Qui fut sagement advisé par la Reyne, mere du Roy, lassée de voir la France si affligée de guerre civile, en laquelle les victorieux perdoient autant et plus quelquefois que les vaincus. Et combien que le Roy eust une puissante armée, et moyen de la faire encore plus grande, si est-ce qu'ayant perdu les chefs, il n'en pouvoit pas recouvrer de semblables. Au contraire, les huguenots avoient encore l'Admiral, avec un grand nombre de cavalerie, avec plusieurs villes; davantage l'on craignoit qu'il ne s'approchast d'Orleans pour le secourir, où, s'il eust eu la victoire, il eust mis le Roy et le royaume sous la puissance des huguenots, qui avoient lors une grande part aux finances du Roy, sans qu'il luy fust possible recevoir la moitié de ses deniers et subsides, ny les faire tenir au tresor de l'espargne, estant Sa Majesté endebtée de plus de cinquante millions.

Mais ce qui travailloit encore autant et davantage le Roy et son conseil, estoient les Anglois saisis du Havre-de-Grace, qui se preparoient d'amener une plus forte armée en France, pour y prendre pied à la ruine et entiere desolation du royaume, comme leur dessein a toujours esté sur diverses pretentions, depuis qu'ils en ont esté chassez. C'estoit au moins leur esperance, en nourrissant nos divisions, de s'emparer de la Normandie, comme ils avoient fait pendant les querelles des maisons d'Orleans et de Bourgogne. Tant y a qu'il n'y avoit personne au conseil du Roy qui ne fust d'opinion que l'on fist la paix.

Long-temps auparavant le cardinal de Lorraine estoit allé au concile de Trente, lequel fut si fasché de la mort du duc de Guise et du grand-prieur, ses freres, qu'il ne se travailloit d'autre chose; et beaucoup de catholiques, qui avoient tant souffert en si peu de temps, ne demandoient pas moins la paix que les huguenots, les uns et autres fort lassez de la guerre.

Pour ces causes, après toutes choses bien pesées et debatues de part et d'autre, la Reyne, le prince de Condé, le Connestable, d'Andelot, et ceux qui, des deux parts, furent appellez à ce traité, resolurent la paix, après avoir adverty l'Admiral des conditions d'icelle, qui estoient telles : « C'est à sçavoir que tous gentilshommes protestans ayans haute justice ou fiefs de haubert, pourroient faire exercice de leur religion en leurs maisons avec leurs sujets;

« Qu'en tous les bailliages et seneschaussées, il y auroit une ville assignée aux huguenots pour l'exercice de leur religion, outre les villes esquelles l'exercice se faisoit auparavant le septiesme jour de mars, qui fut le jour que l'edict fut conclu ; sans toutesfois qu'il fust permis aux huguenots d'occuper les eglises des catholiques, qui devoient estre restituez en leurs biens, avec toute liberté de faire le service divin, comme il se faisoit auparavant les guerres ;

« Qu'en la ville et prevosté de Paris il ne se feroit aucun exercice de la religion reformée, que l'on appelloit pour lors ainsi; et neantmoins que les huguenots y pourroient aller avec seureté de leurs biens, sans estre recherchez au fait de leurs consciences;

« Que tous les estrangers sortiroient de la France le plustost que faire se pourroit; et toutes les villes que tenoient les huguenots seroient remises en la puissance du Roy ;

« Que tous sujets de Sa Majesté seroient remis en leurs biens, estats, honneurs et offices, sans avoir esgard aux jugemens rendus contre les huguenots depuis la mort du roy François second, qui demeureroient cassez et annulez, avec abolition generale octroyée à tous ceux qui avoient pris et porté les armes ;

« Que le prince de Condé et tous ceux qui l'avoient suivy, seroient tenus et reputez comme bons et loyaux sujets du Roy, et qu'ils ne seroient recherchez pour les deniers et finances de Sa Majesté par eux prises durant la guerre, ny pour les monnoyes, poudres, artilleries, demolitions faites par le commandement du prince de Condé ou des siens à son adveu ;

« Que tous prisonniers, tant d'une part que d'autre, seroient eslargis sans payer aucune rançon, fors et excepté les larrons et voleurs ;

« Defendu à tous, de quelque religion qu'ils fussent, de s'injurier ny reprocher les choses passées, sur peine de la hart, ny de faire aucun traicté avec les estrangers, ny lever aucuns deniers sur les sujets du Roy;

« Que l'edict seroit lu, publié et enregistré en tous les parlemens du royaume. »

Voilà les principales clauses de cet edict, sans toucher à quelques autres que chacun peut voir, estant l'edict publié et imprimé.

Mais la derniere clause, que l'edict seroit verifié en tous les parlemens, estoit la plus importante, et sans laquelle l'edict fust demeuré illusoire et sans effet; car l'execution d'iceluy dependoit principalement des magistrats, qui n'eussent eu aucun esgard à l'edict si les parlemens ne l'eussent verifié, attendu mesmement la minorité du Roy et la mort du roy de Navarre; joint aussi qu'il s'en trouvoit qui ne le pouvoient gouster en sorte quelconque, comme ceux qui faisoient estat de s'enrichir des despouilles d'autruy, et ne demandoient qu'à pescher en eau trouble, esperans que les confiscations leur demeureroient. Et entre ceux qui estoient plus poussez du zele de religion, les parlemens de Paris, Rouen, Toulouse, Bordeaux et Provence, tenoient les premiers rangs, qui firent plusieurs remonstrances avant que de le verifier, estimans qu'il seroit bientost rompu; car l'edict precedent fut de mesme, parce qu'il n'estoit que provisionnel, et jusques à ce qu'autrement y fust pourvu, et de fait il advint ainsi.

Cependant l'Admiral, qui estoit en la basse Normandie, où il avoit pris plusieurs villes, et reduit les catholiques en mauvais estat, fut adverty par le prince de Condé que la paix estoit accordée, et qu'il laissast la Normandie pour se trouver à la conclusion des articles : ce qu'il fit, comme il m'a dit depuis, avec regret, pour la grande esperance qu'il avoit, après la mort du duc de Guise, d'avancer mieux ses affaires qu'il n'avoit fait auparavant, et, pour le moins, si le prince de Condé eust un peu attendu, d'avoir entierement l'edict de janvier. Mais voyant que c'estoit fait, il partit de Caen le quatorziesme de mars avec sa cavalerie, et s'achemina par Lizieux, où l'on luy ferma les portes : de là il voulut aller à Bernay, où l'on luy vouloit faire le mesme; mais à la fin il y entra, et, continuant son chemin, il passa à Falaize, et de là à Mortagne, où les habitans refuserent à ses mareschaux des logis et fourriers d'y faire les logis, et se voulurent mettre en deffence ; mais nonobstant ils furent pillez et saccagez, et plusieurs prestres tuez. L'Admiral, estant arrivé à Orleans le vingt-troisiesme de mars avec son armée, trouva l'edict de la paix resolu, signé et scellé il y avoit cinq ou six jours; dequoy il monstra d'estre marry, remonstrant plusieurs raisons au prince de Condé, comme il s'estoit par trop hasté, attendu qu'ils n'avoient eu, et ne pourroient jamais avoir plus grand moyen d'avancer leur party et religion, vu que les trois chefs de l'armée des catholiques estoient morts, et le Connestable prisonnier. Il fit plusieurs discours sur ce fait, et que l'on pourroit donner beaucoup de mescontentement à ceux qui n'avoient esté appellez à dire leur advis sur une paix de telle importance. Mais le prince de Condé luy respondit à tout ce qu'il pouvoit alleguer, et qu'il s'asseuroit de beaucoup de bonnes esperances que l'on luy avoit données, et de n'estre moins auprès du Roy et de la Reyne, sa mere, que le feu roy de Navarre, son frere, et qu'il pourroit alors obtenir quelque chose de mieux. De sorte qu'ayant contenté l'Admiral, il le mena trouver la Reyne, mere du Roy, où il y eut plusieurs conferences de tout ce que l'on pourroit faire pour le bien de la France. Par ainsi l'edict de la paix demeura en la sorte qu'il avoit esté arresté, et y eut quelques villes nommées ès bailliages et seneschaussées, pour l'exercice de la pretendue religion des huguenots. Au mois de may ensuivant, le Roy fit un autre edict pour faire une vente du temporel de l'Eglise, jusques à cent mille escus de rente, par la permission du Pape, avec pouvoir aux ecclesiastiques de les racheter, si bon leur sembloit. Et après furent mis les estrangers hors du royaume.

LIVRE CINQUIESME.

CHAPITRE PREMIER.

Estat miserable de la France avant la paix. Confusion estrange de tous les ordres durant la guerre. Justification de cette paix et de l'edict de mars. La division fomentée en France par l'ambassadeur d'Angleterre, qui y engagea sa maistresse. Ses raisons pour la persuader d'appuyer le party huguenot. Pretexte de cette Reyne.

Après la publication de la paix et de l'edict, qui fut le septiesme jour de mars 1562 (1), combien qu'il deplust fort à beaucoup de catholiques de voir un tel changement de religion romaine autorisé par ordonnance du Roy, si est-ce qu'ils furent contraincts de s'accommoder au temps et ceder à la necessité, laquelle, n'estant point sujette aux lois humaines, avoit reduit à ce point les affaires de France, veu qu'une année de guerres civiles luy avoit apporté tant de malheurs et calamitez, qu'il estoit presque impossible que, par la continuation, elle s'en pust relever; car l'agriculture, qui est la chose la plus necessaire pour maintenir tout le corps d'une republique, et laquelle estoit auparavant mieux exercée en France qu'en aucun autre royaume, comme le jardin du monde le plus fertile, y estoit toutesfois

(1) *Le septiesme jour de mars* 1562. L'édit d'Amboise fut publié le 19 mars 1563.

delaissée, et les villes et villages, en quantité inestimable, estans saccagez, pillez et brûlez, s'en alloient en deserts; et les pauvres laboureurs, chassez de leurs maisons, spoliez de leurs meubles et bestail, pris à rançon, et volez aujourd'huy des uns, demain des autres, de quelque religion ou faction qu'ils fussent, s'enfuyoient comme bestes sauvages, abandonnans tout ce qu'ils avoient, pour ne demeurer à la misericorde de ceux qui estoient sans mercy.

Et pour le regard du trafic, qui est fort grand en ce royaume, il y estoit aussi delaissé et les arts mechaniques; car les marchands et artisans quittoient leurs boutiques et leurs mestiers pour prendre la cuirasse; la noblesse estoit divisée, et l'estat ecclesiastique opprimé, n'y ayant aucun qui fust assuré de son bien ny de sa vie. Et quant à la justice, qui est le fondement des royaumes et republiques, et de toute la société humaine, elle ne pouvoit estre administrée, veu que, où il est question de la force et violence, il ne faut plus faire estat du magistrat ny des loix. Enfin la guerre civile estoit une source inepuisable de toutes meschancetez, de larcins, voleries, meurtres, incestes, adulteres, parricides et autres vices enormes que l'on pust imaginer; èsquels il n'y avoit ny bride, ny punition aucune. Et le pis estoit qu'en cette guerre les armes, que l'on avoit prises pour la deffence de la religion, aneantissoient toute religion et pieté, et produisoient, comme un corps pourry et gasté, la vermine et pestilence d'une infinité d'atheistes; car les eglises estoient saccagées et demolies, les anciens monasteres detruits, les religieux chassez et les religieuses violées; et ce qui avoit esté basty en quatre cens ans, estoit destruit en un jour, sans pardonner aux sepulchres des roys (¹) et de nos peres.

Voilà, mon fils, les beaux fruits que produisoit cette guerre civile, et tout ce qu'elle produira quand nous serons si malheureux que d'y rentrer, comme nous en suivons le chemin. Donc, par le moyen de la paix, l'artisan qui avoit delaissé son mestier pour se faire brigand et voleur, retournoit à sa boutique, le marchand à son commerce, le laboureur à sa charrue, le magistrat en son siege; et par consequent chacun en son office jouissoit d'un repos avec une grande douceur, après avoir gousté l'amertume et le fiel de la guerre civile, qui n'avoit esté de cent ans en France plus cruelle. Or, tout ainsi qu'un sage medecin, pour guerir un malade qui est travaillé d'une fievre ardente, le fait reposer premierement, ainsi estoit-il necessaire de donner relasche à la France, en ostant les guerres civiles, afin de guerir l'Estat de tant de maladies, ulceres et cruelles douleurs dont il estoit accablé : ce que j'ay bien voulu toucher en passant, pour respondre à ceux qui vouloient donner blasme à la Reyne, mere du Roy, et à ceux du conseil qui estoient pour lors, d'avoir accordé l'edict de pacification, et à la cour de parlement de l'avoir verifié.

Mais les moins passionnez d'une part et d'autre estimoient qu'il estoit necessaire, tant pour les raisons susdites, que pour la crainte que l'on avoit des Anglois, lesquels ne se contentoient pas du Havre de Grace, qu'ils tenoient comme un heritage de bonne conqueste, ains desiroient et taschoient de s'advancer

---

(¹) *Sans pardonner aux sepulchres des roys.* Les protestans détruisirent à Cléry le tombeau de Louis XI, et brûlèrent son corps.

le plus qu'ils pouvoient en France, à la faveur de nos divisions, lesquelles un ambassadeur d'Angleterre, nommé Trokmarton, duquel j'ay cy-devant parlé, avoit fomentées et entretenues longuement par la continuelle frequentation et intelligence qu'il avoit avec l'Admiral et ceux de son party. Trokmarton, que j'ay cognu homme fort actif et passionné, prit violamment l'occasion, laissant à part tout ce qui estoit de l'office d'un ambassadeur, qui doit maintenir la paix et l'amitié, pour se rendre partial contre le Roy, ne recognoissant que les volontez de l'Admiral; et sceut si bien gagner la reyne d'Angleterre, sa maistresse, et ceux de son conseil, qu'il la fit entrer en cette partie, dont elle m'a souvent dit depuis qu'elle s'estoit repentie, mais trop tard.

Il n'avoit rien oublié à la persuader sur les belles occasions qui se presentoient par la division des François, et davantage pour la cause de la religion, plus importante que toutes les autres, et sur tout pendant le bas âge du Roy; et que non seulement elle auroit la Normandie, mais la meilleure part du royaume de France, où les roys d'Angleterre avoient tant de pretentions, et dont ils avoient perdu la possession par la reunion des François. Davantage, que les Anglois se pourroient par ce moyen exempter des guerres civiles qu'ils craignoient s'allumer en leur royaume pour la mesme cause de religion, où les catholiques portoient fort impatiemment que l'on leur eust osté la leur. Pour ces causes donc, et autres, la reyne d'Angleterre avoit pris son pretexte de vouloir ayder le Roy, son bon frere, disant estre advertie qu'il estoit prisonnier, et secourir ceux de sa religion, suivant le titre qu'elle disoit porter de defenderesse de la foy ; desirant advancer la religion huguenotte en France autant qu'elle pourroit.

Toutesfois, elle m'a souvent dit que c'estoit pource que la Reyne, mere du Roy, avoit dit à ses ambassadeurs qu'il ne falloit pas espérer que l'on luy rendist jamais la ville de Calais, qui estoit l'ancien patrimoine de la couronne de France.

CHAPITRE II.

Le Havre assiegé par l'armée du Roy. Les Anglois mettent tous les François hors de la place. Le Connestable les somme de se rendre. Response des Anglois. Batterie du Havre. Progrez du siege. Mort du sieur de Richelieu. Batterie ordonnée par le mareschal de Montmorency. On empesche le secours. Bon service du sieur d'Estrées, grand maistre de l'artillerie, et des mareschaux de Brissac et de Bourdillon.

MAIS comme ses pretextes estoient en substance autant pleins d'injustice qu'elle taschoit de les faire paroistre au dehors justes et saincts, aussi fut-il clairement recognu que Dieu avoit pris en main la juste querelle des François : lesquels, par le bon soin de la Reyne, mere du Roy, firent resolution de dresser une bonne et forte armée, et mener le Roy et Henry, duc d'Anjou, à present regnant, avec le Connestable et la pluspart de la noblesse françoise, tant de l'une que de l'autre religion, devant le Havre, sans les forces qui y estoient desjà sous la conduite du comte de

Rhingrave. Et n'eurent pas sitost pris cette deliberation qu'ils vinrent aux effets; dont la reyne d'Angleterre estant advertie, incontinent envoya du secours de vivres, artillerie et munitions, avec commandement de tenir jusques à la restitution de ce qu'elle pretendoit luy estre dû par le traité de Cambresis, au defaut de la reddition de Calais.

L'on tient qu'il y avoit jusqu'à six ou sept mille Anglois sous la charge du comte de Warwik, comme j'ay dit cy-devant, lequel, des lors qu'il entendit que la paix estoit faite, commanda que toutes sortes de gens eussent à deloger du Havre, excepté les Anglois naturels. Ce qui fut effectué, quelques plaintes et remonstrances pleines de pitié et compassion que pussent faire les pauvres habitans de la ville. Et se saisirent les Anglois de tous les vaisseaux et navires qu'ils purent attraper du long de la Normandie, estimans qu'il seroit malaisé au Roy de pouvoir mettre sus une armée de mer aussi forte que celle d'Angleterre, mesme en si peu de tems, après tant de ruynes et pertes que si fraischement la France avoit endurées.

Et dès lors ils se preparerent à tout ce qui estoit necessaire pour bien garder cette place, en laquelle ayans esté aucunement resserrez par les troupes du comte de Rhingrave, ils le furent bien davantage par la presence du Roy et de l'armée, laquelle le Connestable commandoit, qui, estant logé à Vitanval, dès le lendemain partit de bon matin pour s'en aller aux tranchées, et fit sommer les Anglois de rendre la place, leur faisant remonstrer qu'ils ne la pouvoient deffendre contre le Roy et son armée, en laquelle estoient la pluspart des François de l'une et l'autre religion; et que, s'ils attendoient d'estre forcez, ils ne devoient esperer aucune faveur ny misericorde; dont il seroit marry pour l'amitié qu'il avoit tousjours portée à l'Angleterre, envers laquelle il avoit tousjours procuré une bonne intelligence avec les roys ses maistres; et bien souvent s'estoit rendu mediateur de la paix et union entr'eux, ce qu'il desiroit encore faire en cette occasion. Ce sont ses mesmes paroles et remonstrantrances, ausquelles j'estois present.

Sur une telle nouvelle, le comte de Warwik prit conseil et advis des capitaines, et, après, fit sortir un nommé Paulet desjà âgé, et commissaire general des vivres : lequel fit response qu'ils estoient venus en cette place par le commandement exprès de la Reyne leur maistresse, et estoient resolus d'y mourir tous plustost que la rendre sans son très-exprès commandement; usant au reste de toutes honnestes paroles, et qu'en autre occasion ils desireroient de faire service au Connestable; lequel, voyant cette response, ne perdit pas temps, comme il n'avoit fait pendant la sommation, pour faire recognoistre une palissade que ceux de dedans gardoient soigneusement, comme leur estant de grande importance, et qui joignoit la porte de la ville. Il commanda, dès lors, de faire une batterie pour rompre les deffences de la tour du Guay (¹); et le lendemain au matin fit tirer plusieurs coups de canon dedans la porte de la ville, et du long de la courtine : ce qui estonna fort les Anglois, qui voyoient faire telles approches en lieux si mal aisez, et loger l'artillerie en des tranchées faites dedans des pierres et gravois, sans qu'il y eust terre, gabions ou fascines pour

(¹) *Du Gay*. Il faut lire *du Quay*.

se couvrir : ce qui est remarquable en ce siege, n'estant lesdites tranchées couvertes que de quelques sacs de laine, ou de sable mouillé, comme la marée donnoit de sept en sept heures dans les tranchées qui estoient de huit cens pas tout le long du rivage de la mer, depuis le boulevart Saincte-Adresse, où furent tirées plusieurs pieces de la ville, qui firent grand dommage aux nostres, et n'ay jamais veu tranchées, ny artillerie logée en lieu où il fist plus chaud.

Enfin les Anglois, se sentans pressés, mirent le feu à des moulins à vent qui estoient près de leur porte, et abandonnerent la palissade et leurs tranchées, où l'une des enseignes colonelles de d'Andelot s'alla incontinent loger. Richelieu [1], maistre de camp, y fut blessé d'une arquebusade à l'espaule, dont il mourut despuis, estant un fort brave gentilhomme : chacun se rendit fort diligent à bien faire ; et mesme *les plus frisez de la Cour,* desarmez, mesprisans tout peril, se trouvoient souvent aux tranchées.

Le mareschal de Montmorency, fils aisné du Connestable, fit elever comme une plate-forme, où il fit asseoir quatre pieces d'artillerie joignant la palissade pour battre en plusieurs endroits de la courtine, qui n'avoit ny fossé au dehors, ny contrescarpe au dedans qui valussent, ce qui estonna encore davantage les assiegez. Le mareschal de Brissac, qui estoit fort vieil, et incommodé de la goutte, et l'un des plus sages et experimentez capitaines de France, alla voir ces ouvrages, qu'il estima beaucoup, esmerveillé de voir un tel

---

[1] *Richelieu.* François du Plessis, surnommé *le Sage.* Il fut grand-oncle du cardinal de Richelieu.

estonnement aux Anglois, et qu'ils eussent fait si bon marché de leurs palissade et tranchées.

Sur le soir sortit une petite barque du Havre, en laquelle y avoit douze ou quinze personnes, pour aller trouver l'armée et secours d'Angleterre, avec une galere qui estoit à la rade, pensant donner secours à la ville : mais ils en furent empeschez à grands coups de canon, et plusieurs pieces pointées pour cet effet ; de sorte qu'ils n'oserent approcher jusques à la portée de l'artillerie. Ce que voyant les Anglois, et que les François les approchoient de si près de tous costez, ils jugerent bien qu'en peu de tems le secours de la mer ne leur serviroit de gueres.

Ils voulurent loger des pieces tout au bout de la jettée, mais d'Estrée, grand-maistre de l'artillerie, fit grande diligence de loger canons et coulevrines, afin de faire une batterie pour donner incontinent l'assaut ; et vouloit en cela prevenir et devancer Caillac, qui avoit commandé à l'artillerie avant qu'arrivast d'Estrée, d'autant qu'ils n'estoient pas bien ensemble : toutesfois le Connestable les mit d'accord ; de sorte que chacun d'eux s'efforça de faire son devoir, et firent continuer la tranchée jusques au bout de la jettée des assiegez.

Les mareschaux de Brissac et de Bourdillon firent aussi toute la diligence qui leur fut possible d'avancer les ouvrages, et ce qui estoit requis pour donner l'assaut, et y demeurerent la pluspart du jour.

CHAPITRE III.

Lettre des Anglois interceptée. Prudence de L'Aubespine, secretaire d'Estat. Grand service du prince de Condé et du duc de Montpensier au siege du Havre. Grande incommodité des assiegez. Le comte de Warwik parlemente. Prudence du Connestable à la capitulation des assiegez. Conditions de la reduction du Havre. Grand service du connestable de Montmorency en la prompte execution de ce siege. Grand secours d'Angleterre arrivé deux jours trop tard. Civilité de la Reyne envers l'admiral d'Angleterre, chef du secours. Execution du traité du Havre. Sarlabos fait gouverneur de la place.

En mesme temps fut amené au Connestable un secretaire de Smyth, ambassadeur d'Angleterre, auquel son maistre avoit donné commandement d'entrer dedans le Havre par quelque moyen que ce fust, et portoit lettres au comte de Varwik. Mais ceux desquels se fioient l'ambassadeur et son secretaire, et qui luy devoient donner l'entrée au Havre, en donnerent avertissement à Richelieu, qui estoit blessé. Le secretaire estant trompé et pris, ses lettres furent baillées à L'Aubespine, secretaire d'Estat, homme fort prudent et de grande experience, qui fut d'advis de les envoyer au comte de Warwik par quelqu'autre interposé, et en retirer la response après s'estre enquis fort exactement du secretaire de tout ce qui pouvoit servir aux affaires du Roy; mais il fut depuis resolu que le comte de Warwik n'auroit cognoissance de cette lettre, ains d'une contrefaite et d'autre stile, pour l'asseurer de la part de l'ambassadeur qu'il ne devoit esperer aucun secours d'Angleterre.

Cependant l'on ne perdoit pas une heure de temps à presser de tous endroits les assiegez; et, sur ces entrefaites, les prince de Condé et duc de Montpensier, qui ne vouloient perdre l'occasion de faire service au Roy en ce siege, arriverent au camp, et aussitost furent aux tranchées pour n'espargner leurs personnes, non plus que leurs bons conseils, en la prise de cette place. Alors d'Estrée commença de faire la batterie au boulevart Saincte Adresse et à la tour du Guay.

Ce qui fit penser les Anglois en leurs affaires, tant pour se voir serrez de si près que pour les incommoditez qu'ils souffroient de la contagion, qui estoit grande parmy eux, et autres maladies, avec une telle foiblesse de courage et negligence d'eux-mesmes, qu'ils laissoient les corps morts de peste dans les logis sans les enterrer. Et entre les autres maux, ils enduroient une grande necessité des eaux douces que l'on leur avoit ostées, et coupé la fontaine de Vitanval. De sorte qu'ils estoient contraints pour la plupart de se servir de l'eau de la mer et en faire cuire leurs viandes, n'ayans que bien peu de cisternes qui furent tost epuisées.

Ce que voyant le comte de Warwik, et le peu de moyen qu'il avoit de deffendre cette place en laquelle il se voyoit forcé en moins de six jours, environ la nuit du jeudy, qui estoit le vingt-septiesme du mois de juillet mil cinq cent soixante et trois, il escrivit au comte Rhingrave, avec lequel il avoit eu toute l'amitié et les courtoisies qui se peuvent entre gens de guerre, auparavant qu'y arrivast le Connestable, et lui manda que lorsqu'il l'avoit envoyé sommer, il n'avoit point de pouvoir de sa maistresse pour traiter, mais que depuis il luy en estoit venu un, en vertu duquel il y entendroit volontiers s'il plaisoit au Connestable : lequel aussitost donna cette charge au mareschal de Montmorency, son fils aisné. Et le comte de Warwik fit sortir un gentilhomme du costé du fort de l'Heure où estoit logé le mareschal de Brissac, à l'opposite de nos tranchées : lieu sujet à y avoir des escarmouches, parce que les Anglois avoient les sorties de cet endroit plus commodes et avantageuses que de nul autre. Et ainsi que le mareschal de Montmorency pensoit traiter avec le gentilhomme anglois qu'il avoit mené au camp des Suisses, tout joignant les tranchées des assiegez, ils firent de ce costé-là une fort belle sortie, en laquelle ils furent aussi bien repoussez, et où les maistres de camp Charry et Sarlabos, encore à present gouverneur au Havre de Grace, firent fort bien. Et y en eut quelques-uns tuez de part et d'autre : incontinent le gentilhomme anglois, appellé Pellain, accompagné d'un qui estoit sorty pour parlementer, fut mené au Connestable; et afin qu'il n'arrivast plus de desordre pendant que l'on traiteroit, furent faites trefves de part et d'autre.

Et lors le Connestable remonstra à Pellain comme les Anglois n'avoient aucun moyen de garder le Havre, et que, s'ils ne se hastoient de faire la composition en bref, ils verroient la ville forcée, prise d'assaut, et remise en l'obeissance du Roy, chose qui ne tourneroit qu'à la ruine et confusion des assiegez. Ce que le Connestable disoit ne desirer point tant qu'une bonne composition, s'ils y vouloient entendre : ce qu'entendu par

Pellain, il respondit toutes honnestes et gracieuses paroles, en priant le Connestable de remettre ce traité au lendemain, à quoy il montroit de faire difficulté : neantmoins il l'accorda, à la charge que les François ne cesseroient d'avancer les ouvrages de la batterie, et faire tout devoir à suivre leur dessein. Et ainsi se retirerent avec quelques rafraichissemens et vivres que le Connestable leur fit donner pour ce jour. Le lendemain, vingt-huitiesme du mois, Pollet et Horsay, qui avoient esté au service du roy Henry II avec Pellain, sortirent pour venir parlementer avec le Connestable, qui estoit à la tranchée de bon matin. Et pour acheminer à quelque conclusion, les mareschaux de Montmorency et de Brissac s'interposerent comme mediateurs entre le Connestable et les deputez des Anglois, ausquels il tenoit toute rigueur, leur temoignant que s'ils ne se hastoient de faire composition, il n'estoit plus deliberé d'y entendre, avec plusieurs autres remonstrances pleines de l'authorité que ceux qui ont l'avantage ont accoustumé de garder pour faire leur composition meilleure ; d'où il persuada et mena si chaudement les deputez du Havre, qu'il les fit venir à accorder les articles qui s'ensuivent :

A sçavoir, que le comte de Warwik remettroit la ville du Havre de Grace entre les mains du Connestable, avec toute l'artillerie et munitions de guerre appartenantes au Roy et aux habitans de la ville ; et pareillement laisseroit tous les navires qui estoient en la ville avec tous leurs equipages. Pour seureté de quoy, le comte de Warwik bailleroit quatre ostages, tels qu'il plairoit au Connestable, et davantage que le comte mettroit à l'instant la grosse tour du Havre entre les mains d'un nombre de soldats françois tels qu'il plairoit au Connestable de commander, sans toutesfois qu'ils pussent entrer en la ville, ny arborer leurs enseignes sur la tour.

Fut aussi accordé que le comte feroit garder les portes de la ville, sans toutesfois arborer aussi aucunes enseignes, promettant le comte, dès le lendemain huit heures du matin, faire retirer les soldats qui estoient dedans le fort, pour y introduire le Connestable.

Que tous prisonniers pris tant d'une part que d'autre seroient delivrez sans payer rançon.

Que le comte et tous ceux qui estoient avec luy au Havre, tant gens de guerre qu'autres, se pourroient retirer en toute seureté, et transporter ce qui seroit à eux sans qu'il leur fust donné aucun empeschement.

Et que les navires et vaisseaux qui seroient ordonnez pour transporter les Anglois, pourroient seurement et librement entrer dedans le port et havre.

Les quatre ostages des Anglois furent Olivier Manere (1), frere du comte de Rutland, Pellan, de Horsay et Leton (2). Le Connestable accorda six jours au comte de Warwik et à tous ceux qui estoient avec luy, pour deloger et emporter tout ce qui leur appartenoit. Et au cas que la mer et les vents leur fussent contraires durant les six jours, leur seroit donné le temps necessaire pour se retirer.

Ce que dessus estant donc accordé, les deputez des Anglois allerent faire leur recit au comte de Warwik de ce qu'ils avoient fait. Et au mesme temps le mareschal de Montmorency alla trouver le Roy à Cricquetoc, pour luy porter ces nouvelles, avec les articles

___
(1) *Manere*, lisez *Manners*. (2) *Leton*, lisez *Leigton*.

signez du comte de Warwik. Le lendemain, Leurs Majestez s'approcherent plus près du Havre, où le Connestable les alla rencontrer sur le chemin, qui en fut fort caressé, avec infinis remerciemens de ce bon service qui fut fait à temps ; car la reyne d'Angleterre avoit fait embarquer deux mille Anglois en plusieurs bons navires de guerre, pensant les envoyer pour secourir le Havre, lesquels vinrent aborder à la rade deux ou trois jours après la capitulation ; mais ils trouverent desjà grand nombre des Anglois qui estoient sortis de la ville, ladite capitulation se devant effectuer le lendemain. Le comte de Clinton, admiral d'Angleterre, parut avec toute l'armée de sa reyne, qui estoit d'environ soixante voiles, et fit grande contenance de vouloir descendre en terre : soudain il fut pourvu à mettre bonnes gardes, tant de gens de pied que de cheval, pour s'opposer à son dessein. Quoy voyant, l'Admiral cognut bien que sa maistresse et luy avoient esté trop tardifs en leurs affaires, de sorte que, ne pouvant faire autre chose, ce fut à luy de se conformer à ce qui avoit esté traité auparavant qu'il arrivast.

La Reyne mere luy envoya un gentilhomme de la chambre du Roy, appellé Lignerolles, pour sçavoir de luy s'il vouloit descendre en terre, où il trouveroit Leurs Majestez prestes à luy faire bonne reception et faveur, et donner toute la seureté qu'il pourroit desirer pour ce regard. A quoy l'Admiral, que j'ay tousjours cogneu sage et modeste en toutes ses actions, pour avoir traité plusieurs grandes affaires avec luy, respondit que s'il voyoit occasion propre d'aller baiser les mains de Leurs Majestez, il ne voudroit meilleure asseurance que leurs paroles; et sur cela il se delibera d'aller retrouver sa maistresse.

Or, les Anglois qui estoient au Havre n'avoient pas moindre desir de se retirer que les François de les voir desloger; à quoy il fut donné si bon ordre de tous costez, que, dès le trentiesme jour du mois, chacun estoit embarqué, horsmis deux ou trois cens pestiferez, restans de plus de trois mille de leurs compagnons qui y estoient morts. Et le dimanche, trente-uniesme juillet, Sarlabos, maistre de camp, entra dedans la ville avec six enseignes de gens de pied, lequel depuis y a tousjours demeuré gouverneur jusques à present; et n'eust esté la blessure de Richelieu, de laquelle il mourut, il eust eu cette charge.

CHAPITRE IV.

Grand dessein sans effet d'un hospital fondé pour les soldats estropiez. Le sieur de Castelnau Mauvissiere prie le Roy de le descharger du commandement de Tancarville. Le Roy l'envoye au devant des ambassadeurs d'Angleterre Smyth et Trokmarton. Il arreste Trokmarton de la part du Roy, et l'envoye au chasteau de Sainct Germain en Laye. Raisons de sa detention. Smyth pareillement arresté par le sieur de Castelnau, en haine du mauvais traitement fait au sieur de Foix, ambassadeur de France en Angleterre. Prudence de Smyth, et ses bonnes intentions pour la paix des deux Couronnes. Il refuse au sieur de Castelnau de traiter d'une treve, et propose de traiter de la paix. Le Roy fait negocier avec luy par le sieur de Castelnau, qui le met en liberté. Le Roy declaré majeur au parlement de Rouen. Cheute dangereuse de la Reyne, laquelle continue le traité de la paix d'Angleterre par l'entremise dudict sieur de Castelnau, qui met Smyth en pleine liberté et l'amene à Paris, où la Cour se rendit.

ALORS le Roy et la Reyne sa mere, après avoir rendu graces à Dieu de ce bon et heureux succès, prirent resolution avec le Connestable de donner divers contentemens aux gens de guerre, tant capitaines que soldats, qui avoient esté blessez, et leur faire donner quelque argent, avec promesses d'autres bienfaits quand l'occasion s'en offriroit. Et proposa la Reyne, mere du Roy de faire un hospital, fondé de bonnes rentes et revenus, pour les soldats estropiez, et ceux qui le seroient dès-lors en avant au service du Roy.

Et se firent beaucoup de belles deliberations, qui furent bien-tost oubliées, après que l'armée fut rompue et separée, et Leurs Majestez esloignées; qui laisserent le Connestable au Havre-de-Grace, afin de donner ordre à toutes choses, et de là s'en allerent à Sainct-Romain, puis à Estellam, où j'allay les trouver, pour les supplier d'avoir agreable que je leur remisse le chasteau de Tancarville, qu'ils m'avoient baillé en garde, et licenciasse quelque quatre-vingts chevaux legers que j'avois de reste dedans le pays de Caux, et des gens de pied qui n'estoient plus necessaires d'y estre entretenus, me voulant retirer de ce pays-là le plustost qu'il me seroit possible, et me descharger des grandes despenses que j'y faisois, pour lesquelles je me voyois beaucoup endebté, n'estans mes gens trop bien payez.

Surquoy Leurs Majestez me firent de belles promesses, et en mesme instant me commanderent, avant que de licencier mes chevaux legers, d'aller sur le chemin de Rouen, pour rencontrer les deux ambassadeurs d'Angleterre qui vouloient s'acheminer vers le Roy, lequel ne les vouloit nullement voir. L'un estoit Smyth, pour ambassadeur ordinaire, l'autre estoit Trokmarton, son predecesseur, tous deux commandez par la reyne d'Angleterre de se haster d'aller trouver Leurs Majestez au Havre-de-Grace, où Trokmarton laissoit aller Smyth devant pour voir quel il y feroit. Mais l'un et l'autre y arriverent trop tard; et d'autant que Foix, qui estoit pour lors ambassadeur du Roy residant en Angleterre, estoit fort estroitement observé et quasi comme prisonnier, le Roy fut conseillé de faire le semblable à l'endroit de Smyth, et de ne recevoir Trokmarton en quelque façon que ce fust; mais plustost le faire arrester prisonnier, comme celuy lequel, ayant esté cause de la guerre avec la Reyne sa maistresse, et de rompre le traité de Cambresis fait avec elle, se seroit encore hazardé de passer en France sans passeport ni sauf-conduit du Roy; surquoy Sa Majesté ne le pouvoit recevoir autrement que pour un prisonnier. Ce qu'elle me commanda de luy dire, et davantage qu'estant hay en l'armée du Roy, comme il estoit, tant des catholiques que des huguenots, et de tous les peuples de France, il seroit en danger de sa personne s'il n'estoit en lieu de seureté. Luy ayant fait cette harangue, comme il estoit homme fort colere et passionné en toutes ses actions, il se voulut elever, se prevalant de sa maistresse, et se deffendre par plusieurs raisons. Mais, pour couper chemin à tous ses discours, je l'envoyay au chasteau de Sainct-Germain en Laye, avec garde, comme j'en avois eu commandement.

Cela fait, je fis entendre à Smyth, ambassadeur ordinaire, que pour lors il n'avoit que faire au Roy, et seroit en mesme hazard que Trokmarton des peuples et soldats de France, qui avoient tant reçu d'incommodité des Anglois. Par ainsi, et voyant que Foix, ambassadeur du Roy en Angleterre, estoit comme prisonnier, il seroit meilleur que je luy baillasse quelques gens de cheval pour sa garde, comme j'avois fait à Trokmarton, qui estoit à Sainct-Germain en Laye, et que je l'envoyerois au chasteau de Melun, où il seroit en seureté.

Surquoy il monstra moins de passion que Trokmarton, disant qu'il falloit qu'il portast la penitence des fautes que l'autre avoit faites. Et, soit qu'ils ne fussent pas amis, comme il estoit aisé à voir, car ils ne faisoient pas grande estime l'un de l'autre, Smyth me dit alors que, s'il eust esté cru en Angleterre, et que Trokmarton ne luy eust renversé ses desseins, le Roy seroit en bonne amitié et intelligence avec la reyne d'Angleterre sa maistresse, qui eust donné tout contentement et satisfaction à Leurs Majestez; et que, comme bien instruit de l'estat de France et d'Angleterre, il sçavoit bien que ces deux royaumes ne pouvoient demeurer longuement en guerre, que necessairement ils ne vinssent à quelque bonne paix, pour la grande communication et correspondance qui est entre eux, et sçavoit les moyens, s'il plaisoit au Roy et à la Reyne sa mere, de les rendre en peu de jours en meilleure intelligence avec la Reyne sa maistresse, qu'ils ne furent jamais : chose qu'il ne voudroit communiquer qu'à Leurs Majestez, et plustost par moy que par nul autre, pour l'amitié que je luy avois portée et à toute l'Angleterre. Il me dit aussi qu'il estoit adverty que le Connestable avoit dit au Roy et à la Reyne sa mere qu'en peu de jours il leur feroit une trefve avec la reyne d'Angleterre, qui seroit meilleure que la paix qui estoit auparavant.

Ce qu'ayant mandé à Leurs Majestez, elles m'escrivirent incontinent de tenir l'ambassadeur sur ce propos, et, attendant que la paix se pust faire, de commencer de traiter de la trefve avec luy, afin d'eviter tant de dommages et pertes que les Anglois et François recevoient tous les jours, qui ne tournoient qu'au profit des pirates, estant le commerce arresté et tous les marchans volez et pillez sur la mer, avec grande perte pour tous les deux royaumes. Mais Smyth demeura resolu et opiniastre à ne vouloir parler d'autre chose que de la paix. Dequoy ayant donné advis à Leurs Majestez, elles m'escrivirent incontinent de luy donner quelque espece de liberté, regardant toutesfois qu'il n'eschapast, comme aucuns donnoient des advis qu'il en avoit intention; mais c'estoit chose où il ne pensoit pas. Trokmarton, qui estoit à Sainct-Germain en Laye tenu assez estroitement, se scandalisoit fort que l'on voulust traiter sans luy avec Smyth, disant qu'il luy feroit un jour couper la teste, pour estre entré seul en ce traité, sans demander qu'ils fussent conjoints ensemble, disant qu'il sçavoit mieux, comme le dernier party d'Angleterre, l'intention de leur maistresse.

Mais Smyth, qui estoit homme resolu et prevoyant, n'en fit pas grand compte. Au contraire il demanda d'estre mis en liberté, comme ambassadeur ordinaire de la Reyne sa maistresse; et, comme sçachant ce qui estoit utile pour le bien de la France et de l'Angleterre, il viendroit bien-tost aux particularitez necessaires pour le bien de la paix. Ce qu'ayant mandé au Roy et à la Reyne sa mere, ils m'escrivirent par un courier que je luy proposasse, comme de moy-même, que, s'il vouloit, nous irions à Paris, et de là nous approcherions de la Cour, et pourrions aller jusques à Meulan où le Roy estoit, lequel, de son retour du Havre de Grace, s'estoit fait declarer à Rouen majeur à quatorze ans, selon l'ordonnance de Charles cinquiesme; ce qui donna jalousie au parlement de Paris, où tels actes avoient accoustumé d'estre faits. Je dis donc à Smyth qu'estant près de Leurs Majestez, je luy procurerois une favorable audience, dont il fut fort aise. Neantmoins il me dit, comme nous avions beaucoup de familiarité ensemble, qu'il ne croyoit pas que je voulusse faire cela sans en avoir commandement, ce que je ne luy voulus confesser.

Ainsi nous nous acheminasmes dès le lendemain matin de Melun pour aller coucher à Paris, et, le jour ensuivant, allasmes coucher à Poissy, où je reçus commandement de demeurer quelques jours avec l'ambassadeur, d'autant que la Reyne mere estoit tombée (1) d'un fort traquenart qu'elle montoit, si rudement, que l'on pensoit qu'elle en deust mourir, comme elle en fut à l'extremité; et lors l'on ne pensa qu'à chercher tous les remedes pour sa guerison, laquelle ayant recouverte, elle m'envoya querir, et, en la presence du Roy, des princes du sang, du Connestable, et quelques-uns du conseil, m'ayant enquis des particularitez et discours que j'avois eus avec Smyth, pour la paix ou pour la trefve, dont je luy fis recit, elle pria le Roy de luy laisser faire la paix avec la reyne d'Angleterre, puis qu'elle estoit venue à bout de son entreprise du Havre de Grace, et en avoit chassé les Anglois. Et sur cela je fus commandé de retourner trouver Smyth, et l'amener à Meulan, et regarder s'il y auroit moyen de commencer à mettre quelque chose par escrit. Ce que luy ayant proposé, il me fit response que, puis qu'il estoit question d'une chose de telle im-

---

(1) *La reyne mere étoit tombée.* Cet accident arriva peu de jours après la déclaration de la majorité de Charles IX au parlement de Rouen. Catherine étoit partie de Gaillon pour aller à Vernon : elle fit d'abord peu d'attention à cette chute, mais les suites en furent inquiétantes. « Le temps, écrivoit Charles IX, luy a faict cognoistre et sentir que le « coup étoit plus grand et plus fascheux, car il a fallu la saigner et « inciser la teste, dont elle a porté grande douleur, et moy un extresme « desplaisir, comme vous pouvez penser. »

portance, après avoir ouy parler le Roy et la Reyne sa mere, il falloit qu'il en advertist la Reyne sa maistresse, se promettant de la disposer si bien à la paix, qu'en peu de temps les choses prendroient une bonne fin; alleguant aussi que, s'il entroit trop avant sur cette matiere, sans nouveau commandement et sans en donner advis en Angleterre, et du traitement qu'il avoit reçu, il n'estoit pas sans ennemis et envieux qui l'en voudroient blasmer.

Lors Leurs Majestez me commanderent de mettre Smyth en liberté, et luy faire compagnie jusques à Paris, le faire remettre en son logis, et luy rendre ses papiers qui avoient esté scellez, et faire encore garder Trokmarton à Saint-Germain en Laye. Et au mesme temps, la Reyne mere du Roy se portant assez bien de sa grande cheute et blesseure, il fut advisé que la Cour et le conseil iroient à Paris pour donner ordre aux affaires de tout le royaume, afin d'y establir la paix, et faire plusieurs beaux reglemens et ordonnances avec la majorité du Roy, punir plusieurs malversations, et adviser sur l'execution des articles du concile de Trente (1), et, sur toutes choses, d'appointer les princes et seigneurs qui pouvoient apporter encore quelques troubles à l'Estat. En quoy la Reyne mere travailloit autant qu'il estoit possible pour oster toutes rancunes, afin de ne rentrer aux guerres civiles, dont

---

(1) *Adviser sur l'execution des articles du concile de Trente.* Le chancelier de L'Hôpital mit la plus grande opposition à l'acceptation du concile de Trente. Il chargea l'avocat Dumoulin, d'abord calviniste, puis luthérien, d'écrire sur ce sujet; et, au mois de février 1564, Dumoulin fit paroître une espèce de consultation qui n'est qu'une déclamation violente contre la puissance des papes.

tout le royaume et principalement ceux qui avoient quelque chose à perdre, estoient fort las.

CHAPITRE V.

La douairiere de Guise accuse l'Admiral de la mort de son mary, et demande justice au Roy. Punition d'un sacrilege execrable commis à Paris contre la saincte hostie. Mort du mareschal de Brissac. Le seigneur Bourdillon succede à sa charge. Les ecclesiastiques obtiennent faculté de racheter les biens alienez pour la subvention. Le Roy va à Fontainebleau recevoir plusieurs ambassadeurs des princes catholiques, qui proposent et offrent assistance pour la ruine des heretiques et rebelles, pour le faire rentrer en guerre. Le Roy veut garder la paix jurée. Les Bourguignons demandent qu'il n'y ait point d'exercice de la religion pretendue en leur province. Nouvelle secte des deistes et trinitistes decouverte à Lyon.

EN ce mesme temps, Anne d'Est [1], douairiere de Guise, qui a depuis epousé le duc de Nemours, avec ses enfans et beaux freres, demanderent justice de la mort du feu duc de Guise contre l'Admiral, qui se vouloit d'un costé purger, et de l'autre se tenoit sur ses gardes, et donnoit ordre de se deffendre par le moyen des huguenots, qu'il avoit presque tous à sa devotion. Ce que prevoyant, Leurs Majestez commanderent à ceux de Guise d'attendre le temps et l'occasion. Tout le reste de cette année le Roy, avec une grande cour, demeura à

[1] *En ce mesme temps, Anne d'Est.* Voyez le supplément du chapitre 10 du livre IV.

Paris, tousjours remediant à une occurrence, puis à l'autre, selon qu'elles se presentoient.

[1564] Je ne veux obmettre qu'en ce temps-là un miserable et meschant homme osta la saincte hostie d'entre les mains d'un prestre disant la messe en l'eglise Saincte Genevieve, chose qui fut trouvée si impie et meschante d'un chacun, qu'il n'y eut homme si mal conditionné qui n'en eust horreur; et mesme les huguenots confessoient publiquement qu'il avoit merité une mort rigoureuse. Aussi ne porta-t-il pas longuement ce crime de leze-majesté divine; car, le jour mesme, il fut executé et brûlé en la place Maubert. Environ ce temps-là, le mareschal de Brissac, qui avoit esté si long-temps lieutenant du Roy en Piedmont, desjà fort vieil et cassé, et retourné malade du Havre de Grace, mourut, et le sieur de Bourdillon fut fait mareschal de France en sa place. Lors les ecclesiastiques firent grande instance envers le Roy, à ce que les biens de l'Eglise vendus et alienez avec permission du Pape pour supporter les fraix de la guerre, ne demeurassent entre les mains de ceux qui les avoient achetez, la pluspart seigneurs ou gentils-hommes, et à bon marché, ce qui diminuoit beaucoup des decimes ordinaires. Sur cette remonstrance, le Roy leur accorda de racheter les terres et biens immeubles par eux vendus, pour cent mille escus de rente, suivant l'edict de l'alienation.

Or le Roy, se faschant du sejour de Paris, et de plusieurs affaires et rompemens de teste, qui sont tousjours plus grands en cette ville qu'en autre lieu, resolut d'aller à Fontainebleau sur le commencement de l'année, tant pour y avoir l'air plus commode que pour y recevoir les ambassadeurs du Pape, de l'Empereur, du roi d'Espagne, du duc de Savoye, et autres princes catholiques amis et alliez de la couronne, qui envoyoient visiter Sa Majesté comme par un commun accord, la prier de faire observer par toute la France les articles et decrets du concile de Trente, et l'exhorter à demeurer ferme en la religion catholique, comme avoient fait tous ses predecesseurs très-chrestiens dont il portoit le nom, et ne se laisser esbranler aux heresies de son royaume. Ils parlerent aussi à Sa Majesté pour faire cesser l'alienation des biens de l'Eglise, du tout prejudiciable à son Estat, et contre la loy divine, et luy donnerent conseil de punir tous ceux qui avoient ruiné, saccagé et demoly les eglises, porté les armes contre leur Roy, donné entrée aux estrangers dedans son royaume, et faire punir ceux qui estoient cause de la mort du feu duc de Guise. Et finalement ils firent à Sa Majesté plusieurs propositions, plustost pour l'induire à rentrer à la guerre, et rompre son edict de pacification qu'à le maintenir, asseurans les ambassadeurs que leurs maistres donneroient toute faveur et assistance au Roy pour chasser les heresies de son royaume, et punir ceux qui en estoient les autheurs.

Mais le Roy, la Reyne sa mere et leur conseil, qui ressentoient les maux advenus à la France par le malheur des guerres civiles, n'avoient pas grand desir d'y rentrer sur les belles promesses des ambassadeurs; car aussi ne se fioit-on pas en celles de leurs maistres : mais nonobstant, l'on leur donna toutes gracieuses et honnestes responses pleines de remerciemens, et telles qu'elles se devoient donner à des ambassadeurs en semblables occasions. Et Leurs Majestez firent reponse qu'une paix et édict, si solennellement faits par le conseil et advis de tous les princes du sang, et des plus sages du royaume, ne se pouvoit pas ainsi rompre ny alterer, sans un grand danger de la recheute, ordinairement plus dangereuse que la première maladie ; ce que nous avons eprouvé assez souvent depuis ce temps-là, sans y trouver autres remedes que le bien de la paix, et les edicts faits pour y parvenir. Il y eut aussi les estats de Bourgogne qui remonstrerent au Roy qu'il estoit impossible de maintenir deux religions en France ; et sur cela supplierent Sa Majesté, par personnes envoyées exprès, qu'il n'y eust point de temples ny exercice de la religion pretendue reformée au pays de Bourgogne pour les huguenots. La harangue de celuy qui fut envoyé pour cet effet a depuis esté imprimée.

En ce mesme temps il y eut à Lyon une nouvelle secte de deistes et trinitistes (1), qui est une sorte d'heresie laquelle a esté en Allemagne, Pologne et autres lieux : secte très-dangereuse, dont la foy et la doctrine doit estre rejettée, et laquelle a grandement troublé l'Allemagne, comme il se peut voir par les histoires du temps de l'empereur Ferdinand.

(1) *De deistes et trinitistes.* Castelnau parle ici de la secte des sociniens, dont le chef, Lelio Socin, étoit mort à Zurich en 1562.

CHAPITRE VI.

Divertissemens de la Cour à Fontainebleau. Adresse et vaillance du prince de Condé. Festins faits par la Reyne mere. Tournoy de douze Grecs contre douze Troyens, dont fut le sieur de Castelnau, comme aussi d'une belle tragi-comedie. Adventure de la tour enchantée, entreprise par le Roy et son frere.

Or, quittant ce discours plus serieux, puis que j'ay commencé à parler du lieu et du sejour de Fontainebleau, je parleray en passant des festins magnifiques, courses de bague et combats de barriere qui s'y firent, où le Roy et le duc d'Anjou son frere, depuis roy, firent plusieurs parties esquelles le prince de Condé fut des tenans, lequel fit tout ce qui se peut desirer, non-seulement d'un prince vaillant et courageux, mais du plus adroit cavalier du monde, ne s'espargnant en aucune chose pour donner plaisir au Roy, et faire cognoistre à Leurs Majestez, et à toute la Cour, qu'il ne luy demeuroit point d'aigreur dans le cœur.

La Reyne mere du Roy, qui n'en voulut pas estre exempte, fit aussi de très-rares et excellens festins, accompagnez d'une parfaite musique, par des syrenes fort bien representées ès canaux du jardin, avec plusieurs autres gentilles et agreables inventions pour l'amour et pour les armes.

Il y eut aussi un fort beau combat de douze Grecs et douze Troyens, lesquels avoient de long-temps une grande dispute pour l'amour et sur la beauté d'une dame : n'ayans encore pu trouver l'occasion de combattre pour cette querelle, laquelle ils desiroient terminer en presence de grands princes, seigneurs, chevaliers et de belles dames, pour estre tesmoins et juges de la victoire, et sçachans qu'en ce festin il y avoit des personnes de ces qualitez pour decider ce point dignement, ils envoyerent demander le combat au Roy par herauts d'armes, accompagnez aussi de très excellentes voix, qui presenterent et reciterent les cartels et plusieurs belles poësies, avec les noms et actes belliqueux des Grecs et Troyens, qui devoient combattre avec des dards et grands pavois, où estoient depeintes les devises de chaque combattant : j'estois de ce combat sous le nom d'un chevalier nommé *Glaucus*, comme aussi des autres tournois et parties qui se firent à Fontainebleau, et semblablement d'une tragi-comedie que la Reyne, mere du Roy, fit jouer en son festin, la plus belle, et aussi bien et artistement representée que l'on pourroit imaginer, et de laquelle le duc d'Anjou, à present roy, voulut estre, et avec luy Marguerite de France sa sœur, à present reyne de Navarre, et plusieurs princes et princesses, comme le prince de Condé, Henry de Lorraine duc de Guise, la duchesse de Nevers, la duchesse d'Uzès, le duc de Rets, aujourd'huy mareschal de France, Villequier et quelques autres seigneurs de la Cour. Et, après la comedie, qui fut admirée d'un chacun, je fus choisi pour reciter en la grande salle, devant le Roy, le fruit qui se peut tirer des tragedies, esquelles sont representées les actions des empereurs, rois, princes, bergers et toutes sortes de gens qui vivent en la terre, le theatre commun du monde, où les hommes sont les acteurs, et la fortune est bien souvent maistresse de la scene et de la vie; car tel represente aujourd'huy le personnage d'un grand prince, demain joue celuy d'un bouffon, aussi bien sur le grand theatre que sur le petit.

Le lendemain, pour clorre le pas à tous ces plaisirs, le Roy et le duc son frere, se promenans au jardin, apperceurent une grande tour enchantée, en laquelle estoient detenues plusieurs belles dames, gardées par des Furies infernales, de laquelle deux geans d'admirable grandeur estoient les portiers, qui ne pouvoient estre vaincus, ny les enchantemens defaits, que par deux grands princes de la plus noble et illustre maison du monde. Lors le Roy et le duc son frère, après s'estre armez secrettement, allerent combattre les deux geans qu'ils vainquirent, et de là entrerent en la tour, où ils firent quelques autres combats dont ils remporterent aussi la victoire, et mirent fin aux enchantemens; au moyen de quoy ils delivrerent les dames et les tirerent de là; et au mesme temps, la tour artificiellement faite devint tout en feu.

CHAPITRE VII.

Continuation de la haine entre ceux de Guise et l'Admiral. Pourparler de paix avec l'Angleterre, où le sieur de Castelnau est employé de la part du Roy. Voyage du Roy par toute la France pour affermir la paix des provinces. Negociations de la paix d'Angleterre conclue à Troyes. Difficulté terminée pour la prętention des Anglois sur Calais.

VOILA comme l'on mesloit avec les affaires de la Cour toutes sortes de plaisirs honnestes; mais, nonobstant cela, la haine de ceux de Guise contre l'Admiral demeuroit tousjours en leurs cœurs, et ne se pouvoit trouver aucun moyen de les contenter.

Sur ce temps arriverent nouvelles d'Angleterre à Smyth, ambassadeur, que la Reyne sa maistresse et tout son conseil estoient du tout disposez à faire la paix avec le Roy : et Smyth en eut tout le pouvoir avec Trokmarton, auquel, parce qu'il n'estoit pas agreable à Leurs Majestez, ils ne vouloient donner audience, et fut resolu au conseil qu'il ne seroit point employé en ce traité. De quoy ayant donné advis à Smyth, avec lequel j'eus quelque conference pour esbaucher les premiers commencemens de cette paix, il me dit qu'il ne pouvoit traiter luy seul, puisque la commission estoit aussi conjointement adressée à Trokmarton.

Ce qu'ayant redit à Leurs Majestez, ils remirent la chose à une autre fois; et cependant la resolution fut prise, selon que la Reyne mere l'avoit projettée avec les princes du sang et son conseil, de faire le voyage par toutes les provinces du royaume, pour faire voir le Roy à tous ses sujets, leur commander et enjoindre ses volontez comme majeur, et pour appaiser plusieurs divisions qui estoient encore entre les uns et les autres, et establir par tout une bonne paix.

Le Roy partit donc de Fontainebleau, et s'en alla à Sens faire son entrée, et de là à Troyes en Champagne, où l'on resolut, avant que de passer outre, de conclure la paix avec la reyne d'Angleterre; ce qui ne se pouvoit faire sans envoyer querir Trokmarton, qui estoit tousjours prisonnier à Sainct-Germain en Laye, et le mettre en liberté. Le Roy donc me commanda de l'envoyer querir par un gentilhomme et dix archers de ses gardes, feignant que c'estoit pour luy faire compagnie, et donner ordre qu'il fust bien traité et n'eust point de mal par le chemin, dont il fut fort scandalisé, encore qu'il eust des maistres d'hostel du Roy ordonnez pour le deffrayer de toutes choses fort honorablement. Et, comme il estoit fort violent, il ne se put tenir de dire qu'au traitement qu'il avoit reçu l'honneur de sa maistresse estoit fort touché. Estant donc arrivé le lendemain, Leurs Majestez adviserent d'ordonner des commissaires avec ample pouvoir pour traiter avec eux, qui furent les sieurs de Morvillier et Bourdin. La paix ainsi estant mise sur le bureau, en peu de jours fut resolue, et publiée à Troyes le treiziesme jour d'avril, avec grande allegresse de Leurs Majestez et de toute la Cour.

Les plus grandes difficultez qui s'y trouverent furent pour le regard des ostages que l'on tenoit en Angleterre pour cinq cens mille escus, au defaut de la restitution de Calais dedans huit ans. Mais le Roy, avec juste raison, suivant la clause du traité de Cambresis touchant Calais, soustenoit que la reyne d'Angleterre estoit entierement dechue du droit qu'elle pourroit pretendre à Calais, pour avoir la premiere enfreint la paix, envoyant prendre le Havre de Grace, et, si elle eust peu, toute la Normandie, durant la minorité du Roy et le malheur de nos guerres civiles. De sorte que les commissaires insistoient fort, et soustenoient que les gentilshommes françois envoyez par le Roy en Angleterre avoient perdu entierement le nom d'ostages; toutesfois, pour ne s'arrester à peu de chose, Sa Majesté donneroit volontiers six vingt mille escus à la reyne d'Angleterre, si elle vouloit renvoyer les gentilshommes sans les appeller ostages de part ny d'autre.

CHAPITRE VIII.

Le sieur de Castelnau deputé par le Roy vers la reyne d'Angleterre pour l'execution de la paix. La reyne d'Angleterre feint des difficultez de l'accepter, et blasme ses ambassadeurs. Solemnité de la publication de la paix. La Reyne fait disner avec elle le sieur de Castelnau au festin qu'elle fit aux grands de sa Cour. Plainte faite par la reyne d'Angleterre de la conduite de quelques seigneurs de France qu'elle avoit en ostage. Le sieur de Castelnau l'appaise et obtient leur liberté. Liberalité de la reyne d'Angleterre envers le sieur de Castelnau à son retour. Le Roy, fort content de la negociation du sieur de Castelnau, accepte l'ordre de la Jarretiere.

INCONTINENT après que la paix fut publiée, le Roy me despescha pour aller visiter la Reyne, et luy faire entendre de quelle affection il avoit procedé à l'advancement de cette paix, ensemble luy offrir toute ferme et constante amitié, l'asseurant qu'il oublieroit le passé si elle vouloit proceder sincerement pour l'advenir envers luy. J'avois encore un particulier commandement, que, si je trouvois la reyne d'Angleterre en quelque bonne volonté vers Sa Majesté, de luy dire qu'il sçavoit l'amitié que luy avoit portée le feu roy Henry son pere, qui l'avoit grandement desirée pour sa belle-fille; ce que je fis après avoir traité les affaires de la paix avec le sieur de Foix, qui estoit pour lors ambassadeur, et de la reddition des gentilshommes françois que nous ne voulions point appeller ostages.

Estant donc arrivé, la Reyne aussi-tost me voulut ouir; et, m'ayant donné une favorable audience, me demanda quelle estoit l'affection du Roy, de la Reyne mere et des François vers elle, et de quelle façon la paix avoit esté reçue et publiée, où je n'oubliay rien à luy representer au vray. Lors elle me dit qu'elle avoit meurement consideré deux choses : la premiere, le desir que Leurs Majestez en France avoient eu et monstré à l'advancement de cette paix, à quoy elle desiroit de correspondre en toutes choses pour sa part, mais que ses ambassadeurs avoient du tout failly en son endroit, pour avoir suivy la generalité de leur commission, et en vertu d'icelle avoir conclu la paix sans luy en donner advis, ny avoir suivy leurs instructions particulieres; la seconde, qu'elle ne pouvoit consentir que les ostages fussent rendus à autres conditions que celles pour lesquelles ils avoient esté baillez : chose qui luy touchoit tant à l'honneur et reputation, qu'elle ne voyoit pas comment elle pourroit sastifaire à la volonté du Roy mon maistre, qui avoit pris tous les avantages pour luy. Ce qu'ayant deduit avec plusieurs raisons, elle conclut qu'il luy vaudroit mieux demeurer avec la guerre, desavouer ses ambassadeurs et leur faire trancher la teste, pour l'avoir mise, sans l'advertir, en un traicté deshonnorable. A quoy il fut fort amplement respondu par Foix et par moy. Mais tout le discours de la Reyne n'estoit qu'artifice, dont elle estoit pleine, pour nous faire trouver bonne la paix de sa part, qui luy estoit autant ou plus utile qu'à nous.

Enfin, voyant que les discours et repliques de part et d'autre ne servoient plus de rien, elle nous dit, avec un visage fort ouvert, que puis que le Roy et la Reyne desiroient tant son amitié, qu'elle ne la vouloit donc mesurer à aucune chose du monde, et accordoit au Roy le traicté, mais qu'elle feroit bien chastier ses ambassadeurs lors qu'ils seroient de retour. Et en mesme temps elle commanda que l'on fist publier la paix au chasteau de Windsor, Londres et autres endroits du royaume. Ce qui fut faict le jour de Sainct-Georges 1563 (1), sur les onze heures du matin, où la Reyne marcha accompagnée de tous les chevaliers de son Ordre, et grande quantité de seigneurs et noblesse, jusques à la chapelle de Windsor, où elle nous pria de l'accompagner pour voir la publication, qui se fit avec les trompettes, tambours, clairons, haubois, et toutes sortes d'allegresses qu'on pouvoit desirer en tel acte. Après que leur service fut achevé, elle envoya querir Foix et moy pour disner avec elle en la compagnie des chevaliers, et but à la santé du Roy et de la Reyne sa mere, puis nous envoya la coupe où elle avoit bu pour luy faire raison.

Après le disner il fut question de parler des gentilshommes françois, auparavant appellez ostages, qui estoient Mouy, Nantoüillet, prevost de Paris, Palaiseau et La Ferté, lesquels estoient là pour luy estre presentez par moy, afin d'estre deschargez et mis en pleine liberté. Ce qu'ayant fait, et requis leur delivrance pour les ramener au Roy, la Reyne me tint quelques propos sur la vie, actions et deportemens d'iceux en son royaume, et comme ils s'estoient voulu sauver, bien qu'ils luy fussent obligez de les avoir mis sur leur foy, et comme ils avoient recherché de faire

---

(1) *Mil cinq cent soixante et trois.* Suivant la nouvelle manière de compter, 1564.

quelques menées, entre lesquelles elle dit que celles de Nantoüillet luy estoient les plus desagreables, parce que, non seulement il s'estoit voulu sauver comme ses compagnons, mais avoit cherché des pratiques inutiles et sans apparence d'aucun effet, pour troubler son Estat, mesme au temps qu'elle luy faisoit le plus de faveur, et qu'il y avoit plus d'esperance de paix que de guerre. Surquoy elle dit que, quand bien elle accorderoit la pleine et entiere delivrance de Mouy, Palaiseau et de La Ferté, en faveur du Roy, elle ne devoit nullement consentir à celle de Nantoüillet, mais plustost le mettre en la tour de Londres pour les causes alleguées : alors luy parla fort aigrement sur beaucoup de particularitez, concluant qu'elle ne le pouvoit laisser aller. A quoy je repliquay que ce seroit rompre les bons commencemens de la paix, ou la vouloir attacher à une difficulté de nulle consequence. Enfin, après luy avoir dit ce qui se pouvoit sur ce sujet, elle consentit à sa liberté comme à celle des autres ; outre lesquels je fis encor delivrer quelques cent cinquante prisonniers françois qui estoient en diverses prisons d'Angleterre, ayans esté pris sur la mer ou autrement.

Ce qu'estant fait, après avoir esté quelques jours traicté avec toute sorte de faveurs et bonnes cheres de la Reyne, qui me fit un present d'une chaisne de trois mille escus, et d'une quantité de chiens et de chevaux du pays, outre ceux qu'elle envoyoit au Roy, je pris congé d'elle après avoir eu toutes mes despesches, et m'en retournay trouver le Roy à Bar-le-Duc, où se fit le baptesme du fils aisné du duc de Lorraine, tenu sur les fonts et nommé Henry par le Roy : et fut aussi parrain le roy d'Espagne, pour lequel le comte de Mansfeld, gouverneur du Luxembourg, le leva sur les fonts, et la mere du duc de Lorraine fut marraine.

Là, je trouvay le Roy et la Reyne sa mere, contens des bonnes responses et nouvelles de la reyne d'Angleterre; laquelle, pour plus grand témoignage d'amitié, et du desir qu'elle avoit d'entretenir la paix, prioit Sa Majesté de prendre l'ordre de la Jarretiere, qu'avoit eu le feu roy Henry son pere. Ce qui fut agreable à Sa Majesté, qui s'enquit beaucoup de la reyne d'Angleterre, et comme elle avoit receu cette paix, et en quelle deliberation je l'avois laissée de l'entretenir et garder. Cependant le Roy, poursuivant son voyage, envoyoit plusieurs personnes qualifiées par les provinces, pour l'execution de l'edict de pacification : et fit-on suspendre le parlement de Provence, d'autant qu'il se rendit difficile à l'execution de l'edict.

CHAPITRE IX.

Le cardinal de Lorraine, à son retour du concile de Trente, sollicite chaudement la vengeance de la mort du duc de Guise son frere. Procès fait à Rome contre la reyne de Navarre, et ses Estats mis en interdit, à quoy le Roy s'oppose, et le Pape demeure ferme en son entreprise. Voyage du Roy à Nancy. Le Roy, sollicité de rompre la paix avec les huguenots, le refuse. La publication du concile de Trente refusée par les parlemens de France. Importance du voyage du Roy, et de la necessité qui oblige les roys en France de donner accès à leurs sujets, et de prendre connoissance des affaires de leur Estat.

Le cardinal de Lorraine, nouvellement retourné du concile de Trente, qui ressentoit tousjours une douleur incroyable de la mort du feu duc de Guise son frere, comme faisoient tous les parens, amis et partisans de cette maison, fit nouvelle instance pour en avoir justice. Mais parce que ceux qu'il disoit en estre coupables estoient forts et puissans, et qu'il estoit impossible pour lors de leur donner contentement sur ce poinct sans alterer le repos du royaume, le Roy ne vouloit entrer en cognoissance de cette cause, mais bien donnoit tousjours esperance d'en faire la justice en temps et lieu. Et d'autant que Jeanne d'Albret, reyne de Navarre, avoit tousjours soustenu le party des huguenots, tant auparavant qu'après la mort d'Antoine de Bourbon, roy de Navarre, son mary, l'on luy dressa des poursuites en la cour de Rome, à la requeste des commissaires et deputez par le pape Pie IV, pour luy faire son procès. Ce qui fut fait par sentence donnée contre elle (1) par deffaut et coutumace. Et ses pays, terres et seigneuries furent interdites et exposées au premier conquerant, de mesme que le pape Jules II en avoit usé contre feu Jean d'Albret, ayeul paternel d'icelle, qui fut aussi interdit, et chassé de son royaume par Ferdinand, roy d'Arragon, combien que Jean d'Albret fust catholique, excommunié toutesfois, soit qu'il fust affectionné au roy Louis douziesme, qui le fut aussi par le mesme Jules second, ou par autre cognoissance de cause que je laisse libre de juger. Mais le roy Charles neufviesme, resolu pour lors de maintenir la paix en son royaume, embrassa la protection de la reyne de Navarre, comme de sa sujette et proche parente, et envoya vers le Pape pour luy faire entendre le tort que l'on luy faisoit, contre la teneur des traitez et concordats d'entre les papes et les roys de France, premiers deffenseurs du Sainct-Siege apostolique, en priant Sa Saincteté de mettre au neant les deffauts et contumaces, autrement qu'il se pourvoiroit par les voyes et moyens desquels les roys ses predecesseurs avoient usé en cas semblable. Ce que Sa Majesté fit finalement entendre aux autres princes par ses ambassadeurs ordinaires. Neantmoins le Pape ne voulut aucunement revoquer les procedures par luy

---

(1) *Par sentence donnée contre elle.* La bulle de Pie IV est du mois de septembre 1563. Elle a la forme d'un monitoire ; on y remarque ces expressions : *Ita quod in casu contraventionis, quod Deus avertat et contumaciæ, regnum, principatus et alia cujuscunque status et dominia hujusce modi, dentur et dari possint cuilibet illa occupanti, vel illi aut illis quibus Sanctitati Suæ et successoribus suis dare et concedere magis placuerit.*

faites contre la reyne de Navarre. Son successeur en fit de mesme contre la reyne Elisabeth d'Angleterre, la declarant aussi incapable de regner. Ce qui a depuis suscité plusieurs à entreprendre contre elle et son Estat, tant en Angleterre qu'Irlande, meus du zele de la religion catholique, ou du pretexte d'icelle.

Mais, pour retourner au voyage du Roy, Leurs Majestez partirent de Bar-le-Duc pour se trouver à Nancy le jour de l'Annonciation de Nostre-Dame 1564, où quelques-uns voulurent dire que l'on commença à traiter d'une saincte ligue, afin d'extirper toutes les heresies de la chrestienté, et de faire cesser en France l'alienation des biens des ecclesiastiques, et faire punir ceux qui avoient esté cause de tant de malheurs en ce royaume, specialement sur l'Eglise catholique, comme aussi les principaux autheurs de la mort du duc de Guise, entre lesquels ils mettoient le premier l'Admiral de Chastillon, lequel tous les catholiques de la France tenoient pour leur principal ennemy, et celuy qui avoit basty les commencemens de cette guerre civile, et contraint le Roy à l'edict de janvier, et à celuy dernierement fait au traité de la paix à Orleans; auquel tous les catholiques et princes voisins et alliez du Roy, mesmement le Pape et le roy d'Espagne, insistoient qu'il ne falloit avoir aucun esgard; offrant, par leurs ambassadeurs qui arriverent à Nancy, d'aider à Sa Majesté de toutes leurs forces et puissances; dont le Roy les remercia, et leur respondit qu'il n'estoit pas possible de casser un edict si nouvellement fait pour la pacification des grands troubles et guerres civiles de son royaume.

En mesme temps furent publiez plusieurs livres portans les grands prejudices que pouvoit recevoir la

France pour les prerogatives, privileges et concordats que les roys de France avoient de si long-temps avec les papes, qui estoient aneantis par la publication du concile de Trente, sans entrer aux points et termes de la religion; qui fut cause en partie que les cours de parlement de France refuserent de publier le concile (¹), comme le cardinal de Lorraine et tous les ecclesiastiques de France le desiroient, aussi que, par la publication d'iceluy, l'edict de pacification et le repos auquel estoit alors le royaume eust esté du tout alteré.

Et d'autant que le Roy et ses commissaires n'estoient entierement obeys, comme il estoit necessaire pour le bien de la paix, cela fit continuer la deliberation que Leurs Majestez avoient prise d'avancer leur visite par toutes les provinces du royaume, afin d'authoriser les officiers de la justice, et entendre les doleances d'un chacun, faire executer les edicts, et cognoistre la volonté de leurs peuples contre l'opinion en laquelle on nourrissoit les roys de la premiere lignée, qui ne se monstroient qu'une fois l'année, et à une poignée de peuple seulement, pendant que les maires du palais disposoient des armes, des finances et de tous les estats, offices et benefices; et par ce moyen gagnoient les cœurs des soldats aux despens de leurs maistres, ausquels ils ravissoient leurs sceptres et couronnes : chose qui est très-dangereuse à un prince, et sur tout à un roy de France, où les princes, la noblesse, les peuples

---

(¹) *Refusèrent de publier le concile.* « Ce n'est pas, observe Le La-
« boureur, qu'on n'y souscrivit d'affection à tous les décrets concer-
« nant la religion; mais, comme la France avoit reçu atteinte en ses
« priviléges ecclésiastiques, qui est une chose de faict, dont on ne juge
« point par le droit ni par l'équité, mais par l'usage, elle craignoit de
« se faire tort de s'y soumettre par une acceptation publique. »

et magistrats, veulent avoir honneste et libre accès à leurs roys, ce qui leur a tousjours apporté et apportera à l'avenir l'amitié conjointe avec l'obeyssance de leurs sujets.

CHAPITRE X.

Belle reception du Roy en Bourgogne. Fruit de ses voyages de Dauphiné et Languedoc. Citadelle bastie à Lyon par la Reyne, à laquelle la maison de Lorraine et le roy d'Espagne taschent de persuader de rompre la paix pour ruiner les heretiques. Interests des particuliers et du roy d'Espagne en cette rupture. Le Roy reçoit l'Ordre d'Angleterre, et va à Roussillon, où il reçoit visite du duc et de la duchesse de Savoye. Edict de Roussillon. Divers remuemens et plaintes reciproques des catholiques et des huguenots. Reglemens politiques en faveur des huguenots.

Donc le Roy partit de Nancy pour aller par la Bourgogne, et premierement à Dijon, où le duc d'Aumale, gouverneur, et le sieur de Tavannes, lieutenant general au gouvernement de la province, firent ce qu'ils purent pour donner plaisir à Leurs Majestez, soit à courir la bague et autres joustes et tournois, et parties qu'ils firent pour rompre en lice; et le parlement, la noblesse et les peuples, s'efforcerent aussi d'agreer à Leurs Majestez, lesquelles, après y avoir esté quelque temps, partirent pour aller à Lyon, afin de pourvoir au Dauphiné et Languedoc, y restablir la religion catholique et la messe, qui en avoit esté ostée en plusieurs endroits, et par mesme moyen ordonner certains lieux pour-faire les presches, et cependant donner commissions pour faire demanteler quelques villes et chasteaux qui avoient esté les plus seditieux et plus favorables aux huguenots, comme Meaux et Montauban, et faire la justice de plusieurs assassinats commis en beaucoup d'endroits où les magistrats catholiques, remis en leurs estats, avoient bien souvent quelque dent de prendre la revanche des huguenots, qui les avoient maltraitez et chassez de leurs biens : chose qui estoit assez suffisante pour rallumer les feux des guerres civiles ; et n'y avoit que l'authorité du Roy qui y pust remedier.

Cependant la Reyne mere donna ordre incontinent que le Roy fut à Lyon, d'y dresser une bonne et forte citadelle, outre celle qui estoit auparavant. Et combien qu'elle eust un fort grand desir de faire entretenir la paix, comme elle s'y employoit entierement, si est-ce qu'elle se trouvoit fort combattue par les diverses sollicitations que l'on luy faisoit de recommencer la guerre, pour ne laisser prendre plus de pied aux huguenots, et leur oster tout exercice de leur religion, et les moyens de pouvoir jamais reprendre les armes, afin de reduire entierement tout le royaume à la religion catholique ; à quoy la ligue saincte, de laquelle nous avons parlé cy-dessus, donnoit de grands eschecs. D'autre costé, le duc de Lorraine, qui avoit espousé madame Claude, sœur du Roy, la duchesse de Nemours, mere de plusieurs beaux enfans du feu duc de Guise, le cardinal de Lorraine, les ducs de Guise, d'Aumale, d'Elbœuf, pressoient fort la Reyne mere, pour avoir raison de la mort du feu duc de Guise ; et le roy d'Espagne, mary de la fille aisnée de France, sœur du Roy, de laquelle l'on commença lors à projetter le voyage et entrevue à Bayonne, afin d'y faire une ample conclusion pour la conservation de la religion catholique, luy faisant aussi remonstrer que c'estoit une grande honte que Leurs Majestez fussent contraintes, par une petite poignée de leurs sujets, de capituler, quand il leur plaisoit, à leur devotion; que cependant se perdoit ce grand et glorieux nom de Tres-Chrestien roy de France, que ses predecesseurs luy avoient acquis par si longues années, et avec une perpetuelle constance de combattre les heretiques, et maintenir le Sainct Siege apostolique en sa grandeur.

Et là-dessus je ne veux pas dire qu'il n'y eust aussi de l'affection de quelques-uns sur les confiscations, jointes au ressouvenir que l'on avoit de la mort du duc de Guise, à l'ambition et aux interests du roy d'Espagne, qui vouloit oster les moyens au Roy de donner secours aux Pays-Bas, desjà disposez à la revolte et à prendre les armes pour le mesme fait de la religion, comme depuis ce temps-là ils ont continué jusques à cette heure, avec une haine mortelle les uns contre les autres; mais bien diray-je qu'il se parloit dès-lors de voir un soulevement universel de tous les catholiques de France pour abolir les huguenots; que si le Roy et son conseil ne vouloient leur prester faveur, l'on s'en prendroit à luy-mesme, en danger de diminuer son authorité et l'obeyssance de ses sujets. Toutes ces raisons estoient bien fortes pour esmouvoir Leurs Majestez à entrer en la ligue des catholiques; mais d'autant qu'il estoit perilleux de casser tout à coup l'edict de pacification, il falloit trouver le moyen peu à peu de diminuer l'effet d'iceluy par autres edicts limitez.

22.

Or le Roy, desireux d'achever ce grand voyage par son royaume, après avoir donné ordre en la ville de Lyon et aux affaires plus importantes de la province, et donné favorable audience au milord Honsdon, parent de la reyne d'Angleterre, qui estoit venu pour jurer la paix, et porter à Sa Majesté l'ordre de la Jarretiere, avec asseurance de la parfaite amitié que la reyne d'Angleterre promettoit de porter à Leurs Majestez, s'achemina, avec la Reyne sa mere, à Roussillon, maison du comte de Tournon qu'elle tenoit pour son appanage, où le duc et la duchesse de Savoye et de Berry, et tante du Roy, les vinrent visiter, desquels ils furent fort bien reçus. Et comme le duc de Savoye estoit prince fort sage et advisé, il se rendit si agreable à Leurs Majestez, qu'il fut grandement aimé d'elles.

Alors fut faite une deffence fort expresse de ne prescher à dix lieues à la ronde de la Cour, sans avoir esgard à la permission de prescher en certaines villes portées par l'edict, qui fut interpreté quand le Roy n'y seroit point. Et par un edict (1) que l'on appella ledict de Roussillon, il fut deffendu expressement à toutes personnes, de quelque religion, qualité et condition qu'elles fussent, de se molester les uns les autres, ny de rompre et briser les images, ny toucher aux choses sacrées, sur peine de la vie; et qu'en certains lieux non suspects seroit fait exercice de la religion des hu-

---

(1) *Et par un édict.* L'édit de Roussillon, publié le 4 août, restreignit l'exercice du culte protestant dans les châteaux des seigneurs; il défendit les levées de deniers, de quelque nature qu'ils fussent, sous peine de punitions corporelles; enfin il ordonna aux prêtres, religieux et religieuses, qui s'étoient mariés, de vivre dans le célibat ou de sortir du royaume.

guenots, avec deffence aux magistrats de ne la permettre qu'ès lieux specifiez. Outre ce, fut deffendu aux huguenots de ne faire synodes ny assemblées, sinon en la presence de certaines gens et officiers du Roy, qui seroient tenus d'y assister : qui estoient deux articles de grande importance, pour coupper la voye aux conspirations et monopoles contre le Roy.

Plusieurs de la religion pretendue reformée faisoient diverses plaintes que le cours et exercice de leur religion estoit empesché : aussi les grandes chaleurs de cette année, 1564, correspondoient aux esprits violens qui ne se pouvoient contenir en repos, ains excitoient divers remuemens en plusieurs endroits du royaume, comme au pays du Maine, Anjou, Touraine, Auxerrois, Guyenne; et venoient de tous costez plaintes des huguenots à la Cour, qu'ils estoient maltraitez, et que l'on ne leur faisoit point de justice ; en quoy le conseil du Roy connivoit de son costé. Aussi d'autre part, plusieurs catholiques et gens d'eglise se plaignoient que les huguenots les empeschoient de jouir de leurs biens, et les ecclesiastiques et curez de faire les fonctions de leurs charges ; de sorte que chacun recommençoit à se liguer, comme ne se pouvans plus souffrir ; dont je laisseray plusieurs particularitez à ceux qui en ont escript bien amplement.

Le Roy, par le conseil de la Reyne sa mere, voyant l'aigreur qui s'augmentoit nouvellement, meslée avec l'ambition des plus grands qui entretenoit le mal, ordonna aux gouverneurs des provinces, maires et eschevins des villes, de ne rien dire ny faire aux huguenots qui chantoient des psalmes hors des assemblées ; davantage, que l'on ne les forçast au pain benit, ny à tendre devant leurs portes et fenestres le jour de la Feste-Dieu, ny de bailler aux eglises pour les pauvres, ou payer les confrairies. Et fut ordonné qu'aux lieux ou il y auroit des huguenots qui ne voudroient tendre devant leur logis, les commissaires et capitaines des quartiers, et autres officiers, eussent à y suppleer.

CHAPITRE XI.

Le sieur de Castelnau Mauvissiere renvoyé en Angleterre proposer le mariage du Roy avec la reyne Elizabeth. Sage response de cette reyne. Les seigneurs anglois souhaitent le duc d'Anjou pour mary de leur reyne. Le sieur de Castelnau passe d'Angleterre en Escosse pour parler du mariage du duc d'Anjou avec la reyne Marie Stuart. Estat florissant de la reyne d'Escosse. Plusieurs princes la recherchent en mariage. Elle advoue que l'interest de grandeur luy feroit preferer le prince Charles d'Espagne au duc d'Anjou.

VOILA une partie des occupations qu'avoit la Cour, soit d'entendre les plaintes d'un chacun et y remedier comme l'on pouvoit, au progrès de ce voyage, durant lequel Sa Majesté fit assez long sejour à Valence, puis en Avignon, et de là fut à Marseille. Pendant ce temps-là je retournay en Angleterre, où Leurs Majestez m'envoyerent derechef après que le sieur de Cossé, qui depuis a esté mareschal de France, fut retourné d'y jurer la paix. Outre la charge que j'avois de visiter la reyne d'Angleterre, avec plusieurs offres de complimens pour entretenir et fortifier tousjours l'amitié, le

Roy me donna commission, selon la disposition en laquelle je la trouverois, de luy offrir son service et luy proposer le mariage d'eux deux, afin d'effacer pour jamais ces mots qui estoient entre les François et les Anglois, d'anciens ennemis, et les remettre en parfaite et asseurée amitié par le moyen du mariage.

A quoy la reyne d'Angleterre me fit tous les remerciemens et honnestes responses qu'il estoit possible, estimant cette recherche à très-grand honneur et faveur d'un si grand et puissant Roy, auquel et à la Reyne sa mere elle se sentoit infiniment obligée. Mais y trouvoit une difficulté, à sçavoir que le roy Très-Chrestien son bon frere (ce sont ses paroles) estoit trop grand et trop petit : et se voulut interpreter, disant que Sa Majesté avoit un grand et puissant royaume, qu'il n'en voudroit jamais partir pour passer la mer et demeurer en Angleterre, où les sujets veulent tousjours avoir leurs roys et leurs reynes, s'il est possible, avec eux. Pour l'autre poinct, d'estre trop petit, Sa Majesté estoit jeune, et elle desjà agée de trente ans, s'appellant *vieille*, chose qu'elle a tousjours dit depuis que je l'ay cognue, et dès son advenement à la couronne, encore qu'il n'y eust dame en sa Cour qui eust aucun avantage sur elle pour les bonnes qualitez du corps et de l'esprit. Et après infinis remerciemens, elle dit que le Roy et la Reyne sa mere y penseroient avec meure deliberation; cependant qu'ils fissent estat qu'elle prenoit cet honneur en très-bonne part.

Et comme j'estois très-bien vu et traité de tous les premiers et principaux seigneurs de sa Cour, quelques-uns me dirent, en confirmant la bonne volonté que leur reyne portoit au Roy, à la Reyne sa mere et à la

France, que le mariage ne seroit pas si propre ny commode de Sa Majesté que du duc d'Anjou, à present regnant, parce qu'il pourroit, avec moins de difficulté, passer la mer et demeurer en Angleterre, que non pas le Roy qui estoit couronné et sacré, et que les François auroient aussi peu de volonté de le laisser passer en Angleterre, que les Anglois leur reyne en France. Parquoy il leur sembloit que le mariage de monseigneur d'Anjou seroit plus propre que l'autre, et par ce moyen, autant que par celuy du Roy, seroit jointe et unie l'Angleterre avec la France.

Ce que j'escrivis à Leurs Majestez partant pour aller vers la reyne d'Escosse, que j'avois aussi charge de visiter et luy reconfirmer l'amitié de Leurs Majestez, sçavoir si elle auroit besoin de leur assistance, comme aussi sentir si elle auroit agreable le mariage du duc d'Anjou, frere du Roy, ayant si peu esté avec le feu roy François; desirant Sa Majesté de maintenir tousjours par une bonne alliance la ferme et constante amitié qui avoit tousjours esté avec l'Escosse depuis huit cens ans.

Estant donc arrivé en Escosse, je trouvay cette princesse en la fleur de son âge, estimée et adorée de ses sujets, et recherchée de tous ses voisins; en sorte qu'il n'y avoit grande fortune et alliance qu'elle ne pust esperer, tant pour estre parente et heritiere de la reyne d'Angleterre, que pour estre douée d'autres graces et plus grandes perfections de beauté que princesse de son temps. Et parce que j'avois l'honneur d'estre fort cognu d'elle, tant pour avoir esté nostre reyne que pour avoir particulierement esté de ses serviteurs en France, et l'avoir accompagnée en son royaume d'Escosse, où je retournay le premier pour la visiter de la part du Roy, et lui porter nouvelles de ceux de Guise, ses parens, j'avois plus d'accès à Sa Majesté qu'un autre qui lui eust esté moins cognu et familier.

Donc si je fus bien reçu de la reyne d'Angleterre, je ne le fus pas moins en Escosse, recevant beaucoup d'honneur et faveur de cette princesse, laquelle après m'avoir tesmoigné estre bien aise de ce mien voyage par devers elle, pour me commettre plusieurs choses dont elle vouloit faire part à Leurs Majestez en France, comme à *ses plus chers amis*, elle me dit les recherches que luy faisoient plusieurs princes, comme l'archiduc Charles, frere de l'Empereur, quelques princes de la Germanie, le duc de Ferrare : et encore quelques-uns de ses sujets luy avoient voulu mettre en avant le prince de Condé, qui estoit pour lors veuf, afin d'unir la maison de Bourbon en meilleure amitié et intelligence avec la maison de Lorraine qu'elle n'avoit esté jusques alors. Elle me parla aussi d'un autre party duquel l'on luy avoit ouvert quelques propos, plus grand que tous ceux-là, qui estoit de don Charles, fils du roy Philippe et prince d'Espagne, lequel estoit en quelques termes d'être envoyé par son pere au Pays-Bas.

Et quand je luy parlay de retourner en France par l'alliance du duc d'Anjou, frere du Roy, elle me respondit qu'à la verité tous les pays et royaumes du monde ne luy touchoient au cœur tant comme la France, où elle avoit eu toute sa nourriture et l'honneur d'en porter la couronne ; mais qu'elle ne sçavoit que dire pour y retourner avec une moindre occasion, et peut-estre en danger de perdre son royaume d'Escosse, qui avoit esté auparavant bien esbranlé et ses sujets divisez par son absence; et que, grandeur pour grandeur, si le prince d'Espagne, qui pouvoit estre asseuré, s'il vivoit, d'avoir tous les Estats de son pere, passoit en Flandre et continuoit en son dessein, elle ne sçavoit pas ce qu'elle feroit pour ce regard, rien toutesfois sans le bon conseil et consentement du Roy son bon frere, et de la Reyne sa belle-mere.

CHAPITRE XII.

La reyne d'Angleterre, par raison d'Estat, apprehende l'alliance de Marie Stuart avec quelque prince puissant. Elle moyenne adroitement son mariage avec Henry Stuart, seigneur d'Arlay, sous des pretextes forts specieux. Raison de la pretention de Henry sur la couronne d'Angleterre. Les principaux seigneurs d'Escosse pratiquez pour faire reussir ce mariage. Leurs raisons pour y faire consentir leur reyne. Le seigneur d'Arlay tasche de gagner le sieur de Castelnau, qui n'y avoit pas d'inclination. La reyne d'Escosse le prie d'en escrire en France, où le mariage fut approuvé par politique. Elle l'engage d'aller exprès devers le roy Charles IX. La reyne d'Angleterre fait mine d'improuver ce mariage.

MAIS toutes ces alliances plaisoient aussi peu à la reyne d'Angleterre les unes que les autres; car elle ne pensoit jamais avoir espine au pied qui luy fust plus poignante qu'une grande alliance estrangere avec cette reyne, craignant par ce moyen qu'elle ne luy mist un mauvais voisin en son pays, si proche d'Escosse qu'il n'y a rien qui empesche le passage qu'une petite riviere, comme je crois avoir dit cy-devant, qui se passe presque à gué de tous costez, sur laquelle est assise la ville de Warwik, qui a esté depuis quelque temps fortifiée.

Ce que prevoyant dès-lors la reyne d'Angleterre, jetta les yeux sur un jeune seigneur de son royaume, pour en faire un présent à la reyne d'Escosse, lequel estoit fils du comte de Lenox, appellé Henry Stuart, milord d'Arlay (1), que la comtesse sa mère (2), qui estoit du sang royal d'Angleterre, avoit fait nourrir fort curieusement, luy ayant fait apprendre dès sa jeunesse à jouer du luth, à danser, et autres honnestes exercices. La reyne d'Angleterre trouva donc moyen de faire persuader par de grandes considerations à la reyne d'Escosse, qu'il n'y avoit point de mariage en la chrestienté qui luy apportast tant de bien asseuré et d'entrée au royaume d'Angleterre, dont elle pretendoit d'estre heritiere, que celuy du milord d'Arlay, afin de fortifier le droit de l'un et de l'autre, estans conjoints par mariage avec le bon consentement de la reyne d'Angleterre et de tous les deux royaumes, comme les plus sages Anglois et Escossois estimoient être le bien de tous, et par mesme moyen oster beaucoup de doutes qui pourroient, avec le temps, troubler ces deux Estats si voisins et en une mesme isle, tant pour n'estre point née la reyne d'Escosse en Angleterre, que pource que le milord d'Arlay y estoit né, nourry et élevé.

Car le roy Henry huitiesme avoit voulu faire une loy, par acte de son parlement, pour frustrer sa sœur

---

(1) *D'Arlay*, lisez *Darnley*. (2) *La comtesse sa mère.* Marie Lenox, fille de Marguerite, sœur de Henri VIII.

aisnée mariée en Escosse, et ses heritiers, que ceux qui estoient nez hors du royaume d'Angleterre n'en pourroient heriter. Mais, comme telle loy n'estoit pas juste, aussi n'a-t-elle esté approuvée par le parlement; car c'estoit aller contre la nature, de faire une loy au peril et dommage de ses plus proches heritiers, pour en avancer d'autres en degré plus eloigné, comme il entendoit faire en faveur de sa sœur puisnée, mariée premierement en France au roy Louis douziesme, et, après estre retournée en Angleterre, à Charles Brandon, qui fut fait duc de Suffolk, fort aimé du roy Henry huitiesme, ainsi que j'ay dit cy-devant : dequoy l'on s'est souvent voulu aider contre la reyne d'Escosse durant sa prison; laquelle m'a donné charge depuis de deffendre la justice de sa cause ès parlemens qui se sont tenus durant ma legation, où à la fin il n'a point esté touché jusques à present; mais plustost m'a asseuré la reyne d'Angleterre, par diverses fois, qu'elle ne luy feroit point de tort à la succession de son royaume après elle, si elle y avoit le meilleur droit.

Mais pour ne m'esloigner de cette pratique, d'envoyer le milord d'Arlay en Escosse, cela fut d'autant plus chaudement executé, que la chose fut deliberée et approuvée de ceux en qui la reyne d'Escosse avoit plus de creance ; car le comte de Muray, frere bastard de la Reyne, qui manioit toutes les affaires de ce royaume, avec le sieur de Ledinton, secretaire d'Estat, et leurs partisans, avoient esté gagnez pour persuader à leur maistresse, non-seulement de bien recevoir ce milord, et le remettre ès biens de son pere, mais aussi d'entendre à ce mariage, qui luy seroit plus utile que nul autre pour parvenir à la couronne d'Angleterre ;

et quand bien elle voudroit derechef se marier en France ou en Espagne, ce seroit avec tant de despenses et de difficultez, que le royaume d'Escosse ne seroit bastant pour y fournir; et aussi que ce seroit apporter une grande jalousie à la reyne d'Angleterre, laquelle n'en prendroit point du milord d'Arlay, qui estoit son sujet, et de son sang comme la reyne d'Escosse; laquelle je trouvay une autre fois que je la fus revoir ainsi que l'on luy faisoit tous ces discours, et que le milord d'Arlay arriva en Escosse avec peu ou point de moyens, lequel me rechercha tant qu'il put pour luy estre favorable en ses amours, vu l'accès que j'avois de longue main auprès de cette princesse, qui me faisoit l'honneur de ne me rien celer de ce qui luy estoit proposé pour son mariage, mes audiences durant depuis le matin jusques au soir.

Ce n'estoit pas toutesfois mon intention de la porter de ce costé, bien que je recognusse que cette pratique alloit si avant qu'il eust esté fort difficile de l'en divertir, soit qu'elle y eust esté poussée, comme aucuns ont voulu dire, par des enchantemens artificiels ou naturels, ou par les continuelles sollicitations des comtes de Muray et du secretaire Lediuton, et autres de cette faction, qui ne perdoient pas une heure de temps pour avancer ce mariage.

De façon que la reyne d'Escosse, m'en demandant un jour mon opinion, me declara fort particulierement les raisons qui la pourroient mouvoir à le faire, avec le consentement du Roy et de la Reyne sa belle-mere, s'ils le treuvoient bon et luy conseilloient, et non autrement; me priant de recevoir cette charge de leur representer le tout comme si elle y envoyoit exprès; ce qu'elle ne pourroit faire par personne en qui elle eust plus de fiance. Sur cela je depeschay en toute diligence un courier à Leurs Majestez, leur escrivant amplement le traité de ce mariage, qui s'avançoit tous les jours de telle façon, que mal aisement la reyne d'Escosse eust pu dès-lors s'en retirer. Quoy entendans, Leurs Majestez me remanderent aussi-tost que, puisque les choses estoient en ces termes pour cette°alliance, elles ne l'auroient pas desagreable, ains la trouveroient beaucoup meilleure que celle de l'archiduc d'Austriche, du prince d'Espagne, ou de quelqu'autre prince que ce fust, au cas que Dieu n'eust ordonné qu'elle se pust faire avec le duc d'Anjou, et qu'à la verité ils estoient fort proches : et ce que Leurs Majestez m'en avoient commandé, estoit plustost pour la grande amitié qu'elles portoient à la reyne d'Escosse, qui avoit esté nourrie avec eux, que pour grande necessité qu'il y eust, et qu'ils estimoient qu'avec l'alliance de ce jeune seigneur d'Arlay elle se maintiendroit en parfaite amitié, et son royaume d'Escosse, avec la France.

Ainsi donc estant remis en moy d'user discrettement de ce que m'en escrivoient Leurs Majestez, pour laisser plustost aller avant ce mariage que de le rompre ou empescher, il ne faut pas demander si je fus bien reçu de ces deux amans, puis que j'avois dequoy contenter leurs affections, et ausquelles je rendois plustost de bons que de mauvais offices : neantmoins la reyne d'Escosse me protesta souvent n'avoir point de plus grande passion qu'au bien de son Estat, et à vouloir le conseil de ces amis, entre lesquels elle mettoit le Roy et la Reyne sa belle-mere, pour les plus certains et assurez. Et lors me pria qu'elle me pust commettre toute la charge qu'elle pourroit donner à qui que ce fust vers Leurs Majestez, voire mesme ce qu'elle leur pourroit dire de bouche, si elle les voyoit, touchant ce mariage, et autres choses de son Estat et de son affection envers elles et la couronne de France, qui luy estoit aussi chère que la sienne. Après douc l'avoir asseurée que Leurs Majestez trouveroient bon tout ce qui luy seroit agreable pour ce mariage, elle voulut en avoir derechef par moy leur libre et entier consentement, et pour ce fait me pria de faire diligence, et de luy mander, comme je luy avois promis, ou porter la responsse. Or, combien a esté commode et utile ce mariage à l'un et l'autre, les effets l'ont tesmoigné depuis.

Estant licencié avec tout contentement de la Reyne et de ce nouvel amant, je trouvay par le chemin, m'en retournant, la reyne d'Angleterre qui alloit visiter une partie de son royaume, laquelle ne monstroit pas la joye et plaisir qu'elle en avoit en son cœur d'entendre que ce mariage s'avançoit, ains au contraire faisoit semblant de ne l'approuver pas : ce qui l'advança plustost que d'y apporter retardement.

CHAPITRE XIII.

Le sieur de Castelnau renvoyé par le Roy en Angleterre pour le mariage du duc d'Anjou, ou pour favoriser celuy du comte de Leicester avec la reyne Elizabeth. Elle reçoit ses propositions avec grande satisfaction, et se loue de sa conduite en tous ses emplois auprès d'elle. Sa response. Elle feint tousjours de ne point approuver le mariage de Marie Stuart, que le sieur de Castelnau trouve fait à son retour en Escosse. Le roy et la reyne d'Escosse renouvellent l'alliance avec la France. Le roy d'Escosse fait chevalier de l'ordre de Sainct Michel. Ils se broüillent avec la reyne d'Angleterre. Le sieur de Castelnau employé par le Roy pour leur reconciliation. Esprit altier de Marie Stuart. Malheureux succès de son mariage. Il met les deux reynes d'accord. Jalousie entre le roy et la reyne d'Escosse, cause de nouveaux troubles. Ingratitude du Roy, qui fait tuer le secretaire de la Reyne. Mort tragique du Roy. La Reyne est chassée et se retire en Angleterre. Raison d'Elizabeth pour l'arrester prisonniere. Son courage dans sa prison. Le roy Jacques, son fils, au pouvoir de ses sujets.

Or, estant arrivé à Valence où estoient Leurs Majestez, après avoir rendu compte de mon voyage, je fus renvoyé aussi-tost vers ces deux princesses, pour remettre le propos en avant avec la reyne d'Angleterre, du Roy ou duc d'Anjou son frere, lequel seroit tousjours prest à luy offrir son service pour respondre aux effets de son affection, si elle le trouvoit plus à propos pour son contentement et le bien de son Estat. Mais j'avois aussi charge de Leurs Majestez que, si je trouvois la reyne d'Angleterre disposée, comme l'on disoit, d'espouser le milord Robert Dudley, qu'elle avoit fait comte de Leicester, et advancé pour sa vertu et ses merites, comme estant des plus accomplis gentils-hommes d'Angleterre, et qui estoit aimé et honoré d'un chascun, et que son affection fust de ce costé là, comme estoit celle de la reyne d'Escosse au milord d'Arlay, je fisse tout d'une main au nom de Leurs Majestez tout ce qu'il me seroit possible pour avancer ces deux mariages.

Estant arrivé en Angleterre, la Reyne me tesmoigna derechef qu'elle prenoit à grand honneur et faveur ce soin que Leurs Majestez avoient d'elle, tant pour luy offrir un si grand party et alliance du Roy ou du duc d'Anjou son frere, que favoriser l'affection qu'elle portoit à un sien sujet, duquel elle me parla, pour estre le plus vertueux et accompli seigneur qu'elle cogneut jamais. Puis elle me dit que de son naturel elle avoit peu d'inclination à se marier, sinon pour acquiescer à la priere et requeste de ses sujets; adjoustant que, si le comte de Leicester estoit prince et issu de tige royale, elle consentiroit volontiers à ce party pour l'amitié que toute l'Angleterre luy portoit, mais qu'elle prioit le Roy, mon maistre, de croire que jamais elle n'espouseroit son sujet, ny le feroit *son compagnon*. Enfin elle fit mille remerciemens au Roy, à la Reyne sa mere, et au duc d'Anjou, de l'affection qu'ils luy portoient, laquelle elle les prioit de luy continuer; et me remercia fort souvent de la peine que j'avois prise de la retourner voir, et des bons offices que j'avois faits, tant en l'avancement de la paix qu'à bastir cette grande et particuliere amitié, qui se nourrissoit et augmentoit tous les jours entre la Reyne, mere du Roy, et elle; lesquelles, à la verité, j'avois trouvé auparavant en assez mauvaise intelligence, par quelques sinistres rapports que l'on faisoit de l'une à l'autre. Chose qui est fort dangereuse en matiere d'Estat, d'animer les grands les uns contre les autres, soit que l'on les veuille flatter ou les mettre mal ensemble : ce qui n'apporte que dommage à eux et leurs Estats, et qui tourne bien souvent à la confusion de ceux qui procurent et font ces mauvais offices.

Donc, n'ayant fait que demi voyage, je proposay à la reyne d'Angleterre la charge que j'avois du Roy mon maistre, et de la Reyne sa mere, de passer jusques en Escosse pour aller voir la Reyne, tant pour leur rapporter de ses nouvelles que pour luy faire part de leur bon conseil et advis sur ce en quoy elle en pourroit avoir besoin; mais je trouvai la reyne d'Angleterre plus froide envers la reyne d'Escosse qu'auparavant, comme se plaignant d'elle de luy avoir soustrait un sien parent et sujet, et de le vouloir espouser contre son gré. Discours bien esloigné de son cœur, comme j'ay dit cy-devant; car elle faisoit tous ses efforts et n'espargnoit rien pour avancer le mariage, que je trouvay fait et consommé quand j'arrivay en Escosse : et par ainsi j'eus plustost à me conjouir du succès des nopces que d'y donner consentement pour Leurs Majestez, ausquelles les deux mariez tesmoignoient estre fort obligez du soin qu'elles avoient d'eux, promettant de vouloir confirmer les alliances plus grandes et fortes qu'elles n'avoient jamais esté entre ces deux royaumes.

Ce qui fut effectué par ce jeune Roy, qui fut, quelque temps après, fait chevalier de l'ordre de France, et visité et honoré de quelques presens. La reyne d'Escosse estant devenue grosse, la reyne d'Angleterre augmenta ses mescontentemens à cause de ce mariage; ainsi, l'alteration croissant entre ces princesses, elles font estat de se faire la guerre. Lors la reyne d'Escosse a recours à l'alliance de France, pour avoir aide et secours d'hommes, de munitions de guerre et d'argent, et presse violemment pour les avoir : ce qui estonne fort Leurs Majestez et le conseil, qui ne faisoit que sortir de la guerre civile (laquelle avoit esté si cruelle en France), et de faire la paix avec la reyne d'Angleterre, qui n'eust pas failly, secourant la reyne d'Escosse, de rentrer en mauvais mesnage avec nous, et par ce moyen l'on eust renversé tout le bon commencement d'establir quelque repos en France.

Surquoy fut advisé de me despescher de nouveau vers les reynes d'Angleterre et d'Escosse, avec lettres, pouvoir et instructions, pour les inciter à demeurer bonnes sœurs et amies, en l'amitié desquelles le Roy, la Reyne sa mere, ne desiroient rien plus que de se lier et conjoindre fermement, avec remonstrances particulieres à la reyne d'Escosse et à ses sujets, de se garder bien d'entrer en guerre civile, qui est la ruine et destruction de tous Estats, et mesme de se mettre en mauvaise intelligence avec la reyne d'Angleterre; que c'estoit le meilleur conseil et secours que Leurs Majestez et tout le conseil de France, tant de la part de l'une que de l'autre religion, luy pouvoient donner. Mais cette jeune princesse, qui avoit un esprit grand et inquieté, comme celui du feu cardinal de Lorraine, son oncle, ausquels ont succedé la pluspart des choses contraires à leurs deliberations, ne pouvoit s'accommoder avec la reyne d'Angleterre, qui estoit plus puissante qu'elle.

Ainsi ce mariage et ces grandes amours, que nous pensions estre utiles pour maintenir l'Escosse en paix et destourner grande alliance de ce costé-là, ne produisoient autre chose qu'une nouvelle guerre, non seulement entre l'Escosse et l'Angleterre, mais encore une grande division entre les nouveaux mariez, comme il s'est veu depuis en toute leur vie, leur histoire estant fort tragique.

Cependant j'usay de tous moyens possibles pour esteindre le feu de cette guerre, qui commençoit de s'allumer en Escosse, dont les flammes fussent volées jusques en France : et, par l'intervention du Roy et de la Reyne sa mere, je les mis d'accord ; mais, bientost après cette paix generale, une autre guerre particuliere survint entre ces nouveaux mariez, à l'occasion des jalousies qui se mirent entr'eux, si grandes, que ce jeune roy d'Escosse, ingrat de l'honneur que luy avoit fait cette belle princesse, veufve d'un si grand roy, de l'avoir espousé en secondes nopces, suscité par le comte de Morthon, milord de Reven, et autres Escossois, lui tua honteusement en sa presence un sien secretaire appellé David Riccio, piedmontois, auquel, à la verité, elle avoit donné beaucoup de credit et d'authorité sur toutes les affaires d'Escosse, dont, pour luy rendre compte, il ne pouvoit qu'il ne se tinst près d'elle, et le plus souvent en son cabinet, où il fut massacré cruellement de plusieurs coups, tant que le sang en tomba sur la Reyne : spectacle estrange, et assez souvent pratiqué par les Escossois, quand ils se mettent quelque chose de sinistre en l'esprit.

Cela fait, ils prirent leur Reyne prisonniere, laquelle leur eschappa, grosse du prince d'Escosse son fils, qui est aujourd'huy. Et lors se recommença nouvelle guerre, où je fus encore renvoyé pour y trouver remede : ce que les autheurs de ce meurtre eussent bien desiré; mais la reyne d'Escosse ayant eu le pouvoir et l'occasion de les chasser de son pays, ils s'allerent refugier en Angleterre, où ils furent reçus et maintenus, jusques à ce que le temps, qui porte tousjours avec soy vicissitude, les remena en Escosse avec nouvelles guerres; lesquelles, avec la mort tragique de ce nouveau mary, qui fut emporté d'un caque ou deux de poudre estant couché au lit de sa femme, en ont enfin chassé la Reyne, qui aima mieux se refugier entre les mains et en la puissance de la reyne d'Angleterre, où elle est encore aujourd'huy, que de plus se remettre en celle de ses sujets.

Et lors la reyne d'Angleterre, estant suppliée par la reyne d'Escosse de la recevoir comme sa cousine, et luy user d'hospitalité, envoya au-devant d'elle à la frontiere, comme elle m'a dit, en intention de la traiter favorablement; mais qu'aussi-tost elle cognut qu'elle faisoit des pratiques par tout le pays du Nort, pour luy troubler son Estat. Parquoy elle fut contrainte de la mettre prisonniere, où elle est encore, sans pouvoir trouver moyen d'en sortir, qu'à l'instant il ne survienne quelques nouvelles difficultez, lesquelles ont pour la pluspart passé par mes mains, comme l'occasion s'est presentée d'y estre employé, et le plus souvent deffendre l'honneur et la vie de la reyne d'Escosse, que l'on vouloit priver pour jamais de toutes ses pretentions à la couronne d'Angleterre. Ce qu'elle me disoit et escrivoit ordinairement luy importer plus que sa propre vie, qu'elle n'estimoit plus que pour conserver le royaume d'Angleterre au prince d'Escosse son fils; lequel je laisseray en son royaume, nourry et prisonnier entre les mains de ses sujets, et la Reyne sa mere en Angleterre, pour retourner aux affaires de France, en laquelle se brassoit un renouvellement de la guerre civile, par les pratiques de ceux que j'ay nommés cy-devant.

LIVRE SIXIESME.

CHAPITRE PREMIER.

Nouvelles emotions en France entre les catholiques et les huguenots. Le Roy ordonne l'execution de l'edict de pacification. Grand hyver en France. Le sieur de Castelnau envoyé par le Roy en Savoye. Entrevue du Roy avec la reyne d'Espagne suspecte aux huguenots, qui brassent une contre-ligue avec les princes et peuples protestans, et font dessein sur les Pays-Bas. Les seigneurs et villes des Pays-Bas demandent au roy d'Espagne de faire retirer les garnisons espagnoles, et d'abolir l'inquisition. Les Espagnols rappellez de Flandre. La duchesse de Parme faite gouvernante des Pays-Bas. Le cardinal de Granvelle, son conseil, veut maintenir l'inquisition. Les seigneurs du pays le chassent, demandent libre exercice de la nouvelle religion, qui leur est refusé.

[1565] LE Roy, voyant tant de mouvemens suscitez par la France, envoya des lettres patentes à tous les gouverneurs des provinces, pour faire garder et observer l'edict de pacification, et obvier à toutes emotions. Mais comme l'esté avoit esté chaud et ardent, durant lequel s'estoit commis une infinité de meurtres et cruautez au pays du Maine, Anjou, Touraine, Auxerrois et autres endroits où les huguenots estoient les plus foibles, et pour lesquels ils faisoient beaucoup de plaintes, il suivit un hyver si terrible et violent, qu'il gela toutes les rivieres en France, plusieurs bleds et tous les oliviers, noyers, figuiers, lauriers, orangers et autres arbres onctueux, et grande partie du bois des vignes, et par mesme moyen refroidit les esprits et les cœurs des plus querelleurs. De sorte que toutes ces rumeurs de reprendre les armes s'assoupirent pour un temps.

Le Roy et la Reyne estoient, en cette saison, à Carcassonne, assiegez des neiges au mois de janvier. Je fus envoyé devers le duc de Savoye, qui pressoit fort que l'on luy rendist les villes de Piedmont, lesquelles luy et son fils ont enfin si dextrement retirées, qu'ils nous ont fermé le pas des montagnes et de l'Italie.

Ces froidures extresmes furent suivies de grandes pestilences en la pluspart des provinces de France, ce qui retenoit les huguenots de prendre les armes. Mais enfin, l'entrevue d'Elisabeth, sœur du Roy et reyne d'Espagne, à Bayonne, accompagnée du duc d'Alve et de plusieurs grands seigneurs d'Espagne, les grandes allegresses et magnificences qui s'y firent, et les affaires qui s'y traiterent l'esté subsequent, mirent les huguenots en merveilleuse jalousie et deffiance que la feste se faisoit à leurs despens, pour l'opinion qu'ils avoient d'une estroicte ligue des princes catholiques contre eux. Ce qui leur bailla occasion de remuer toutes pierres, et mettre tout bois en œuvre, pour en bastir une contraire, tant avec la reyne d'Angleterre, les princes huguenots d'Allemagne, Geneve, qu'ès pays-Bas, leurs alliez et confederez en la religion pretendue reformée, et d'inciter tous ceux de leur party en France à prendre l'allarme et ouvrir les yeux à cette contre-ligue, disant que tout ainsi que les Espagnols, qui avoient desplaisir de voir la paix en France, taschoient d'y remettre la guerre civile pour la seureté de leur Estat, les huguenots de France, avec leurs confederez, devoient la jetter en Flandre, et se joindre avec les seigneurs et autres huguenots du Pays-Bas, et par tel moyen donner le mesme empeschement au roy d'Espagne de ce costé-là, qu'il leur vouloit donner en France. Ce fut environ l'an 1565 que le prince d'Orange, les comtes d'Egmont et de Hornes, et plusieurs autres seigneurs, gentils-hommes, officiers, marchands et artisans des bonnes villes du Pays-Bas, presenterent requeste au roy d'Espagne, tendante à ce qu'il luy plust faire retirer les garnisons espagnoles, et faire cesser la rigueur des persecutions contre les huguenots, et oster l'inquisition. Chose qui l'estonna fort, craignant que pareil accident ne luy advinst en ses pays, que celuy qu'il avoit veu par les guerres civiles de France pour le fait de religion, et que l'on ne chassast ou coupast la gorge aux Espagnols, qui estoient dedans le pays fort hays.

C'est pourquoy il delibera de les retirer, et y envoyer Marguerite d'Autriche, sa sœur naturelle, duchesse de Parme, pour gouverner ce pays; laquelle j'y fus visiter de la part du Roy à son arrivée, et recognus lors que les peuples se lassoient fort de la domination espagnole. Le cardinal de Granvelle luy fut baillé comme principal conseiller et chancelier, plein de grande experience, pour avoir manié longuement de grandes affaires avec l'empereur Charles v. Mais sur tout le cardinal ne vouloit point que l'on y ostast l'inquisition, qui y avoit esté introduite par l'Empereur son maistre. Ce que les seigneurs du pays portoient impatiemment, et de se voir entierement frustrez de l'exercice de la religion pretendue reformée, qui avoit esté reduite, comme ils disoient, en la servitude de l'inquisition, qui porte avec soy le plus souvent une rigoureuse confiscation de corps et de biens.

Ce que les ministres, surveillans et autres, mirent si bien en l'esprit du prince d'Orange, du comte Ludovic de Nassau son frere, des comtes d'Egmont, de Hornes, de Brederode, et autres seigneurs et nobles du pays, qu'ils s'attacherent avec rudes paroles au cardinal de Granvelle, lequel, craignant plus grand danger, se retira. Estant hors du pays, tous ces seigneurs s'assemblerent plusieurs fois, mesmement à Bruxelles, où ils resolurent derechef de faire instance au roy d'Espagne que l'exercice de la religion fust estably au Pays-Bas, chose bien contraire à son intention. Neantmoins il ne voulut pas directement rejetter la requeste de ses sujets, mais bien la refusa obliquement, faisant publier le concile de Trente, par lequel la religion des huguenots estoit condamnée. Ce que voyant, les huguenots du Pays-Bas s'allerent plaindre à l'Empereur et aux princes huguenots de se voir enveloppez, par les desseins de leur roy, en une perpetuelle servitude qui leur estoit insupportable.

CHAPITRE II.

Le cardinal de Lorraine, voulant entrer à Paris en grande suite, est desarmé par le mareschal de Montmorency. Haine mortelle entre ces deux seigneurs. Le Roy remet à juger leur differend à son retour à Paris. Il accorde les maisons de Guise et de Chastillon, et reconcilie le cardinal de Guise et le mareschal de Montmorency. La Reyne mere recherche l'alliance de l'Empereur et l'amitié des catholiques. Defiance des huguenots; ils soupçonnent quelque intelligence entre le Roy et le duc d'Alve. L'Admiral tasche de donner ombrage au Roy des desseins de ce duc, et fait une belle remonstrance sur la conduite espagnole. Le peu de compte qu'on en fait augmente les defiances du prince de Condé et de l'Admiral.

Mais pour en revenir à la France, peu de temps après, le cardinal de Lorraine alla à Paris avec grand nombre de ses amis et serviteurs, avec armes, pistolets et arquebuses, seulement pour sa seureté et des siens (comme il disoit), plustost que pour offenser personne. Le mareschal de Montmorency, gouverneur de l'Isle de France, estant adverty de sa venue, l'envoya prier à Sainct-Denys de n'aller pas à Paris avec telle compagnie de peur de quelque sedition, mesmement s'il entroit avec les armes contre l'ordonnance, qui estoit fort gardée pour lors en France de porter armes à feu. Neantmoins le cardinal, ne faisant pas grand compte de cette priere, se delibera d'y entrer; ce que voyant le mareschal, accompagné du prince Porcian, alla au devant, et l'ayant rencontré en la rue Sainct Denys, le desarma et sa compagnie, où il fut seulement tué un de ses gens qui faisoit resistance de rendre ses pistolets. Le cardinal, pensant que l'on le voulust tuer, se sauva en la maison d'un marchand, où il ne fut point poursuivy ny recherché.

Et lors il conçut une haine mortelle contre Montmorency et les siens, qui auparavant estoient en procès avec ceux de Guise pour la comté de Dammartin. Plusieurs s'esmerveilloient que personne ne s'estoit remué pour le cardinal, chose du tout contraire à son attente. Mais celuy-là est fort mal asseuré qui met son esperance au secours et appuy d'un peuple, s'il n'est emeu de furie, ou conduit par un chef auquel il aye entiere confiance.

Cependant le Roy, qui estoit en Gascogne, où il recevoit divers advertissemens de tous endroits, que l'on faisoit ce qui estoit possible pour executer ses edicts par les provinces, receut en mesme temps les plaintes du cardinal et les excuses du mareschal, ausquels il fit entendre qu'il les oiroit à son retour pour adviser à ce qui seroit necessaire au fait de l'un et de l'autre; et ainsi continuant son voyage, il alloit visitant la pluspart de son royaume.

[1566] L'année ensuivant, il fit assembler à Moulins les premiers des parlemens, et tous les plus grands princes, seigneurs et autres personnes de qualité, en forme d'Estats particuliers, où se trouverent ceux de Guise, de Montmorency et de Chastillon, que Sa Majesté avoit mandez; qui estoit un moyen que l'on trouvoit bon en apparence pour accorder la veufve du feu duc de Guise et le cardinal de Lorraine avec l'Admiral, après qu'il eût fait serment de n'avoir eu aucune part à l'homicide commis en la personne du duc de Guise : et par mesme moyen, le Roy et la Reyne sa mere accorderent le cardinal de Lorraine et le mareschal de Montmorency. Vray est que les enfans du duc de Guise estoient absens et hors de la Cour.

L'on ne pouvoit juger autre affection en la Reyne, mere du Roy, que de trouver des remedes aux accidens qui troubloient le repos du royaume; neantmoins elle se fortifioit tousjours des princes voisins, et mesme de l'empereur Maximilien, contre les huguenots, dont elle estoit en perpetuelle defiance, et chercha l'alliance de l'une des filles de l'Empereur, qu'elle obtint quatre ans après. Et pour se mieux maintenir avec les catholiques, et donner tousjours asseurance qu'elle estoit constante de ce costé-là, elle alloit souvent avec ses enfans ès processions generales et grandes assemblées des catholiques.

Ce qui luy gagna entierement le cœur des ecclesiastiques, de la noblesse et des peuples, et mit les huguenots au desespoir de sa faveur, lors principalement qu'ils virent qu'ouvertement le cardinal de Lorraine prenoit pied à la Cour, et faisoit toutes choses qu'il estimoit pouvoir attirer le Roy à la ligue catholique, et que le prince de Condé et l'Admiral commençoient à s'en esloigner avec les seigneurs, gentilshommes et autres leurs partisans; que, d'autre part, le Connestable s'affectionnoit du tout au party catholique, et que les confrairies du Sainct-Esprit et autres reprenoient plus de vigueur, et les provinces ne pouvoient plus souffrir les ministres ny les presches publics et particuliers, et se separoient entierement des huguenots: qui estoient argumens certains qu'en peu de temps il se verroit quelque grand changement.

En ce temps, le duc d'Alve preparoit une armée pour les Pays-Bas, composée de Siciliens, Napolitains, Milanois, et de mille chevaux legers espagnols, et quatre compagnies de la Franche-Comté. Ce qui donna grand ombrage au prince de Condé, à l'Admiral et à ceux de leur party, qui conseillerent aussi-tost au Roy de faire une levée de six mille Suisses et de quelques reistres et lanskenets, et renforcer les compagnies françoises qui avoient esté reduites à cent hommes pour le plus, autres à cinquante, ce qui fut fait; mais, nonobstant cela, ils prirent grande jalousie et défiance que cette armée du duc d'Alve, sa venue au Pays-Bas et cette levée de six mille Suisses que le Roy faisoit, ne tombast sur leurs espaules.

Parquoy ils delibererent d'envoyer en Allemagne, aux Pays-Bas, et vers leurs amis et confederez, afin de se fortifier d'eux en ce besoin, faisant leurs affaires beaucoup plus secrettement que les catholiques, dont l'Admiral estoit le premier negociateur: lequel, voyant que le duc d'Alve continuoit de dresser son armée en Piedmont, prit occasion de remonstrer derechef au Roy et à la Reyne sa mere, qu'ils devoient prendre garde pour l'estat de France, sur lequel le duc d'Alve voudroit aussi-tost empieter, s'il pouvoit, que d'apporter une perpetuelle tyrannie aux Pays-Bas, et y establir telles forces que les François y pourroient à peine jamais remedier; alleguant l'Admiral, que les Espagnols avoient fait toutes leurs conquestes sous pretexte d'amitié et d'alliances, et qu'ils n'avoient rien en plus grande recommandation que de ruiner la France par divisions ou par guerre ouverte, sous couleur de la religion catholique. Et concluoit qu'il ne falloit laisser passer le duc; que si Leurs Majestez vouloient, c'estoit chose facile de l'en empescher et le combattre, ce que le prince et luy offrirent de faire, et de garder les frontieres à leurs despens.

Mais tous ces propos n'esmouvoient pas beaucoup le Roy, la Reyne sa mere, ny son conseil, qui se ressentoient encore des bonnes cheres et de l'entreveue de la reyne d'Espagne à Bayonne, qui avoit reconfirmé l'alliance et amitié que l'Admiral ne pouvoit renverser par les beaux discours d'Estat qu'il alleguoit, bien entendus pour la seureté de l'estat de France, mais executez tout à rebours de son intention. Ce qui fit entierement juger au prince de Condé, à l'Admiral et à ceux de leur party, que le masque estoit levé, et qu'il ne leur falloit plus douter de l'effet de la ligue catholique contre les huguenots.

CHAPITRE III.

Advis des huguenots aux Flamands sur l'arrivée du duc d'Alve, par le libelle intitulé le Sacré Concile. Requeste des religionnaires de Flandre pour abolir l'inquisition. Leur association, leur devise, et la raison du mot de gueux à eux donné. Liberté de religion accordée en Flandre par la duchesse de Parme, revoquée par ordre du roy d'Espagne. Retraite du prince d'Orange qui veille à sa sureté. Le duc d'Alve passe, avec une armée, d'Italie en Flandre par la France. Les huguenots continuent leurs soupçons de quelque intelligence, se preparent à la deffensive, et se plaignent par manifestes. Divers jugemens sur leur dessein de se saisir de la personne du Roy. Service du sieur de Castelnau Mauvissiere et de ses deux freres en cette occasion.

ET pour y remedier, ils donnerent derechef advis à leurs confederez, tant par lettres que par personnes de creance, et firent publier un petit livre intitulé *le Sacré Concile*, qu'ils dedierent aux habitans du Pays-Bas, par lequel ils estoient conviez de clorre les passages à l'armée du duc d'Alve, autrement que bientost ils seroient à la servitude des Espagnols. Ce que les habitans du Pays-Bas n'oserent ny voulurent entreprendre, dont ils se repentirent bien-tost après, comme aussi de n'avoir pas sceu juger, quand le roy d'Espagne decerna ses lettres patentes pour executer le concile de Trente, que c'estoit pour fortifier et tenir la main aux inquisitions.

Alors s'assemblerent trois cens gentils-hommes des plus entendus à Bruxelles au mois d'avril 1566, et presenterent une requeste à la duchesse de Parme, afin d'oster l'inquisition; surquoy elle respondit qu'elle en avoit escrit au roy d'Espagne, et, en attendant la response, il falloit surseoir les poursuites de l'inquisition : mais, nonobstant cela, ces trois cens gentils-hommes firent confederation mutuelle avec ceux qui leur estoient favorables, de chasser l'inquisition, et firent mouler quantité de medailles, èsquelles y avoit deux mains accolées, et deux gobelets avec une besace, et de l'autre costé estoit aussi escrit : PAR FLAMMES ET PAR FER. Autres portoient les armoiries de Bourgogne, avec ces mots : ESCU DE VIANE. Et s'appelloient ces confederez *les Gueux*, parce que l'un des conseillers de la duchesse de Parme, sur la difficulté que l'on faisoit d'accorder leur requeste, dit que ce n'estoient que *des gueux*. Lesquels, voyans que les poursuites de l'inquisition estoient relaschées, se resolurent de prescher publiquement par les villes, villages et presque par tout le Pays-Bas; entrerent ès eglises, rompirent les images, et de là vinrent aux armes et se saisirent de quelques villes.

De sorte que la duchesse et son conseil s'y trouverent bien empeschez, et n'y purent apporter meilleur ny plus prompt remede, que de leur accorder des temples pour prescher, et, par ce moyen, les prier de laisser les armes. Ce qui fut traicté avec aucuns des seigneurs et confederez, qui firent tant avec les peuples, qu'ils poserent les armes, et pour le surplus obeyrent au roy d'Espagne et à ses officiers et magistrats. Dequoy le roy d'Espagne estant adverty, fut fort irrité et impatient de telle permission; chose bien contraire au conseil d'Espagne et à l'inquisition, pratiquée premierement contre les Maures, Sarrasins et esclaves, qui autrement ne se pouvoient dompter.

Il manda lors à la duchesse de Parme et à son conseil, qu'il vouloit entierement que les edicts fussent gardez, et que l'on fist punition des sacrileges. Ce qui fut fait de quelques-uns, et les presches ostez, ayant, pour cet effect, la duchesse assemblé toutes les forces du roy d'Espagne aux Pays-Bas, pour courir sus aux huguenots et mutins; lesquels, voyant que la force leur manquoit, eurent leurs recours à presenter nouvelles requestés à la duchesse pour avoir liberté de leur religion; ce qui leur fut entierement desnié : au contraire fut procedé contre ceux qui estoient de la partie, par confiscation, principalement contre les sacrileges. Quoy voyans, plusieurs se bannirent eux-mesmes, avec des ministres qui n'avoient plus permission de prescher.

[1567] Lors le prince d'Orange et ses freres, avec le comte de Brederode, qui portoient la faction des huguenots, se retirerent, voyans que les comtes d'Egmont, d'Aremberg, le sieur de Marquerive et autres seigneurs, avoient pris les armes pour la duchesse de Parme, afin de faire executer les mandemens du Roy.

C'estoit au mois de may, auquel temps le duc d'Alve estoit desjà arrivé à Genes, pour aller au Pays-Bas avec l'armée qu'il avoit dressée en Italie, lequel depuis passa par la Bourgogne sans aucun contredit, ny qu'aucun Allemand, Flamand ou François huguenot se remuast, mais seulement les Suisses qui s'armerent, craignans que le duc de Savoye n'eust quelque intelligence avec le duc, pour entreprendre sur eux. Les Bernois rendirent trois bailliages, qu'ils avoient de long-temps occupez, de la duché de Savoye, et, par ce moyen, se rallierent avec le duc, qui s'en contenta. La ville de Geneve demanda secours aux cantons de Berne et de Zurich, au prince de Condé et huguenots de France, plusieurs desquels volontaires y allerent, dont il ne fut point de besoin; car ce n'estoit pas le dessein du duc d'Alve d'assaillir Geneve, parce qu'il avoit assez d'autres besognes taillées aux Pays-Bas.

Où estant donc arrivé sans aucun peril, l'admiral de Chastillon persuada au prince de Condé, et ceux de sa religion en France, que les recrues des compagnies de gens de pied et la levée des Suisses, n'estoient à autre fin que pour ruiner les huguenots, au mesme temps que l'armée espagnole arriveroit en Flandre. Et, pour cette cause, l'Admiral et ses freres resolurent avec le prince qu'il falloit pourvoir à leurs affaires, et que celuy-là estonneroit son compagnon; qui frapperoit ou s'armeroit le premier; mais qu'il falloit monstrer auparavant que la necessité les contraignoit d'avoir recours aux armes. Il firent donc imprimer (1) les raisons et causes qui les y pouvoient contraindre, se plaignans que les edicts de pacification subsequens et declaratifs de la volonté du Roy, estoient tellement retranchez et inutiles, qu'il n'y avoit aucune paix asseurée pour les huguenots, ny chose qui en approchast, comme ils specifierent par le menu ; et mesmement,

(1) *Ils firent donc imprimer.* Cet ouvrage est intitulé : *Requestes, protestations, remonstrances et advertissemens faits par monseigneur le prince de Condé et autres de sa suite, où l'on peut aisement cognoistre les causes et moyens des troubles et guerres presentes.* Orléans, Ribier, 1567.

qu'au lieu d'assigner une ville en chaque bailliage ou seneschaussée, ce qui leur avoit esté auparavant accordé leur estoit osté, comme à plusieurs gentilshommes de n'admettre aux presches autres que leurs sujets sur grandes peines : et avoit-on deffendu les synodes, qui estoit la chose la plus necessaire pour entretenir la discipline de leur religion ; et que tous prestres, moines et nonnains, mariez par la permission des ministres, estoient contraints, sur peine des galeres aux hommes, et aux femmes de prisons perpetuelles, de quitter leurs mariages ; que les traitez, parlemens, la ligue de Bayonne, la levée des Suisses, qui n'avoient point donné empeschement au duc d'Alve d'aller en Flandre avec une armée trop suspecte à l'estat de France, monstroient assez que l'on les vouloit tous destruire et assassiner au despourveu : protestans qu'ils estoient contraints d'user de la juste deffence que les loix divines et humaines permettent à ceux que l'on veut opprimer, pour deffendre seulement leurs vies et leur religion, et que l'on ne leur pourroit imputer les malheurs et calamitez que la guerre civile tire après soy.

Voilà sommairement les causes que les huguenots alleguoient pour couvrir et servir de pretexte à la prise de leurs armes, qui estoient fort suspectes à plusieurs qui disoient que combien que la juste deffense contre la force et violence fust licite de droit divin et humain, et que l'on eust pu excuser les huguenots de s'asseurer de quelques villes pour leurs deffences contre les catholiques, si est-ce qu'il n'y a point de loy suffisante pour declarer la guerre à son Roy, se vouloir saisir de sa personne avec une armée offensive, qui est autre chose que d'en faire une seulement deffensive, et en cas d'extresme necessité, et seulement pour conserver ceux qui ont toute bonne et sincère intention. Parquoy se sont trouvez plusieurs, mesme entre les huguenots d'Allemagne, et des ministres, qui ont blasmé les huguenots de France d'avoir repris les armes en septembre l'an soixante et sept, pour surprendre le Roy à Monceaux et toute la Cour, comme l'on y pensoit le moins. A quoy il fut remedié par les moyens que je deduiray cy-après, où je ne fus pas inutile ny deux de mes freres, l'un desquels (1) a esté depuis capitaine des Suisses du duc d'Alençon; l'autre (2) avoit esté nourry aux guerres de Piedmont, où il commandoit à un regiment de gens de pied, et tous deux fort connus et estimez aux armées et à la Cour.

(1) *L'un desquels.* Titus de Castelnau. Il épousa en 1571 Jeanne de Courtenay, veuve du seigneur de Saint-Pol. Il fut assassiné deux ans après par les protestans.

(2) *L'autre.* Vespasien de Castelnau. Il mourut en 1569, au siége de Saint-Jean d'Angely.

CHAPITRE IV.

Le sieur de Castelnau Mauvissiere envoyé par le Roy complimenter la duchesse de Parme, et le duc d'Alve son successeur au gouvernement des Pays-Bas. Il decouvre, en retournant à la Cour, la conspiration faite par les huguenots pour surprendre le Roy. Il en donne advis à la Cour, qui n'en veut rien croire. Le Connestable s'en moque. Le chancelier de L'Hospital en blasme le sieur de Castelnau. Advis au Roy des assemblées que faisoit l'Admiral. La Reyne commence à s'en defier, et envoye aux nouvelles Vespasien de Castelnau, frere du sieur de Mauvissiere, qui decouvre tout ce qui se brassoit. La Cour ne se peut resoudre à en rien croire, et le Connestable mesme, qui menace les deux freres de Castelnau. Nouvelle confirmation de l'entreprise de l'Admiral par Titus de Castelnau, autre frere du sieur de Mauvissiere.

Or le duc d'Alve ne perdoit pas de temps pour executer la volonté du Roy son maistre aux Pays-Bas, tant à y remettre du tout l'inquisition, qu'à chastier ceux qui l'avoit voulu oster. Je fus envoyé en ce temps pour le visiter de la part de Leurs Majestez, et me rejouir avec luy de sa venue, ensemble dire adieu à la duchesse de Parme, qui estoit très-mal contente de l'authorité qui luy avoit esté retranchée, n'ayant plus autre puissance que de donner quelques passeports. De sorte qu'en cette visite je trouvay une grande jalousie et mauvaise intelligence entr'eux, comme elle est tousjours entre ceux qui commandent.

Le duc d'Alve demeura avec les armes, la force et authorité; la duchesse commença de plier bagage (¹). Ayant fait ce qui m'estoit commandé pour dire bon jour à l'un et adieu à l'autre, le duc me pria d'asseurer Leurs Majestez qu'il avoit particulier commandement du roy d'Espagne son maistre, de donner tout contentement au Roy son bon frere, et à la France, et de ne luy espargner ses forces et moyens s'il en avoit besoin. La duchesse de Parme me fit plusieurs discours de la sincerité avec laquelle elle s'estoit comportée au gouvernement du Pays-Bas, tant pour le conserver en l'obeyssance du Roy son seigneur, que pour ne donner aucune jalousie d'elle au Roy, à la Reyne sa mere et à la France; me priant de les asseurer que là où elle seroit, elle ne faudroit jamais de se comporter en sorte que l'on en auroit tout contentement. Ainsi je partis, ayant pris congé d'eux, pour m'en retourner à la cour de France.

Mais à peine estois-je sorty de Bruxelles, que je trouvay quelques François que j'avois cognus, entre lesquels y en avoit trois à qui j'avois commandé, qui s'en retournoient en France, et me prierent d'avoir agreable qu'ils vinssent en ma compagnie: ce que leur ayant accordé, ils me firent plusieurs discours des soupçons et defiances où estoient le prince de Condé, l'Admiral et les huguenots de France: que, pour y remedier, ils estoient tous preparez aux armes,

---

(¹) *Commença de plier bagage.* Elle alla rejoindre en Italie son époux le duc Octave. Son administration avoit été très-douce : elle publia en partant un manifeste où elle faisoit l'apologie de sa conduite, et donnoit à entendre qu'elle voyoit avec peine les mesures sévères du duc d'Albe.

et à commencer les premiers de faire la guerre, et se servir de la personne du Roy, de la Reyne sa mere, de ses freres et de leur conseil, qui vouloient destruire la religion pretendue reformée, et ceux qui la maintenoient. Ces gens-là estoient un reste d'aucuns qui avoient esté envoyez aux Pays-Bas, pour les exhorter de ne laisser entrer le duc d'Alve et se garder de ses persecutions, comme les huguenots de France donnoient ordre d'y remedier, dont ils me parlerent si particulierement par les chemins, que, de point en autre, ils me conterent l'entreprise et conspiration de prendre le Roy et tout son conseil à Monceaux, y chastier les uns, et empescher leurs ennemis et malveillans de ne leur faire plus de mal; ce que je pensois plustost estre une fable qu'un discours veritable.

Neantmoins, estant retourné à la Cour, où l'on ne parloit que de passer le temps et aller à la chasse, je fis le recit de ce que j'avois appris en ce voyage, et comme aucuns François m'en avoient parlé, comme tenans le fait asseuré, dont l'on fit fort peu de cas; car, ayant fort particulierement dit au Roy et à la Reyne, sa mere ce que j'en avois entendu, ils me dirent qu'il n'estoit pas possible que telle chose pust advenir : toutesfois manderent le Connestable, les ducs de Nemours, de Guise et autres, pour leur faire redire ce que je leur en avois raconté; le chancelier de L'Hospital y fut aussi appellé.

Alors le Connestable m'addressa la parole, disant que c'estoit moy qui avois donné cette allarme à Leurs Majestez et à toute la Cour; que veritablement j'avois raison d'avoir donné advis de ce que j'avois appris; mais qu'il estoit connestable de France, et commandoit aux armées, et avoit ou devoit avoir si bonne intelligence par les provinces et tout le royaume, que rien n'y pouvoit survenir dont il ne fust adverty, et mieux que moy; que ce n'estoit pas chose qui se portast en la manche, qu'une armée de huguenots, lorsqu'ils se voudroient remettre en campagne, et que cent chevaux ny cent hommes de pied ne se pouvoient mettre ensemble, dont il n'eust incontinent advis. Lors le chancelier de L'Hospital dit au Roy et à la Reyne sa mere, que c'estoit un crime capital de donner un faux advertissement à son prince souverain, mesmement pour le mettre en defiance de ses sujets, et qu'ils preparassent une armée pour luy mal-faire. De sorte que tous estoient fort mal-satisfaits de moy pour l'advis que j'avois donné.

Le lendemain arriverent quelques courriers de Lyon, ausquels Leurs Majestez demanderent des nouvelles; ils dirent qu'au mesme temps qu'ils estoient partis, il y avoit rumeur de quelques remuemens, et n'avoient jamais veu tant de gens courir la poste et prendre les traverses que sur ce chemin-là, mesmement pour aller à Chastillon, où estoit l'Admiral, qui faisoit les mandemens, departemens et rendez-vous aux troupes, et à ceux de son party qui se devoient assembler, y estant aussi le cardinal de Chastillon et d'Andelot ses freres, avec grand nombre de seigneurs, gentils-hommes, capitaines, habitans des villes, et autres de la faction, pour sçavoir ce qu'il falloit faire; ce qui n'esmeut pas beaucoup la Cour, qui ne le pouvoit croire, non plus que ceux qui ne sentent point leur mal ne peuvent apprehender les accidens mortels qui leur peuvent advenir.

Sur cela, la Reyne mere m'envoya querir au cabinet du Roy, où estoient seulement Morvillier et Laubespine, tous deux grands conseillers, qui me demanderent fort particulierement d'où j'avois eu ces advertissemens, de quelles personnes, et ce qu'ils estoient allez faire en Flandre. A quoy je ne pus rien adjouster à ce que j'avois dit auparavant. Lors la Reyne prit resolution à l'heure mesme de faire prendre la poste à un de mes freres qui estoit avec moy, et qui avoit sa maison en la vallée Daillan, pour apprendre ce qu'il pourroit touchant ce qu'avoient rapporté ces courriers; voyage qui luy fut fort agreable et à moy, comme estans interessez que Leurs Majestez fussent esclaircies du doute auquel elles estoient. S'estant donc acheminé, il rencontre entre Paris et Juvisy, le comte de Saulx en un coche, avec sept ou huit qui estoient à cheval, et qui avoient chacun une cuirasse qui paroissoit sous le manteau, et s'en alloient disner à Savigny, pour de là aller à Chastillon trouver l'Admiral, ce qu'un de ceux qui alloient après, luy dit; et estant plus avancé il rencontra plusieurs trains qui alloient jour et nuict sur le chemin. Lors il commanda à un des siens d'aller jusques à Chastillon, entrer dans la maison, se mettre parmy la presse, faire comme les autres et luy en rapporter nouvelles, et apprendre tout ce qu'il pourroit, et y demeura jusques au lendemain, voyant et apprenant tout ce qui s'y faisoit, et puis le vint retrouver avec le nom de la pluspart de ceux qui y estoient, et comme, à mesure que les uns venoient, les autres partoient pour aller vers Tanlay, où se dressoit entierement leur armée. Ainsi estant bien instruit de tout ce qui se passoit, revint en diligence trouver Leurs Majestez, auxquelles il asseura avoir vu, en moins d'un jour et une nuict, marcher et assembler plus de six cens chevaux, logeans les uns par les maisons des gentils-hommes, et les autres en des granges, où ils trouvoient des vivres preparez, et autres par les villages, sans aucun bruict ny desordre, tous avec leurs armes.

Ce qui estonna fort la Cour, dequoy neantmoins l'on ne vouloit rien croire : au contraire les princes, les seigneurs et mesme les dames, me vouloient mal d'avoir donné cette allarme, et fait venir l'un de mes freres pour en confirmer l'avis que j'avois donné. Leurs Majestez m'envoyerent querir au cabinet, où estoit le Connestable, lequel me dit que l'on ne pouvoit asseoir aucun fondement sur ce que j'avois dit, et que mon frere avoit confirmé, et que, si ce n'estoit le respect de mes services, l'on nous mettroit prisonniers, jusques à ce que la verité fust cognue de cette chose, qui ne pouvoit entrer aux esprits de la Cour, où l'on se laisse aller le plus souvent à ce que l'on desire. Et fut commandé à un lieutenant des gardes, si mon frere vouloit partir de la Cour, de l'arrester, dont nous fusmes advertis.

Le lendemain Titus de Castelnau, mon autre frère, arriva en diligence, et me dit qu'il avoit laissé toutes les troupes du prince de Condé, de l'Admiral et autres seigneurs et gentils-hommes, qui marchoient tous fort serrez pour aller repaistre à Lagny, et aussi-tost remonter à cheval pour environner la Cour qui estoit à Monceaux, et se saisir des personnes du Roy, de la Reyne sa mere, de ses freres et de tous ceux qui leur estoient contraires. Et asseura avoir marché avec eux, et les avoir fort bien recognus. Sur cela, le Connestable dit que l'advertissement estoit trop important pour le mepriser, et qu'il falloit en savoir la verité. Au mesme instant quelques-uns donnerent advis à la Cour que tous les huguenots de Picardie et Champagne estoient montez à cheval.

CHAPITRE V.

Le sieur de Mauvissiere et ses freres envoyez pour apprendre de certaines nouvelles de la marche des conjurez. Ledict sieur de Mauvissiere se saisit contre eux du pont de Trillebardou. La Cour, fort surprise, delibere et resout de remener le Roy de Meaux à Paris. Le mareschal de Montmorency deputé vers l'Admiral, et le sieur de Castelnau, despesché à Paris, amene du secours au Roy. Dessein des huguenots avorté. Leur response au mareschal de Montmorency. Leurs hostilitez contre Paris. Le Roy se prepare contre eux, et mande ses forces.

JE fus avec mes freres, et quelques-uns qui me furent baillez, envoyé pour les recognoistre, qui fut la veille Sainct Michel au mois de septembre; et me furent baillez deux chevaucheurs d'escurie, et quelques courtauts de l'escurie du Roy, pour en envoyer nouvelles asseurées. Nous montons à cheval sur les quatre à cinq heures pour aller à Lagny, où ils commençoient desjà à paroistre.

Et à l'instant s'avancerent environ cent chevaux, et quelques harquebusiers à cheval, pour se saisir du pont de Trillebardou, que je gagnay premier qu'eux, et le leur rompis, combien qu'ils fissent grand effort et diligence de l'empescher à coups d'harquebusades, advertissant Sa Majesté de moment en moment de tout ce qui se passoit. Il n'y avoit lors pas un seul homme armé à la Cour, ou la pluspart encore n'avoient que des haquenées. Leurs Majestez me manderent de les aller trouver à Meaux près de Lagny, et trouverent que les advertissemens estoient trop veritables. Incontinent les Suisses furent mandez de se haster, ayant logé à Chasteau-Thierry, qui n'est qu'à quatre lieues de là; ils marcherent toute la nuit, durant laquelle personne ne reposa. Le Roy, les princes, les dames et courtisans estoient sur pied, aussi estonnez qu'ils avoient esté incredules auparavant. Le Connestable et le duc de Nemours n'avoient pas grande peine d'asseurer le Roy, qui estoit jeune, et n'apprehendoit point le peril, non plus que ses freres. Quelques-uns du conseil furent d'opinion de ne bouger de Meaux, où les Suisses seroient suffisans pour conserver la ville et les personnes de Leurs Majestez, en attendant que l'on advertiroit la noblesse catholique, la gendarmerie et les serviteurs du Roy pour les venir secourir; mais les autres, et la plus grande partie, furent d'advis de se retirer à Paris, et partir trois heures devant le jour, pour y aller aussitost que les Suisses seroient arrivez : qui fut la derniere resolution, effectuée comme elle avoit esté conçue. Au mesme instant le mareschal de Montmorency fut envoyé devers le prince de Condé, le cardinal et l'admiral de Chastillon, pour regarder à leur donner quelque contentement. Cependant chacun se preparoit à la Cour pour partir. Je fus envoyé toute la nuit à Paris, trouver le prevost des marchands, les eschevins et premiers de la ville, pour faire prendre les armes et ouvrir la Bastille, où l'on en avoit retiré quantité de ceux qui avoient esté desarmez à la guerre precedente, ensemble pour parler au duc d'Aumale, qui estoit à Paris, au mareschal de Vieilleville et au sieur de Biron, à present mareschal de France, afin que tous montassent à cheval pour aller au-devant du Roy, qui partoit de Meaux avec toute sa cour, les dames, les charriots et bagages, qui monstroient assez grand nombre; mais il y avoit peu d'hommes de combat (qui encore n'avoient ny armes ny bons chevaux), comme j'ay dit, sinon les six mille Suisses, à la teste desquels le Connestable marchoit, ordonnant de faire marcher le Roy en bataille, avec la noblesse et autres qui estoient à la suite de la Cour.

De sorte que les huguenots, qui la pensoient surprendre le jour de Sainct Michel, lors qu'elle seroit occupée à la celebration de l'Ordre, ou pour le moins l'investir à Meaux, furent deceus de leur esperance, bien estonnez de voir le Roy tant accompagné de cavalerie et infanterie, ne pouvans juger, à les voir en ordre de bataille et marcher de cette façon, si c'estoient tous gens de guerre ou non, n'ayans que cinq ou six cens chevaux pour faire cette execution, pendant que, des provinces du royaume ils attendoient le reste de leurs confederez.

Et, comme les huguenots envoyoient quelques-uns pour recognoistre et escarmoucher, il se trouvoit des courtisans qui faisoient le mesme. Sur quoy les huguenots firent divers semblans de vouloir approcher pour combattre les Suisses qui couvroient le Roy et sa cour, lesquels estoient aussi bien disposez à les recevoir, et monstroient en toutes les occasions, non-seulement beaucoup de volonté de bien faire, mais encore une grande esperance de victoire, s'ils fusssent venus aux mains. Or enfin le prince de Condé et l'Admiral, qui n'avoient que les pistolets, espées et cuirasses, se contenterent de faire bonne mine, et le Roy cependant s'advança à Paris. Le Connestable demeura avec les Suisses, qui coucherent au Bourget, et le lendemain entrerent à Paris.

Les huguenots se logerent à Sainct Denys et autres villages circonvoisins, desquels le mareschal de Montmorency ne rapporta autre chose, sinon qu'ils avoient prevenu les préparatifs qui se faisoient pour les ruiner, et oster l'exercice de leur religion, laquelle toutesfois n'estoit permise que par un edict provisionnel, qui se pouvoit revoquer à la volonté du Roy, selon qu'il jugeroit estre le bien de son Estat. Cependant les huguenots font la guerre autour de Paris, brûlent les moulins, essayent par tous moyens d'empescher les vivres qui vont à Paris, saisissent les passages des rivieres, hastent leurs confederez, tant de cheval que de pied, prennent des prisonniers, et usent de tous actes d'hostilité, les plus cruels qui se peuvent imaginer.

Sur ce, le Roy ne perd point de temps, lequel mande de tous costez ses serviteurs, afin de ramasser tout ce qu'il pourroit pour le secourir. L'on donne le meilleur ordre que l'on peut pour bien garder la ville. L'on regarde aux vivres de dedans, et comme l'on en pourra avoir de dehors; mais le pain de Gonnesse et des autres villages circonvoisins, qui s'y apporte presque tous les jours, ne venant point, plusieurs se trouverent estonnez; l'on loge aux faux-bourgs Sainct-Martin, Sainct-Denys et autres de ce costé : les huguenots y sont tous les jours à faire la guerre; et se font divers petits combats et escarmouches : le Connestable et les princes et conseillers d'Estat, qui sont avec le Roy, n'ont pas faute d'exercice au conseil pour adviser les moyens, non-seulement de se deffendre contre cette invasion de l'armée huguenotte, mais de regarder comme l'on les pourra attaquer.

CHAPITRE VI.

Le sieur de Castelnau Mauvissiere va, par ordre du Roy, demander secours au duc d'Alve. Les huguenots s'opposent à son voyage et le repoussent dans Paris. Il prend un autre chemin, et arrive en Flandre avec beaucoup de difficulté. Sa negociation avec le duc d'Alve, qui agit avec plus d'ostentation que d'effet, et refuse le congé de venir servir le Roy à plusieurs capitaines espagnols et italiens de son armée. Le duc l'amuse malicieusement pour donner temps aux huguenots de se fortifier et d'entretenir la guerre en France. Il refuse le secours tel qu'on luy demande, et fait d'autres offres pour son avantage. Le sieur de Castelnau le remercie de ses lanskenets, et accepte un corps de troupes sous le comte d'Aremberg. Le sieur de Castelnau se met en marche avec le secours, qui refuse la route ordonnée par le Roy, ayant ordre du duc d'Alve de ne point combattre. Les huguenots affoiblissent leurs troupes en les separant pour en envoyer partie au-devant du secours. Le Roy fait marcher son armée vers Sainct-Denys, après quelques vains pourparlers de paix, les huguenots demandans l'execution de l'edict de pacification, et l'eloignement de la maison de Guise, qu'ils disoient pretendre au royaume.

ET parce que les forces du royaume et serviteurs du Roy estoient escartez par les provinces, et mal aisez à ramasser pour aller à Paris, le Roy, avec l'advis de la Reyne sa mere, du Connestable, des ducs de Nemours et d'Aumale, resolut de m'envoyer vers le duc d'Alve pour le prier, par l'amitié et alliance qui estoit avec le roy d'Espagne son beau-frere, et par le zele et affection qu'il portoit à la conservation de la religion catholique, de secourir en toute diligence Leurs Majestez qui estoient assiegées en la ville de Paris, et, pour cet effet, me bailler trois ou quatre regimens de gens de pied espagnols et italiens, avec les mille chevaux legers espagnols et les mille italiens qu'il avoit amenez; qui estoit un secours tout prest à marcher sans bruit, que j'amenerois en cinq ou six jours loger à Senlis, où l'on leur feroit preparer les vivres, les logis, et tout ce qui leur seroit besoin, pour se trouver le lendemain aux portes de Sainct-Denys, du costé de la France, pendant que le Roy feroit sortir le Connestable, les princes, la noblesse, les Suisses, et tout ce qui estoit à Paris, avec vingt pieces d'artillerie, pour desloger les huguenots de Sainct-Denys, lesquels n'y pouvoient demeurer ny en sortir qu'ils ne fussent combattus et vaincus ; de telle sorte que l'on en feroit en ce lieu-là, ou en quelqu'autre part qu'ils allassent, perir la faction. Ce qui apporteroit pareil avantage au roy d'Espagne et au duc d'Alve sur les Pays-Bas, qu'à la France. L'ambassadeur d'Espagne, qui estoit pour lors appellé dom Francisque d'Alve, homme de guerre, qui a depuis esté fait grand maistre de l'artillerie en Espagne, asseura Leurs Majestez que le duc ne faudroit d'envoyer son secours aussi-tost que je serois arrivé près de luy, et aurois representé l'estat et necessité de Leurs Majestez.

Donc incontinent je fus despesché avec lettres de creance pour cet effet, avec protestations d'immortelle amitié et obligation, et tout ce qui se pouvoit dire et promettre sur ce sujet. L'ambassadeur escrivit aussi fort favorablement, et fut advisé de me bailler nombre, tant de gens d'armes, archers, arquebusiers à cheval, mareschaux des logis, fourriers, chevaucheurs d'escurie et autres, jusques à soixante chevaux, tels qu'ils se purent rassembler dans Paris, pour faire ce voyage. Et pource que la ville estoit environnée de tous les costez des faux-bourgs Sainct-Denys, Sainct-Martin, Montmartre, Sainct-Honoré et autres portes de ce costé, fut resolu que je sortirois la nuit par la porte Sainct-Antoine, avec de bons guides, pour effectuer le voyage. Mais, estant à un quart de lieue de la ville, je fus chargé et rejetté, avec grand nombre de cavalerie huguenotte, dedans le faux-bourg Sainct-Martin, sans aucun pouvoir de passer; ce qui desplaisoit fort à Leurs Majestez, au Connestable, et aux ducs d'Aumale et de Nemours, qui firent tout ce qu'ils purent la nuit suivante pour envoyer decouvrir de tous ces costez-là, et mesmement le duc d'Aumale monta à cheval pour cet effet et pour favoriser mon passage, mais il n'y eut aucun moyen.

Sur quoy fut resolu que je prendrois l'autre costé, et sortirois par la porte Sainct-Germain-des-Prez pour aller passer à Poissy ou à Meulan (car ils tenoient le pays jusques-là), et essayer de gagner Beauvais ou Abbeville, et passer au travers de la Picardie: comme je fis, sans jamais avoir pu trouver moyen de repaistre qu'en un village appelé Lihons, où je ne fus pas sitost descendu de cheval, qu'il fallut remonter à l'occasion de deux cens chevaux qui s'acheminoient à Sainct-Denys, estans les champs et les chemins tous pleins de diverses troupes qui alloient trouver les huguenots. Enfin je fis tant que je gagnay Peronne, où je trouvay les sieurs d'Humieres et de Chaulnes, ausquels je dis mon voyage, et Sa Majesté leur escrivant aussi pour assembler leurs compagnies et leurs amis afin de nous attendre sur la frontiere et faire donner des vivres. Et après avoir repu, je me deliberay d'aller toute la nuit à Cambray, parce que Humieres avoit advis qu'il se faisoit une assemblée de huit ou neuf vingts chevaux entre Peronne et Cambray, sous la conduite de quelques huguenots de ce pays-là, comme il estoit vray, et faillirent de me charger par le chemin.

J'avois envoyé à Cambray, où l'evesque et le gouverneur de la citadelle m'avoient fait autrefois bonne chere, afin qu'ils me fissent ouvrir les portes environ deux heures avant le jour, et de là je trouvay toute seureté pour aller à Bruxelles où estoit le duc d'Alve, qui me reçut fort favorablement en apparence, avec la commission que j'avois eue; et après avoir un peu pensé et vu les lettres de Leurs Majestez et celles de l'ambassadeur d'Espagne, il me fit un discours du ressentiment qu'il avoit de voir Leurs Majestez en peine, assiegées à Paris par de si mauvais sujets lutheriens, desquels il falloit couper le pied par la racine afin de les exterminer; et que, suivant la volonté et intention du Roy son maistre, de secourir et aider de tous ses moyens le roy Très-Chrestien, son bon frere, il estoit prest de monter à cheval avec toutes ses forces pour aller rompre la teste aux huguenots et remettre Leurs Majestez en liberté, et plusieurs autres grandes braveries. Mais comme je n'avois point de commandement d'accepter ces grandes offres, je le suppliay de me respondre particulierement à la requeste que je lui faisois, de me donner le secours de deux mille chevaux legers seulement, et de trois ou quatre regimens espagnols que je lui remenerois bientost après, avec beau-

coup d'honneur et de profit, et grande obligation du
Roy et de la Reyne sa mere, de ses freres, et de tous
les catholiques de la France; et le pressay fort de me
donner prompte response, comme j'en avois le commandement. Mais je n'en pus tirer aucune, sinon ambiguë, et qu'il me rendroit content. Et après avoir
demeuré près de quatre heures avec luy, m'enquerant
de diverses choses, il me fit tenir des chevaux prests à
l'issue de son logis, avec grand nombre de seigneurs
et capitaines espagnols et italiens pour m'accompagner, qui tous me conjurerent en particulier que je
priasse le duc d'Alve de leur donner congé pour aller
faire service au Roy mon maistre en cette occasion.
Et tout le reste du jour, jusques au soir bien tard, infinis capitaines espagnols et autres (et le lendemain
jusques après disner que j'allai trouver le duc), me
firent semblables offres, avec beaucoup d'instance et
de prieres de luy en parler, et la pluspart me donnoient leurs noms par escrit. Je pensois avoir une response asseurée du duc à mes demandes, lesquelles requeroient diligence; mais je l'en trouvai fort esloigné,
me disant tousjours qu'il offroit luy-mesme d'y aller en
personne avec toutes ses forces, qu'il mettroit ensemble dans sept semaines, terme que je ne pouvois
accepter.

Je luy dis toutes les offres que les capitaines m'avoient faites, en quoy il monstroit d'estre fort satisfait,
me parlant du naturel des Espagnols, qui estoient desireux d'aller chercher la guerre et les occasions de
combattre; asseurant que celle qui s'offroit d'aller
servir le Roy luy seroit plus agreable que toutes autres. Que si, toutesfois, il donnoit congé à quelques-

uns, chacun y voudroit aller, tellement qu'il demeureroit seul. Parquoy il insistoit tousjours d'y aller luimesme, dont j'estime qu'il avoit le cœur bien esloigné, et n'avoit plus grand plaisir que de nous voir à la guerre; car s'il eust voulu me bailler promptement les forces que je luy demandois, il est croyable que les huguenots se fussent trouvez pris des deux costez à Sainct-Denys. Or, je n'oubliay rien pour le presser, non-seulement le second jour, mais six ou sept après, sans pouvoir tirer de luy aucune response que les precedentes.

Cependant le Roy, qui n'attendoit que ce secours d'Espagnols, et qui avoit secrettement fait preparer toutes choses à Senlis pour les recevoir, afin d'aller de là à Sainct-Denys, m'envoyoit tous les jours des courriers, comme ils pouvoient eschapper, pour me haster. Quoy voyant, je me resolus de faire instance au duc de se resoudre sur ma demande, ou me permettre de m'en retourner. Sur quoy il me remit au lendemain, qu'il me pria de disner avec luy, où enfin il me dit qu'il luy estoit impossible de laisser aller les Espagnols, ny les deux mille chevaux legers, sans aller luy-mesme; mais que volontiers il me bailleroit quatre ou cinq mille lanskenets, de long-temps entretenus aux Pays-Bas, sous la charge du comte Ladron (1), et avec cela quinze ou seize cens chevaux de la gendarmerie des Pays-Bas, desquels il se deffioit aucunement; qui estoit autant ou plus de forces que je ne luy en demandois. Et se ferma entierement là-dessus; mais ils ne se pouvoient mettre ensemble pour marcher de vingt jours. Ce que je manday au Roy, qui se renforçoit à Paris,

(1) *Ladron.* Lisez Lodron.

et comme je trouvois plus d'apparences de belles paroles, de bonnes cheres et braveries, que d'effets au duc; et qu'en attendant que ces troupes fussent prestes à marcher, Sa Majesté me mandast sa volonté. Sur ce il me fut escript, par deux courriers en mesme temps, d'essayer encore une fois d'obtenir ma premiere demande; et, s'il ne vouloit l'octroyer, luy demander douze compagnies de chevaux legers espagnols et italiens, pour marcher en diligence à Senlis, sinon que j'advisasse de quelque cavalerie et gendarmerie du pays; que, pour le regard des lanskenets, le Roy ne les vouloit nullement, ayant ses six mille Suisses, qui estoient assez. Je ne perdis pas une heure de temps à prier et presser le duc de me faire response, où il demeura entier en celle qu'il m'avoit desjà faite.

J'acceptay, ne pouvant mieux, la gendarmerie du pays, et le remerciay de ses lanskenets, le suppliant que ce qu'il bailleroit fust prest dedans trois jours à marcher. Il m'envoya, aussi-tost que je fus en mon logis, le comte d'Aremberg, autrement le seigneur de Barbanson, l'un des honnestes seigneurs et bons chefs de guerre qui fussent dedans les Pays-Bas, me dire que le duc d'Alve luy avoit donné la charge de huit compagnies de la gendarmerie des Pays-Bas, qui feroient près de seize cens chevaux; et outre cela qu'il y avoit plus de deux ou trois cens gentilshommes du pays, et de ses amis, tous volontaires, qui offroient de venir, pourveu que je priasse le duc de leur donner congé. Lequel j'allay trouver aussi-tost pour l'en prier, et communiquer avec le comte d'Aremberg de nostre partement. Ce qui fut accordé et resolu, mais non si-tost que je le desirois; car il se passa plus de quinze jours pour assembler toutes ces troupes, ausquelles il fallut bailler une monstre avant que nous acheminer à Cambray, où estoit nostre rendez-vous; et, prenant congé du duc d'Alve, me fit encore mille protestations du desir qu'il avoit luy-mesme de servir Leurs Majestez, et de voir le Roy paisible en son royaume : à quoy je luy respondis que ce n'estoit point un secours espagnol, si prompt et conforme à toutes ses belles paroles, et aux offres que m'avoient faites tant d'Espagnols. Alors il me dit qu'il en estoit le plus marry, que c'estoit ma faute de ne l'avoir laissé aller, mais qu'il me bailleroit cent arquebusiers à cheval de sa garde, sous l'un des meilleurs capitaines qui se pust voir, nommé Montere, qu'il fit appeller pour se tenir prest à marcher quand nous partirions pour aller à Cambray ; où nous eusmes bien de la peine de faire venir toutes nos troupes, et à les en faire partir, non qu'il se trouvast faute de bonne volonté au comte, lequel faisoit ce qu'il pouvoit de sa part.

A la fin nous partismes de Cambray le quinziesme novembre 1567, pour nous acheminer au secours du Roy avec une fort belle troupe de cavalerie, qui faisoit nombre avec les volontaires d'environ dix-sept cens chevaux en fort bon equipage. Comme nous eusmes passé Peronne, leur pensant faire prendre le droit chemin de Senlis, où il n'y avoit que cinq ou six journées d'armée, le comte d'Aremberg me dit qu'il n'avoit pas charge du duc de tenir ce chemin-là; et fit apporter la carte, resolu de tirer droit à Beauvais, quelque remonstrance que je luy fisse que ce n'estoit ny le chemin, ny le commandement que j'avois; à la fin il me monstra l'article de ses instructions, qui portoit d'aller trouver le Roy à Paris, sans combattre ny rien hasarder par les chemins, encore qu'il crust de remporter la victoire, et ne prendre aucunement le chemin de Senlis, où je le voulois mener, pour de là aller aux portes de Sainct-Denys, ains aller secourir le Roy dedans Paris, ne pouvant faire autre chose que ce qui luy estoit commandé.

Dont j'advertis incontinent Leurs Majestez, lesquelles me manderent par Chicot, qui estoit pour lors chevaucheur d'escurie, et, depuis, par Favelles, secretaire du duc d'Alençon, que, s'il estoit possible, je menasse le comte d'Aremberg à Senlis, où se trouveroit le marquis de Villars, beau-frere du Connestable, pour le rencontrer avec trois cens chevaux françois, et aller au champ de bataille; où, au mesme instant, le Roy feroit sortir toutes les forces de Paris. Mais cela ne servit de rien; car le comte suivit son dessein d'aller à Beauvais, et de là à Pontoise pour passer à Poissy, où le prince de Condé et l'Admiral envoyerent d'Andelot et le comte de Montgommery avec une partie de leurs forces pour empescher nostre passage. Dequoy le Roy estant adverty, il fut resolu que l'armée sortiroit de Paris pour aller à Sainct-Denys, après avoir recherché tous moyens de quelque pacification avec les huguenots, et regarder s'il y auroit quelque condition pour leur faire laisser les armes. Ce que l'on avoit tasché de faire par divers moyens inutiles, mesme jusques à envoyer des herauts avec leurs cottes d'armes, pour protester contre le prince de Condé, l'Admiral et tous les seigneurs et gentilshommes de leur faction, et leur enjoindre d'aller ou envoyer, avec l'obeyssance et devoir de sujets, presenter leur requeste desarmez au

Roy ; en quoy leur seroit donné toute seureté, et que cependant cessassent tous actes d'hostilité, leur promettant tout contentement. A quoy ils firent response qu'ils supplioient le Roy très-humblement de leur accorder l'edict de pacification, et chasser ou esloigner de sa personne et de son conseil tous ceux de la maison de Guise, lesquels, sous ombre qu'ils se disoient issus de la race de Charlemagne, apportoient tout le mal en France avec les pretentions qu'ils avoient, par les divisions, de ruiner la maison de Bourbon, et, après, s'emparer de l'Estat. Tout cela ne servoit que de couleur, et d'entretenir des allées et venues, pour attendre les forces des uns et des autres : l'on n'esperoit pas toutesfois que le comte d'Aremberg se dust trouver à la bataille.

CHAPITRE VII.

Le connestable de Montmorency marche en bataille vers Sainct Denys. Le prince de Condé, quoyque plus foible, sort de la ville pour le combattre. Ordre de sa bataille. Bataille de Sainct-Denys. Vaillance du Connestable et du mareschal de Montmorency son fils. Le champ de bataille demeure au Roy. Le Connestable blessé. Sa mort, son eloge. Question de guerre touchant l'honneur de la bataille : s'il consiste en la quantité des morts ou au gain du champ. Les huguenots reviennent le lendemain au champ de bataille. Arrivée du comte d'Aremberg auprès du Roy. Entrée en France du duc Jean Casimir avec les reistres au secours des huguenots.

Le Connestable, voyant que d'Andelot, son neveu, et le comte de Montgommery estoient allez pour le rencontrer à Poissy, fut d'opinion de faire sortir l'armée du Roy de Paris, par plusieurs portes, la vigile de Sainct-Martin, afin de choisir une place avantageuse pour combattre ou pour se loger. Il fit marcher devant luy le mareschal de Montmorency son fils, avec une troupe de cavalerie et les Suisses. A la gauche il mit le duc de Longueville, le sieur de Toré, de Chavigny, de Lansac, de Rets, avec force gens de pied, faisant suivre toute l'infanterie parisienne. A sa droite il mit le comte de Brissac et Philippe Strossy, qui estoient deux braves colonels, avec de belles troupes d'infanterie; plus avant le mareschal de Cossé et Biron, et plus bas le duc d'Aumale et le mareschal d'Amville, avec deux escadrons de cavalerie.

Et ainsi le Connestable ordonna ses forces en bataille pour combattre le prince de Condé, s'il se presentoit, comme il fit, et plus foible que l'armée du Roy, parce que d'Andelot et Montgommery estoient allez pour nous combattre ou nous empescher le passage de Poissy, comme j'ay dit. Neantmoins le prince, de naturel chaud et ardent, pour combattre et voir les ennemis, resolut avec l'Admiral de sortir de Sainct-Denys, et mettre sa cavalerie en bataille, selon l'ordre ancien des François, en haye, parce qu'il n'estoit assez fort pour doubler ses rangs. En fit trois troupes, dont estoient de la sienne les comtes de Saulx (¹) et de La Suze, les sieurs de Bouchavannes, de Scecheles, les vidames de Chartres et d'Amiens, d'Esternay, Stuart et autres, qui sortirent de Sainct Denys pour se representer en teste au Connestable. A sa dextre marchoit l'Admiral, du costé de Sainct-Ouin, avec lequel estoit Clermont d'Amboise. A sa gauche estoit Genlis du costé d'Aubervilliers. Et mirent aussi leur infanterie en trois troupes, comme la cavalerie.

Le Connestable, ayant fait mener quantité d'artillerie, fit tirer plusieurs volées à Genlis, qui l'endommageoient fort et ses troupes. Ce que voyant, le prince de Condé luy envoya dire qu'il fist avancer son infanterie devant la cavalerie; ce qu'il fit avec beaucoup de dommage aux nostres. Et, au mesme instant donna avec la cavalerie de l'autre costé et à la dextre du prince de Condé, vers Sainct-Ouin; l'Admiral fit aussi avancer ses gens de pied, qui firent pareillement grand dommage aux nostres. Et luy-mesme donna avec sa cavalerie, laquelle rencontroit la gauche du Connestable,

(¹) *Comte de Saulx*. François d'Agoult, comte de Sault.

qui fut mise en quelque desordre, et mesme les gens de pied du Connestable. Le prince de Condé, voyant la meslée de ses deux costez, devança ses gens de pied, qu'il avoit aussi deliberé de faire marcher devant luy, pour aller avec sa cavalerie charger la bataille où estoit le Connestable, qui tint ferme, encore que partie de ses troupes fussent chargées si rudement que la pluspart ne tinrent pas coup.

Le Connestable, se voyant environné des ennemis, et blessé devant et derriere, faisoit tout ce qu'un chef d'armée eust sceu faire, et donna si grand coup à Stuart, escossois, qu'il luy rompit deux dents en la bouche. Le mareschal de Cossé, voyant que les troupes de Genlis se retiroient, et que le mareschal de Montmorency avoit soustenu et mis en route ce qui s'estoit presenté devant luy, s'avança pour secourir le Connestable. Ce que voyant l'Admiral, et que le mareschal d'Amville avoit encore une troupe qui n'avoit point combattu, et faisoit ferme pour attendre l'occasion, et que plusieurs des troupes de l'armée du Roy se rallioient, fut d'avis, la nuit s'approchant, de faire retraicte à Sainct-Denys, s'ils n'estoient poursuivis des nostres, comme ils ne furent pas, car l'armée du Roy ne jugea pas les en pouvoir garder.

Et ainsi le champ de bataille nous demeura, la victoire toutesfois entremeslée de quelque dommage. Les morts furent emportez et les despouilles par les nostres. Le Connestable, fort blessé, mourut trois jours après, âgé de soixante et dix-huit ans (1), neantmoins encore fort et robuste, lequel n'avoit jamais tourné la

---

(1) *Agé de soixante et dix-huit ans.* Le connétable avoit soixante quatorze ans. Il mourut le lendemain de la bataille de Saint-Denis.

teste en combat où il se fust trouvé ; et fit cognoistre en cette occasion aux Parisiens et à ceux qui l'avoient voulu calomnier d'avoir plus porté de faveur à l'Admiral, cardinal de Chastillon et d'Andelot, ses neveux, qu'au service du Roy et de la religion catholique, qu'il estoit à tort accusé. Et combien qu'il fust grand et illustre, pour estre monté à tous les degrez d'honneurs et de charges que pouvoit souhaiter un tel seigneur, si est-ce que le comble de sa félicité fut de mourir, âgé de soixante et dix-huit ans, en une bataille, pour sa religion et pour la deffence de son roy, devant la plus belle et florissante ville du monde, qui estoit comme son pays et sa maison, ayant eu, après sa mort, des funerailles très-honorables et presque royales.

Plusieurs, après la bataille, debattoient à qui estoit demeurée la victoire, ce qui estoit malaisé de juger en cette guerre civile, à cause que les victorieux perdoient autant ou plus que les vaincus, comme j'ay dit ci-devant. Et pour cette cause les Romains ne vouloient pas decerner des triomphes à ceux qui estoient victorieux durant leurs guerres civiles. Toutesfois, si l'on veut debattre la victoire entre ennemis, c'est chose certaine que celuy est victorieux qui chasse son ennemy et demeure ferme au champ de bataille, maistre de la campagne, des morts et des despouilles, comme fut l'armée du Roy, encore qu'elle eust fait plus grande perte de gens et de son second chef; comme il advint à un roy de Perse qui defit Leonidas et quatre mille Lacedemoniens, lesquels en tuerent deux fois autant. Mais comme le but de l'armée du Roy estoit de mettre Sa Majesté et la ville de Paris en liberté, et chasser les huguenots de Sainct-Denys, aussi en ce point avoit-elle encore cet avantage sur eux d'en estre venue à bout. Toutesfois, ils voulurent le lendemain faire une braverie, et retourner au lieu de la bataille, les tambours et trompettes sonnans, comme s'ils eussent voulu convier derechef l'armée du Roy de retourner au combat, laquelle ne pensoit pas que, s'estans retirez de la façon que nous avons dit, ils se deussent representer, et aussi il n'y avoit ny chef, ny lieu de sortir si-tost de la ville. Quoy voyans, les huguenots brûlerent le village de La Chapelle et quelques moulins, et approcherent jusques aux fauxbourgs et barrieres de Paris.

Cependant le comte d'Aremberg joignit le Roy, entra et fut bien receu à Paris, et ses troupes logerent au Bourg-la-Reyne et au pont d'Antony. Il fit offre de son service au Roy, et tesmoigna avoir un extresme regret de ne s'estre pas trouvé à la bataille. Sa Majesté monta à cheval pour aller voir ses troupes qui estoient en bataille près dudit Antony, lesquelles furent trouvées très-belles et aussi bien montées et armées que gendarmerie qui eust long-temps esté aux Pays-Bas. Le Comte fut logé au logis de Villeroy pour estre plus près du Louvre, afin d'assister au conseil, estant au reste fort honorablement deffrayé de toutes choses.

Cependant les forces et la noblesse venoient de tous costez à Paris, où l'on prit nouvelle deliberation d'attaquer derechef les huguenots, qui s'en allerent le lendemain à Montereau-faut-Yonne, pour aller au devant de leurs reistres qui estoient sept mille, et six mille lanskenets, sous la charge et conduite du duc Jean Casimir.

CHAPITRE VIII.

Suppression de l'office de connestable. Le duc d'Anjou, frere du Roy, fait lieutenant general. Le duc d'Aumale envoyé contre les reistres avec le sieur de Tavannes. Le duc d'Anjou fait abandonner Montereau-faut-Yonne aux huguenots qui marchent pour joindre Casimir. Remarque du sieur de Castelnau touchant la personne de l'electeur Palatin, pere de Casimir. Occasion manquée de combattre les huguenots à Nostre-Dame de l'Espine. La Reyne tasche de faire la paix par l'entremise du mareschal de Montmorency. Bernardin Bochetel, evesque de Rennes, envoyé ambassadeur vers l'empereur et les princes d'Allemagne, pour faire voir les mauvais desseins des huguenots sur la France. L'electeur Palatin et Casimir, son fils, continuent d'appuyer le party huguenot. Leurs interests dans cette guerre. Le Roy veut aussi avoir des reistres à son service. Offres faites au prince de Condé. Le sieur de Castelnau maintient qu'un roy peut traiter avec ses sujets, et leur doit garder sa foy et sa parole.

Or, après la mort du Connestable, la Reyne, mere du Roy, estima que, pour avoir les armes et la puissance avec l'authorité entiere, elle ne pouvoit mieux faire que tacitement supprimer ce grand estat de Connestable, qui luy estoit suspect; et donna la charge de lieutenant general au duc d'Anjou, son second fils, qu'elle aimoit uniquement. Comme il en eut pris la possession, aussitost il se prepara pour suivre, avec toutes les forces de l'armée, les huguenots. Et parce que les nouvelles estoient que le duc Casimir s'avançoit fort, le duc d'Aumale fut envoyé à la frontiere, où estoit le cardinal de Lorraine et tous les enfans de la maison de Guise, afin d'assembler les forces de Champagne et de Bourgogne pour empescher les reistres de se joindre avec les huguenots. Et fut fait commandement à Tavannes, lieutenant du Roy en Bourgogne, bon capitaine, et depuis fait mareschal de France, d'assister le duc d'Aumale de tout ce qu'il pourroit, comme il fit, pour luy estre, et à toute la maison de Guise, fort affectionné; outre que le duc estoit gouverneur de Bourgogne, et commandoit en Champagne, en attendant la majorité de Henry de Lorraine, son neveu.

Cependant le duc d'Anjou, accompagné de tout le meilleur conseil que l'on pouvoit alors trouver en France, specialement du duc de Nemours et du mareschal de Cossé, que la Reyne sa mere luy avoit baillé comme sa creature, avec beaucoup d'authorité près de luy et en l'armée à cause de sa charge, partit de Paris avec toute l'armée, qui s'augmentoit tous les jours, pour aller à Nemours rassembler encore quelques forces, et de là à Montereau, pour essayer d'y combattre les huguenots. Ce qui eust esté mal-aisé s'ils eussent voulu garder ce passage, qui n'estoit pas leur dessein, car ils tirerent vers Sens, et quitterent Montereau. Au mesme temps arriverent les troupes de Guyenne, conduites par Sainct-Cire, lesquelles marchoient vers la riviere de Seine, et y prirent les places de Pont-sur-Yonne, Bray et Nogent-sur-Seine, qui furent en partie rançonnées, en partie saccagées. De sorte que les huguenots, faisans leur retraite et chemin pour aller trouver leurs secours, abandonnerent tous ces passages de la riviere de Seine, qui ne pouvoient tenir contre une puissante armée, combien que la guerre civile en France eust rendu les hommes accoustumez et opiniastres à garder de fort mauvaises places.

Mais pour lors, l'armée huguenotte n'avoit autre dessein que d'aller joindre le duc Casimir, second fils de l'electeur Palatin, du tout favorable à leur party, selon que j'ay cogneu en plusieurs affaires que j'ay traitées avec luy, et fort passionné en leur cause, toutesfois si grand mesnager et avaricieux, qu'il ne les aidoit que de son affection et bonne volonté; car de prester argent ou de respondre, il n'y vouloit aucunement entendre, ains, au contraire, faisoit faire d'estranges capitulations aux huguenots.

Or l'on vouloit sur toutes choses les attirer au combat avant qu'ils eussent joint leurs reistres, et s'en presenta une belle occasion à Nostre-Dame de l'Espine, près de Chaalons en Champagne, où nostre armée les suivoit de fort près; mais l'on faillit à la prendre par la negligence, comme l'on disoit, du mareschal de Cossé, qui ne fit pas monter à cheval pour les suivre, harassez comme ils estoient après avoir fait de grandes traites, et par de si mauvais chemins, en la Champagne, qu'à la verité ils n'en pouvoient plus, et marchoient avec beaucoup de desordre, ayans tant de chevaux desferrez et de soldats nuds pieds, que dix des nostres, suivans trente des leurs, les tailloient en pieces ou prenoient prisonniers. Tant y a que, pour n'estre poursuivis, ils gagnerent la Lorraine aux plus grandes journées qu'ils peurent. Et lors le duc d'Anjou avec son armée alla sejourner à Vitry, et l'armée des huguenots à Senne pour joindre leurs reistres et lanskenets.

La Reyne, mere du Roy, vint trouver son fils à La Chaussée et à Vitry, pour voir quel moyen il y auroit ou de faire la guerre, ou traiter de quelque accord; et amena avec elle le mareschal de Montmorency, qui n'avoit point porté les armes depuis la mort du Connestable son pere, et sembloit qu'il estoit fort propre pour s'entremettre de quelque accord.

Le Roy envoya aussi Bernardin Bochetel, evesque de Rennes, en Allemagne, vers l'Empereur et les princes, pour leur remonstrer qu'il n'estoit point question en France du fait de la religion, qui estoit permise par tous les endroits du royaume; mais que c'estoit pour l'Estat que le prince de Condé et ses confederez avoient pris les armes, le voulans oster à Sa Majesté et à ses freres, qui ne pensoient nullement à la guerre quand les confederez, sous pretexte de religion, se mirent en devoir de se saisir de sa personne, de la Reyne sa mere et des princes, seigneurs et conseillers qui estoient près d'eux, comme ils firent bien cognoistre les ayans assiegez dedans Paris, et donné une bataille aux portes d'icelle. Ce voyage de l'evesque de Rennes servit aucunement envers quelques princes d'Allemagne, pour leur donner plus mauvaise impression de l'ambition des huguenots, que celle qu'ils avoient auparavant conçue, pensans qu'ils n'avoient pris les armes que pour la defense de leurs vies et religion. Mais envers l'electeur Palatin, cela ne pouvoit plus servir, d'autant que luy et son fils Casimir estoient embarquez en ce party, encore qu'auparavant il fust et les siens tenus

26.

et obligez à la couronne de France, de laquelle il estoit pensionnaire, et son fils Casimir nourry à la cour du roy Henry II. L'on fit une deffense aux estats de l'Empire qu'aucun prince n'eust à lever armée sans licence des Estats; mais cela estoit une apparence, qui ne servoit d'autre chose envers les princes huguenots, que d'accorder au comte Palatin tacitement tout ce que luy et le duc Casimir son fils faisoient pour le secours des huguenots, qui esperoient bien que, quelque chose qui advint de la paix ou de la guerre, le Roy payeroit l'armée de Casimir; comme il advint, et dont je fis l'accord et la capitulation, comme je parleray cy-après. Et en cet endroit je diray en passant que les reistres ne sont autres que chevaux de louage qui veulent avoir argent et des arrhes, et de bons respondans de leurs monstres avant que monter à cheval, encore que le duc Casimir, qui avoit esté persuadé que, s'il estoit victorieux, il auroit tel payement qu'il voudroit, et, s'il estoit vaincu, il n'en auroit que faire, ne se fit pas trop tenir.

Neantmoins le Roy, voyant les huguenots fonder tout leur appuy sur la venue de leurs reistres, delibera aussi d'en avoir quelques-uns, en attendant que Sa Majesté fist plus grandes levées sous un prince d'Allemagne, qui a tousjours plus de pouvoir et authorité que des colonels particuliers.

Cependant l'on renvoya offrir au prince de Condé et à ses confederez l'edict de pacification fait à Orleans, s'il vouloit poser les armes, lequel seroit publié en tous les parlemens; mais ils ne s'y vouloient point fier. Car les ministres preschoient en public qu'il n'y avoit en cela autre caution que des paroles et du parchemin, qui n'avoient servi qu'à les penser attraper, pour leur oster la vie et la religion, afin d'acquiescer à la passion de ceux de Guise.

D'autre part l'on faisoit entendre au Roy qu'il n'est jamais honorable au prince souverain de capituler avec son sujet. En quoy il estoit mal conseillé; car necessité force la loy, et vaut beaucoup mieux plier que rompre en matiere d'Estat, et s'accommoder au temps pour avoir la paix que d'en venir à une guerre civile, qui peut mille fois davantage diminuer l'authorité et puissance du souverain, qu'un traité fait avec son sujet, quand mesme il ne seroit né prince du sang. Et est tousjours bon de chercher le remede aux perilleux accidens par les voyes d'un accord honorable. Ne voit-on pas les roys et les princes tous les jours contracter avec leurs moindres sujets, leur obliger la foy et les biens? chose que le sujet et vassal ne feroit jamais, s'il estoit illicite de contracter avec son roy et seigneur, et s'il ne luy gardoit la foy, comme l'on disoit qu'il n'y estoit pas tenu : opinion fort pernicieuse ; car les roys, d'autant plus qu'ils sont elevez par-dessus les autres hommes, d'autant plus aussi doivent-ils tenir leur parole et leur foy, le plus asseuré fondement de la societé humaine, et sans laquelle l'on ne pouroit jamais trouver de fin asseurée aux guerres civiles et estrangeres. L'edict d'Orleans n'avoit-il pas mesme servy près de quatre ans pour nous tenir en paix? aussi avoit-il esté publié ès parlemens, à la requeste des procureurs du Roy, et n'y avoit en cela autre seureté que la foy et parole de Sa Majesté, laquelle n'a point esté violée de son costé. Car les huguenots, sur une opinion vray-semblable ou imaginaire que je laisse à chacun libre de juger, eurent recours aux armes, et se porterent les premiers à l'offensive, au lieu qu'ils devoient prendre asseurance en la foy du Roy, qui estoit le moyen de l'obliger davantage envers eux; ou, s'ils ne vouloient du tout s'y fier, ils pouvoient se tenir sur leurs gardes sans commencer aucuns actes d'hostilité.

CHAPITRE IX.

Les huguenots joignent leurs reistres. Le sieur de Castelnau envoyé par le Roy en Champagne vers ceux de la maison de Guise pour les porter à combattre les reistres, ce qu'ils refusent. Progrès des huguenots en Bourgogne, Provence, Dauphiné et Languedoc. Prise de Blois par le sieur de Mouvans. La foy violée dans les deux partis. Chartres assiegé par les huguenots. Le sieur de Castelnau de Mauvissiere envoyé demander secours pour le Roy au duc Jean Guillaume de Saxe, qui amene cinq mille chevaux.

On en ces extremitez, pour tirer quelques fruits des allées et venues qui se faisoient en l'armée des huguenots, l'on leur fit proposer de faire arrester leurs reistres, et que le Roy feroit de mesme envers les siens qu'il joindroit bien-tost à Pont à Mousson. Mais tout cela ne servoit de rien, car ils ne vouloient pas perdre une heure de temps pour aller joindre le secours des leurs, comme ils firent, sans que le duc d'Aumale, le cardinal de Lorraine et tous ceux de Guise, qui avoient ramassé les forces de Champagne et de Bourgogne, et tous leurs amis et serviteurs, les pussent empescher dont ils donnerent advis au duc d'Anjou qui estoit à Vitry.

[1568] Incontinent, Sa Majesté m'envoya devers eux regarder s'il y avoit moyen de les combattre, qu'il leur envoiroit trois mille chevaux et le comte d'Aremberg. Surquoy les sieurs d'Aumale, de Guise et le cardinal de Lorraine s'assemblerent pour me faire response, laquelle me fut faite par Tavannes, duquel ils prenoient entierement le conseil : qui est que, si l'on eust fait cet offre auparavant que le duc Casimir se fust joint avec les huguenots, et eust fait la monstre et reçu argent, qu'ils avoient tiré et emprunté jusques ès-bourse des laquais, avec trois mille chevaux et les troupes du comte d'Aremberg, l'on eust pu faire quelque chose; mais que pour lors il falloit prendre autre deliberation, qui estoit de partir eux-mesmes avec ce qu'ils avoient de forces pour aller joindre le duc, et envoyer en Allemagne, Italie Espagne et de tous costez vers les amis du Roy pour demander aide et secours, et n'y espargner rien.

Estant de retour avec cette response, il fut resolu d'aller à Troyes, et y mener l'armée du Roy pour avoir commodité de vivres, et la tenir forte contre les huguenots, qui avoient toutes leurs forces, ce qui fut fait. Et à l'instant l'armée huguenotte s'achemina en Bourgogne pour y vivre plus commodement que par la Champagne, que nous avions mangée; et prit, força et saccagea Mussi, Crevant et autres villes, desquelles les pauvres habitans furent entierement ruinez. Cependant les autres provinces du royaume n'estoient pas exemptes des maux et calamitez de cette guerre civile; car en Provence les huguenots prirent la ville de Cisteron, et se fit en cette province une guerre cruelle, mesme de Sommerive, fils du comte de Tende, catholique, contre son pere, huguenot, et gouverneur du pays. Les huguenots du Dauphiné prirent aussi les armes sous la conduite de Montbrun, et ceux du bas Languedoc sous d'Acier, frere de Crussol, duc d'Uzès, et se saisirent de Nismes et Montpellier; ceux du haut Languedoc, Rouergue et Quercy, sous les vicomtes et autres chefs, et huguenots du pays; ceux d'Auvergne et de Bourbonnois, sous Ponsenac, qui fut defait et mis en deroute, et la pluspart de ses troupes. En cette sorte, si les huguenots avoient de l'avantage en un lieu, les catholiques l'emportoient en un autre, et la pluspart des villes prises par les uns estoient reprises par les autres, comme furent Mascon et Cisteron. Et ce qui restoit du pillage des huguenots estoit repillé par les catholiques, qui tenoient la campagne en Forest et Poictou, sous Montluc et Lude.

Mouvans, l'un des principaux chefs des huguenots de Provence, Dauphiné et Auvergne, defit les compagnies de Sainct-Aray, et mena ses troupes jusques à Orleans pour asseurer la ville, qui estoit menacée; puis alla prendre la ville de Blois après l'avoir battue, et capitulé avec le gouverneur et les habitans, ausquels la foy ne fut pas gardée, disant que les catholiques faisoient gloire de ne tenir promesse aux huguenots. De sorte que, de tous les deux costez, l'on violoit le droit des gens sans aucune honte. Les morts n'estoient pas mesme exempts de ces licences trop inhumaines; car, entre les autres, le corps de feu Ponsenac fut deterré (1), auquel l'on donna mille coups par la mal-

---

(1) *Ponsenac fut déterré.* Ponsneac n'avoit point été vaincu, comme

veillance de quelques catholiques, tant l'appetit de vengeance dominoit la pluspart des esprits forcenez des François, animez au carnage les uns contre les autres, qui par telle furie preparoient un beau chemin et entrée aux estrangers pour se faire seigneurs de la France.

Ce que voyant le Roy, la Reyne sa mere, et son conseil, et que les huguenots avec le duc Casimir marchoient dedans le royaume, envoyerent querir le duc d'Anjou avec l'armée pour se venir loger à Paris et ès environs, comme elle fit. Cependant les huguenots s'en allerent à Chartres qu'ils assiegerent. Je fus à l'instant et en diligence envoyé en Allemagne querir le duc Jean Guillaume de Saxe (1), lequel avoit esté au service du roy Henry second avec quatre mille chevaux, lors que nous avions la guerre avec le roy d'Espagne, et que la paix fut faite au Chasteau Cambresis, avec les mariages et alliances d'Elizabeth, sœur du Roy, et de Marguerite de France, avec le roy d'Espagne et Philibert, duc de Savoye. Le duc de Saxe avoit envoyé offrir son service à la Reyne mere du Roy, pour maintenir les enfans du feu roy Henry contre ses ennemis et mauvais sujets, la suppliant de luy donner le portrait d'elle, du feu Roy et de tous ses enfans : chose qui luy avoit esté promise de long-temps, et qu'il desiroit tousjours ; dont la Reyne ayant souvenance, qui ne meprisoit jamais aucun moyen qui luy pust servir

le dit Castelnau : il avoit au contraire remporté un avantage sur les catholiques entre Ganuat et Cognac. Après ce combat, il fut tué par ses soldats, qui allèrent ensuite joindre près de Chartres l'armée du prince de Condé.

(1) *Le duc Jean Guillaume de Saxe.* Il étoit le second fils de Jean Frédéric, que Charles-Quint avoit dépouillé de son électorat. Il fut la tige des ducs de Saxe-Weimar.

pour le bien et deffense de l'Estat, luy voulut envoyer par moy, avec la commission que j'avois, les portraits qu'elle avoit de long-temps fort bien faits, en des tablettes grandement enrichies de pierreries, lesquelles valloient plus de huit mille escus.

Ce present fut fort agreable au duc Jean Guillaume, lequel mit à part toutes autres considerations et affaires, pour se preparer d'aller servir Leurs Majestez, et d'assembler en grande diligence cinq mille chevaux reistres, sous les colonels et capitaines qui luy estoient affectionnez, et qu'il avoit auparavant retenus. Et ne perdit pas un seul jour, tant pour les assembler que pour les faire marcher, et passer le Rhin en moins de vingt-sept jours. De sorte qu'en cinq semaines je l'amenay à Rethel, où fut choisi le lieu pour la monstre, usant d'une si grande police en venant trouver le Roy, qu'il ne se faisoit aucun dommage là où il passoit.

CHAPITRE X.

Arrivée du sieur de Castelnau Mauvissiere avec le secours. Il est mal reconnu de son service, parce qu'on avoit changé d'advis et qu'on inclinoit à la paix. On le renvoye vers le duc de Saxe pour le remercier de son service et le congedier. Raisons données au duc par le sieur de Castelnau. Le duc se plaint du Roy. Ses raisons et ses sentimens. Le sieur de Castelnau l'appaise et le conduit à la Cour.

J'ADVERTISSOIS Leurs Majestez deux fois la semaine de nostre chemin et de nos journées, lesquelles, arrivant à Rethel, me manderent que l'argent partoit de Paris avec les tresoriers et controlleurs pour faire la monstre ; mais, avant qu'ils fussent là, que j'eusse à prendre la poste pour les venir trouver au plustost qu'il me seroit possible à Paris, afin de leur rendre compte moy-mesme de mon voyage, outre quelqu'autre particulier commandement qu'ils me vouloient donner.

Sur quoy estant party et arrivé à Paris, incontinent que Leurs Majestez me virent, comme elles m'avoient dit, lors que je fus despesché pour effectuer cette commission, que ce seroit le plus grand et notable service que je leur pourrois jamais faire, et à la couronne, d'amener en diligence cette armée de reistres, aussi me dirent-elles lors que je m'estois trop hasté, d'autant que tous les plus sages du royaume avoient conseillé, avec la necessité du temps, de faire la paix ; autrement que l'Estat estoit perdu ou, pour le moins fort esbranlé par le grand nombre d'estrangers qui estoient en France, laquelle estoit entierement ruinée, et les peuples desesperez.

Davantage, que Chartres estoit assiegée de l'armée des huguenots, et en telle necessité, que les premieres nouvelles qu'on en attendoit, ce seroit la prise. Que de là à Paris il n'y avoit que bien peu de chemin, où Leurs Majestez se contentoient d'avoir donné la bataille de Sainct-Denys, en laquelle estoient seulement des François; mais que d'y avoir tant de reistres et estrangers les plus forts, cela estoit trop hasardeux. Quoy voyant le Roy, estoit resolu de traiter la paix avec les huguenots, et pour cet effet avoit desjà asseurance du prince de Condé et de l'Admiral, qui ne demandoient autre chose; aussi commençoient-ils d'estre bien las de leurs reistres.

Avec toutes ces raisons et plusieurs autres grandes considerations, ils me dirent qu'il me falloit aller faire un autre service à Leurs Majestez, qui estoit de retourner en diligence vers Jean Guillaume de Saxe, tant pour luy dire qu'il estoit le bien-venu, que pour le remercier de la peine qu'il avoit prise de s'acheminer avec de si belles troupes pour servir à un roy qui luy demeureroit à jamais obligé, avec telle reconnoissance qu'il en auroit contentement. Que plus de dix jours avant que l'on eust nouvelle de sa venue et entrée en France, Leurs Majestez avoient esté conseillées, pour le bien et conservation de l'Estat, de faire accord avec le prince de Condé, chef des huguenots, qui ne demandoient que l'exercice de leur religion, asseurance de leurs vies, obeyr et faire service au Roy en toutes choses et poser les armes. Que l'on estoit desjà si avant en ce traité, qu'il n'estoit possible de s'en retirer.

Voilà sommairement ce qui m'estoit commandé de dire au duc Jean Guillaume, et le persuader de trouver bonne la paix, qu'il devroit plus conseiller que la guerre, dont les evenemens sont tousjours perilleux et incertains. Au surplus, que pour le regard de ses troupes levées pour quatre mois, elles en seroient entierement payées, et avois l'argent contant pour la premiere monstre, laquelle faite, Leurs Majestez le prioient bien fort de s'en venir les voir avec tels de ses colonels, capitaines, chefs et autres qu'il luy plairoit, où ils seroient bien-venus et honorez, comme j'avois, s'il luy plaisoit, la charge de les conduire à Paris. Que pour son armée, Leurs Majestez le prioient trouver bon de prendre le costé de la Picardie à la main droite, pour y vivre plus commodement, jusques à ce que la paix fust establie, et que luy-mesme eust veu et cognu le besoin qu'il y en avoit, et que les troupes auroient des commissaires des vivres pour leur faire bailler tout ce qui seroit necessaire. Estant retourné vers le duc Jean Guillaume, et luy ayant fait entendre ce que dessus, il fit appeller tous ses colonels et capitaines, et se mit en grande colere, disant qu'il se plaignoit grandement du Roy, et en particulier de moy, de luy avoir apporté cette nouvelle, qui seroit aussi desagreable à ses reistres qu'à luy, pour les avoir amenez en esperance de faire un bon service au Roy et les faire combattre contre ses ennemis, avec bonne intention de luy remettre et asseurer sa couronne. Que c'estoit lui faire un deshonneur de l'avoir amené si avant dedans la France, à la foule du pauvre peuple, sans le delivrer de l'oppression des huguenots que le Roy craignoit par trop, et ne les avoit pas chastiez comme maistre, mais leur avoit accordé toutes choses comme compagnon. Que pour le regard du duc Jean Casimir, son beau-frere, encore qu'il eust espousé sa sœur, fille de l'electeur Palatin, il avoit bonne esperance que, s'ils se fussent rencontrez au combat, il luy eust fait cognoistre qu'il estoit bien plus juste de combattre pour la bonne cause du Roy, que pour la mauvaise de ses sujets. Qu'il craignoit de retourner en Allemagne, où l'on se mocqueroit de luy d'estre venu en France pour n'y faire autre chose; et me monstra beaucoup de mecontentement, ou sur les repliques que je luy fis et la priere de venir voir le Roy, qui le rendroit très-content, et desiroit prendre conseil de luy en ses plus grandes affaires.

Il s'accorda à la fin à tout ce que je luy proposay, et aussi-tost qu'il auroit fait la monstre, de faire prendre à ses troupes le chemin de Picardie, et luy de s'en venir à la Cour, où il fut fort bien receu, traité, caressé et deffrayé de toutes choses, avec mille remerciemens de sa peine. L'on luy communiqua la necessité de faire la paix, et prit-on son opinion mesme sur la grande quantité d'estrangers qui estoient en France; en quoy toutesfois l'on lui monstra de n'avoir aucune deffiance de ses troupes, ains au contraire d'estre tout asseuré de sa foy, encore que l'on eust au conseil une merveilleuse deffiance des ducs Casimir et Jean Guillaume, beaux-freres, tous deux allemands et puisnez de leurs maisons, pauvres et grandement armez pour entreprendre contre l'Estat, comme ils en avoient beau jeu par nos divisions, bien qu'ils ne s'accordassent pour rendre les huguenots plus forts que les catholiques. Aussi la religion de ces deux estoit differente (encore qu'ils s'appellent tous protestans); car le duc Jean Guillaume estoit de la confession d'Ausbourg, et le duc Jean Casimir de celle de Calvin et de Beze, où la difference n'est guere moindre qu'entre les catholiques et les huguenots.

CHAPITRE XI.

Paix faite avec les huguenots. Raisons des huguenots pour la souhaiter, quoyque douteuse. Le Roy s'oblige par le traité de satisfaire Casimir. Loüange du sieur de Morvillier. Le sieur de Castelnau Mauvissiere employé pour le traité et pour mettre les reistres hors du royaume, et en mesme temps deputé vers le duc d'Alve pour le remercier de son assistance. Le duc fasché de la paix. Grandes difficultez pour traiter avec Casimir, qui veut rentrer en France et venir vers Paris. Le Roy conseillé de le faire combattre, et de rappeller pour cet effet le duc Jean Guillaume de Saxe, son beau-frere, qui s'offre de servir contre luy. Le sieur de Castelnau Mauvissiere, commissaire du Roy, menace les reistres et le duc Casimir, qui luy donnent des gardes et le retiennent. Enfin il les oblige de traiter, et les met hors de France. Le Roy, pour recognoistre les grands services du sieur de Castelnau, luy donne le gouvernement de Sainct Disier, qui depuis luy fut osté sans recompense.

A la fin l'on conclut la paix avec le prince de Condé, l'Admiral et autres seigneurs leurs associez. Ce qui n'estoit pas malaisé, car l'on accordoit tout ce qu'ils demandoient, et beaucoup plus qu'ils n'avoient esperé; hormis un article, que, pour soulager le pauvre peuple, ils se desarmeroient incontinent, et rendroient les villes et places fortes, avec deffenses de plus faire associations ny levées d'hommes, ny de deniers pour l'avenir; et toutes choses passées seroient oubliées et abolies. Aucuns jugeoient bien que la paix ne dureroit pas longuement, et que le Roy, ayant les villes en sa puissance, et les huguenots desarmez, ne pourroit endurer ce que par contraincte il leur avoit accordé de peur de perdre l'Estat.

Les huguenots, d'autre part, estoient fort las de la guerre, tant pour le peu de moyens qu'ils avoient de supporter une telle despence en cette guerre, que pour autres considerations; car le Roy, se resolvant de mettre toutes choses à l'extremité, les eust peu ruïner à la longue, parce que Sa Majesté n'eust manqué de secours du Pape, du roy d'Espagne, et des princes catholiques, qui eussent esté bien aises de maintenir la guerre en France. Ce qui les fit en partie resoudre de recevoir plustost une paix douteuse, que tirer avec leur ruine celle de tout le royaume, qui estoit inevitable, où ils eussent eu la plus petite part, comme auront tous ceux qui appelleront les estrangers à leurs secours, sous quelque pretexte que ce soit, de religion ou autre remuëment d'Estat. Neantmoins, si les huguenots, recherchez de la paix, au lieu qu'ils la devoient demander les premiers, eussent insisté de garder un an, pour leur seureté, la pluspart des villes et forteresses qu'ils avoient occupées, l'on les leur eust laissées pour gage de ce que l'on leur promettoit. Et est croyable que la guerre n'eust pas si-tost recommencé, comme elle a fait quatre mois après, les estrangers estant à peine hors du royaume.

Aussi estoit-ce la difficulté de trouver de l'argent pour les payer; car le Roy, par le traicté de la paix, prenoit la charge entiere de contenter le duc Casimir, et entroit en la capitulation que le prince de Condé avoit faite avec luy, laquelle portoit de rudes conditions, outre les buchetallons ordinaires, c'est-à-dire les capitulations que font les reistres sur l'ordre ancien de servir à un prince, mesme contre le Sainct Empire, en la defensive, et autres clauses portées par icelles. En quoy celles qu'ils avoient faites avec les huguenots estoient très-desavantageuses; et y avoit un article en celle du duc Casimir, qui portoit qu'outre le service des quatre mois, comptant celui du retour, s'ils rentroient seulement un jour ou plusieurs dedans le cinq et sixiesme mois, ils en seroient payez entierement, comme s'ils l'avoient servi du tout.

Donc pour le fait des reistres, les deputez, qui estoient le mareschal de Montmorency et Morvillier, le premier conseiller d'Estat pour la robe longue qui fut et aye esté de long-temps en ce royaume, accorderent, pour le regard de Casimir, de ses reistres et lanskenets, que le Roy entreroit de point en point en leur capitulation, comme si Sa Majesté les avoit fait lever pour son service et par ses commissaires, et qu'elle deputeroit un gentil-homme pour aller trouver Casimir, tant pour le faire payer que pour luy faire fournir vivres, et accorder avec luy de toutes choses, au plustost et à la moindre foule des sujets que faire se pourroit.

Je fus choisi et envoyé pour cet effect avec ample commission et pouvoir de tout ce que dessus. Neantmoins Leurs Majestez, auparavant que je partisse pour ce voyage, m'envoyerent remercier le duc d'Alve de son secours, cependant que l'on faisoit les despesches et commissions pour le duc Casimir. Ce remerciement, que je fis au duc, le rendit fort estonné de voir que la paix estoit conclue en France, où toutes les plus fortes raisons que j'eus pour le persuader que le Roy ne pouvoit faire autrement, estoient qu'il n'y avoit homme en France, de quelque qualité qu'il fust, qui n'eust demandé et conseillé la paix, jusques au duc de Montpensier, Chavigny et Hugonis, qui estoient les plus violens à la guerre ; ce qui rendit le duc d'Avle si estonné, qu'il fit cognoistre n'avoir pas plaisir de nous voir d'accord.

Je ne demeuray que huict jours en ce voyage, d'où estant retourné, l'on me despescha aussi-tost vers Casimir et ses troupes, qui commençoient à tourner la teste vers l'Auxerrois : l'on me dit que je le trouverois disposé de s'acheminer à la frontiere pour se retirer en Allemagne. Mais la premiere difficulté fut que je n'avois porté l'argent que l'on m'avoit asseuré à la Cour devoir estre six jours après moy; mais il n'y arriva pas de cinq semaines après, durant lesquelles ils acheverent les trois mois de service et celuy de retour, et entrerent dedans un cinquiesme quatre ou cinq jours, duquel ils vouloient estre payez entierement, selon leur capitulation. Je voulus accorder avec Casimir, jusques à luy faire un present de douze ou quinze mille escus; mais il ne vouloit entrer en aucun accord, sçachant bien que ses reistres et lauskenets voudroient avoir le mois entier puisqu'il estoit commencé, et que, si je ne le faisois promptement payer, et accorder les autres articles, le sixiesme mois commenceroit, qu'il faudroit aussi payer ; dequoy, après de grandes disputes, sans qu'aucune raison y pust servir, je donnay advis au Roy. Mais l'on me manda de la Cour qu'il estoit impossible de trouver si promptement de l'argent, à quoy neantmoins l'on travailloit sans aucune intermission. Que pour le regard des autres articles, j'en accordasse; mais pour payer le cinquiesme mois où ils estoient entrez, ny moins le sixiesme, quand bien ils y entreroient, le Roy ne le pouvoit faire; que pour un present de douze ou quinze mille escus à Jean Casimir, puisque je l'avois offert, je n'en serois pas dedit. Que l'on essayeroit de m'envoyer cette somme, avec trois ou quatre cens mille escus, s'il estoit possible, lesquels on cherchoit de tous costez. Que pour le reste, je prisse quelque terme de le payer aux foires de Francfort, où il seroit satisfait selon que je l'avois promis; ce qui seroit aussi-tost ratifié par le Roy que je luy en aurois donné advis : qui fut une autre difficulté, laquelle nous menoit tellement à la longue, qu'au lieu de s'advancer vers les frontieres d'Allemagne, le duc Casimir me fit faire des protestations qu'il estoit contrainct par ses colonels et reitmaistres de retourner vers Paris, ou aller chercher l'Admiral ou le prince de Condé, dont ils disoient tous les maux du monde. Ces difficultez et accidens nouveaux estonnoient fort la Cour, et que je ne les avois encore pu acheminer plus avant que la Bourgogne, d'où ils vouloient retourner.

Surquoy aucuns de la Cour, et, comme l'on disoit, le cardinal de Lorraine, tous ceux de Guise et leurs partisans, prirent occasion de remonstrer au Roy qu'il ne devoit point endurer cette bravade de Casimir, attendu qu'il estoit separé d'avec les huguenots, qui avoient rompu leur armée, tous escartez et retirez en leurs maisons. D'autre part, que les forces du Roy estoient encore pour la pluspart ensemble, mesmement la gendarmerie, les Suisses et le regiment du comte de Brissac, qui estoit ordonné d'aller en Piedmont.

Qu'il falloit envoyer vers le duc Jean Guillaume de

Saxe, qui avoit tant fait de plaintes de l'avoir fait venir et s'en retourner sans combattre, et sçavoir de luy s'il voudroit marcher vers le duc Casimir, son beaufrere, qui vouloit ruiner la France, sans se contenter de la raison que l'on luy offroit en toutes choses ; et que là-dessus il me falloit faire une despesche pour tenter avec Casimir les derniers remedes pour le faire sortir par la voye de douceur; et au cas qu'il ne s'en voulust contenter, luy declarer que le Roy seroit contrainct d'user de la force qu'il avoit encore en main, pour descharger ses sujets de l'oppression et de la foule qu'ils recevoient de luy et de ses troupes ; et que, par mesme moyen, je donnasse tous les jours advis à Leurs Majestez de nos journées et deportemens, et d'un lieu advantageux pour le combattre, si besoin estoit. Qu'aussi-tost que l'on auroit ma responce et celle de Jean Guillaume de Saxe, l'on feroit marcher les forces en diligence au lieu que je manderois, bien que la Reyne ne vinst à cette extremité qu'à son grand regret; mais que Dieu et tout le monde seroit juge de la rigueur dont vouloit user Casimir et ses troupes, qui ne vouloient pas sortir de France; et autres raisons portées par la despesche, que j'avois à peine leue que l'on me manda par un autre courrier en diligence, que le duc Jean Guillaume de Saxe avoit escrit à Leurs Majestez qu'il louoit Dieu que l'occasion se presentast, pendant qu'il avoit les forces en main, de s'employer à leur faire quelque bon service, et qu'il estoit prest, à l'heure mesme, de tourner teste vers le duc Casimir, son beaufrere, puis qu'il se monstroit si opiniastre et difficile à sortir hors du royaume. Ce qui estoit interpreté de quelques-uns de la Cour en bien, et des autres en mal, disans que les deux beaux-freres se pourroient accorder au lieu de se battre. Ce que, pour mon regard, je n'eusse pu croire, mais bien que l'un et l'autre, qui avoient affaire de toutes leurs pieces, n'eussent pas esté marris de gagner tousjours la solde de plusieurs mois. Et quand bien l'on viendroit à l'extremité, c'estoit le moyen de recommencer la guerre en France, où personne ne pouvoit gagner que les estrangers. La conclusion de cette despesche, composée de diverses opinions, fut que je fisse ce que je pourrois, par la voye de la douceur, avec le duc Casimir et ses troupes, pour les faire sortir du royaume ; mais que je n'obmisse rien pour luy protester que, s'il faisoit autrement, les forces du Roy tourneroient la teste vers luy, et le duc Jean Guillaume de Saxe, son beau-frere, le premier, au grand regret de Sa Majesté. Mais nonobstant toutes ces remonstrances il vouloit avoir son compte, et faisoit jouer la farce par ses colonels et reitmaistres, qui se bailloient la capitulation l'un à l'autre, à laquelle ils se vouloient entierement tenir, protestans contre moy de tout le mal qui en adviendroit.

Par ainsi je fus obligé de venir à l'extremité des menaces et de la contrainte qu'ils donneroient au Roy et à tous les François de les mettre dehors. Ce qui les mit en telle colere, que, deux jours après, il ne fut possible de leur parler. Et sur ce, ils firent mine de monter à cheval pour retourner vers Paris, et prenans une opinion que je me voulois retirer, mirent devant et derriere mon logis une compagnie de lanskenets en garde, sans vouloir laisser entrer ny sortir personne. Dequoy voyans que je ne me donnois aucune peine, sinon que je manday au duc Casimir que je serois bien aise de sçavoir si j'estois prisonnier, et s'il avoit declaré la guerre au Roy mon maistre, violant en mon endroit la loy des gens, ils tinrent un grand conseil pour me respondre, et à la fin ils deputerent le colonel Tik Chombert(¹), l'un des plus violens, avec un nommé Lanchade, pour me visiter et dire que cette garde m'avoit esté envoyée pour autre occasion que pour ma seureté, et pour garder que les reistres mutinez (parce que je les avois menacés des forces du Roy) ne me fissent un mauvais tour, et autres paroles plus tendantes à fin d'accord que toutes les precedentes; aussi que j'avois mandé à Langres et ès villes voisines, de ne leur bailler aucuns vivres, mesme pour argent, sans mon ordonnance, et de retirer tous ceux qu'ils pourroient du plat pays. Et me mirent sur ce propos de leur faire donner des vivres, ce que je leur dis n'estre en mon pouvoir, parce que les villes, la noblesse et tout le pays se plaignoient de moy, de les retenir si longuement, à la foule et entiere ruine des peuples; et que, s'il leur en arrivoit du mal et de la necessité, ils ne s'en prissent qu'à eux-mesmes.

Ils retournerent faire leur rapport au conseil; et le soir le duc Casimir me pria de nous aller promener ensemble pour parler de ces affaires, comme nous fismes plus de trois heures, sans rien avancer. Mais le lendemain nous commençasmes à parler plus ouvertement, où Casimir me fit de belles protestations que le fait ne dependoit pas de luy; que je fisse avec ses reistres, et qu'il quitteroit sa part. Mais il estoit question de deux mois, qui montoient à près de deux cens mille escus, lesquels n'avoient esté employez que pour

(¹) *Chombert*. Schomberg.

temporiser et ruiner le peuple. Or enfin, laissant à dire tous les particuliers discours que j'eus avec le duc, moyennant un present de quinze mille escus, que je promis luy donner outre ses monstres, je composay avec ses reistres à une monstre pour le cinq et sixiesme mois où ils estoient entrez, au paiement de laquelle je m'obligeai de faire fournir l'argent deux mois après à Francfort.

Et ainsi, avec bien de la peine, je mis ces estrangers hors du royaume, au bien et soulagement d'iceluy, et au contentement de Leurs Majestez, lesquelles ayant esté retrouver pour leur rendre compte de mon voyage, elles me firent beaucoup de belles promesses, et, peu de jours après, me donnerent le gouvernement de Sainct-Disier, lequel depuis, pendant mon sejour de dix ans que j'ay esté ambassadeur en Angleterre, m'a esté osté pour le bailler au duc de Guise, comme il l'avoit demandé pour une des villes d'asseurance, ainsi que je diray cy-après (1), sans en avoir eu aucune recompense.

~~~

SUPPLÉMENT DU CHAPITRE XI.

PAR L'ÉDITEUR.

Le chancelier de L'Hôpital fut celui des ministres qui contribua le plus à la paix. Il publia un petit ouvrage

(1) *Ainsi que je diray cy-après.* Le gouvernement de Saint-Dizier fut donné au duc de Guise sous Henri III. Nous avons déjà observé que les Mémoires de Castelnau ne vont pas jusqu'à cette époque.

intitulé: *Discours des raisons et persuasions de la paix en l'an* 1568. Cette production est remarquable, soit parce qu'elle peint très-bien l'état de la France à cette époque, soit parce qu'elle donne une idée fort juste des théories du chancelier. Nous en citerons les passages les plus curieux.

L'Hôpital remarque d'abord que les protestans sont parfaitement unis, tant par la conformité des sentimens et des principes, que par le danger qui les menace : « Au contraire, observe-t-il, le camp du Roy est divisé en querelles, envies et émulations : l'ambition y est debordée ; l'avarice y domine; chascun y veut tenir rang ; la discipline corrompue et la licence demesurée ; les volontés mal unies, et les contentions fort differentes. La pluspart desirent la paix ; les autres ont leurs enfans, freres et parens de contraire bande ; autres y sont par acquit ; plusieurs à regret, plusieurs avec scrupule de conscience, craignans de nuire à l'advancement et progrès de leur religion ; autres y sont pour butiner ; bref il est composé de pieces rapportées ; plusieurs se sont jà debandés, et tous en general sont lassés et ennuyés du long traict de temps qu'ils ont esté inutilement en campagne; dont, jusques au bas peuple, chascun murmure, entrant en mescontentement, soupçons et insinuations estranges, selon que les humeurs d'un chascun, et l'infidelité du temps en fournit la matiere; joint que l'inquietude et l'impatience est naturelle à ceste nation, si elle n'est vivement reprimée par telles barres que nous avons veu retenir les autres. »

Les zélés catholiques prétendoient qu'il falloit en venir à une bataille décisive, et que, s'ils étoient vainqueurs, le parti protestant seroit abattu pour jamais. « Cela seroit trop vray, leur répond L'Hôpital, s'ils y mouroient tous; mais c'est plustost souhaiter que discourir : nous ne sommes plus au temps qu'on assignoit jour et champ de bataille pour combattre obstinement jusques à l'entiere destruction de l'une des parties : ce siecle est aussi ingenieux et soigneux de pourvoir à la retraite, que les anciens estoient à vaillamment combattre. La perte de trois, quatre, cinq et six mille hommes les affoiblira, mais ce n'est pas les effacer: la fureur ne sera que plus enflammée, la discipline plus exacte, toutes choses mieux considerées de l'autre costé, et moins observées de la part du vainqueur, estant l'insolence coustumiere compagne de la victoire; ils ont des villes pour eux retirer, rafraischir et rassembler à nous nuire à couvert : bref ce sera à recommencer. »

Le chancelier accorde, pour un moment, que les vœux des catholiques seront pleinement exaucés, qu'on exterminera les protestans, et que leurs biens seront confisqués. « Si est-ce, ajoute-t-il, que les enfans et successeurs, pour leur innocence, seront espargnés : ils croistront avec une extresme felonnie et rage, sachans et sentans la cruauté exercée envers leurs peres, et voyans leurs biens usurpez et ravis iniquement, comme ils penseront. Le desir de vengeance et du recouvrement de leurs biens les fera rallier et reprendre nouvelle intelligence; de sorte qu'au lieu d'ensevelir le mal et la dissention civile, ce seroit la nourrir plustost et forger une hydre espouvantable. Cela ne seroit à craindre en une petite faction; mais on n'a jamais vu une grande conjuration esteinte et reprimée à force d'armes, que les cendres des morts ou bannis n'aient souvent rallumé un grand feu. »

Il fait sentir à Charles ix que les chefs des catholiques ont les prétentions les plus inquiétantes; et l'on voit qu'il préféreroit au triomphe des Guise tous les inconvéniens qui pourroient résulter du progrès des doctrines nouvelles. « Que seroit-ce, dit-il, si le Roy, par leur moyen, avoit obtenu pleine victoire, puisque, n'ayant encore faict que ruiner son peuple, ils entonnent si haut? C'est l'un des plus grands maux qui puissent arriver à un prince, de se rendre si très fort obligé à quelqu'un ou plusieurs, qu'il semble tenir d'eux en partie son Estat : les exemples en sont assez frequens, dont le recit ne pourroit estre que très odieux. Certainement la longueur de la guerre servira à eslever et agrandir certains hommes, leur donnera credit, faveur et authorité envers le peuple, nom et bruit envers les estrangers, et licence envers leur prince, chose très-perilleuse en un Estat, et vraye semence d'autres fureurs civiles, et mesmes attendu l'aage du Roy et de messeigneurs ses freres. Quel ordre donc? A la vérité, nous sommes bien malades, puisque ny la guerre ny la paix ne nous est propre, et que nous ne pouvons porter ny le mal ny le remede. »

L'Hôpital ne voit de salut pour la France que dans un traité avec les protestans, et il termine son discours par cette touchante exhortation : « Que le Roy use de clemence, il eprouvera celle de Dieu; que le Roy ne tienne point son cœur, et Dieu luy ouvrira le sien; que le Roy donne à la republique son offence, et tantost elle recognoistra avec usure ce bienfait, et luy fera hommage de son respect et fidelité; que le Roy oublie tout le mal-talent avec ses sujets, et ils s'acquitteront et s'oublieront eux-mesmes pour l'honorer et servir de tout leur pouvoir. »

Les vues de L'Hôpital étoient d'un ordre très-élevé; mais ce n'étoient que des théories, et la suite a prouvé qu'elles ne pouvoient malheureusement s'appliquer aux circonstances. Il quitta peu de temps après le ministère, et se retira dans sa terre de Vignay, près d'Etampes, où il rendit les sceaux le 7 octobre 1568.

LIVRE SEPTIESME.

CHAPITRE PREMIER.

La paix publiée à Paris, troublée par des defiances mutuelles et par l'ambition des grands. La Rochelle refuse l'obeyssance, et les huguenots de France arment pour le secours de ceux des Pays-Bas. Coqueville defait et decapité. Bulles pour l'alienation du temporel des ecclesiatiques, suspectes aux huguenots, et autres motifs de leur defiance. Le prince de Condé et l'Admiral se retirent à La Rochelle. Le cardinal de Chastillon se sauve en Angleterre. Tout se dispose à la guerre, et la reyne de Navarre se jette dans La Rochelle avec son fils. Le sieur d'Andelot et autres chefs huguenots s'y vont joindre.

Il sembloit en apparence que la France, qui avoit esté tant persecutée d'un des plus grands fleaux de la justice divine, dust plus longuement jouir de la douceur de la paix, par le moyen de l'edict qui fut publié (1) à Paris le vingt-troisiesme mars mil cinq cens soixante-huit, confirmatif de celuy cy-devant fait le septiesme dudit mois mil cinq cens soixante et deux, pour estre iceluy observé en ses points et articles selon sa premiere forme et teneur, levant toutes restrictions, modifications et declarations qui avoient esté faites jusques à la publication dudit edict.

(1) *L'edict qui fut publié.* L'édit de Longjumeau fut publié à Paris le 27 mai 1568. Celui d'Amboise l'avoit été le 19 mars 1563.

Mais la defiance mutuelle des catholiques et des huguenots, jointe à l'ambition des grands et au ressouvenir que l'on avoit à la Cour de l'entreprise de Meaux, fit bientost renaistre d'autres nouveaux troubles, autant ou plus dangereux que les premiers et seconds; les fondemens desquels d'aucuns attribuoient à la desobeysance de quelques villes qui ne vouloient absolument se soumettre à la puissance de Sa Majesté, entre lesquelles les plus mutines estoient Sancerre, Montauban, et quelques autres de Quercy, Vivarez et Languedoc, comme aussi La Rochelle, qui ne voulut recevoir les garnisons que Jarnac, son ancien gouverneur, y voulut mettre, et depuis, le mareschal de Vieilleville, par le commandement de Sa Majesté, ny souffrir que les catholiques y fussent restablis en leurs biens, charges et offices, et jouissent de l'edict de pacification; au contraire, contrevenant à iceluy, continuoit ses fortifications, equipoit grand nombre de navires de guerre; ce qui estoit autant prejudiciable au service du Roy, que les troupes que plusieurs capitaines huguenots menoient en Flandre, au secours du prince d'Orange contre le duc d'Alve, estoient levées et conduites sans son pouvoir et commission; entre lesquelles celles que Coqueville avoit fait en Normandie (desavoué toutesfois par le prince de Condé) furent defaites à Valery par le mareschal de Cossé, lequel luy fit trancher la teste et à quelques autres chefs de ses regimens.

D'autre part, les poursuites que l'on faisoit en Cour de Rome pour obtenir bulles de Sa Sainteté, afin qu'il fust permis aliener du temporel de l'Eglise jusques à cent cinquante mille escus de rente pour employer les deniers qui proviendroient de cette vente, à l'extermination de la religion huguenotte ; les confrairies et assemblées frequentes qui se faisoient en Bourgogne, et, comme les huguenots disoient, par les pratiques de Tavannes, serviteur de la maison de Guise ; les regimens de Brissac et des enseignes de gendarmes qui s'acheminoient en cette province pour surprendre, disoit-on, le prince de Condé, qui s'estoit retiré en sa ville de Noyers, et l'Admiral à Tanlay ; l'entretenement des Suisses et des troupes italiennes qu'on envoyoit en garnison à Tours, Orleans et autres villes principales ; le grand nombre de cavalerie et infanterie qui estoit ès environs de Paris pour la garde de Sa Majesté, mettoient les huguenots en grande defiance.

Sujet que prit le prince de Condé (après avoir envoyé la marquise de Rotelin, et depuis Telligny, à Leurs Majestez, avec lettres de creance qui portoient les causes de ses defiances et de ses plaintes contre ceux qui abusoient de l'authorité du Roy pour ruiner l'Estat et rendre le prince odieux) de partir de Noyers (1) le vingt-cinquiesme aoust mil cinq cens soixante-huit, avec la princesse sa femme, qui estoit grosse, accompagné de l'Admiral qui l'estoit venu trouver avec quarante ou cinquante chevaux seulement, pour se retirer à La Rochelle : le cardinal de Chastillon en mesme temps se

---

(1) *Partir de Noyers.* L'historien Mathieu a fait une peinture touchante de cette fuite précipitée. « Le prince, dit-il, partit à peu de
« bruit, et son équipage touchoit les cœurs de commisération ; car on
« voyoit un premier prince du sang se mettre en chemin par les cha-
« leurs extremes, avec sa femme enceinte, en litière, trois enfans au
« berceau; à leur suite; la famille de l'Admiral, celle de d'Andelot, nom-
« bre d'enfans et de nourrices; pour escorte cent cinquante chevaux,
« et, pour toute consolation, que la souvenance de cette misère leur
« seroit aussi douce que le ressentiment en estoit rude.

sauva aussi dans une barque en Angleterre, après avoir esté vivement poursuivy. Ainsi, le masque estant levé, chacun derechef se dispose à la guerre.

Lors la Reyne mere est conseillée, outre les troupes qui estoient entretenues, de faire expedier force commissions, et donner le rendez-vous en Poictou à toutes les troupes, où desjà Soubise, Verac et autres de leur party, commençoient à faire leurs levées, et tous ceux de leur faction se rallioient pour estre près de leurs chefs et de La Rochelle, la meilleure place qu'ils eussent. La reyne de Navarre, qui estoit en Bearn, bien advertie pour se mettre à l'abry, comme elle le disoit, avec le prince son fils, accompagnée de Fonterailles, seneschal d'Armagnac, Saint-Megrin, Piles, et autres de ses serviteurs, avec trois mille hommes de pied et quatre cens chevaux, s'y retira aussi le mois de septembre, passant toute la Guyenne nonobstant les efforts de Montluc et d'Escars, gouverneur de Limousin, ayant sur le chemin despesché La Mothe-Fenelon à Leurs Majestez, pour leur faire entendre les causes qui l'avoient portée à se joindre et s'unir, et le prince son fils, au prince de Condé et ceux de sa religion, seulement pour la conservation d'icelle et pour le service du Roy.

D'Andelot, Montgommery, le vidame de Chartres, La Nouë, Barbezieux et autres chefs huguenots, ayant aussi assemblé huit cens chevaux et deux mille hommes de pied, qu'ils avoient levez en Bretagne, Anjou, le Maine et autres endroits, s'acheminerent pour joindre le prince de Condé; dont estant adverty, le vicomte de Martigues, comme il s'avançoit avec douze enseignes de gens de pied et quatre cornettes, pour aller trouver le duc de Montpensier qui estoit à Saumur, afin d'empescher leur passage, fit rencontre de quelques-unes de leurs troupes en un village près Sainct-Mathurin, logées assez à l'escart, desquelles il en defit deux compagnies, avec perte de quinze ou vingt des siens et de son lieutenant; d'Andelot y fut en danger de sa personne, ayant esté contraint de quitter son disner pour remonter à cheval; mais ayant rallié ses troupes deux ou trois jours après, il les fit passer à gué, laissant un extresme regret au duc de Montpensier et vicomte de Martigues, qui estoient partis ce jour-là de Saumur à dessein de les combattre, d'avoir esté trop tardifs en leurs affaires, et perdu une si belle occasion; et, passant en Poictou, il prit Touars.

CHAPITRE II.

Le Roy revoque les edicts faits en faveur des huguenots et de l'exercice de leur religion. Prise de plusieurs places en Poictou et pays d'Aunis par les huguenots. Leur defaite à Messignac par le duc de Montpensier. Le sieur d'Acier joint le prince de Condé. Le duc d'Anjou vient contre luy avec toutes les forces de France. Stratagesme du vicomte de Martigues pour sa retraite. Le prince de Condé se saisit de l'abbaye de Sainct-Florent, presente la bataille au duc d'Anjou. Les huguenots vendent les biens de l'Eglise. La reyne d'Angleterre envoye des munitions à La Rochelle.

Or pendant que le duc d'Anjou assembloit des forces de toutes parts pour exterminer les huguenots, le

Roy, d'autre costé, s'armant de ses edicts, revoque tous ceux qui avoient esté faits en faveur d'iceux, et defend en son royaume toute autre religion que la catholique, apostolique et romaine, sous les peines aux contrevenans de confiscation de corps et de biens, avec commandement aux ministres d'en sortir dans quinze jours; et par un autre, qui fut aussi publié à Paris, suspend de leurs estats et charges tous les officiers qui font profession de la nouvelle opinion, desquels Sa Majesté declare ne se vouloir servir : edicts qui servent d'autant d'esperons pour faire haster tous les huguenots de France de se liguer et prendre les armes, mesme ceux qui escoutoient en leurs maisons, desquels le prince de Condé et l'Admiral ne font pas grand estat, sinon pour s'en servir vers les princes estrangers de leur opinion, à tous lesquels ils escrivent pour leur faire entendre que l'on ne les poursuit pas comme rebelles et seditieux, mais pour le seul fait de la religion.

Et cependant, en peu de temps, ils se rendent maistres de plusieurs bonnes villes, comme de Sainct-Maixent, Fontenay, Niort, Sainct-Jean d'Angely, Pons, Blaye, Taillebourg et Angoulesme, sans que le duc de Montpensier y pust donner secours, en partie à cause de la descente des Provençaux, sous la conduite d'Acier, de Mouvans, d'Ambres, Montbrun, Pierre Gourde, et autres chefs huguenots du pays, qui, ayans passé la Dordogne, s'avançoient pour se joindre au prince de Condé, le passage desquels il vouloit empescher; et pour cet effet les ayant joints et rencontrez auprès de Messignac, il tailla en pieces plus de trois mille hommes de pied, et près de trois cens chevaux, en laquelle defaite Mouvans et Pierre Gourde perdirent la vie.

Peu de jours après, d'Acier ayant recueilly le reste de leurs forces, qui estoient encore de plus de quatre mille hommes et cinq cens chevaux, s'achemina à Aubeterre, où l'Admiral et le Prince les furent trouver; et pour revanche, estant leurs forces jointes, ils delibererent de poursuivre à leur tour le duc de Montpensier : de fait ils le talonnerent de si près quatre ou cinq jours, qu'ils arrivoient tousjours le lendemain matin au lieu où il avoit couché; mais s'estant le duc de Montpensier retiré à Chastelleraut, l'armée huguenotte prit le chemin du bas Poictou.

Cependant le duc d'Anjou, lieutenant general de l'armée, avec toutes ses forces et canons, estant party de Paris, s'acheminoit en la plus grande diligence qu'il pouvoit pour joindre celles des ducs de Montpensier et de Guise, vicomte de Martigues et de Brissac, qui l'attendoient avec impatience pour combattre le prince de Condé; lequel, poussé de ce mesme desir, ayant eu advis que le duc s'avançoit avec son armée, delibera d'aller au-devant de luy : si bien que, les deux armées estant près l'une de l'autre, il se rencontra que les deux avant-gardes avoient un mesme dessein, qui estoit de loger à Pamprou, bourg qui est à cinq lieues de Poictiers, lequel après avoir esté disputé des mareschaux des logis et avant-coureurs des deux armées, qui s'en chasserent et rechasserent, enfin demeura au Prince et à l'Admiral, qui y logerent.

La nuit venue, le vicomte de Martigues, qui conduisoit l'avant-garde, voyant l'incommodité et desavantage du lieu où il estoit, ayant commandé à ses gens de pied de faire des feux en divers endroits, et jetter forces mesches allumées sur les buissons pour amuser l'ennemy, fit cependant sa retraite à Jasenueil, où le duc estoit avec la bataille. Le lendemain le prince de Condé et l'Admiral, ayans marché sur ses mesmes pas, envoyerent descouvrir l'estat et disposition de l'armée du duc, en resolution de le combattre; mais, advertis de l'avantage du lieu, tant pour avoir les advenues difficiles que pour estre bien retranché et flanqué, ayant paru dans la plaine de Jasenueil, firent tenir bride en main à leur cavalerie, pendant que leur infanterie employoit le reste du jour en escarmouches avec celle du duc, lequel, le lendemain, prit le chemin de Poictiers.

Le prince de Condé lors, après plusieurs desseins, delibera de s'asseurer d'un passage sur la riviere de Loire, pour plus librement rallier ses partisans, qui n'estoient encore tous avec luy; et, pour cet effet, s'achemina avec l'Admiral et son armée à Touars, et de là tira à Saumur, où Sainct-Sevar commandoit avec forte garnison; et d'autant que l'abbaye Sainct-Florent, où il y avoit quelques gens de pied, leur importoit pour la facilité du passage, d'Andelot l'assiege et la prend; et, pour revanche des soldats qui avoient esté tuez à Mirebeau, que Brissac et du Lude avoient pris quelques jours auparavant, ayant la capitulation par eux esté mal gardée, passe au fil de l'espée tous les soldats de la garnison.

Cependant le duc d'Anjou s'acheminoit à Loudun pour l'assieger, ce qui fit changer le dessein du prince de Condé, qui alla aussi-tost au-devant de luy, en intention de luy presenter la bataille, et furent trois ou quatre jours les deux armées à une lieue l'une de l'autre devant cette ville, avec une fiere et esgale contenance, sans beaucoup d'effet; mais enfin les plaintes universelles des soldats, ne pouvant permettre aux chefs de les tenir davantage à descouvert contre les glaces et l'aspreté d'un hyver tel qu'il faisoit lors, les fit separer le quatriesme jour; de sorte que le duc d'Anjou se retira à Chinon et de là envoya son armée en Limousin, et les princes avec l'Admiral à Niort, où la reyne de Navarre les vint trouver quelques jours après, avec laquelle ils delibererent de vendre et engager le temporel des ecclesiastiques pour subvenir aux affaires de leur party, comme ils firent, et dont ils tirerent beaucoup d'argent.

La reyne d'Angleterre aussi, en ce mesme temps, à la sollicitation du cardinal de Chastillon, envoya à La Rochelle six canons, avec poudre, munitions et argent, et le prince de Condé, pour son remboursement, luy fit delivrer force metail, cloches et laines.

CHAPITRE III.

La Reyne mere offre la paix au prince de Condé. Siege de Sancerre par les catholiques levé. Prise de l'abbaye de Sainct Michel et des places de Saincte-Foy et Bergerac par les huguenots. Defaite de Montgommery; son entreprise sur Lusignan manquée. Entreprise sur Dieppe par Cateville et Lyndebeuf, decouverts et chastiez. Autre entreprise des huguenots sur le Havre. Exploits du duc d'Anjou en Angoumois. Son dessein sur Coignac. Il passe la Charente pour aller aux ennemis. Son stratagesme pour leur oster la cognoissance de son passage.

Lors la Reyne mere, fort ennuyée des troubles qui travailloient ce royaume, et toujours desireuse de chercher quelque remede au mal qui alloit croissant, envoya un nommé Portal [1], qui avoit esté long-temps

---

[1] *Un nommé Portal.* Si l'on en croit Le Laboureur, le choix de cet envoyé n'étoit pas heureux. « On ne doit point employer, dit-il, dans
« un mystere si sacré, ny de petites gens, ny des personnes notées, et
« qui n'ayent pas un fonds de réputation capable de répondre du trésor
« qu'on leur met entre les mains; et quand on en use autrement, ce ne
« sont que des espies ou des personnages comiques d'ambassadeurs,
« qui sont pour entretenir la scène pendant qu'on médite quelque
« ruse pour éloigner plutôt que pour conclure la paix, et pour en laisser
« le reproche à son ennemy. Je ne sçay rien de Bérenger Portal, sinon
« qu'il estoit receveur-général des finances à Agen; mais j'ay un arrest
« du conseil d'Estat, donné à Moulins le 24 janvier 1566, justement
« deux ans avant son ambassade, par lequel, sur le rapport du pre-
« mier président Seguier et de l'avocat-général Dumesnil, commis
« pour l'interroger, il luy est défendu d'approcher la Cour de dix
« lieues, à peine de la hart, et ce, pour calomnie, et pour avoir accusé
« Charles Le Prevost, sieur de Grandville, de malversation en sa charge
« d'intendant des finances, dont il fut renvoyé absous. »

prisonnier à la Conciegerie, au prince de Condé, pour luy faire quelque ouverture de paix, laquelle le Roy son fils et elle embrasseroient avec toute sorte d'affection, s'il y vouloit entendre; et, après plusieurs demandes et repliques de part et d'autre, sans rien conclure, Portal ne remporta autre chose que des paroles pleines d'obeyssance et de service à Leurs Majestez, avec une lettre assez piquante contre ceux qui abusoient de leur authorité pour troubler le royaume, sous pretexte de religion.

Sur la fin de l'année, le comte de Martinengue, La Chastre et Antragues, assiegerent la ville de Sancerre, où, après avoir changé de batterie deux ou trois fois, et donné plusieurs assauts, enfin leverent le siege au mois de janvier 1569, pour joindre leurs forces aux ducs de Nemours et d'Aumale, commandez pour aller en Champagne, avec une grande et forte armée, afin d'empescher l'entrée du royaume au duc des Deux-Ponts; leur retraite ayant enflé tellement le courage des habitans de Sancerre, qu'ils entreprirent de bastir un fort sur la riviere de Loire, près du port Sainct-Thibaut, pour s'asseurer du passage, et arrester les vaisseaux des marchands qui passeroient par-là; mais, bien-tost après, les plus hardis d'entre eux furent desfaits par les garnisons des villes de La Charité, Nevers, et habitans d'icelles qui s'assemblerent.

En ce mesme temps, quelques huguenots du bas-Poictou prirent l'abbaye Sainct Michel [1], où les re-

---

[1] *L'abbaye Sainct-Michel.* Le siége de cette abbaye offrit une particularité fort singulière. Le chef des assiégeans étoit un moine apostat, nommé Campagnac, et la place étoit défendue par Châteaupers, l'un des religieux.

ligieux ne furent pas mieux traitez que les soldats qui estoient en garnison. Cependant l'armée huguenotte, qui avoit passé une partie de l'hyver en Poictou, s'acheminoit pour aller au-devant des forces des vicomtes de Monclar, Bourniquet, Paulin, Gourdon et autres chefs, qui avoient cinq à six mille hommes de pied et six cens chevaux. Piles, ayant esté auparavant despesché vers eux pour les persuader de venir en l'armée, à quoy ne les ayant pu porter pour ne vouloir abandonner leur pays à la mercy des catholiques, et Montauban leur plus asseurée retraite en ce pays-là, reprit son chemin pour s'en revenir au camp des princes, et, passant en Perigord avec huit cens arquebusiers et six vingts chevaux qu'il y avoit levez, après avoir pris Saincte-Foy et Bergerac, mit tout à feu et à sang partout où il passa, pour venger, disoit-il, la mort de Mouvans et ses compagnons.

En ce mesme temps, le comte de Brissac, qui veilloit à toutes occasions, deffit la compagnie de Bressaut, et, peu de jours après, estant party de Lusignan avec son regiment et quelque cavalerie, chargea les troupes du comte de Montgommery, ainsi qu'il repaissoit à un village appellé La Motte-Sainct-Eloy, auquel plus de cinquante des siens furent couchez sur la place, et luy contraint de se sauver au chasteau, et abandonner son jeune frere, lequel fut pris et amené à Lusignan : ce qui donna sujet au comte, quelque temps après, de rechercher les moyens d'avoir la place par intelligence, et pour cet effet pratiqua le lieutenant de Guron, qui en estoit gouverneur, lequel luy promit de la luy mettre entre les mains ; mais, n'ayant pu executer son malheureux dessein, après avoir tué quelques soldats qui estoient demeurez au chasteau pour la garde de la porte, pendant que les capitaines, accompagnez de la pluspart de leurs soldats, festinoient à la ville, fut payé enfin de sa perfidie ; car le gouverneur, ayant gagné le donjon, assisté de ses compagnons, qui vinrent à son secours en fort grande diligence, sur l'advertissement qu'ils eurent de la trahison par un soldat qui s'estoit eschappé, luy fit quitter le chasteau avec la vie, et à tous ceux de son complot.

Il y eut aussi en ce mesme temps quelque entreprise sur Dieppe par Cateville et Lyndebeuf, laquelle estant decouverte par un sergent, le gouverneur en donna aussi-tost advis à La Meilleraye, lieutenant pour le Roy en Normandie, qui les envoya querir, et les ayant mis entre les mains du parlement de Rouen, ils eurent bien-tost après les testes tranchées par arrest du parlement; aucuns de la noblesse huguenotte du pays entreprirent aussi de se rendre maistres du Havre par le moyen de plusieurs partisans qu'ils avoient en la ville, lesquels, la nuit que l'execution de leur dessein se devoit faire, avoient promis de cadenasser et barrer les portes des catholiques, comme ils firent; mais Sarlabos, gouverneur de la ville, au premier bruit et allarme, donna si bon ordre aux portes et aux murailles, et à tous les endroits de la place, que par sa vigilance il empescha qu'elle ne tombast ce jour-là entre les mains des huguenots, beaucoup desquels de ceux de la ville se sauverent en Angleterre; les autres, qui furent apprehendez, furent bien-tost executez.

Cependant le duc d'Anjou, qui avoit reçu les troupes du comte de Tende, gouverneur de Provence, et qui attendoit de jour à autre les deux mille reistres que le comte Rhingrave et Bassompierre avoient amenez, lesquels s'estoient rafraichis autour de Poictiers, prit resolution de s'acheminer avec son armée en Angoumois pour combattre les princes avant que leurs forces fussent unies avec celles des vicomtes, qu'ils alloient prendre, et au secours qu'ils attendoient d'Allemagne. Pour cet effet, après avoir pris Ruffec et Meles en passant, il fit acheminer son avant-garde, conduite par le duc de Montpensier, à Chasteau-Neuf, où estant arrivé le mercredy, neuviesme du mois de mars, envoya un trompette au capitaine du chasteau qui estoit escossois, pour le sommer de le luy remettre entre les mains, lequel fit au commencement contenance de se vouloir defendre; mais enfin, voyant arriver le mesme jour le duc d'Anjou avec le reste de l'armée, n'ayant que cinquante ou soixante soldats, et se voyant forcé, il se rendit à sa volonté et discretion. Lors le duc, estant maistre du chasteau, resolut d'y sejourner le lendemain, afin d'aviser à ce qui seroit de faire, tant pour l'ordre des magazins pour la suite de l'armée, qu'en attendant la refection du pont de la riviere de la Charante, que les ennemis avoient rompu, dont la charge fut donnée au president de Birague, qui s'en acquitta fort bien.

Le vendredi, cinquiesme du mois, le duc, ayant advis que ses ennemis estoient à Coignac, resolut pour deux raisons d'aller devant cette ville : l'une, que se presentant devant icelle, si l'armée huguenotte y estoit, comme il se discit, il esperoit qu'elle sortiroit, et que, ce faisant, il pourroit l'attirer au combat; l'autre, qu'au pis aller il recognoistroit la place pour après l'attaquer. Pour ces causes donc, s'y estant acheminé, il commanda au comte de Brissac, qui avoit avec lui la plus grande partie de la jeunesse, d'approcher le plus près qu'il pourroit, ce qu'il fit de telle façon, qu'il donna jusques dans les barrieres de la ville, d'où il ne sortit personne qu'un nommé Cabriane, qui fut prisonnier; cependant le comte recognut fort bien la place, comme firent, par le commandement du duc, les sieurs de Tavannes et de Losse, encore que l'on tirast infinis coups d'artillerie. Peu après, les ennemis se monstrerent de-là la riviere au-devant de Coignac venant de Xaintes, et demeurerent long-temps en bataille à la vue de nostre armée, qui s'avança à marcher vers Jarnac, tousjours estant la riviere entre nous et eux; et voyant le duc d'Anjou qu'il estoit dejà tard, il se retira au Chasteau-Neuf où il arriva la nuit. Le samedy douziesme il y sejourna à cause que les ponts, tant le vieux que le nouveau, que l'on faisoit de batteaux, ausquels Birague faisoit travailler avec toute la diligence possible, n'estoient encore parfaits. Cependant l'avant-garde de l'armée huguenotte parut sur une montagne au-devant d'iceux ponts, ce qui donna occasion à quelques soldats des nostres de se debander pour attaquer l'escarmouche, lesquels furent aussi-tost commandez de se retirer à leurs drapeaux, attendant la refection des ponts qui furent achevez sur la minuit.

Lors le passage estant ouvert, il fut resolu que deux heures après la cavalerie passeroit sur le vieux pont, et les Suisses et autres regimens de gens de pied sur celuy de bateaux, qui se rompit neantmoins pour l'extresme desir que chacun avoit d'estre de-là l'eau et voir les ennemis. Après avoir esté refait du mieux que l'on put, trois heures après, toute l'infanterie passa, hormis huit cens hommes de pied et quatre cens chevaux que le duc avoit ordonnés dès le soir pour demeurer deçà l'eau, sur le haut de la montagne, près de Chasteau-Neuf, pour couvrir le bagage que l'on avoit laissé, et faire croire aux ennemis que c'estoit le gros de l'armée, ce qui servit bien, estant donc nostre armée passée en cette sorte avec toute la diligence qu'il fut possible, aussi peu prevue par le prince de Condé et l'Admiral, qu'elle fut bien entreprise par le duc d'Anjou et heureusement conduite par Tavannes et Biron.

CHAPITRE IV.

Le duc d'Anjou se prepare à donner bataille. Premieres approches de la bataille de Jarnac. Le sieur de Castelnau Mauvissiere employé en cette fameuse journée. L'Admiral contraint d'accepter le combat. Attaque du duc de Montpensier. Arrivée du prince de Condé au combat. Il charge le duc d'Anjou. Sa mort. Defaite des huguenots. Leur retraite, et du sieur d'Acier. Nombre des morts et des prisonniers à la bataille de Jarnac. Le duc d'Anjou donne au duc de Longueville le corps du prince de Condé, et depesche à la Cour le sieur de Castelnau Mauvissiere.

LE duc, voyant que ce jour il seroit prest de voir les ennemis, ayant suivy sa bonne et louable coustume, qui estoit de commencer sa matinée par se recommander à Dieu, voulut recevoir le corps precieux de Nostre Seigneur, comme firent les princes et quelques capitaines de notre armée; puis après commanda aux sieurs de Carnavalet et de Losse d'aller recognoistre l'endroit où estoit l'ennemi. Ils n'eurent pas fait long chemin qu'ils virent paroistre soixante chevaux au haut de la montagne; et, quasi en mesme temps, un capitaine provençal nommé Vins, de la maison du duc, et neveu de Carces, qui conduisoit cinquante arquebusiers à cheval, s'avança à eux, et les ayant joints, leur dit qu'il avoit eu commandement de faire ce qu'ils luy ordonneroient. Lors Carnavalet et de Losse luy donnerent advis d'aller jusques au village qui estoit bien près delà, ce qu'il fit et y donna si furieusement, que trouvant une cornette des ennemis il la mit en tel desordre, que beaucoup d'iceux s'estans plus aidez de leurs esperons que de leurs espées, il en amena quinze ou vingt prisonniers, qui asseurerent que l'Admiral et d'Andelot estoient avec toutes les forces de l'armée, et y avoit apparence de bataille. Cependant le duc d'Anjou, pour gagner tousjours temps, fit avancer son avantgarde, conduite, comme j'ay dit, par le duc de Montpensier, de façon que presque en mesme temps arriverent le duc de Guise et le vicomte de Martigues, qui marchoient devant avec leurs regimens de cavalerie.

Lors l'ennemy parut en bien grand nombre, estant desjà entre dix à onze heures du matin au bas de la montagne, du costé de Jarnac; au mesme temps le vicomte de Martigues, assisté de Malicorne, de Pompadour, Lanssac, Fervacques, Fontaines et autres, qui faisoient près de six cens chevaux, attaqua l'escarmouche de telle sorte, qu'ayant donné en queue sur le regiment de Puviaut, qui partoit de Vibrac, il tailla en pieces quelques-uns et mit les autres en grand desordre, qui se retirerent vers Jarnac, et, rencontrans quelques troupes des leurs sur le haut d'une petite montagne, firent teste en cet endroit, aussi qu'il y avoit un ruisseau bien mal aisé à passer, où l'Admiral avoit envoyé mille arquebusiers pour garder ce passage avec quelque cavalerie commandée par La Loué, afin d'avoir cependant moyen de rassembler de tous costez les forces de leur armée, qui estoient fort separées.

Lors le duc de Montpensier commanda à Cossins et à moy d'aller recognoistre le ruisseau, pour voir s'il seroit aisé à passer, lequel ayant bien recognu et fait nostre rapport, suivant nostre advis, le duc commanda au comte de Brissac avec son regiment de gagner le passage du ruisseau, ce qui fut fait et passé à la vue de la cavalerie des ennemis, qui vinrent au-devant et fort bien à la charge, et sur tous autres d'Andelot, La Noué et la Loué, qui firent tout devoir de bons combattans; mais, voyans les arquebusiers en fort grand desordre, et qu'ils estoient attaquez en divers endroits, et que toute nostre armée s'avançoit à eux, commencerent à se retirer peu à peu.

Lors l'Admiral, lequel ne s'estoit jusques-là pu resoudre à la bataille, d'autant qu'il estoit beaucoup plus foible et qu'il vouloit attendre qu'il eust uni ses forces, se voyant forcé de combattre, envoya Montaigu au prince de Condé qui estoit à Jarnac, afin qu'il s'avançast avec la bataille, à cause qu'il ne pouvoit plus reculer. Cependant le duc de Montpensier, qui avoit reçu le commandement du duc de combattre, et passer sur le ventre à tout ce qui se rencontreroit devant luy, estant accompagné de Montsallais, de Clermont-Tallard, du baron de Senecé, Praslin et plusieurs autres, qui avoient des compagnies de gens-d'armes et de chevaux legers, donna avec grande furie sur la queue des ennemis, entre lesquels l'Admiral, d'Andelot et La Nouë, qui rallierent ce qu'ils avoient de cavalerie, firent un tel effort pour soustenir le choc, que plusieurs, de part et d'autre, furent tuez et blessez, comme aussi en un passage que Fontrailles, qui commandoit à un regiment de mille hommes, avec Clavau et Languillier, avoient quelque temps deffendu sur une chaussée d'estang, dans lequel après avoir esté forcez, plusieurs furent vus tomber par la presse qu'ils avoient au passage. Ce que voyant, le prince de Condé qui y estoit arrivé en la plus grande diligence qu'il avoit pu, ayant avec lui Montgommery, les comtes de La Rochefoucauld et de Choisy, Chandenier, le baron de Montandre, Rosny, Renty, Montjan, Chastelier, Portaut, et plusieurs autres qui avoient des troupes, vint si furieusement à la charge, qu'il arresta fort court nostre avant-garde, et renversa les premiers qui l'affronterent; mais à l'instant le duc d'Anjou, qui avoit tousjours auprès de luy Tavannes, comme l'un des plus experimentez capitaines de nostre armée, s'estant avancé à la main droite du costé de l'estang, accompagné du comte Rhingrave et Bassompierre avec leurs reistres et autres troupes françoises du comte de Tende, le chargea en flanc avec tant de furie, que beaucoup ne pouvans soustenir une si rude rencontre, estans en fort grand desordre, furent mis à vauderoute; quelques-uns tinrent ferme et aimerent mieux mourir en combattant, ou tomber à la mercy de leurs ennemis, que de tourner le dos; quelques autres se retirerent.

Ce fut lors que le prince de Condé, ayant eu son cheval blessé, et luy porté par terre, et abandonné des siens, appella Argens, qui passoit devant luy, auquel il donna sa foy et son espée pour estre son prisonnier; mais bientost après ayant esté recognu, il reçut un coup de pistolet par Montesquiou, dont il mourut aussi-tost (¹), laissant à la posterité memoire d'un des plus genereux princes qui ayent esté en son temps. Lors l'Admiral et d'Andelot, ne pouvans arrester le cours de leur cavallerie, et aussi peu leur infanterie, firent leur retraite avec peu de gens à Sainct-Jean-d'Angely, d'où après ils partirent pour aller trouver les jeunes princes de Navarre et de Condé, qui s'estoient retirez à Xaintes, où une partie de leur cavallerie se rendit, et toute leur infanterie à Coignac. D'Acier, qui en estoit parti ce matin-là, faisoit marcher en la plus grande diligence qu'il pouvoit trois mille arquebusiers pour se trouver à la bataille; mais, estant adverty sur le chemin de la perte d'icelle, par ceux qui n'avoient attendu d'en voir la fin, fit avancer son infanterie vers Jarnac; et tost après, sçachant que nostre armée s'y acheminoit, il passa l'eau avec ses gens de pied pour reprendre la route de Coignac, ayant fait rompre les ponts pour favoriser sa retraite.

Avec le prince de Condé plus de cent gentils-hommes huguenots finirent leurs jours en cette bataille, et entr'autres Montejan, de Bretagne; Chandenier, Chatelier, Portaut, les deux Mambrez, du Maine, Renty, Guitiniere, Janissac, Bussiere, Stuart, escossois, qui tua le Connestable, le capitaine Chaumont, le chevalier de Goullaine, Preaux, Bilernac, Vines, cornette

(¹) *Dont il mourut aussi-tost.* Louis de Bourbon n'étoit âgé que de trente-neuf ans lorsqu'il fut tué par Montesquiou. Il avoit eu deux femmes, Léonore de Roye et Françoise d'Orléans. De la première il laissa Henri, prince de Condé, François, prince de Conty, et Charles, depuis cardinal de Bourbon; de la seconde, Charles de Bourbon, comte de Soissons.

du prince de Navarre, les deux Vandeuvres, Beaumont, qui blessa le duc de Nevers, Sainct-Brice, La Pailliere, Mesanchere, et plusieurs autres. Le nombre des prisonniers ne fut pas moindre, et entr'autres La Nouë, qui a depuis esté eschangé avec Sessac, lieutenant du duc de Guise, qui avoit esté pris quelque temps auparavant en une hostellerie, s'acheminant de la Cour en nostre camp, et avec luy Pont, de Bretagne, Corbouson, lieutenant du prince de Condé, et son enseigne Fonteraille, Spondillan, capitaine de ses gardes; l'evesque de Cominges, bastard du feu roy de Navarre, le comte de Choisy, Saincte-Mesme, le baron de Rosny, le fils aisné de Clermont d'Amboise, Liniere, Guerchy, enseigne de l'Admiral, Belleville, Languillier, le jeune Chaumont, Cognée, Bigni, et plusieurs autres. Des nostres furent tuez Montsallays, le baron d'Ingrande et de Prunay, Moncauré, le jeune Marcins, Nostraure, Mangotiere et le capitaine Gardouch, du regiment du comte de Brissac, peu d'autres. Entre les blessez, les plus signalez furent Bassompierre, Clermont-Tallard, Praslin, le baron de Senecé, le comte de La Mirande, La Riviere, capitaine des gardes du duc, Aussun, Yves, lieutenant de Chauvigny, Vince, escuyer d'escurie du duc, le jeune Lanssac, le chevalier de Chemeraut, Mutio Frangipani, et quelques autres.

Après cette victoire, le duc s'estant retiré le treiziesme mars à Jarnac, abandonné des ennemis (lieu où il donna le corps du prince de Condé mort au duc de Longueville (1), sur la requeste qu'il luy en fit),

---

(1) *Au duc de Longueville.* Le duc de Longueville étoit beau-frère du prince de Condé. La reine de Navarre fit élever à ce prince un tombeau dans la ville de Vendôme.

ayant rendu grace à Dieu, il despescha le soir mesme Losse pour faire sçavoir l'heureux succez de ses armes à Leurs Majestez, lesquelles je fus trouver quatre jours après de la part du duc, pour faire avancer les levées des reistres que le marquis de Bade avoit promis de faire pour le service du Roy, qui luy avoit fait tenir de l'argent pour cet effet, il y avoit desjà quelque temps.

CHAPITRE V.

Le sieur de Castelnau Mauvissiere, envoyé par le Roy querir du secours en Allemagne, l'amene en quinze jours; est renvoyé en Flandre vers le duc d'Alve pour un autre secours. Raison du secours promis par le duc d'Alve. Vanité du duc d'Alve, ses executions sanglantes aux Pays-Bas. Diligence du sieur de Castelnau Mauvissiere en la conduite du secours donné au Roy par le duc d'Alve. Mesintelligence pernicieuse entre les ducs de Nemours et d'Aumale, favorable au passage du duc de Deux-Ponts. Escarmouche de Nuyts. Le duc de Deux-Ponts passe partout à la vuë de nostre armée par la faute des chefs; prend la ville de La Charité-sur-Loire.

JE ne fus pas si-tost arrivé près de Leurs Majestez, qu'après leur avoir reconfirmé ce que Losse leur avoit dit, à quoy je ne pus rien adjouster, sinon le nombre plus asseuré des morts, prisonniers et blessez de part et d'autre, qu'il n'avoit pu sçavoir au vray à cause de son soudain partement, qu'ils me despescherent aussi-tost vers le marquis, pour le faire haster de venir; ce que je fis avec telle diligence, qu'en quinze jours je luy fis passer le Rhin, nonobstant les levées que faisoit le duc de Deux-Ponts, qui pouvoient estre cinq mille reistres et quatre mille lanskenets.

Estant arrivé à Mets avec le marquis, Sa Majesté me commanda incontinent après d'aller trouver le duc d'Alve, et le prier d'un second secours, et tel que l'ambassadeur du roy d'Espagne avoit fait esperer au Roy, comme estant leurs interests joints et communs à la ruine des huguenots, autant factieux et rebelles en Flandre que nos huguenots en France; s'asseurant qu'estant son secours joint à l'armée que commandoient les ducs de Nemours et d'Aumale, lesquels Sa Majesté avoit fait alternativement ses lieutenans-generaux en l'armée de Champagne, il empescheroit l'entrée du royaume au duc des Deux-Ponts, où pour le moins, avant qu'il passast plus avant, seroit combattu en telle sorte qu'il ne luy resteroit qu'un repentir d'avoir entrepris legerement l'injuste defense de mauvais sujets contre leur Roy.

Ce qu'ayant fait entendre au duc, je le trouvay beaucoup plus prompt au secours que je luy demandois, qu'il n'avoit esté avant la bataille Sainct-Denys; aussi qu'il estoit piqué au jeu, et fort animé contre les huguenots de France, qui avoient, incontinent après la publication de la paix et de l'edict en France, aidé à entretenir en Flandre la guerre qu'il faisoit au prince d'Orange, comte Ludovic, son frere, et de Mansfeld, ayant envoyé douze cornettes et deux mille hommes de pied sous la charge de Genlis, Morvilliers, marquis de Renel, et Dautricour, Mouy, Renty, Esternay, Feuquieres et quelques autres, lesquels estans demeurez en Brabant après ces troisiesmes troubles et retraites des princes à La Rochelle, ne s'estoient voulu hasarder de venir en France, et la traverser : ce qu'ils n'eussent pu faire aussi sans grand peril; lesquelles troupes ont depuis bien aidé à faciliter le passage du duc des Deux-Ponts.

Mais, pour retourner au duc d'Alve, après m'avoir fait mille protestations du desir qu'il avoit de servir Leurs Majestez en cette occasion et en toutes autres, il m'asseura qu'il me donneroit dans dix jours deux mille hommes de pied, et deux mille cinq cens bons reistres, sous la charge du comte de Mansfeld, gouverneur de Luxembourg, me priant d'en escrire à Leurs Majestez, et leur confirmer toutes assurances de son entiere affection à leur service, leur donnant conseil et advis de ne faire jamais paix avec leurs sujets rebelles, et encore moins avec des huguenots; mais bien de les exterminer, et traiter les chefs, s'ils pouvoient jamais tomber entre leurs mains, de mesme qu'il avoit fait les comtes d'Egmont et de Horne, ausquels il avoit fait trancher les testes, pour avoir esté factieux et rebelles au roy d'Espagne leur maistre, bien que tous deux fussent fort recommandables pour la grandeur de leurs maisons et de leurs services, s'estant le comte d'Egmont fort signalé à la journée de Sainct-Quentin, pour avoir bien fait et esté en partie cause du desastre des François et prise du Connestable, comme aussi de la defaite du mareschal de Termes à Gravelines, adjoustant le duc d'Alve beaucoup de discours de ses faits et de la bataille d'Emden (1), qu'il avoit gagnée

---

(1) *De la bataille d'Emden*. Cette action est plus connue sous le nom de bataille de Gemmingen. Le duc d'Albe y défit le prince Louis de Nassau le 21 juillet 1568.

sur les Gueux, avec mille paroles pleines de braveries et d'ostentations accoustumées à ceux de sa nation, qui seroient trop inutiles d'inserer en ces Memoires.

Donc, pour ne perdre temps pendant mon sejour, ayant donné l'ordre que ses troupes fussent prestes, après qu'elles eurent fait monstre, et que j'eus pris congé de luy, je les fis acheminer avec telle diligence, qu'en moins de dix jours nous joignismes l'armée des ducs de Nemours et d'Aumale en Bourgogne, assez à temps pour combattre le duc des Deux-Ponts, aussi fort en cavalerie, mais moindre en infanterie que nous, si ces deux generaux eussent esté bien unis, et eussent pris les occasions qui s'offrirent deux ou trois fois de le combattre avec avantage, en dix-sept jours que nostre armée costoya la sienne, qui ne fut jamais attaquée qu'en quelques logemens, à diverses et legeres escarmouches, sinon à Nuyts au passage de la riviere, auquel il sembloit que le combat dust estre plus grand qu'il ne fut.

Mais le duc d'Aumale se contenta, pour ce jour là, de repousser un regiment de cavalerie commandé par Schomberg, lequel le duc des Deux-Ponts, qui estoit logé à l'abbaye de Cisteaux, avoit fait avancer pour passer la riviere; ce qu'ayant fait, fut contraint de retourner avec perte de quarante ou cinquante des siens, avec quelques prisonniers; mais estant soustenu de leur cavalerie, il fit ferme. Lors le duc d'Aumale commanda au comte de Charny, qui avoit commencé cette premiere charge avec les compagnies du duc de Lorraine, du marquis de Pont son fils, et autres troupes, de tenir bride en main, en partie à cause que l'artillerie des huguenots, qui estoit pointée sur une colline du costé de l'abbaye, endommageoit nostre cavalerie ; ce qui fut cause que chascun regardant la contenance de son compagnon pour prendre son advantage, le reste du jour se passa en escarmouches assez legeres entre les gens de pied.

Le lendemain, le duc des Deux-Ponts, qui n'avoit autre but que de tirer pays, se remit en campagne, et, s'estant avancé quelques jours sur nostre armée (qui, après cette journée, demeura derriere), prit le chemin de la ville de Beaune, devant laquelle il sejourna deux jours, attendant ses chariots et bagages; de là fut à Treschasteau, où il passa la riviere avec aussi peu de peine qu'il avoit fait auparavant celle de Saverne, encore que l'armée des ducs de Nemours et d'Aumale fust campée à Sainct-Jean près de là, pour le passage du Pont-sur-Saosne, qu'il passa aussi sans contredit, la riviere estant gueable en plusieurs endroits : c'est ce qui fut cause que les gens de pied que le duc d'Aumale avoit envoyez pour garder, tant ce passage que celuy de Montreuil, l'abandonnerent.

Mais, pour retourner au lieu où j'ay fait la disgression de Treschasteau, le duc des Deux-Ponts, ayant gagné le pays d'Auxerrois, ne pensa plus qu'à s'asseurer d'un passage sur la riviere de Loire: pour cet effet, ayant eu advis par Guerchi, qui estoit venu au devant de luy, du peu de gens de guerre qu'il y avoit dans La Charité, prit resolution de l'assieger, et aussi-tost envoya le marquis de Renel, Mouy, Hautricour, avec six cens chevaux et autant d'arquebusiers à cheval, pour l'investir; lesquels, après avoir passé l'eau à Pouilly, gagnerent bientost le faux-bourg du Pont, où ils se logerent. Peu après, le duc estant arrivé avec son armée, qui fut environ le dixiesme de may, fit camper ses lanskenets aux deux vallons lesquels regardent la porte de Nevers : estant iceux couverts de vignes qui sont là autour, et ayant logé trois coulevrines sur un terrain qui est elevé, fit battre la porte de Nevers et sa courtine. Le marquis de Renel, d'autre part, avec trois moyennes, faisoit battre tout le long de la courtine pour empescher les assiegez de reparer les bresches qu'y faisoit la batterie du duc, qui continuoit sans relasche, en sorte que le capitaine ayant abandonné la place sur le pretexte qu'il prit (fort mauvais, toutesfois) d'aller luy-mesme donner advis au duc d'Anjou du peu de moyen qu'il y avoit de conserver la ville, si elle n'estoit promptement secourue, les habitans bientost après demanderent à parlementer pour avoir armes, vies et bagues sauves : mais les François, autant desireux de l'honneur que du butin, s'estant hasardez, de monter la nuit par une corde en un certain endroit de la muraille mal gardé, qui leur fut enseigné par quelques gens de la ville, entrerent file à file les uns après les autres, et bientost après les lanskenets les suivirent pour avoir leur bonne part du butin. Le duc perdit fort peu de gens; entr'autres Duilly, lorrain, gendre du mareschal Vieilleville, y fut frappé d'un boulet d'une des pieces qui sortit de la ville, dont il mourut ; de ceux de la ville il y en eut bien soixante de tuez ; Guerchi y fut laissé gouverneur avec cinq compagnies de gens de pied et quelque cavalerie.

CHAPITRE VI.

Importance de la perte de La Charité. Le roy de Navarre fait chef du party huguenot par la mort du prince de Condé, conjointement avec le jeune prince de Condé. Le sieur de Castelnau Mauvissiere envoyé à la Cour par le duc d'Aumale, renvoyé par le Roy au duc d'Anjou. Exploits du duc d'Anjou en Xaintonge, Angoumois et Limousin. Mecontentement de son armée. La Reyne mere vient à Limoges pour y mettre ordre. Subvention des ecclesiastiques de France par la vente de leur temporel. Le sieur de Terride fait la guerre à la reyne de Navarre. Mort du duc des Deux-Ponts. L'Admiral arrive à l'armée du duc. Medaille de la reyne de Navarre, et sa devise. Remonstrance des huguenots au Roy, et leur manifeste. Response du Roy. Lettres et protestations de l'Admiral au mareschal de Montmorency.

PAR la prise de cette place, le duc des Deux-Ponts advança son chemin de beaucoup de pays qu'il luy eust fallu traverser pour joindre le camp des princes de Navarre et de Condé (1), le premier ayant esté eslu chef des huguenots incontinent après la mort du prince de Condé, auquel le jeune prince son fils fut donné

(1) *Des princes de Navarre et de Condé.* Le prince de Navarre, qui fut depuis Henri IV, étoit alors dans sa quinzième année. Il fut reconnu par les protestans pour leur généralissime. Mathieu raconte que, quelques jours après, ce jeune prince, ayant commis une faute, Jeanne d'Albret, sa mère, ordonna de le châtier. « Ce seroit, dit-il fierement, « peu de gloire à ma mere, et trop de mocquerie à ma reputation « de me traicter en enfant, ayant déjà eu l'honneur de commander à « l'armée, et de porter le titre de general. »

pour adjoint, l'Admiral demeurant tousjours le principal gouverneur et conseiller en toutes les affaires des huguenots, que je laisseray acheminer en Angoumois et Perigueux, sur l'advis qu'ils eurent de la prise de La Charité, et venue du duc des Deux-Ponts, pour aller au-devant de luy, afin de retourner au duc d'Aumale : lequel estant demeuré seul lieutenant-general à l'occasion de la maladie du duc de Nemours, qui s'estoit retiré, et une partie de l'armée desbandée, deux jours après la rencontre de Nuyts, ayant tenu conseil de ce qu'il avoit à faire, me choisit pour aller trouver Leurs Majestez, afin de leur faire entendre ce qui s'estoit passé en tout son voyage, et aussi pour remettre la charge de lieutenant-general de l'armée qu'il commandoit, entre les mains du duc d'Anjou, et leur oster la mauvaise impression qu'on avoit voulu donner de luy, pour n'avoir empesché l'entrée du royaume au duc des Deux-Ponts, et se justifier d'autres mauvais offices que quelques-uns luy avoient voulu rendre à la Cour et au conseil.

Estant donc arrivé près de Leurs Majestez, après leur avoir rendu compte de mon voyage vers le duc d'Albe, et de beaucoup de particularitez des ducs de Nemours et d'Aumale, dont estant mieux esclaircies elles demeurerent plus satisfaites, deux ou trois jours après, elles me commanderent d'aller trouver le duc d'Anjou, lequel, courant la Xaintonge, l'Angoumois et Limousin, avoit reduit en l'obeyssance du Roy les places de Mussidan et Aubeterre, afin qu'il fist advancer le reste des forces qui estoient avec le duc d'Aumale, pour combattre les princes avant qu'ils pussent estre unis au duc de Deux-Ponts, estant leurs conjonctions l'establissement de toutes leurs affaires. Or, comme j'avois recogneu Leurs Majestez mal-satisfaites des ducs de Nemours et d'Aumale, je trouvay que le duc d'Anjou ne l'estoit pas moins de beaucoup de capitaines de son armée, qui, à faute de payement, demandoient congé de se retirer en leurs maisons, comme quelques-uns avoient fait : la pluspart aussi des soldats se desbandoient tous les jours, tant à faute de payement que pource qu'ils avoient grandement paty en l'armée, en partie à cause de l'hyver, qui avoit esté fort grand cette année, et de beaucoup de maladies qu'ils avoient reçues, dont grand nombre estoient morts; en sorte que l'infanterie estoit reduite à une moitié, la cavallerie au tiers, à qui il estoit deu près de trois mois de leurs services : ce qui donnoit beaucoup de mescontentement au duc, qui recevoit les plaintes d'un chacun; aussi blasmoit-il fort ceux qui estoient du conseil de Leurs Majestez, pour le peu d'ordre qu'ils apportoient de faire tenir de l'argent; à quoy, de leur costé, ils estoient assez empeschez, s'estonnans comme les huguenots, qui en devoient bien avoir moins, pouvoient entretenir si long-temps une armée sur pied, et faire venir tant d'estrangers, ausquels il falloit beaucoup d'argent.

Ce qui fit resoudre la Reyne mere quelques jours après de venir à Limoges, tant pour voir quels moyens il y auroit de faire une bonne paix, que pour adviser, en cas qu'elle ne se peust faire si-tost, aux remedes necessaires pour la conservation de l'Estat, comme aussi pour donner courage aux gens de guerre, et les contenter par belles paroles et promesses, attendant que partie de la levée fust faite des deniers de la subvention que les ecclesiastiques faisoient à Sa Majesté par la vente et alienation de leur temporel, jusques à la concurence de cinquante mille escus de rente, suivant la bulle et permission du Pape.

Mais, pour retourner à l'armée des princes, laquelle, comme j'ay dit, s'estoit acheminée sur la fin de may pour venir au-devant du duc à Nantrou, qui fut pris sur quelques soixante soldats, les princes et l'Admiral y ayans sejourné deux jours, ils despescherent le comte de Montgommery pour aller en Gascogne, afin de commander à l'armée des vicomtes, qui ne pouvoient s'accorder pour la jalousie du commandement, et aussi pour s'opposer aux desseins de Terride, qui commençoit fort à ruiner les affaires de la reyne de Navarre; et ayant passé la Vienne deux lieues au-dessus de Limoges, le neuviesme juin arriverent à Chalus : le gué de Verthamont, proche le village de mesme nom, est sur la riviere de Vienne à cette distance de Limoges, d'où l'Admiral partit avec quelques chefs de l'armée huguenotte, pour aller recevoir le duc des Deux-Ponts; mais l'onziesme il le trouva mort à Escars, ayant long-temps auparavant esté travaillé d'une fievre quarte, ensuite de laquelle une fievre continuë luy fit perdre l'esperance de venir à chef de son dessein encommencé, lequel il exhorta tous les chefs de son armée de suivre avec la mesme resolution qu'il quittoit la lumiere du jour pour jouir de celle du ciel, estant le deuil et tristesse par la mort de ce prince, à la charge duquel succeda le comte de Mansfeld, entremeslée de joye que les chefs avoient de se voir.

L'Admiral fit present aux principaux d'une quantité de chaisnes d'or, avec quelques medailles, retirant(¹) à une portugaise, que la reyne de Navarre avoit fait faire par son conseil, sur lesquelles ces mots estoient engravez : PAIX ASSEURÉE, VICTOIRE ENTIERE, OU MORT HONNESTE, et au revers le nom d'elle et de son fils, prince de Bearn, pour montrer la resolution qu'elle et son fils avoient prise de mourir constamment pour la deffence d'une mesme religion, et aussi pour unir davantage les cœurs et volontez de ceste armée estrangere, en la continuation de ceste guerre et association de leurs armées, desquelles la jonction entiere se fit à Sainct-Yrier le vingt-troisiesme de juin 1569, où, par le commandement des princes, les reistres ayant fait la reveue de leurs gens, ils firent monstre et receurent argent. Peu de jours après, les princes, de l'advis de l'Admiral, firent dresser une requeste pour l'envoyer au Roy, au nom de tous les huguenots de France, par laquelle ils exposoient toutes les causes de leurs plaintes, et justes deffences pour le fait de leur religion, l'exercice de laquelle ils supplioient très-humblement Sa Majesté de vouloir octroyer libre à ses sujets, avec les seuretez requises, sans aucune exception ny modification, protestant que si, en quelques points de la confession de foy auparavant présentée à Sa Majesté par les Eglises de France, on leur pouvoit enseigner par la parole de Dieu comprise ès livres canoniques qu'ils estoient esloignez de la doctrine des apostres et prophetes, de ceder très-volontiers à ceux qui les instruiroient mieux. C'estoit le sommaire de leur demande, de laquelle ces deux articles estoient les plus importans, et de plus difficile accommodement. Ils asseuroient aussi Sa Majesté qu'ils ne desi-

---

(¹) *Retirant* : ressemblant.

roient rien plus que la convocation d'un concile libre et general, et protestoient, encore qu'ils eussent uny toutes leurs forces, d'entendre plus volontiers qu'auparavant à une bonne paix, le seul et unique moyen de reconcilier et reunir tous ses sujets à son obeissance.

L'Estrange ayant esté deputé pour la presenter à Sa Majesté, fut trouver le duc d'Anjou de la part des princes, pour avoir son passeport; mais il ne put tirer autre response, sinon qu'il en donneroit advis à Sa Majesté, pour sçavoir si elle auroit agreable qu'elle l'octroyast : et d'autant que l'on jugeoit bien que cette requeste n'avoit esté faite que par forme, et que leur intention n'estoit pas de desarmer, que sous des conditions trop avantageuses, le Roy ne fit autre response, sinon qu'il ne vouloit rien voir ny entendre, que premierement les huguenots ne se fussent rangez au devoir que des fideles sujets doivent à leur prince; mais le mareschal de Montmorency, à qui l'Admiral en avoit escrit et renvoyé copie de la requeste, l'asseura, par la response qu'il luy fit, que Sa Majesté, lors que les huguenots de France se seroient mis à leur devoir, les recevroit tousjours comme ses sujets, et oubliroit le passé. Quelques jours après, l'Admiral luy en escrivit une autre, par laquelle il tesmoignoit avoir une extresme compassion de voir la ruine et desolation prochaine de la France, à quoy, puisque ses ennemis ne vouloient apporter autre remede, il avoit au moins ce contentement d'avoir recherché, autant qu'il luy avoit esté possible, de pacifier les troubles de ce royaume, appellant Dieu et tous les princes de l'Europe pour juges de son intention, qui seroit tousjours portée au service du Roy, et à se maintenir avec tous les protestans de France, en l'exercice de sa religion contre la violence de ses ennemis : ce sont les mesmes termes de sa lettre.

CHAPITRE VII.

La Reyne veut voir en bataille l'armée du duc d'Anjou, qui vouloit combattre les huguenots. L'Admiral le vient attaquer; et, après une sanglante escarmouche, les deux armées se separent. Le comte du Lude assiege Niort; il est contraint de lever le siege, et les huguenots prennent plusieurs places en Poictou. Dessein de l'Admiral sur le Poictou. Le duc de Guise se jette dans Poictiers. Attaque des faubourgs de Poictiers, secourus par le duc de Guise, et enfin emportez. Poictiers assiegé par l'Admiral. Les sieurs d'Onoux et de Briançon tuez au siege. Le duc de Guise et le comte du Lude encouragent les habitans. Grand service du duc de Guise en la defense de Poictiers, et du comte du Lude. Second assaut bravement soutenu par ceux de Poictiers. Siege de Chastelleraut par le duc d'Anjou, pour faire diversion et faire lever celuy de Poictiers.

CEPENDANT le duc d'Anjou, qui avoit reçu le reste des forces du duc d'Aumale, comme aussi le secours de trois mille hommes de pied et douze cens chevaux que le Pape envoya à Sa Majesté, sous la conduite du comte Santafior (1) son neveu, lesquelles troupes ne rempla-

(1) *Du comte Santafior :* Ascagne Sforce, comte de Santafior. Il étoit par son épouse, Marie Nobili, neveu du pape Jules III, mort en 1555.

çoient toutesfois pas celles qui s'estoient desbandées, et à qui il avoit esté contraint de donner congé, comme j'ay dit cy-dessus; après avoir esté quelques jours à Limoges avec la Reyne sa mere, laquelle, accompagnée des cardinaux de Bourbon et de Lorraine, voulut voir l'armée en bataille, visiter toutes les bandes, et exhorter les capitaines et soldats de faire leur devoir, leur promettant qu'outre leur solde qu'ils recevroient bientost, Sa Majesté recognoistroit leur fidele service, fit dessein de s'approcher plus près des ennemis afin de les combattre, selon l'occasion et le lieu qui luy seroit plus favorable et avantageux: resolution toutesfois prise contre l'opinion du cardinal de Lorraine et autres chefs de l'armée, qui estoient d'advis qu'il falloit attendre que les troupes qui s'estoient allées rafraischir fussent venues, et toutes les forces du Roy ensemble, pour venir à un combat general, comme il s'est fait depuis.

Le duc neantmoins ayant suivi sa resolution premiere; son armée ne fut pas campée à La Rochelabeille, environ une lieue de Sainct-Yrier, que, bien que les avenues fussent assez difficiles, tant pour la situation du lieu que pour les retranchemens que le duc avoit fait faire, le lendemain matin l'armée huguenotte ne marchast en bataille, en sorte que le premier corps de garde, composé du regiment de Strossi, qui s'estoit avancé au-delà de la chaussée de l'estang, l'eut bientost sur les bras; Piles, avec son regiment ayant commencé la charge, de prime abord fut repoussé si brusquement qu'il en demeura plus de cinquante des siens sur la place; et les autres commençoient desjà à prendre party de se retirer, lorsque l'Admiral, qui menoit l'avant-garde, commanda à Moüy et Rouvré avec leurs regimens de s'avancer pour les soustenir, et en mesme temps Beauvais La Nocle et La Louë, avec trois cens chevaux, les chargerent en flanc, si bien que le capitaine Sainct Loup, lieutenant de Strossi, qui s'estoit avancé au-delà du vallon, soustenu de quatre cornettes italiennes, fut contraint de se retirer dans ses barricades, lesquelles estant assaillies en divers endroits, tant de la cavalerie que de l'infanterie, enfin furent forcées, et Strossi, après avoir fait tout devoir de bon capitaine, ne voulant gagner la montagne, comme quelques autres firent, fut prisonnier, et son lieutenant tué sur la place, auquel plus de quatre cens soldats des siens firent compagnie; lors l'Admiral ne voulant se hasarder de passer plus outre et poursuivre le premier succès de cette charge, commanda à la cavalerie de se retirer chacun sous sa cornette et l'infanterie sous son drapeau, aussi que nostre artillerie pointée sur une colline commençoit fort à les endommager.

La pluye, qui fut continuelle ce jour-là, fut aussi en partie cause que le duc d'Anjou ne voulut hasarder la bataille; le lendemain se passa en legeres escarmouches, et le troisiesme jour l'armée des princes s'estant eloignée de la nostre, le duc resolut de la licencier pour l'envoyer rafraischir aux garnisons prochaines de la Guyenne, tant parce qu'elle estoit fort harassée à cause des grandes traites et continuelles courvées qu'elle avoit fait, que pour la disette et necessité de vivres qu'il y avoit en Limousin; en sorte que la pluspart des soldats y mouroient de faim, et n'y trouvoit-on plus de foin ny d'avoine pour les chevaux : peu de jours après, le duc d'Anjou partit pour aller à Tours, où il demeura quelque temps avec Leurs Majestez.

Cependant le comte du Lude, qui estoit demeuré en Poictou avec quatre mille hommes de pied et quelque cavalerie, tant pour la conservation des villes qui estoient sous l'obeyssance du Roy, que pour reduire, comme il se promettoit faire, celles qui tenoient contre son service, estoit bien empesché au siege de Niort, où, après avoir esté quelque temps et donné plusieurs assauts, il fut contraint, par le secours de Telligny et Pivaut, d'en lever le siege avec perte de plus de trois cens des siens, et ainsi se retira à Poictiers afin de pourvoir à la conservation de la ville, où je le laisseray jusques à ce qu'il y soit assiegé, pour retourner à l'armée des princes, laquelle incontinent après le licenciement de la nostre, prit plusieurs petites places, comme Saint-Sulpice, Branthome, Chasteau-l'Evesque, La Chapelle, Confolan, Chabannois et autres, tant pour tenir le pays en subjection, que pour faire contribuer les habitans d'icelles, et de quelques autres en donner le pillage à ses soldats; puis, sur la fin de juin, s'achemina en Poictou, où l'Admiral avoit basti les desseins de sa premiere conqueste et plus asseurée retraite.

Et d'autant que Poictiers est la principale de la province, et celle qui pouvoit plus nuire et servir à leurs desseins, avant que d'entreprendre le siege comme il avoit projetté, il fut d'avis, pour la resserrer davantage, de commencer aux plus faciles; pour cet effet, ayant envoyé La Louë devant Chastelleraut, par l'intelligence qu'il avoit avec aucuns habitans, quelques jours après il la prit par composition, ensuite de laquelle Lusignan assiegé et battu furieusement, Guron, gouverneur de la place, la rendit aussi par composition, qui fut de sortir vie et bagues sauves.

Cependant le duc d'Anjou, prevoyant le siege de Poictiers, pour l'asseurer depescha le duc de Guise avec douze cens chevaux, ainsi qu'il avoit demandé, pour le desir qu'il avoit de faire un service signalé à Sa Majesté en cette occasion; lequel, suivant l'ancienne valeur de ses peres, estant accompagné du marquis du Maine (¹) son frere, de Sforce, frere du comte de Santafior, Montpesat, Mortemar et plusieurs autres gentilshommes françois, y entra le deuxiesme de juillet 1569, deux jours auparavant que l'armée des princes y arrivast, qui y campa le vingt-quatriesme du mois, auquel lieu l'avant-garde de l'armée huguenotte se presenta en bataille jusques sur les dubes du fauxbourg Sainct-Ladre, où Piles, qui s'estoit avancé par le commandement de l'Admiral, donna d'abord si furieusement avec son regiment, et quelques cornettes de reistres, qu'ayant faussé les premieres barricades et retranchemens que le capitaine Boisvert avoit fait (lequel y avoit sa compagnie logée), il le contraignit, après avoir fait quelque resistance, de se retirer dans les maisons du fauxbourg, lequel ce jour là eust esté emporté si le duc de Guise, accompagné de Rufec, de Briançon, d'Argence, Bort, Fervacques et autres gentilshommes, avec six cens chevaux, tant françois qu'italiens, n'eust fait une sortie sur eux; de sorte que, les ayant repoussez hors du faux-bourg à la faveur des pieces pointées sur la plate-forme qui estoit entre le chasteau et le faux-bourg, ils furent contraints de se retirer jusques au village Saincte-Marne, qui est à deux lieues de Poictiers.

(¹) *Du marquis du Maine.* Charles de Lorraine, qui devint depuis très-célèbre sous le nom de duc de Mayenne.

Le reste du jour, le duc de Guise l'employa à faire brûler une partie des maisons du faux-bourg qui estoient plus proches de la porte, pour empescher les assiegeans d'y loger; à quoy si l'on eust pourveu de meilleure heure, et que la compassion de beaucoup de pauvres artisans n'eust empesché de raser les autres, l'armée ennemie n'y eust pas esté logée si commodement, et avec tant d'avantage sur la ville, comme elle fut trois ou quatre jours après qu'ils furent tous gagnés par les huguenots, fors celuy de Rochereuil.

Lors l'Admiral, les approches faites, ayant fait loger une partie de l'artillerie sur les rochers, et l'autre partie sur le bord du pré, fit commencer la batterie, qui estoit de treize pieces d'artillerie et quelques coulevrines, au pont et porte du pont Anjoubert, laquelle fut continuée l'espace de trois jours en telle sorte, que les assiegez, qui tenoient encore quelques maisons plus proches des portes des faux-bourgs, par le moyen desquelles ils sortoient à couvert, furent contraints de les abandonner. L'Admiral ayant aussi fait pointer quelques pieces au-dessus de Sainct-Cyprien, fit battre une tour qui estoit plus avancée sur le faux-bourg, au moyen de laquelle ceux qui estoient logez à l'abbaye recevoient beaucoup de dommage et d'incommodité par ceux qui la gardoient, qui furent contraints de la quitter, après avoir fait des barricades pour empescher les huguenots de s'y loger. Deux ou trois jours après, l'Admiral fit aussi battre la muraille du pré l'Abesse et ses deffenses, avec un moulin qui estoit près de là, la ruine duquel apporta beaucoup d'incommodité aux assiegez, qui s'employoient à faire force retranchemens et tranchées dans ce pré, et faisoient aussi tout le devoir possible de reparer leur bresche, et, avec pots et grenades, et autres feux artificiels qu'ils jettoient sans cesse, travailloient autant qu'ils pouvoient les assiegeans; lesquels, après avoir continué leur batterie l'espace de quelques jours, et fait bresche raisonnable, se resolurent de donner l'assaut; et d'autant qu'il falloit passer la riviere avant que d'y venir, ils dresserent la nuit un pont de tonneaux liez avec forces cables, et autre bois qu'ils avoient amassé, pour porter l'infanterie, et le lendemain ils marcherent en bataille sur les costeaux, prests à descendre, ayant la chemise blanche sur le dos pour se recognoistre : lors huit cens des enfans perdus firent l'essay du pont, lequel ayant esté trouvé trop foible, furent contraints de se retirer, et mettre la partie à une autre fois. La nuit venue, le duc de Guise envoya couper les cordages, et rompre le pont, pendant que quelques arquebusiers attaquoient par une feinte escarmouche le corps de garde des huguenots, lesquels continuerent leur batterie jusques au vingt-neufviesme du mois d'aoust, attendant que deux autres ponts qu'ils faisoient faire fussent parfaits; l'un desquels ils dresserent devant le faux-bourg Sainct-Sornin pour passer au pré-l'Evesque; l'autre fut mis à quelques cinquante pas d'iceluy sur la mesme riviere, où plusieurs soldats huguenots furent tuez et blessez, encore qu'ils eussent dressé force gabions pour se mettre à couvert des arquebusades qu'on tiroit de la muraille, nonobstant lesquelles ils gagnerent une des bresches du pré, et une vieille tourelle où ils se logerent; mais ce ne fut pas sans perte de deux ou trois capitaines du regiment d'Ambres.

Onoux, duquel le service est signalé en ce siege, par

le secours de cinq cens hommes qu'il amena au commencement d'iceluy, ayant esté avec bon nombre pour leur faire abandonner cette bresche, ne put remporter autre chose qu'une arquebusade en la teste ; Briançon, frere du comte du Lude, aussi fort recommandable par le soin et la vigilance qu'il apporta pour la conservation de cette ville, comme il visitoit la plateforme des Carmes eut la teste emportée d'un coup de canon. Les assiegeans voyans que la bresche de ce pré ne leur apportoit pas tant d'avantage à cause de l'eau qui croissoit d'heure en autre par le moyen de palles que les assiegez avoient fait faire pour arrester son cours, afin de la faire regorger dans le pré (après avoir fait tirer plusieurs coups de canon contre ces palles sans beaucoup d'effet, au moyen de deux murailles que le comte du Lude avoit fait faire sous les arches de derriere qu'il avoit fait remplir de terre, et au devant desquelles l'on avoit mis force balles de laine, bien liées et attachées contre les palles pour amortir les coups), changerent leur batterie aux ponts et gabions que les assiegez avoient dressez à Sainct-Sornin, par le moyen de laquelle ils empeschoient qu'on ne pust reparer la muraille, ce qui donnoit beaucoup d'estonnement aux habitans, qui commençoient fort à s'ennuyer, tant pour les continuelles corvées, veilles et gardes qu'il leur falloit faire, que pour autres incommoditez de la vie qu'ils commençoient à souffrir.

Mais, voyant que le duc de Guise et le comte du Lude, accompagnez d'une infinité de noblesse, s'estoient resolus de mourir sur la bresche, plustost que de faire un pas en arriere pour l'abandonner, commencerent à reprendre courage et à se rasseurer; quelques-uns d'entr'eux mesme se resolurent de les y accompagner pour soustenir l'assaut qu'ils croyoient que les huguenots deussent ce jour-là donner, comme ils s'y estoient preparez; mais l'Admiral ayant fait recognoistre la profondeur du ruisseau qui couloit le long de la muraille de la ville et au pied de la bresche, laquelle bien que raisonnable, il se trouva que le canal estoit plus profond qu'il ne pensoit; ce qui fut cause qu'il fit remettre la partie à un autre jour, attendant que les fossez, à quoy il fit travailler en plusieurs endroits, fussent faits, pour faire ecouler l'eau.

Cependant le duc de Guise ne perdoit temps à faire reparer la bresche, comme aussi à faire travailler aux retranchemens et autres lieux les plus foibles de la ville, où il donna si bon ordre, que, sans sa presence et bonne conduite, sans doute les assiegeans n'eussent pas eu tant d'affaires, lesquels enfin voyant qu'ils ne pouvoient destourner l'eau, se resolurent d'attaquer le faux-bourg de Rochereuil, par le moyen duquel les assiegez la retenoient et faisoient deborder; et pour cet effet l'Admiral fit commencer la batterie à la tour du pont, de laquelle les deffenses estant abbatuës, peu après les lanskenets avec quelques François, gagnerent une vigne qui panchoit sur la rue du faux-bourg, la perte de laquelle, outre la mort de quelques capitaines qui y furent tuez en la deffendant, eust apporté beaucoup davantage d'incommodité aux soldats destinez pour la garde d'iceluy, si la nuit ensuivant le comte du Lude n'eust fait dresser quantité de tonneaux couverts d'ais et autres bois le long du pont et de la rue du faux-bourg, faisant aussi tendre aux lieux les plus decouverts force linceux pour couvrir les soldats qui alloient et venoient.

Le reste du mois, l'Amiral le fit employer à faire une autre batterie contre les tours et galleries du chasteau, comme aussi une muraille faite en forme d'esperon, derriere laquelle les soldats qui y estoient logez tiroient aisement ceux qui venoient des prez et noyers à la porte et muraille de la ville; il fit aussi pointer quelques pieces à la Cueille pour battre ceux qui estoient ès defenses du chasteau, afin qu'ils ne pussent facilement tirer ceux qui viendroient à l'assaut, qui fut tenté le troisième jour de septembre, auquel Piles, qui s'estoit avancé avec son regiment, soustenu de celuy de Sainct-André, et d'un autre de lanskenets, pour recognoistre la bresche, fut salué de tant d'arquebusades qu'entre autres une luy perça la cuisse; la pluspart des capitaines, qui accompagnoient leurs chefs, assez mal suivis de leurs soldats, n'en eurent gueres meilleur marché : ce que voyant l'Admiral, et qu'ils ne pouvoient emporter que des coups, à cause que le lieu où ils avoient tenté l'assaut estoit trop avantageux aux assiegez, tant pour les deffenses du chasteau que pour les ravelins et esperons qu'ils avoient fait faire, munis de plusieurs pieces qui les defendoient, commanda aux François et lanskenets de faire retraite.

Voilà à peu près l'estat des assiegeans et des assiegez, qui, d'heure à autre, attendoient le secours que le duc d'Anjou leur avoit fait esperer au commencement de septembre; lequel, averty de la grande necessité de vivres qu'ils avoient, se resolut, avec ce qu'il avoit de cavalerie et d'infanterie, qui pouvoit estre de neuf mille hommes de pied et de trois mille chevaux, tant françois, reistres, qu'italiens, attendant que toutes les forces qu'il avoit mandé fussent ensemble, d'assieger Chastelleraut, croyant bien que les huguenots, pour ne laisser perdre cette place qui leur estoit trop importante, seroient contraints, pour la secourir, de lever le siege de Poictiers.

CHAPITRE VIII.

Voyage du comte de Montgommery en Bearn, au secours de la reyne de Navarre contre le sieur de Terride. Il fait lever le siege de Navarrin, prend Ortez, et fait Terride prisonnier contre la foy de la capitulation; restablit la reyne de Navarre, et revient joindre l'armée des princes. Surprise d'Aurillac par les huguenots. Levée du siege de La Charité par les catholiques. Continuation du siege de Chastelleraut. Assaut donné à ladicte ville par les Italiens. L'Admiral leve le siege de Poictiers pour secourir Chastelleraut, qu'il secourt, et le duc d'Anjou quitte le siege et ravitaille Poictiers. Arrest de mort contre l'Admiral, le comte de Montgommery et le vidame de Chartres. La teste de l'Admiral mise à prix. Sentiment de l'autheur sur cette proscription. Grand service des sieurs de Biron et de Tavannes. L'Admiral presente la bataille au duc d'Anjou, qui fortifie son armée, et le suit vers Montcontour qu'il avoit pris. Advantage du duc d'Anjou en un combat.

Mais avant que d'entrer plus avant en ce discours, l'ordre du temps m'oblige de reprendre le voyage que le comte de Montgommery avoit fait en Gascogne, par le commandement des princes, pour conquerir les places que Terride, lieutenant general pour le Roy en Quercy, avoit prises sur la reyne de Navarre, après que Sa Majesté l'eust fait sommer de se departir, avec le prince son fils, du secours qu'elle donnoit aux huguenots. Le comte ayant donc assemblé les forces des vicomtes, et plusieurs autres tirées des garnisons de Castres, Castelnaudarry et autres lieux, il fit telle diligence, qu'estant party au mois de juillet mil cinq cens soixante et neuf, prenant son chemin par le comté de Foix et montagnes vers Mauleon, combien que le mareschal d'Anville, Montluc, Negrepelisse, Bellegarde et autres seigneurs du pays, eussent des forces bastantes pour luy rompre ses desseins, il arriva neantmoins par sa grande diligence en Bearn, où aussitost il contraignit Terride de lever le siege de Navarrin, seule place qui estoit restée à la reyne de Navarre, laquelle il tenoit assiegée il y avoit plus de deux mois, le pressant en telle sorte qu'il le força (ne s'estimant pas assez fort pour tenir la campagne) de se jetter dans Ortez, ville qui fut autresfois la principale demeure des comtes de Foix; et, après avoir pris la ville d'assaut, reduite à feu et à sang, s'estant retiré au chasteau avec les principaux, enfin se rendit par composition, qui fut de sortir vie et bagues sauves : ce qui toutesfois ne fut accomply en tout; car le comte le retint prisonnier pour l'eschanger avec son frere, pris à La Motte en Poictou, comme j'ay dit cydevant; et quant à Sainte-Colombe, Favas, Pordiac et autres, quelques jours après, comme sujets de la reyne de Navarre, ayant esté declarez criminels de leze-majesté, on les fit mourir miserablement. Ayant remis les autres places en l'obeyssance de la Reyne, auxquelles il mit bonnes garnisons, il se retira à Nerac, et de là se rendit à Saincte-Marie, où il joignit les princes après la bataille de Montcontour, comme je diray en son lieu.

En ce mesme temps, les huguenots d'Auvergne surprirent Aurillac sur les catholiques; et Sansac, qui tenoit La Charité assiegée avec plus de trois mille hommes de pied et cinq cens chevaux, qu'il avoit tiré des garnisons d'Orleans, Nevers, Bourges, Gien et autres lieux, après un mois de temps, ayant donné deux ou trois assauts, en leva le siege, avec perte de plus de trois cens soldats, pour venir au siege de Chastelleraut, suivant le mandement du duc d'Anjou, qui, s'estant acheminé avec les forces que j'ay cy-devant dit, le cinquiesme septembre se rendit à Ingrande, et, deux jours après, les approches faites et l'artillerie logée, fit battre la ville du costé de la porte Saincte-Catherine, où, aussi-tost que la breche fut jugée raisonnable, les François, Italiens et lanskenets en disputerent la pointe, contention aussi genereuse que le procédé du duc fut louable; car, pour ne donner de la jalousie aux capitaines et soldats, il ordonna que leur differend seroit jugé au sort du dé, lequel estant tombé en faveur des Italiens, firent tout devoir de gens de bien, et monterent aussi hardiment sur la breche, qu'ils en furent repoussez par La Louë; lequel, après leur avoir fait faire une salve de plusieurs arquebusades, avec quatre cens hommes bien armez, sortit des gabions et barrieres qu'il avoit fait faire aux deux costez de la breche, en sorte qu'après avoir quelque temps combattu main à main, il contraignit Octavian de Mon-salte et Malateste (deux braves colonels estans for blessez) de se retirer avec perte de six vingts soldats et de quatre ou cinq capitaines.

Au bruit de ce premier assaut, les huguenots ayant levé le siege, passerent la Vienne le huitiesme septembre; dequoy estant adverty le duc d'Anjou, et du secours qui estoit entré dans la ville par le moyen du pont qui leur donnoit l'entrée, bien content d'avoir effectué son dessein, et attendant que toutes ses forces fussent ensemble, repassa la Creuse au port de Piles, avec son armée qui campa à La Celle, lieu fort avantageux, et en mesme temps depescha le comte de Sanzay, avec six compagnies de gens de pied, et quelque cavalerie, pour entrer à Poictiers, luy ayant fait donner force poudre, munitions et autres choses necessaires pour le rafraischissement de la ville, d'où sortit le duc de Guise, avec cinq cens chevaux et bon nombre de noblesse, le mesme jour que le comte y entra, qui fut le neuviesme du mois, et aussi-tost alla à Tours trouver Leurs Majestez, qui luy firent toutes les bonnes cheres et remercimens dus à son affection et au service qu'il leur avoit rendu en la conservation et deffense de cette place, laquelle fut cause de la mort de trois mille huguenots, dont une partie mourut de maladie.

En ce mesme temps la cour du parlement de Paris, à la requeste du procureur general Bourdin, donna arrest de mort (1) contre l'Admiral et le comte de

---

(1) *Donna arrest de mort.* L'arrêt rendu contre Coligny fut traduit en latin, en allemand, en italien, en espagnol et en anglais. Un valet de chambre de l'Amiral, nommé Dominique d'Albe, essaya de l'empoisonner à Faye-la-Vineuse. Son projet ayant été découvert, il fut pendu. Louviers de Maurevert, assassin de profession, tenta aussi de

Montgommery et vidame de Chartres, comme rebelles, atteints et convaincus de crime de leze-majesté; et le mesme jour furent mis en effigie. L'arrest aussi portoit promesse de cinquante mille escus à celuy qui livreroit l'Admiral au Roy et à la justice, soit estranger ou son domestique, avec abolition du crime par luy commis s'il estoit adherant ou complice de sa rebellion; lequel arrest fut depuis, à la requeste du procureur general, interpreté, *mort ou vif*, pour oster le doute que ceux, qui voudroient entreprendre de le representer en pourroient avoir : arrests que quelques politiques estimoient estre donnez à contre temps, et qui servoient plustost d'allumettes pour augmenter le feu des guerres civiles, que pour l'esteindre, estant leur party trop fort pour donner de la terreur par de l'encre et de la peinture, à ceux qui n'en prenoient point devant des armées de trente mille hommes, et aux plus furieuses charges des combats, comme ils firent bien paroistre lors que nostre armée deslogea; car la leur la nuit mesme la suivit de si près, que, sans la vigilance de Biron à faire retirer l'artillerie à force de bras, outre les chevaux qu'on y employa, et la bonne conduite de Tavannes à faire passer l'armée en diligence, et loger fort à propos trois regimens au port de Piles pour garder le passage, et arrester les forces que l'Admiral y envoyoit, comme ils firent, attendant que nostre armée fust logée à La Celle, sans doute le

---

tuer Coligny; mais, n'ayant pu en trouver l'occasion, il s'attacha à de Mouy, l'un des officiers les plus distingués de l'armée protestante; et, comme on le verra bientôt, il lui tira un coup de pistolet dans le désordre d'un combat. C'est ce même Maurevert qui, en 1572, blessa l'Amiral d'un coup d'arquebuse, deux jours avant le massacre de la Saint-Barthélemy.

duc d'Anjou eust esté forcé de venir au combat ce jour-là.

Le lendemain l'Admiral, voyant que ceux qu'il avoit envoyez n'avoient pu forcer ce passage, adverty qu'il y en avoit un autre plus haut à main droite et plus facile, entre le port de Piles et La Haye en Touraine, y fit passer l'armée, en resolution de forcer le duc de venir au combat; pour cet effet il demeura un jour en bataille, le conviant par de frequentes escarmouches de venir aux mains; mais voyant qu'il ne le pouvoit attirer à la bataille, encore moins l'y forcer, tant pour estre le lieu trop bien retranché et flanqué, que pour avoir la riviere d'un costé et un bois de l'autre, qui le rendoit plus advantageux, et les advenues plus difficiles, repassa la Creuse et la Vienne pour estendre l'armée huguenotte à Faye la Vineuse et lieux circonvoisins, afin de la faire vivre plus commodement.

Et le duc d'Anjou, après avoir sejourné cinq ou six jours à La Celle, prit le chemin de Chinon, où il demeura quelques jours, attendant que son armée fust complette, laquelle estant renforcée de plusieurs compagnies de gens d'armes et de cornettes de cavalerie, outre celle que le duc de Guise luy amena, comme aussi des Suisses et autres regimens françois qu'il avoit envoyez en garnison, delibera de suivre à son tour ses ennemis; si bien qu'ayant repassé la Vienne avec toutes ses forces fraisches et gaillardes, qui estoient de plus de sept mille chevaux et dix-huit mille hommes de pied, y compris les Suisses, il n'eut pas fait long chemin qu'il fut adverty que l'armée des princes tiroit vers Montcontour, où l'Admiral avoit envoyé devant

La Nouë avec quelque cavallerie et infanterie pour s'en saisir, comme il fit avant que nostre armée y arrivast, laquelle se campa à Sainct-Clair le premier jour d'octobre, près du lieu où, le jour auparavant, la rencontre de l'avant-garde des deux armées s'estoit faite si advantageusement pour les nostres, que, si la nuict n'eust arresté leur poursuite, et favorisé la retraicte des huguenots, sans doute leur deroute eust esté plus grande et plus honteuse aux François qu'aux reistres et lanskenets, ausquels l'Admiral, qui estoit demeuré avec la bataille, donna l'honneur d'avoir bien combattu sous la conduite du comte de Mansfeld, qui seul fut cause de sauver l'avant-garde, et duquel le lieutenant, nommé le comte Charles, et quatre ou cinq autres capitaines avec luy demeurerent sur le champ, ausquels plus de cent cinquante de ceux de Mouy, et de la compagnie de Beauvais La Nocle, qui avoient soustenu la premiere charge que Martigues leur fit, y tinrent compagnie; et entre autres, d'Audancour, lieutenant de Mouy, y fut tué.

CHAPITRE IX.

Le duc d'Anjou poursuit les ennemis pour les combattre. Disposition de l'armée du duc. Disposition de celle de l'Admiral. Bataille de Montcontour. Seconde charge, le marquis de Bade tué. Troisieme charge par le duc d'Anjou qui fut renversé par terre. Grand service des sieurs de Tavannes et de Biron, et du mareschal de Cossé. Defaite et retraite des huguenots. Nombre des morts, des prisonniers et des blessez. Les huguenots se retirent à Partenay. Ils deputent vers leurs alliez, et fuyent devant les victorieux.

Tous ces corps, percez de coups, estoient encore estendus sur la place, lorsque le duc d'Anjou y arriva, l'objet desquels augmentoit autant l'ardeur de combattre des nostres, que la retraite des ennemis leur donnoit esperance d'une victoire prochaine si l'on venoit à la bataille, à laquelle le duc s'estant resolu avec les principaux chefs de l'armée, fit le lendemain gagner le passage de la riviere d'Yves près de la source, et, le troisiesme jour, l'ayant fait passer au matin sans grande resistance, il la fit advancer plus à gauche, tirant à la plaine d'Assay, pour y rencontrer ses ennemis et empescher leur retraite au bas Poictou, en cas qu'ils s'y voulussent acheminer; et afin qu'ils ne peussent passer à La Toue, qui leur servoit de barriere du costé droit, il envoya deux compagnies pour se saisir d'Ervaut et de son passage; mais l'Admiral, d'autre costé, avoit donné ordre de faire garder le pas de Jeu, lieu marecageux entre Touars et Ervaut, et qui pouvoit servir aux siens en cas qu'ils fussent rompus, comme aussi il avoit prevu devant à faire gagner Ervaut pour estre favorable à sa retraite.

Le duc donc, après avoir envoyé descouvrir l'estat de l'armée des princes, pour juger de la disposition et de l'ordre qu'elle tenoit pour la bataille, ayant pris sur tous autres l'advis du mareschal de Cossé et Tavannes pour la disposition de la sienne, donna la conduite de son avant-garde au duc de Montpensier, lequel avoit avec luy cinq regimens françois, et les troupes italiennes separées en deux bataillons, entre lesquels il y avoit neuf pieces d'artillerie à costé gauche des Suisses, qui faisoient un autre bataillon commandé par Clery; le duc de Guise commandoit un escadron de cavalerie, et Martigues, qui estoit plus avancé du costé des François et Italiens, un autre; après suivoit le prince Dauphin, accompagné des comtes de Santafior, Paul Sforce, Chavigny, La Valette et plusieurs autres qui avoient troupes; à la main droite marchoit le duc de Montpensier avec le landgrave de Hesse, le comte Rhingrave, Bassompierre, Chomberg et Vestebourg, qui faisoient douze cornettes de reistres; la bataille estoit composée d'un autre bataillon de Suisses commandé par Meru, leur colonel-general, de six regimens françois, sçavoir Gohas, Cossins, du jeune Montluc, Rance et les deux Isles, et de huit pieces de canon; la cavalerie estoit de plus de trois mille chevaux, divisée en trois escadrons, sçavoir deux de reistres et un de François; le premier estoit commandé par le comte de Mansfeld, celuy que j'avois amené; le duc marchoit après, accompagné des ducs de Longueville, marquis de Villars, de Toré, La Fayette, Carnavallet, La Vauguyon, Villequier, Mailly et plusieurs autres; le duc d'Aumale et le marquis de Bade, qui estoit à sa droite, un peu derriere, renfermoit le bataillon des Suisses.

Telle estoit la disposition de nostre armée, que le duc fit marcher en ordre sur les deux heures après midy, ayant demeuré plus de quatre heures faisant halte non guères loin de l'armée huguenotte, que l'Admiral avoit aussi disposée dès le matin en bataille en une large campagne distante de demy lieuë de Montcontour, entre la Dive et la Touë, deux rivieres fort peu guéables : à costé gauche de la premiere, il s'estoit mis pour conduire l'avant-garde, composée des regimens de Piles, absent à cause de sa blessure, d'Ambres, Rouvré, Briquemaut et quelques autres, des deux mille lanskenets commandez par Gresselé, et de six pieces de canon à leur main droite. Mouy et La Louë estoient plus avancés avec trois cens chevaux; le reste de la cavalerie, qui estoit de seize cornettes, tant reistres que François, estoit separé en deux escadrons; l'Admiral estoit au premier, accompagné d'Acier, Telligny Puy-Greffier et autres; le comte de Mansfeld marchoit après. La bataille, qui estoit à la main droite, tirant à la Touë, estoit conduite par le comte Ludovic, accompagné du prince d'Orange et Henry, ses freres, de Ausbourg, Regnard, Erag, Henry d'Estain, et autres colonels, qui faisoient plus de trois mille chevaux; l'infanterie de la bataille estoit composée des regimens de Montbrun, Blacons, Mirabel, Beaudiné, Lirieu, et de deux mille autres lanskenets commandez par Gramvilars.

Les deux armées n'eurent pas long-temps marché en cet ordre, que le duc de Montpensier fit commencer la charge aux enfans perdus, soustenus du duc de Guise et du vicomte de Martigues, attaquerent d'abord si furieusement Moüy et La Louë, qu'ayant rompu les premiers rangs de leur cavalerie, tout le reste commença à se debander; lors le marquis de Renel et d'Autricour partirent de la main pour les soustenir, et firent une charge furieuse au vicomte de Martigues; mais estant suivy du comte de Santafior avec sa cavalerie italienne, couverte de deux mille arquebusiers commandez par La Barthe et Sarlabous, il les repoussa de telle sorte qu'Autricour y demeura sur la place, et contraignit les autres de se retirer en desordre: ce que voyant l'Admiral, ayant fait avancer trois regimens françois, ausquels il commanda de ne tirer qu'aux chevaux, entreprit de rompre six cornettes de reistres qui faisoient un grand echec sur les troupes d'Acier, et se mesla si avant en ce combat avec Telligny et La Nouë, que si le comte de Mansfeld ne l'eust suivy de bien près pour charger les reistres catholiques, qui commençoient fort à le presser, il couroit fortune de demeurer en cette charge, en laquelle il fut blessé à la joue. Lors le duc d'Anjou, voyant la meslée des deux avantgardes fort douteuse, et que l'artillerie ennemie endommageoit fort sa bataille, pour secourir ses reistres, qui estoient en fort grand desordre par la charge que le comte de Mansfeld leur fit, commanda au duc d'Aumale et marquis de Bade de s'avancer pour le combattre, contre l'ordre qui avoit esté pris; lesquels se porterent si avant dans la meslée, que le marquis, avec beaucoup des siens, y demeura sur la place, et le duc d'Aumale eut assez affaire de s'en desgager, ayant le comté de Mansfeld soustenu et mis en route ce qui s'estoit presenté devant luy à cette charge; et, en mesme temps, le duc d'Anjou, voyant que les ennemis se rallioient pour retourner une autre fois à la charge, devança les Suisses, que le mareschal de Cossé devoit faire marcher devant luy pour charger la bataille où estoit le comte Ludovic, lequel soustint la charge que le duc luy fit, avec tant d'effort, que beaucoup de ceux qui le suivoient, furent mis en grande deroute, et luy-mesme fut en danger de sa personne, ayant eu son cheval porté par terre, et aussi-tost remonté par le marquis de Villars, qui estoit près de luy; et si lors Tavannes et Biron n'eussent fait tout devoir possible de rallier la cavalerie de la bataille, et que le mareschal de Cossé aussi n'eust fait doubler le pas aux Suisses, la victoire estoit pour demeurer aux huguenots, lesquels se voyans attaquez des Suisses que le mareschal conduisoit, et de l'infanterie françoise, qui se rallia, comme fit aussi nostre cavalerie, commencerent à se desbander, quelques devoirs que l'Admiral et le comte de Mansfeld fissent pour les rallier; et lors, ne pouvant mieux, ils prirent party pour faire la retraite avec dix cornettes de reistres ensemble, où il y avoit quelques François, abandonnans les lanskenets, qui s'estoient jusques-là maintenus mieux que l'infanterie françoise, à la mercy des Suisses, leurs anciens ennemis, si bien qu'à peine de quatre mille s'en sauva-t-il cinq cens, à beaucoup desquels le duc d'Anjou donna la vie, sur la promesse qu'ils luy firent de servir le Roy fidelement, et renoncer au party des princes.

Plus de deux mille François aussi y finirent leurs

jours; de la cavalerie moins de quatre cens, entr'autres Biron, frere du catholique, Sainct-Bonnet; Acier y fut prisonnier avec La Nouë et quelques autres, nombre qui eust été plus grand si la nuit n'eust favorisé la course des fuyards, lesquels le duc d'Aumale, Biron, Chavigny, La Valette et plusieurs autres, suivirent jusques à Ervaut. Le duc perdit peu d'infanterie, mais de sa cavalerie plus de cinq cens, et, entre les signalez, le comte Rhingrave l'aisné, le marquis de Bade, comme j'ay dit, et Clermont de Dauphiné; il y en eut aussi beaucoup de blessez, et entr'autres le duc de Guise, le comte de Mansfeld, Chomberg, Bassompierre, les comtes d'Ysti et Sautelles, italiens.

Voilà, mon fils, comme se passa cette journée, de laquelle la victoire fut toute entiere au duc d'Anjou; car, outre le champ de bataille, avec les morts qu'il prit soin de faire enterrer, toute l'artillerie fut gagnée, et tout le bagage des reistres pillé: pour celuy des François, une partie qui estoit plus avancée se sauva à Partenay, qui fut le lieu et la retraite des huguenots, lesquels y arriverent au soir bien tard, les uns toutesfois plustost que les autres, comme ceux qui avoient fait plus de presse de faire compagnie aux jeunes princes de Navarre et de Coudé, lesquels l'Admiral avoit conseillé de se retirer au commencement de la charge; la nuit mesme le duc d'Anjou, de Sainct-Generou sur la Touë, depescha en diligence au Roy qui estoit à Tours, pour luy faire sçavoir cette bonne nouvelle, de laquelle Sa Majesté fit part aussi-tost par ses ambassadeurs au Pape, à l'Empereur, au roy d'Espagne, aux Venitiens et autres princes chrestiens.

Les princes et l'Admiral ayant abandonné Partenay

la nuit mesme, gagnerent Niort, d'où ils depescherent aussi à la reyne d'Angleterre et à quelques princes d'Allemagne, pour leur faire entendre le contraire de leur perte, qu'ils asseuroient estre moindre que celle des catholiques, contre lesquels ils esperoient donner en peu de jours une autre bataille, les prians aussi de leur aider de secours d'hommes et argent, pour tousjours mieux se maintenir en la liberté de leur religion. Ainsi, ayant mis ordre à leurs affaires, et laissé Mouy dans Niort, lequel, peu de jours après, ayant esté malheureusement blessé d'un coup de pistolet par Maurevel, qui s'estoit donné à luy, alla finir ses jours à La Rochelle, ils prirent le chemin de Sainct-Jean d'Angely, où Piles, qui s'y estoit retiré dès le siege de Poictiers, à cause de sa blessure, demeura pour commander avec douze enseignes de pied et quelque cavalerie; de là, furent à Xaintes, où ils prirent resolution de tirer vers le Quercy et Montauban, afin de s'acheminer de là en Gascogne et autres provinces de la France, pour s'esloigner de l'armée victorieuse, et pour autres raisons que je diray cy-après.

CHAPITRE X.

Exploits du duc d'Anjou. Surprise de Nismes par les huguenots. Siege de Sainct-Jean-d'Angely par le duc d'Anjou. Brave resistance de Piles. Conditions proposées pour la reduction de cette ville, accordées par le sieur de Piles. Xaintes abandonnée par les huguenots. Secours jetté dans Sainct-Jean-d'Angely par Sainct Surin. Continuation du siege. Reduction de Sainct-Jean-d'Angely à l'obeyssance du Roy. Mort du vicomte de Martigues et d'autres audict siege. Entrée du Roy en la ville. Le sieur de Castelnau Mauvissiere envoyé par la reyne Catherine proposer la paix à la reyne de Navarre. Response de la reyne de Navarre au sieur de Castelnau Mauvissiere, et ses plaintes contre le conseil du Roy.

CEPENDANT, le duc d'Anjou remit en l'obeyssance du Roy Partenay, Niort, Fontenay, Chastelleraut, Lusignan, et autres places de Poictou abandonnées par les garnisons huguenottes, partie desquelles se retira à Sancerre, Le Bourg-Dieu, La Charité, sous la conduite de Briquemaut, et autres vers les princes et à La Rochelle; Montbrun et Mirabel aussi partirent d'Angoulesme en ce mesme temps pour se retirer en leur pays, tant pour y faire de nouvelles levées, que pour y asseurer Privas et Aubenas, villes que les huguenots tenoient au Vivarès, et s'acheminant en Perigord, avec Verbelet, qui alloient pour commander à Aurillac, ayant deux ou trois cens chevaux et huit cens hommes de pied, plus de deux cens de ceux qui estoient demeurez derriere au passage de la Dordogne, furent defaits par les garnisons de Sarlat et autres du pays.

En ce mesme temps les huguenots de Languedoc surprirent la ville de Nismes sur les catholiques, lesquels, s'estant retirez au chasteau par l'aide et vigilance du capitaine Sainct-Astoul, se maintinrent près de trois mois; enfin, estant hors d'esperance du secours, sortirent, vie et bagues sauves, cette place ayant depuis servy de retraite à tous les huguenots de ce pays là, lesquels je laisseray attendre la venue des princes, pour parler de ceux de Vezelay en Bourgogne pris par Dutarot et autres gentilshommes du pays quelque temps auparavant, lesquels rendirent les efforts de Sansac aussi inutiles que Guerchy avoit fait ceux qu'il avoit tenté devant la Charité, n'ayant, après plusieurs assauts et avoir changé de batterie deux ou trois fois, remporté autre chose que le deplaisir d'avoir perdu plus de trois cens des siens, nombre qui fut augmenté par Foissi, qui commandoit à son infanterie.

Cependant, le duc d'Anjou s'employoit au siege de Sainct-Jean-d'Angely, attendant la venue de Sa Majesté, qui arriva à Coulonge-les-Royaux le vingt-sixiesme jour d'octobre, en resolution de n'en partir que la ville ne fust prise ; ayant par sa presence autant animé le courage des soldats, que celuy de Piles rendit obstiné les siens de soutenir l'assaut que les nostres luy firent, après avoir changé de batterie en divers endroits de la ville, qui fut continuée jusques à ce jour, auquel plus de catholiques que de huguenots finirent leurs jours ; ce qui fut cause que Biron, par la permission de Sa Majesté, pour espargner la vie de beaucoup de gens de bien, escrivit à Piles pour lui persuader de rendre la ville, laquelle il ne pouvoit conserver, estant foible de munitions, et sans esperance de secours ; l'asseurant pour luy et les siens d'une honneste composition, s'il y vouloit entendre.

A quoy il fit response qu'il y presteroit volontiers l'oreille, si cela pouvoit apporter une paix generale, laquelle, d'autant qu'elle ne se pouvoit traiter sans sçavoir sur ce premierement l'intention de Sa Majesté, et en communiquer aux princes, aussi ne pouvoit-il respondre autre chose ; response qui fut bien prise du mareschal de Cossé, Tavannes et autres chefs principaux, qui furent d'avis de luy envoyer un gentilhomme prisonnier, pour luy dire que, s'il vouloit envoyer quelqu'un de sa part pour parlementer, ils en envoyeroient un autre; à quoy pour satisfaire il envoya La Personne, lequel arrivé à Coulonge-les-Royaux, discourut amplement du bien que la paix pouvoit apporter à tous en general ; auquel fut respondu que, pour l'absence des princes et importance de l'affaire, la paix ne se pouvoit si-tost conclure, et partant qu'il estoit à propos de parler de la paix particuliere de la ville ; à quoy il repliqua qu'il n'avoit aucune charge d'en traiter, mais bien, pour parvenir à une paix generale, d'accepter dix jours de treve, durant lesquels il iroit trouver les princes ou autres, de la part de Piles, pour les y disposer ; ce que on luy accorda, à la charge que, si dans dix jours il n'entroit du secours dedans la ville, elle seroit remise entre les mains de Sa Majesté, aux conditions que tous les capitaines et soldats, et toutes autres personnes qui s'en voudroient aller, sortiroient avec leurs armes, chevaux et bagage, et ceux qui voudroient demeurer ne seroient forcez en leurs consciences.

Piles, qui trouvoit ces conditions de rendre la ville, les dix jours passés, fort rudes, fit quelque difficulté de signer la capitulation que Sa Majesté avoit accordée; mais enfin, ayant requis qu'il ne seroit tenu de la rendre qu'il n'eust eu auparavant des nouvelles de La Personne, ce qui luy fut accordé, il la signa.

Sur ces entrefaites, ceux de Xaintes ayant eu advis que Piles parlementoit, de crainte d'estre assiegez abandonnerent la ville, où aussitost il fut envoyé dix compagnies de gens de pied et quelque cavalerie. Durant cette treve, les catholiques et les huguenots se visitoient en toute liberté, et, le temps des dix jours expiré, Biron se presenta pour sommer les assiegez de leur promesse, auquel Piles fit response qu'il ne le pouvoit faire sans attendre nouvelles de La Personne : finalement, après plusieurs repliques de part et d'autre, il accorda que si le lendemain il n'entendoit de ses nouvelles et qu'il n'eust point de secours, il rendroit la place à Guitinieres, lequel croyant la reddition, y estoit allé le jour mesme, pour prendre possession du gouvernement que le Roy luy avoit donné.

Le lendemain, dix-huitiesme novembre, Biron ayant envoyé un trompette à Piles pour le sommer de sa promesse, il luy manda qu'il avoit eu le secours qu'il attendoit, qui estoit toutesfois seulement de cinquante chevaux conduits par Sainct-Surin, lequel y entra à six heures du matin, pour le mauvais ordre des corps de gardes qui le laisserent passer se disant amy et commandé pour les visiter : lors les ostages furent rendus de part et d'autre, et commença-t-on une autre batterie aux tours du chasteau et plates-formes qui estoient au devant d'iceluy, si bien qu'en peu de temps la porte de laquelle les assiegeans sortoient pour aller à la plateforme, et un grand pan de muraille depuis le chasteau jusques à la vieille breche fut par terre, durant laquelle La Motte et Sainct-Surin, avec deux cens arquebusiers et quatre-vingt chevaux seulement, entreprirent de faire une sortie, qui leur reussit; car, ayant donné dans les tranchées assez nonchalamment gardées, ils tuerent quelques cinquante soldats; mais aussitost se voyant chargez de plusieurs compagnies qui accoururent au bruit de l'allarme, ils prirent party de se retirer, ce qui fit redoubler le foudre des canons que l'on avoit pointez sur une plate-forme que l'on avoit elevée sur le bord du fossé pour battre le ravelin d'Aunis et la courtine; si bien qu'en peu de temps les tours et deffences, depuis le ravelin jusques au chasteau, furent par terre, comme aussi la plate-forme que les assiegez avoient dressée sur pilotis derriere le ravelin; ce qui leur apporta beaucoup de dommage, d'autant qu'outre la perte de quantité de gens qui y furent tuez, pour le relever et mettre en deffence, ils consommerent du temps bien inutilement, car les bales des pieces ne laissoient de la percer à jour pour estre faite de terre trop fraische.

Ce qui fit resoudre les assiegez, avec le peu de munitions qu'ils avoient, d'accepter la premiere capitulation que Biron leur offrit derechef, suivant le pouvoir qu'il en eut de Sa Majesté, qui la signa à condition qu'ils ne porteroient les armes de quatre mois pour la cause generale de leur religion; laquelle ne leur fut sitost portée, qu'ils sortirent avec leurs armes et chevaux, enseignes ployées, plus de sept semaines après le siege, qui fut cause de la mort de plus de trois mille catholiques, outre la perte que le Roy fit en la personne du vicomte de Martigues, qui fut atteint d'une arquebusade en la teste de laquelle il mourut.

Piles et ses compagnons ayant pris le chemin d'Angoulesme, y arriverent trois ou quatre jours après, moyennant le sauf-conduit que le Roy leur fit donner, qui ne les garantit toutesfois de l'outrage qui fut rendu, contre l'intention de Sa Majesté, à beaucoup, par l'insolence et liberté des soldats, qui s'emanciperent de devaliser ceux qui estoient mieux accommodez; sujet que Piles prit de se dispenser de la promesse qu'il avoit faite de ne porter les armes de quatre mois contre Sa Majesté, laquelle entra le jour mesme dans la ville accompagnée de la Reyne sa mere, du cardinal de Lorraine et autres de son conseil, où après avoir pourvu à toutes les places de Poictou et de Xaintonge, ès quelles une partie de l'armée fut distribuée pour la disette de toutes choses et incommodité qu'elle recevoit, ayant decampé de Coulonge-les-Royaux sur la fin du mois de décembre, prit le chemin de Brissac pour se retirer à Angers, où, quelque temps après, les deputez pour la paix vinrent trouver Sa Majesté, de laquelle je puis dire avoir porté les premieres paroles à la reyne de Navarre, qui estoit à La Rochelle, incontinent après la bataille de Montcontour, par le commandement de la Reyne mere, qui m'avoit chargé de l'asseurer de sa bonne affection, et qu'estant desireuse de son bien et de son repos, comme de celuy de la France, elle porteroit tousjours le Roy son fils à luy accorder, et à tous ceux de son party, des conditions honnestes, lors que, comme bons et fideles sujets, s'estant mis à leur devoir, ils voudroient entrer en quelque demande et requeste raisonnable; en quoy la Reyne, après plusieurs complimens et offres de services envers Leurs Majestez, avec un desir extresme de voir quelque bon acheminement à cette ouverture de paix, me tesmoigna avoir, et tous ceux de sa religion, beaucoup de sujet de se defier d'aucuns du conseil, desquels elle disoit l'intention estre bien esloignée de la paix; et ce qui luy en augmentoit la creance, estoient les pratiques qu'elle disoit que Fourquevaulx faisoit vers le roy d'Espagne, et quelques autres partisans du cardinal de Lorraine, vers le pape; comme aussi les lettres interceptées du cardinal au duc d'Alve, non seulement pour empescher le secours que les huguenots se promettoient d'Allemagne et d'Angleterre, mais aussi pour favoriser les menées et entreprises que l'on faisoit sur le royaume d'Angleterre, pour avoir après plus de moyen de ruiner les protestans de France; après lesquels discours et autres touchant les desseins du cardinal de Lorraine, elle me dit qu'elle envoyeroit vers les princes et chefs de l'armée pour, et suivant leur avis, envoyer une humble requeste à Sa Majesté, qui porteroit les articles de leurs justes demandes, tant pour avoir l'exercice libre de leur religion et prescher par toute la France, que pour leurs seuretez desirées : ce qu'ayant rapporté à Leurs Majestez, elles delibererent depuis d'y renvoyer le mareschal de Cossé pour acheminer ce traité de paix; attendant laquelle avec impatience, il me semble à propos de poursuivre l'ordre du temps, et toucher en passant les plus notables effets et entreprises de guerre qui se pratiquerent en Poictou et autres lieux de la France, avant et après le siege de Sainct-Jean.

CHAPITRE XI.

Entreprise des huguenots sur la ville de Bourges decouverte. Exploits du comte du Lude en Bas-Poictou, et du baron de La Garde, general des galeres. Le baron de La Garde, repoussé de devant Tonnay - Charante, se saisit de Brouage. Le sieur de La Noüe reprend Marans sur les catholiques, et autres places. Il defait le sieur de Puy-Gaillard, et continue ses conquestes.

CELLE que les huguenots de Sancerre et La Charité firent sur la ville de Bourges, par la pratique de deux ou trois soldats de la Tour, qui estoient de Sancerre mesme, et de quelques habitans mal-affectionnez à leurs concitoyens, reussit mal aux entrepreneurs; car ayant esté decouverte à La Chastre, gouverneur de la ville et du pays de Berry, par un soldat qui en estoit, ceux qui pensoient surprendre la ville au jour convenu furent surpris, et de vingt-cinq ou trente qui estoient desjà entrez par une fausse porte du costé de la Tour, il n'y eut que Renty et deux ou trois autres que La Chastre sauva, qui s'exempterent du feu et de la mort; et Briquemaut, un des chefs de l'entreprise, qui s'estoit avancé avec sept ou huit cens chevaux et quinze cens hommes de pied pour la prise de la place, n'eut que la peine de s'en retourner.

En ce mesme temps le comte du Lude, auquel se joignirent Sanzay et Puy-Gaillard, avec vingt enseignes de gens de pied, et douze cornettes, fut, par le commandement de Sa Majesté, assieger Marans, qu'il prit, ensuite d'icelle assujettit Marennes, Broüage et autres isles de Xaintonge, par la prise desquelles il brida fort les courses que les Rochellois faisoient au bas Poictou, au grand dommage des villes catholiques, lesquelles pour resserrer encore davantage, le baron de La Garde, qui avoit esté remis en sa charge de general des galeres, qu'on luy avoit ostée pour en pourvoir le grand prieur, frere du duc de Guise, en ayant tiré huit de Marseille par le commandement de Sa Majesté, et laissé trois à Bourdeaux, en amena cinq jusques à l'emboucheure de la Charante au passage de Loupin, où estant, peu de jours après sa venue reprit sur les Rochellois ce grand navire que Sore, qui avoit succedé à la charge de vice-admiral par le decès de La Tour, frere du Chastelier Portaut, costoyant la coste d'Angleterre et de Bretagne, avoit pris sur quelques marchands venitiens, que les officiers de la Cause, qu'ils appellent à La Rochelle, avoient declaré de bonne prise, autant pour le butin, qui valoit plus de cent mille escus, que parce qu'ils disoient que la republique de Venise y avoit part, laquelle avoit aidé Sa Majesté d'argent pour leur faire la guerre.

Le baron, pour les incommoder encore davantage, entreprit aussi de leur enlever des mains Tonnay-Charante, seule place qui leur restoit pour passer en Xaintonge; mais son dessein ne luy reussit pas; car La Nouë, s'y estant acheminé deux jours auparavant avec cinq cens arquebusiers pour le mieux recevoir, luy fit faire une si rude charge, qu'il fut contraint de se retirer, abandonnant la galere de Beaulieu, qui s'estoit plus avancée que les autres à la mercy des ennemis; depuis laquelle prise le baron se retira avec ses galeres en Broüage, port auquel les Anglois et Allemands avoient accoustumé de descendre pour prendre du sel, en payement duquel ils donnoient d'autres marchandises aux huguenots, lesquels par ce moyen en recevoient grande commodité.

Quelque temps après, Puy-Gaillard, gouverneur d'Angers, commandant trois à quatre mille hommes de pied et trois cens chevaux, suivant le pouvoir et commission de Sa Majesté, au lieu du comte du Lude, assisté de Puytaillé, Rochebaritaut et Fervacques, qui commandoit à Fontenay, fit diverses entreprises sur La Rochelle; lesquelles ne pouvant reussir, delibera, pour accourcir leurs vivres, et leur oster toutes provisions, de faire dresser nombre de forts ès bourgades à une et deux lieuës autour de la ville; mais La Nouë, qui y commandoit, luy fit avorter ses desseins; et, averty de la mort de Puytaillé le jeune, gouverneur de Marans, sçachant qu'il y avoit peu de gens pour la defense de cette place, par le changement d'un nouveau gouverneur, domestique du mareschal de Cossé, la reprit et y restablit Pivaut avec son regiment, ensuite de laquelle, après la prise de Luçon, Langon, La Greve, Mareuil et autres petites places, il reconquist les Sables d'Olone, lieu qui auparavant servoit de retraite et port asseuré aux catholiques, qui y avoient une quantité de vaisseaux et d'artillerie avec beaucoup d'autres biens : plus de trois cens y furent tuez, et Landreau, qui y commandoit, fut mené prisonnier à La Rochelle, auquel l'on eust fait mauvais party si Sa Majesté n'eust fait escrire en sa faveur pour lui sauver la vie.

Depuis, ces forts que les huguenots avoient pris en Poictou après la prise de Marans furent repris par Puy-Gaillard, lequel, pour les brider encore davantage, fit dresser un fort à Lusson sur l'avenuë des Marets, que La Nouë fut assieger quelque temps après; dont Puy-Gaillard averty, après avoir assemblé toutes ses forces, qu'il avoit distribuées ès places du bas Poictou, se delibera de luy faire lever le siege; mais La Nouë l'ayant prevenu, le chargea si inopinement entre Saincte-Gemme et Lusson, comme il ordonnoit de ses forces, qu'elles furent mises à vauderoute, quelque devoir qu'il fist de bon capitaine pour les rallier; après laquelle defaite, le fort pris, Fontenay, assiegé et battu, fut rendu à composition par les tenans; et, marchant d'un mesme pas, reduisit Niort, Marennes, Soubise, Broüage, Xaintes et autres places en l'obeyssance des huguenots; enfin contraignit le baron de La Garde, après avoir tenu la mer quelque temps avec ses galeres, de se retirer à Bourdeaux, et Puy-Gaillard, n'ayant des forces bastantes pour s'opposer à ses armes, de prendre le chemin de Sainct-Jean, où je les laisseray prendre haleine pour reprendre le grand voyage de l'armée des princes.

CHAPITRE XII.

Grand voyage de l'armée des princes, afin de faire de l'argent pour le payement des reistres. Leur dessein de revenir devant Paris. Grandes difficultez à l'execution de leurs projets. Response du Roy sur les propositions de paix faites par les huguenots. Les princes et l'Admiral refusent les conditions offertes par le Roy. Le mareschal de Cossé envoyé contre eux. Il presente la bataille devant René-le-Duc à l'Admiral, qui l'evite prudemment. Escarmouche entre les deux armées. Le mareschal revient vers Paris pour le defendre en cas d'attaque. La paix faite avec les princes et le party huguenot, nonobstant les oppositions du Pape et du roy d'Espagne. Grands emplois et belles negociations du sieur de Castelnau Mauvissiere pour le service du Roy. Sentiment dudict sieur de Castelnau touchant les guerres faites pour la religion.

LE progrès de ce voyage depuis Xaintes jusques en Lorraine, seroit autant ennuyeux au lecteur qu'à moy, si je voulois m'amuser à descrire toutes les particularitez, tant des destroits, passages, fleuves, rivieres et montagnes, surprises de villes et bourgades, charges et rencontres qu'ils firent, et qui leur furent faites ès pays de Perigord, Limousin, Quercy, Gascogne, Languedoc, Dauphiné, Lyonnois, Forests, Vivarez, Champagne, Bourgogne, et autres de la France qu'ils traverserent avec mille difficultez; seulement je me contenteray de dire que ce qui porta l'Admiral, comme il m'a dit depuis, à entreprendre ce long voyage, ce ne fut tant pour se rafraischir, comme quelques-uns disoient, que pour payer les reistres de son party (qui commençoient à se mescontenter) du sac de plusieurs villes et bourgades, et pour se fortifier des troupes du comte de Montgommery qui les joignit à Saincte-Marie, et autres de Gascogne et Bearn qui estoient à leur devotion; qu'aussi pour prendre les forces que Montbrun, Mirabel, Sainct-Romain et autres chefs, se promettoient faire en Languedoc et Dauphiné, attendant le secours d'Allemagne, que le comte Palatin du Rhin, le prince d'Orange et autres, leur faisoient esperer, afin qu'estant toutes ces forces unies et ralliées avec ses Allemands, qu'ils s'attendoient recevoir sur la frontiere de Bourgogne, ils pussent estre en estat de venir aux portes de Paris, pour encore tenter une autre fois le hasard et rencontre d'une bataille.

Desseins appuyez sur grandes considerations, ausquels d'autre costé s'opposoient mille difficultez, pour les longues traites et penibles corvées qu'il leur falloit faire à un si long voyage, auquel il estoit bien croyable qu'ils perdroient autant d'hommes, qui se retireroient ayant gagné le toit de leurs maisons, qu'ils en pourroient acquerir d'autres moins aguerris, sans les continuelles charges et saillies, de tant de villes ennemies qu'il leur faudroit essayer, outre les autres incommoditez de la vie qu'ils endureroient, comme ils firent; car, au bruit de leur venue, les paysans et autres de la campagne, advertis de la cruauté que beaucoup exerçoient pour avoir de l'argent, abandonnerent leurs maisons, n'y laissant que les portes et les murailles : il y avoit aussi grande apparence de croire que les reistres, lassez de porter leurs armes, ne pouvant traisner leurs chariots dans les monts Pyrenées et autres, et bien souvent faute de chevaux, seroient contraints de les quitter, lesquels depuis ils eussent bien voulu ravoir, se voyant tous les jours aux mains avec les catholiques.

Si bien que pour ces raisons leur armée, depuis le partement de Xaintes, se trouva diminuée de plus de la moitié à Sainct-Estienne-de-Forests, où elle séjourna quelques jours, tant pour s'y rafraischir qu'en attendant la guerison de l'Admiral, qui y estoit tombé fort malade, lieu où Biron et Malassise, deputez de Leurs Majestez qui estoient alors à Chasteau-Brian en Bretagne, y arriverent sur la fin de may, pour faire sçavoir aux princes et l'Admiral, comme ils avoient fait à la reyne de Navarre passant à La Rochelle, la derniere volonté et response de Sa Majesté aux demandes et requestes que Teligny et Beauvais la Nocle luy avoient, dès le mois de janvier, portées à Angers de la part de la reyne de Navarre, princes et autres huguenots de France, qui supplioient Sa Majesté leur permettre l'exercice libre de leur religion par tous les lieux et villes de son royaume, avec cassation de toutes procedures et jugemens donnez contr'eux, et approuvant ce qu'ils avoient fait dedans et dehors iceluy en consequence des guerres; les restituer en leurs biens, charges et honneurs, comme ils estoient auparavant, et, pour l'establissement et asseurance de ce que dessus, les pourvoir de tel nombre de villes qu'il plairoit à Sa Majesté leur accorder. C'estoit à peu près le sommaire de leurs demandes, ausquelles les deputez cynommez firent response que, pour l'exercice de leur religion et seuretez, Sa Majesté leur accordoit volontiers de demeurer et vivre paisiblement en son royaume en toute liberté de conscience, sans que pour ce ils fussent recherchez en leurs maisons, ny contraints à faire chose pour la religion catholique et romaine, contre leur volonté; ne voulant toutesfois qu'il y eust aucun ministre, ny autre exercice de religion que la sienne, et pour places de seureté leur accordoit deux villes auxquelles ils pourroient faire ce que bon leur sembleroit, sans estre recherchez en façon du monde en ce qui concernoit leur religion; et toutesfois, afin qu'il ne se fist chose qui contrevint à son autorité, Sa Majesté entendoit pourvoir d'un gouverneur dans chacune, auquel ils seroient tenus d'obeyr, voulant aussi qu'ils fussent remis en tous leurs biens, honneurs et charges, fors celles dont ils avoient esté demis par justice, et pour lesquelles Sa Majesté avoit reçu deniers pour subvenir à la necessité des guerres; à condition que, comme fideles et obeyssans sujets, ils se departiroient de toute association et cabale qu'ils pourroient avoir dedans et dehors le royaume, et rendroient toutes les places qu'ils tenoient, pour y pourvoir tel que Sa Majesté adviseroit: et après le licenciement de leurs troupes, lequel ils seroient tenus de faire à la moindre foule du peuple, aussitost que Sa Majesté auroit envoyé commissaires et autres pour les conduire au chemin qui leur seroit prescrit, se retireroient chacun en leurs maisons; leur promettant Sa Majesté, ayant effectué ce que dessus, les entretenir en paix comme ses bons et fideles sujets.

Conditions que les princes et l'Admiral ne voulurent accorder, tant pour n'avoir l'exercice libre de leur religion et prescher par tout le royaume, que pour le peu d'asseurance que l'on leur vouloit donner, comme ils disoient; de sorte que les deputez partirent sans rien conclure, ce qui fut cause de faire haster le mareschal de Cossé, qui avoit eu la conduite de l'armée nouvelle au lieu du prince Dauphin, qui s'estoit retiré en sa maison pour quelque mescontentement qu'il avoit eu, pour aller prendre les Suisses, qui avoient aussi rebroussé chemin sur la riviere de Loire, n'ayant voulu marcher en Poictou sans estre payez de tout ce qui leur estoit deu; et, ayant passé la riviere à Desize avec trois mille chevaux et cinq à six mille hommes de pied, sans les Suisses, prit le chemin d'Autun, et de là estant parvenu au mont Sainct-Jean, en partit le vingt-cinquiesme de juin pour camper à René le Duc, en dessein de combattre l'armée des princes, laquelle s'y estoit acheminée, ayant l'Admiral envoyé quelque cavalerie et infanterie devant que le mareschal y pust arriver pour s'en saisir; ce qui fut cause qu'il disposa son armée en bataille sur une montagne, à la main droite de celle de Sainct-Jean, vis-à-vis et environ une portée de mousquet d'une autre montagne où l'Admiral s'estoit preparé pour attendre le choc.

Deux ruisseaux qui se rencontrent en un endroit, qui coulent de deux estangs qui sont près de là, avec quelques marecages, servoient comme de barriere entre les deux armées, lesquelles marchanderent à qui passeroit le premier; mais enfin le mareschal, pour attirer ses ennemis au passage, ayant logé deux mille arquebusiers sur le bord de l'eau, fit advancer un des regimens de l'avant-garde pour commencer l'escarmouche, lequel, ayant passé sur la chaussée de l'estang, donna d'abord jusques aux barricades du moulin, où l'Admiral avoit logé deux regimens pour la garde de cette advenue, lesquels firent tel devoir de soustenir la charge que ceux du mareschal luy firent, qu'ils ne se voulurent opiniastrer de les enfoncer davantage, ains se retirerent sur leurs pas, en tel ordre toutesfois que Sainct-Jean (1), qui estoit à la teste de cette infanterie, les ayant menez jusques au ruisseau, ne pust rien gagner sur eux.

Lors l'Admiral, plus foible de gens de pied, et sans aucun attirail de canon, ne voulant rien hazarder, et encore au passage d'une riviere où l'on ne poüvoit passer que file à file, leur commanda de s'arrester, et à Montgommery, qui s'estoit advancé avec partie de l'avant-garde pour les soustenir, de tenir bride en main, attendant l'occasion et le temps plus à propos pour prendre son avantage : le reste du jour se passa en escarmouches entre les gens de pied, sans toutesfois passer le bord de l'eau. Des catholiques, Bellegarde et La Bastide y furent tuez, peu d'autres signalez ; le nombre des blessez fut plus grand : des huguenots, il y eut bien autant et davantage; le lendemain l'Admiral fut d'advis de desloger avec l'armée pour prendre la route d'Autun, où elle s'achemina en la plus grande diligence quelle put pour venir à La Charité, afin de pren-

---

(1) *Sainct-Jean* : l'un des frères du comte de Montgommery.

dre quelques coulevrines que les reistres avoient laissées, et se fortifier de quelques troupes qui y estoient demeurées en garnison, et autres villes où ils passerent, comme Autun, Vezelay et Sancerre.

Lors le mareschal de Cossé, voyant qu'il avoit perdu l'occasion de combattre l'armée huguenotte, eut quelque volonté de la suivre; mais, adverty des grandes traites qu'elle faisoit pour n'avoir aucun attirail de canon, comme j'ay dict cy-dessus, il changea son dessein, qui fut, après avoir despesché La Valette avec cinq cens chevaux pour charger ceux qui demeuroient derriere, de la costoyer par la Bourgogne, et tirant vers la vallée d'Aillan après la prise de Mailly, où quelques protestans de ce pays s'estoient retirez; de là prit la route de Sens pour asseurer ceux de Paris, et empescher que les huguenots ne s'acheminassent à leurs portes, comme ils disoient, en cas que le traité de la paix, que les deputez negocioient, ne se pust accomplir.

Laquelle enfin, après avoir esté differée quelque temps par les belles remonstrances du nonce du Pape, et promesses de l'ambassadeur d'Espagne, qui offroit à Sa Majesté trois mille chevaux et six mille hommes de pied pour l'extermination des huguenots, fut enfin conclue et arrestée à Sainct-Germain-en-Laye le huitiesme d'aoust 1570, et, trois jours après, emologuée et publiée au parlement de Paris; laquelle portée par Bauvais La Nocle à la reyne de Navarre, qui estoit à La Rochelle, et par Teligny au camp des princes, qui s'acheminoient sur la frontiere du comté de Bourgogne, fut receue avec grande joye et contentement d'un chacun; et promirent et jurerent lesdits princes avec l'Admiral et autres chefs huguenots de la garder inviolablement, comme Sa Majesté avoit fait, accompagnée de la Reyne sa mere, des ducs d'Anjou et d'Alençon ses freres, et autres de son conseil, laissant à dire la teneur et particularitez de l'edict de paix, d'autant qu'il est imprimé; par la lecture duquel et le discours des choses qui se sont passées, à beaucoup desquelles j'ay esté employé, tant pour establir à La Rochelle et Guyenne les edicts de pacification, et traiter d'affaires importantes avec la reyne de Navarre, princes et Admiral, et reconfirmer les nouvelles alliances avec l'Angleterre, où, après la Saint-Barthelemy, je fus renvoyé une autre fois, avant d'y estre ambassadeur ordinaire, sur le mescontentement que la reyne d'Angleterre avoit des massacres qui s'estoient commis en beaucoup d'endroits sur les huguenots, afin de la remettre en meilleure intelligence avec le Roy, d'autant qu'elle estoit conseillée de s'en despartir, et pour la prier aussi de lever sur les saincts fonds de baptesme la fille de Sa Majesté avec l'Imperatrice, ce qu'elle accorda contre l'opinion de la pluspart de ceux de son conseil, et le desir de tous les Anglois, dont je traiteray sans passion au huitiesme livre (1), tu pourras juger, mon fils, et ceux qui liront ces Memoires, s'ils estoient un jour mis en lumiere, à qui il a tenu si l'edict de la paix, tant d'une part que d'autre, a esté mal observé, et cognoistras, par ce qui en est depuis advenu, que le glaive spirituel, qui est le bon exemple des gens d'eglise, la

---

(1) *Au huitiesme livre.* Ce livre n'existe pas.

charité, la predication, et autres bonnes œuvres, est plus necessaire pour retrancher les heresies, et ramener au bon chemin ceux qui en sont devoyez, que celuy qui respand le sang de son prochain, principalement lors que le mal est monté à tel excez, que plus on le pense guerir par les remedes violens, c'est lors que l'on l'irrite davantage.

FIN DES MÉMOIRES DE CASTELNAU.

TABLE DES MATIÈRES

CONTENUES

DANS LE TRENTE-TROISIÈME VOLUME.

MICHEL DE CASTELNAU.

Notice sur castelnau et sur ses mémoires.	Page 3
Livre premier.	19
Livre ii.	63
Livre iii.	123
Livre iv.	216
Livre v.	295
Livre vi.	359
Livre vii.	428

FIN DU TRENTE-TROISIÈME VOLUME.

www.ingramcontent.com/pod-product-compliance
Lightning Source LLC
Chambersburg PA
CBHW071717230426
43670CB00008B/1039